"十二五"国家重点图书出版规划项目

2012年度国家出版基金项目

西方教育史
经典名著
译丛

单中惠 徐小洲/主编

国家出版基金项目
NATIONAL PUBLICATION FOUNDATION

The Transformation of the School

学校的变革

〔美〕劳伦斯 阿瑟 克雷明/著

单中惠 马晓斌/译

山东教育出版社

图书在版编目(CIP)数据

学校的变革/〔美〕克雷明(Cremin, L. A.)著;单中惠,马晓斌译.—济南:山东教育出版社,2009(2017 重印)
(西方教育史经典名著译丛/单中惠,徐小洲主编)
ISBN 978－7－5328－6242－9

Ⅰ.学…　Ⅱ.①克…②单…③马…　Ⅲ.教育史—美国—1876～1957　Ⅳ.G572.9

中国版本图书馆 CIP 数据核字(2009)第 180920 号

西方教育史经典名著译丛

单中惠　徐小洲　主编

学校的变革

〔美〕劳伦斯·阿瑟·克雷明　著

单中惠　马晓斌　译

主　管：山东出版传媒股份有限公司
出版者：山东教育出版社
　　　　(济南市纬一路 321 号　邮编:250001)
电　话：(0531)82092664　传真：(0531)82092625
网　址：www.sjs.com.cn
发行者：山东教育出版社
印　刷：山东新华印刷厂潍坊厂
版　次：2017 年 3 月第 1 版第 2 次印刷
规　格：710mm×1000mm　16 开本
印　张：26.25 印张
字　数：369 千字
书　号：ISBN 978－7－5328－6242－9
定　价：47.00 元

(如印装质量有问题,请与印刷单位联系调换)
电话:0536—2116806

"西方教育史经典名著译丛"总序

　　教育史蕴藏着教育智慧，教育史名著闪耀着人类教育智慧的光辉，因此，从教育史中可以寻找教育智慧的宝藏。教育是人类社会的一个永恒课题，在教育发展的过程中，不同历史时期不同国家的思想家和教育家，或在自己教育实践的基础上，或在总结前人教育经验的前提下，提出各具特点的教育主张、教育理论和教育方法。毋庸置疑，在数千年的历史长河中，古今教育家通过他们的实践探索和理论思考给后人留下很多教育智慧。从事教育的人，研究教育的人，管理教育的人，以及学习教育的人，如果不了解教育的历史，那不仅与自己的崇高称号不相匹配，而且是令人难以想象的。不了解教育历史的人往往对教育限于感性，在教育实践中会走弯路。不了解教育的历史，不知道教育上的巨人是谁以及他的肩膀在哪里，就无法在历史传承的基础上谈教育创新。

　　法国教育社会学家涂尔干（Emile Durkheim）在《教育思想的演进》（The Evolution of Educational Thought）一书中曾这样说过："历史的研究不仅将会使我们有能力与我们自己的原则交流，而且也会使我们时不时从我们的前辈那里，发现我们必须纳入考虑的一些至关重要的东西，因为他们是我们的先辈，而我们是他们的传人。"概括起来，教育史研究的意义主要在于：一是拓展教育视野。教育既是一种历史现象，又是一种永恒现象。通过教育史，可以了解古今教育家是如何对教育问题进行实践探索和理论思考的，从而拓展教育视野。二是增长教育智慧。教育问题的解决需要教育智慧。通过教育史，可以拥有前辈的经验和智慧，从而既能对过去和现在的事情作出

1

合理的解释，也能对将来的事情作出合理的推测。 三是寻求教育思想支撑。 从历史传承的意义上来讲，教育史上教育家的一些思想并没有过时。 通过教育史，可以从历史上的教育家那里借鉴一些有益的东西，得到一些有益的启迪。 四是获得教育方法。 在教育发展历史上，很多教育家都是有长期教育实践经验的教师。 通过教育史，可以了解其有特色的教育理论，获得其有启示的教育方法。

20 世纪以来，在西方教育史学界，美国、英国和法国等国教育史学家撰著了很多在学术上造诣很深和影响很广的教育史著作。 这些著作既对西方教育史学的发展起了很大的推动作用，也在西方教育史学界确立了重要的学术地位。 这次，我们策划翻译出版"西方教育史经典名著译丛"，其目的在于向我国教育界尤其是教育史学界推介一些西方教育史经典名著。 通过这些西方教育史经典名著，教育学者尤其是教育史学者不仅能在教育理论素养上有所提高，而且能在教育史学观念上有所感悟，还有能在教育史研究方法上有所启迪。

在确定"西方教育史经典名著译丛"的入选书目时，我们主要考虑了三条原则：一是经典性。 入选的书目在西方教育史学界应是流传较广和影响较大的著作。 由于它们具有形成智慧的教育价值，因而凸现出经典性。 二是代表性。 入选的书目在西方教育史领域的不同学术研究方向和研究视角应有一定的代表性。 其中，既有通史，又有问题史；既有制度史，又有思想史；既有古代史，又有近现代史。 三是独特性。 入选的书目在西方教育史领域应能体现不同的史学理论和研究方法，同时应能体现西方不同国家教育史学家的学术成果和学术思想。 其中，既有体现传统史学研究的著作，又有体现当代史学研究的著作。 在确定"西方教育史经典名著译丛"入选书目的过程中，我们还征求了国内外一些学者的意见，在此表示衷心的感谢。

据此，"西方教育史经典名著译丛"精选了十本西方教育史经典名著。 其中有：

〔美〕布里克曼（William W. Brickman）：《教育史学：传统、理论和方法》（Educational Historiography：Tradition，Theory，and Technique）。

〔英〕弗里曼（Kenneth J. Freeman）：《希腊的学校》（Schools of Hellas）。

〔英〕科班（A. B. Cobban）：《中世纪大学：发展与组织》（The Medieval Universities：Their Development and Organization）。

〔英〕伍德沃德（William Harrison Woodward）：《文艺复兴时期教育研究》（Studies in Education During the Age of the Renaissance，1400－1600）。

〔法〕孔佩雷（Gabriel Compayré）：《教育学史》（The History of Pedagogy）。

〔美〕伯茨（R. F. Butts）：《西方教育文化史》（A Cultural History of Western Education）。

〔美〕布鲁巴克（John S. Brubacher）：《教育问题史》（A History of the Problems of Education）。

〔英〕拉斯克（Robert R. Rusk）、斯科特兰（James Scotland）：《伟大教育家的学说》（Doctrines of the Great Educators）。

〔美〕克雷明（Lawrence Arthur Cremin）：《学校的变革》（The Transformation of the School）。

〔美〕托里斯（Carlos Alberto Torres）：《教育、权力与个人经历：当代西方批判教育家访谈录》（Education，Power，and Personal Biography，Dialogues with Critical Educators）。

改革开放以来，由于山东教育出版社领导的精心打造，教育史著作出版已成为山东教育出版社的特色品牌。这次"西方教育史经典名著译丛"的翻译出版，得到了山东教育出版社领导的高度重视和大力支持，在此谨致最诚挚的敬意。还必须感谢的是，在翻译出版的过程中，教育理论编辑室主任蒋伟编审做了大量的指导和协调工作，付出了辛勤的努力。

我们希望"西方教育史经典名著译丛"的翻译出版，不仅能推动我国西方教育史的学术研究和学术积累，而且能为我国教育界提供一些具有重要学术价值的西方教育史经典读物。

单中惠 徐小洲
浙江大学教育学院
2009 年 2 月

目　录

解　读

单中惠

　　《学校的变革》(The Transformation of the School)是当代美国教育史学家劳伦斯·阿瑟·克雷明(Lawrence A. Cremin)的代表作，1961年出版。1964年，该书荣获"班克罗夫特美国历史奖"。

　　克雷明1925年10月31日生于美国纽约市。他毕业于纽约市立学院，曾被选为美国大学优秀生联谊会会员。在哥伦比亚大学先后获得硕士、博士学位后，克雷明从1949年起开始在哥伦比亚大学师范学院任教。这使他有机会与当代美国教育思想大师杜威(John Dewey)相识，并经常一起交谈教育问题，因而在教育思想上受到了一定的影响。1969年，他曾获得"美国教育研究协会奖"。从1974年到1984年，他担任哥伦比亚大学师范学院院长。克雷明一生撰写了许多著作，除《学校的变革》外，主要还有：《公共教育》(Public Education，1976)、《美国教育的传统》(Traditions of American Education，1977)、《美国教育》(American Education，1970，1980，1990)三卷本等。其中，在《公共教育》一书中首次提出了"教育生态学"(educational biography)这一概念。此外，《美国教育》第二卷1981年荣获美国"普利策历史奖"。美国伊利诺斯大学教育学院安德森(James Anderson)教授曾这样指出："作为一位多产作家，他撰著了大量一流的学术著作，这些著作是所有学习和研究教育史的人必读的著作。"[①]1990年9月4日，克雷明因病在纽约去

---

　　① James Anderson，*Lawrence A. Cremin*，Joy A. Palmer，*Fifty Modern Thinkers on Education*，London：Routledge，2001，p.158.

世。由于学术研究成果卓著,克雷明生前在国内外学术界和教育界享有很高的声誉,曾被美国 16 所学院和大学授予荣誉博士学位,还先后担任美国全国教育学院教师协会会长(1961)、美国全国教育科学学院副院长(1970)、美国斯宾塞基金会主席(1985—1990)等。为了推动美国教育史学科的发展,克雷明 1959 年发起成立了美国教育史学会,并担任第一任会长;又创办了《教育史季刊》(History of Education Quartely)。与此同时,他还一直担任英国教育史学会会刊《教育史》(Educational History)杂志编委会的海外编委。

20 世纪前半期,进步教育运动在美国教育界占据了统治地位。但是,在第二次世界大战后的十年间,作为一场学校变革运动的进步教育运动竟遭到了强烈的谴责,在美国社会和教育界基本上是被全盘否定的。面对这种情况,克雷明强调提出:"进步教育运动本身需要彻底的重新评价。"①《学校的变革》一书正是对进步教育运动的一次重新评价,试图对进步教育运动及其理论进行历史的、系统的和客观的总结。

《学校的变革》的副题为"美国教育中的进步主义,1876—1957"(Progressivism in American Education,1876—1957)。全书除前言外,分两部分,共 9 章。第一部分:进步教育的动力(1876—1917),包括 5 章;第二部分:进步教育的时代(1917—1957),包括 4 章。

在"前言"中,克雷明开门见山地写道:"进步教育协会(Progressive Education Association)1955 年解散了,两年以后它的刊物《进步教育》(Progressive Education)也停刊了,这标志着美国教育学上一个时代的结束。"②这段话言简意赅地概括了 20 世纪前半期在美国发生的那场学校变革运动——"进步教育运动"在美国教育学上的地位。因为进步教育是一种广泛的社会改良活动的一部分,是一种通过学校去改善个人生活的多方面活动,是用一种新的见识去唤醒黑暗中的美国学校,所

---

① Lawrence A. Cremin, *The Transformation of the School*, *Progressivism in American Education*, *1876—1957*, New York: Vintage Books, 1964, p. 353.

② *The Transformation of the School*, *Progressivism in American Education*, Preface.

以,克雷明精辟地指出,进步教育运动"在美国现代文明史上构成了决定性的篇章;如果忽视它,就不能全面理解美国对工业化的反应"①。此外,克雷明还提出了两点看法:一是进步教育运动一开始就表现出多元论和经常矛盾的特点;二是进步教育运动是整个世界对工业化的更广泛反应的一部分。

在"第一部分"中,克雷明分别论述了"公共教育的传统"、"教育与工业"、"文化与社区"、"科学、达尔文和教育"、"教育先驱者"五个方面。在"公共教育的传统"中,克雷明简要论述了"公立学校之父"贺拉斯·曼和教育家哈里斯领导的美国公立学校运动,并指出到19世纪90年代学校已成为一个令人沮丧的地方,在那里死记硬背占据了统治地位。面对这种情况,在美国不仅形成了全国性的对传统教育的批评以及教育革新和学校变革的洪流,而且在不到两代人的时间就改变了美国学校的特征。在"教育与工业"中,克雷明指出,1876年举行的费城博览会激起了人们对手工训练的重视,而职业教育运动随着要求变革学校的呼声在美国得到了发展,总之,学校变革需要一种全新的观点。在"文化与社区"中,克雷明在论述美国社会服务社运动以及实现美国化问题后,指出变革是19世纪90年代的永恒主题,而实现这种变革的答案始终是教育,从而强调社会变革与学校变革两者之间的必然联系。在"科学、达尔文和教育"中,克雷明指出,随着一个新的美国的兴起,随着科学、社会和心理学新观念的涌现,教育学必然被卷入骚动之中。在这里,他论述了英国教育家斯宾塞,以及美国心理学家霍尔、詹姆斯和桑代克,还有美国教育家杜威对美国学校变革的影响。在"教育先驱者"中,克雷明指出,在变革是时代的主旋律下,美国学校的变革也凸现出多样性。其中包括:美国"进步教育之父"帕克以及教育家杜威、斯陶特、约翰逊、沃特、范海斯等人的教育实验活动。此外,克雷明还论述了哥伦比亚大学师范学院在进步教育运动中的决定性作用。

在"第二部分"中,克雷明分别论述了"科学家、感伤主义者和激进

---

① *The Transformation of the School*, *Progressivism in American Education*, Preface.

主义者"、"进步教育协会"、"变化的教育主流"、"公共教育中的危机"四个方面。在"科学家、感伤主义者和激进主义者"中,克雷明强调指出,1919年进步教育协会的成立对进步教育运动的变化具有特殊的意义,因为它使进步教育运动从一种松散的联合变为一种富有活力的组织形式。其中,他论述了美国教育家拉格、克伯屈、康茨对进步教育的看法,心理测量科学、心理分析学对进步教育运动的作用,以及杜威在20世纪20年代后渐渐成为了进步教育运动的批评者。在"进步教育协会"中,克雷明详细论述了进步教育协会的兴衰,明确指出进步教育协会推动了进步教育运动的发展,并对美国学校变革起了不可估量的作用;但人们在思想意识上的冲突逐渐削弱了进步教育运动,其失败的原因是不了解什么是推动美国教育的基本力量。在"变化的教育主流"中,克雷明论述了私立的进步学校实验,例如,林肯学校等;还论述了公立的进步学校实验,例如,波特学校、文纳特卡学校、丹佛学校、芒西学校等;并概括了在进步教育影响下美国中小学教育的十点变化。此外,克雷明还指出,进步教育不仅影响了中小学教育,而且也影响了大学教育,开始在本科生教育阶段体现进步教育。但是,应该看到,进步教育运动在取得明显的成功的同时,也潜伏着一些危机,受到了一些批评。在"公共教育中的危机"中,克雷明指出,在第二次世界大战前后,进步教育运动受到了批评和攻击。其中,美国历史学家贝斯特的著作和文章是20世纪50年代对进步教育运动最尖锐、最彻底和最有影响的批评和攻击。最后,对于进步教育运动为什么失败而且失败得如此之快,克雷明提出其有七个原因,并进行了深入的分析。

概括起来,克雷明在《学校的变革》中主要对以下五个方面进行了论述,在对进步教育运动进行系统总结和重新评价的基础上,鲜明地提出了他对进步教育运动的看法。

一是进步教育运动反映了19世纪90年代美国的永恒主题。克雷明明确指出,变革是19世纪90年代美国社会的永恒主题。因为随着资本主义在美国的迅速发展,美国社会面临着诸如城市贫民窟、工厂劳动条件恶劣、实现"美国化"以及公立学校改善等问题。在这种背景下形成的进步主义运动批判和揭露这些问题,而成为一场广泛的社会改良运动。就进步教育运动来说,它正是这种广泛的社会改良活动的一部分。因为在社会生活已发生彻底和根本变化的情况下,学校教育必须进行同样的变革。

二是进步教育运动凸现出多样性。克雷明明确指出,美国学校之所以发生变革,就是为了消除学校教育死气沉沉的情况。在"进步教育之父"帕克的昆西学校实验的影响下,美国各地从19世纪90年代起出现了各具特色的教育革新实验活动。此后,进步教育协会的成立,又进一步推动了进步教育思想对整个美国学校教育的影响。由于进步教育运动是国际教育运动的一部分,因此,美国进步教育家和欧洲教育家进行了合作和交流。

三是进步教育运动促使了美国学校的变革。克雷明明确指出,正是对传统学校教育各种弊病的批评,引发了从19世纪90年代开始的进步教育运动。作为一场学校变革运动,进步教育运动对美国学校教育运动产生了不可估量的影响,并促使其发生了很大的变化。进步教育运动在美国现代文明史上构成了决定性的篇章,其为学校教育带来的许多方面的变革是不能否认的。

四是进步教育运动本身存在着矛盾和问题。克雷明明确指出,尽管进步教育运动对美国学校教育产生了很大的影响,但是,它在一些方面犯了错误,例如,经常是自相矛盾的、对教师提出过分的要求、没有与美国社会的不断变革保持同步、后期因专业主义而缺乏公众的支持,等等。正是由于这些矛盾和问题,因此,使得进步教育运动受到了批评甚至是激烈的攻击,以至最后丧失了原有的热情和活力。

五是进步教育运动标志着美国教育学上的一个时代。克雷明明确指出,南北战争后,美国学校教育处在占据统治地位的德国教育家赫尔巴特教育理论的影响之下。然而,进步教育运动的兴起表明了美国教育学上的一个不同的时代,即"进步教育的时代"的到来。这一个时代到20世纪50年代中期结束。在深入分析进步教育运动失败原因之后,克雷明强调,尽管进步教育运动作为有组织的运动是失败了,但它留下了许多永恒的问题和所建议的方法,其理论和实践必然会继续对学校教育产生深远的影响。

作为美国一位最杰出的教育史学家的成名作,《学校的变革》一书表现出以下的特点:第一,资料十分翔实。克雷明在书中运用了大量与进步教育运动相关的资料和实例,对进步教育运动进行了系统的研究和精辟的论述。第二,观点富有创新。克雷明在书中对进步教育运动提出的观点是新颖的和有独创性的,有一些结论是振聋发聩的。第三,分析真知灼见。克雷明在书中对进步教育运动的兴起以及失败原因等问题的分析是入木三分的,凸现他作为一位教育史学家的知识渊博和思维睿智。因此,正如美国学者阿瑟·曼(Arthur Mann)在《美国历史评论》杂志上所写的:"这是由一位颇有学术造诣和具有献身精神的学者写成的一本资料翔实、富有创见和颇为生动的重要著作。"①

《学校的变革》一书出版后,在美国学术界和教育界引起了极大的反响。许多学者在各种刊物上发表文章,对它给予了很高的评价。美国教育学者小西尔斯(William P. Sears, Jr.)在《教育杂志》上明确指出:"这是所有自称为教育工作者的人都应该阅读的最重要的一本书。"②1991年,美国德堡大学教授鲁里(John L. Rury)在《教育史季刊》上撰文写道:"这本书是资料翔实、颇有启示和富有灵感的。对我来说,它不仅展现了教育思想和教育实践的整个世界,而且为阐释20世纪美国教育的发展提供了一个具有说服力的框架。"③2001年,美国伊利诺斯大学教育学院教授安德森也强调指出:《学校的变革》一书"把进步教育的历史与进步时代的主流的学术和社会历史联系起来,并且在美国历史这个更广泛的范围中考察进步教育的重要地位",这本书"被看做是教育史领域新的历史编纂学的范本"。④

---

① *The Transformation of the School*, *Progressivism in American Education*, back cover.

② *The Transformation of the School*, *Progressivism in American Education*, back cover.

③ History of Education Quartely, Spring 1991, p. 67.

④ James Anderson, *Lawrence A. Cremin*, Joy A. Palmer, *Fifty Modern Thinkers on Education*, London: Routledge, 2001, p. 156.

序（1992年版）

刘佛年

　　劳伦斯·阿瑟·克雷明（Lawrence Arthur Cremin，1925—1990）是美国当代著名的教育家、哥伦比亚大学师范学院前院长。他1925年10月31日生于纽约。在汤森·哈里斯中学毕业后，就读于纽约市立学院。后在哥伦比亚大学师范学院获得硕士和博士学位。从1949年起，他在哥伦比亚大学师范学院任教：1954—1957年任副教授，1957—1990年任教授。其间，1974—1984年，任哥伦比亚大学师范学院院长。他还先后担任加利福尼亚大学、哈佛大学、威斯康星大学等大学的客座教授，并被美国16所学院和大学授予荣誉博士学位。1990年9月4日因病在纽约去世。

　　在克雷明教授的学术生涯中，他曾担任过美国教育史学会的第一任会长（1959—1960）、美国教育科学学院副院长、全国教育学院教师协会会长、美国斯宾塞基金会主席（1985—1990）。他还参加了美国哲学学会、美国历史学家学会和美国文理研究院。

　　由于卓越的学术研究成果，克雷明教授不仅在美国，而且在国际上享有很高的声誉。他生前不仅是美国教育史的权威，而且一直担任英国教育史学会会刊《教育史》编委会的通讯编委。

　　克雷明的主要著作有《美国公立学校》（1951）、《美国文化教育史》（与R·F·伯茨合著，1953）、《哥伦比亚大学师范学院史》（与D·A·香农和M·E·汤森合著，1954）、《公共教育与美国的未来》（1955）、《我们民主社会中的公立学校》（1956）、《共和国和学校：贺拉斯·曼论自由人的教育》（1957）、《学校的变革》（1961）、《美国教育的特征》（1965）、

《公共教育》(1976)、《美国教育的传统》(1977)等。

在克雷明教授去世前的 25 年里,他主要研究美国教育史,撰写并出版了一部宏大的著作(三卷本美国教育史专著):第 1 卷,《美国教育:殖民地时期的经验,1607—1783》(1970);第 2 卷,《美国教育:建国时期的经验,1783—1876》(1980);第 3 卷,《美国教育:都市时期的经验,1876—1980》(1990)。其中第 2 卷曾于 1981 年获得"普利策历史奖"。我收到克雷明教授寄来的第 3 卷时,他已经逝世了。

《学校的变革》一书是克雷明教授的成名作,曾于 1962 年获得"班克罗夫特美国历史奖"。大约在 1982 年,我和他在哥伦比亚大学师范学院相识时,他赠给我的就是这一本书。该书共 9 章,分成两个部分:第一部分是"进步教育的动力";第二部分是"进步教育的时代"。

在这本书中,克雷明教授运用大量的实例,深刻地阐述了学校变革与社会变革的关系,明确地指出了学校变革的必要性和重要性;同时也指出了,学校教育必须适应社会变革的需要,否则就会失去活力。

在美国现代教育的发展中,进步教育是一个重要的组成部分。可以说,不了解进步教育运动,也就不能全面了解美国现代教育的发展。因此,正如《学校的变革》一书最后指出的:"进步教育协会已经解散了,进步教育本身也需要彻底的重新评价。但是,它们为学校带来的许多方面的变革,就像起作用的巨大的工业变革一样,是不能否认的。"从这个意义上说,《学校的变革》一书为美国现代教育研究提供了一本不可多得的力作。也正因为如此,该书的出版在美国教育界产生了很大的反响。

《学校的变革》一书出版后,许多美国学者在各种刊物上发表评论文章,给予它很高的评价。小西尔斯(William P. Sears, Jr.)在《教育杂志》上发表文章指出:"这是所有自称为教育工作者的人都应该阅读的最重要的一本书。"阿瑟·曼在《美国历史评论》杂志上撰文强调说:"这是由一位颇有学术造诣和具有献身精神的学者写成的一本资料翔实、富有创见和颇为生动的重要著作。"《新闻记者》杂志载文认为《学校的变革》是"教育史方面的一本力作"。《美国行为科学家》杂志也载文认为这本书"对美国教育哲学和实践作出了最大的贡献"。

　　我收到克雷明教授的这本书，浏览一遍以后，就觉得这是介绍美国进步教育发展的一本最好的著作，很希望能有人把它译成中文，供我国研究进步教育变革的学者们参考。后来，我终于找到了单中惠、马晓斌两位。他们用了近两年时间，极其认真、细致地译出了这本书。在本书出版之际，我谨向他们表示祝贺。

1992 年 4 月

前　言

进步教育协会(Progressive Education Association)在 1955 年解散了,两年以后它的刊物《进步教育》(*Progressive Education*)也停刊了,这标志着美国教育学上一个时代的结束。人们还不十分了解,为什么在这两个葬礼上只有可怜的一小群送葬者。一场经历了半个世纪的运动,唤起了美国大部分公众和教师的热情、忠诚、想象力和活力,但不知怎么,在第二次世界大战后的十年间竟会遭到强烈的谴责,与一些早已流传的笑话联系了起来。例如,"曾经有这样一个迷迷糊糊的小伙子,他上了一所极端进步的学校";又如,在韦伯斯特(H. T. Webster)①的《生活的最黑暗时刻》传统系列动画片中,小玛丽有一天在积木和沙堆里得到了一颗樱桃;再如,喜剧作品《玛米姨妈》(*Auntie Mame*)用讨人喜欢的漫画手法展现了 20 世纪 20 年代一所以弗洛伊德(Sigmund Freud)②理论为指导的格林威治村私立学校。在对杜威(John Dewey)③发起猛烈攻击的人中,多半是从未读过他著作的人;但一些未读过杜威著作的人也常常为他辩护。还有,在专业教育工作者的讲话和文章里,这场运动也受到了抨击。

这场经过两代人的进步教育运动对美国教育产生的变革性影响是什么呢?它开始于何时?由谁发起?它的贡献是什么?运动中发生了什么事情?又留下了什么(如果可以这样说的话)?究竟像它的批评者

---

① 韦伯斯特(1885—1952),美国动画家。——译者注
② 弗洛伊德(1856—1939),奥地利精神病学家。——译者注
③ 杜威(1859—1952),美国教育家、实用主义教育思想的创始人。——译者注

所认为的那样,这场运动已经完全死亡了;还是用马克·吐温(Mark Twain)①的话来说,关于它的死亡的那些报告是言过其实了呢?

一个关于进步教育兴起的简单故事现在正在流传。它不仅无情地增加了忧心忡忡的父母的担忧情绪,而且助长了多疑的保守主义者的敌对情绪。在这个故事中,杜威多少有点像阿德罕姆(Abou Ben Adhem)②那样,用一种新的见识唤醒了黑暗中的美国学校。这种见识就是进步教育。那几年中,只有在哥伦比亚大学师范学院一批具有献身精神和颇有心计的专业助手的帮助下,杜威才能够把这种见识兜售给轻信的美国人。这个故事通常以请求从我们中间驱除这个妖魔并回到前辈的老路为结尾。这种道德剧老是成为美国政治上某种有影响的花言巧语,而被改革派和保守派同样使用。但是,人们决不应该把它与历史混淆起来!

实际上,进步教育开始是一种广泛的社会改良活动的一部分。这种活动是要把美国生活的允诺——民治、民有、民享的政治理想——应用于19世纪后半期形成的令人困惑的新的都市工业文明。"进步"这个词揭示了这种活动的真正含义:以鲜明的形式表示美国进步主义的教育侧面。进步教育开始时实际上是教育中的进步主义:一种通过学校去改善个人生活的多方面活动。在进步主义者看来,这意味着几个要点。

首先,它意味着扩大学校的教学大纲和职责,其中包括直接关心健康、职业以及家庭和社区生活的作用。

其次,它意味着在教室里应用建立在心理学和社会科学方面新的科学研究基础上的教育学原理。

再次,它意味着教学越来越适合已进入学校范围内的不同类型和不同阶层的儿童。从某种意义上说,贺拉斯·曼(Horace Mann)③在上一世纪发动的那场革命——提出"每一个人都应受教育"的观点——既

---

① 马克·吐温(1835—1910),美国作家。——译者注

② 阿德罕姆,英国文学评论家和诗人亨特(L. Hunt,1784—1859)的抒情短诗《阿布·本·阿德罕姆》中的主人公,是一个"热爱他的同胞"的人。——译者注

③ 贺拉斯·曼(1796—1859),美国教育家,被称为"美国公共教育之父"。——译者注

对进步主义者提出了问题,也为他们提供了机会。进步主义者强调说,如果每一个人都上学,那么,不仅教育的方法应该改变,而且教育的特殊含义也应该改变。一些教育家说得确实很好:"我们知道什么是好的教育;要么接受,要么放弃。"——福特(Henry Ford)①也曾用差不多相同的方式告诉顾客,只要通过私下交易,就能够拥有他们所希望的任何颜色的汽车。但所得到的结果是,大批年轻人离开了学校,他们认为学校与现实世界毫无联系。

最后,它意味着"文化应该民主化而不被庸俗化"这一激进信念,即每一个人不仅能分享新科学的好处,而且也能分享对艺术的追求。杰出的简·亚当斯(Jane Addams)②女士创建了赫尔会所(Hull House),并为之奋斗了整整 40 年。有一次,她谈到:"我们学会了说:好事在能有把握得到任何一个人或任何一个阶级支持以前,必须让整个社会知道;但是,我们还没有学会进一步说:除非所有的人和所有的阶级都对这件好事作出贡献,否则我们甚至不会确信它值得去做。"这就是进步教育的精神要点。它完全否定了现在流传的"这场运动是狭隘的实践而没有别的东西"的胡说。

本书阐述了进步教育运动的历史:兴起于南北战争后的几十年间;19 世纪末 20 世纪初,在知识分子中具有广泛的吸引力;第一次世界大战前十年间,聚集了政治力量,赢得了有组织的教师的支持,并对美国公立或私立的学校和学院产生了深刻的影响;在 20 世纪 20—30 年代间分裂;第二次世界大战后,最终瓦解。一般地说,进步教育运动在美国现代文明史上构成了决定性的篇章;如果忽视它,就不能全面理解美国对工业化的反应。

有两点说明也许一开始就应该提出来。第一,这场进步教育运动从它兴起时就明显表现出一种多元论和经常矛盾的特点。读者想通过仔细查阅有关记录以得到任何关于进步教育的简略定义,那将是徒劳的。没有任何东西存在,也没有任何东西会永远存在;因为进步教育的

---

① 福特(1863—1947),美国福特财团的创始人。——译者注

② 简·亚当斯(1860—1935),美国社会活动家。她曾建立芝加哥社会福利中心(以"赫尔会所"闻名),1931 年获诺贝尔和平奖。——译者注

整个历史意味着不同的人采取了不同的做法,而这些做法的差异只能通过美国教育所特有的多样性来调和。第二,只要本书努力去撰写美国社会和文明史上的这个章节,读者很快就能认识到进步教育运动显然是整个世界对工业化的更广泛反应的一部分;而且,按照美国的经验进行的这场美国教育运动在许多方面与同时代其他工业国家的发展是相似的,同时也确实受到了它们的影响。

在研究进步教育运动的过程中,在承担这些沉重的学术性债务的过程中,我也获得了学术研究上的乐趣。凯佩尔(Ann M. Keppel)、苏拉特(Judy F. Suratt)、格雷厄姆(Patricia A. Graham)、塔奇曼(Sheila L. Tuchman)和舒尔曼(Nancy S. Shulman)等人对我的研究提供了帮助。在我刚开始构思的时候,威斯康星大学的博罗曼(Merle L. Borrowman)、柯蒂(Merle E. Curti)和已故的比尔(Howard K. Beale),以及利兹大学的哈里森(John F. C. Harrison)就对我的构思提出了一些建议,对本书作出了非常宝贵的贡献。我在哥伦比亚大学师范学院社会科学和哲学基础部工作的一些同事,从一开始就对我提出了一些常常是十分尖锐的问题,例如,我的老朋友和合作者德沃金(Martin S. Dworkin)、巴茨(R. Frceman Butts)①精心阅读了未定稿,并提出了一些批评意见。许多人也欣然与我交谈有关问题,并翻阅了尚未出版的文稿,其中有著名的克伯屈(William H. Kilpatrick)②、康茨(George S. Counts)③、雷德弗(Frederick L. Redefer)、安德逊(Archibald W. Anderson)、赫尔菲什(H. Gordon Hullfish)④、科布(Stanwood Cobb)⑤、史密斯(Eugene Randolph Smith)、农伯格(Margaret Naumburg)和已故的拉格(Harold Rugg)⑥。这个研究所具有的力量,大部分可以追溯到这些慷慨的贡献;但它的缺点无疑应该由我来承担。

威斯康星历史学会(Wisconsin Historical Society)的工作人员,尤

---

① 巴茨(1910—　　),美国教育史家。——译者注
② 克伯屈(1871—1965),美国教育家。——译者注
③ 康茨(1889—1974),美国教育家、改造主义教育的提倡者。——译者注
④ 赫尔菲什(1894—　　),美国教育家、进步教育协会最后一任主席。——译者注
⑤ 科布(1881—　　),美国进步教育协会发起者之一。——译者注
⑥ 拉格(1886—1960),美国教育家。——译者注

其是科尔森(John Colson),在我居住在麦迪逊的一年里,对我帮助很大;哥伦比亚大学师范学院图书馆的管理员,在研究的整个过程中对我帮助也很大。我的秘书佐洛特(Helen D. Zolot)精心地帮我打出了文稿。最后,哥伦比亚大学社会科学研究委员会的拨款及师范学院院长研究基金资助了研究初期的调查工作;古根海姆纪念基金会(John Simon Guggenheim Memorial Foundation)的会员资格则使我能够花费整整一年的时间,在一张带书架的阅览桌(幸亏没有电话)上研究和写作。在本书的献辞中,我也要表达对爱妻的深切谢意。

本书的各部分最初发表在《哈佛教育评论》(*Harvard Educational Review*,1957)、《学校评论》(*The School Review*,1959)、《哥伦比亚大学师范学院学报》(*Teachers College Record*,1959)以及《教育论坛》(*The Educational Forum*,1960)上。

劳伦斯 · 阿瑟 · 克雷明
(Lawrence Arthur Cremin)

第一部分

进步教育的动力 (1876—1917)

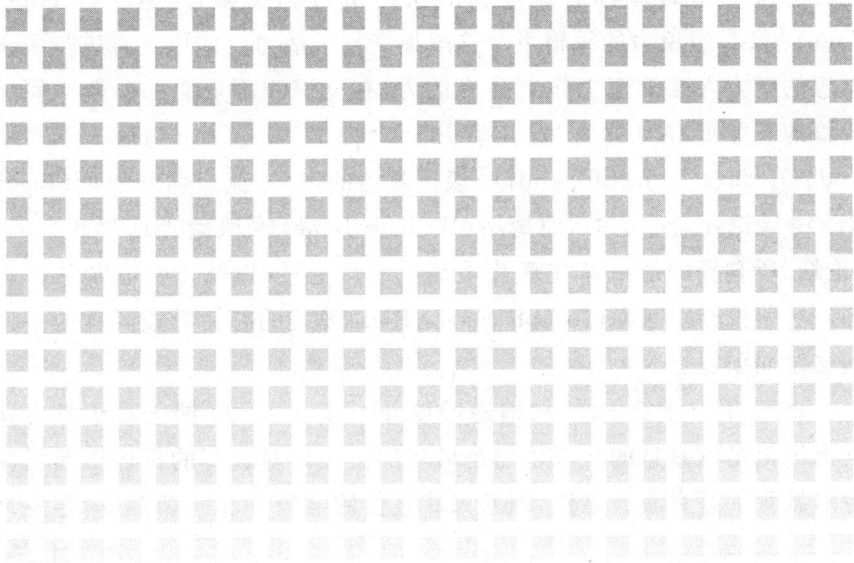

第一章 公共教育的传统

I

3 　　《论坛》(*The Forum*)杂志的发行量在 1892 年直线上升是不足为奇的。这份乏味的即将面临停刊的纽约市月刊在佩奇(Walter Hines Page)①富有想象力的编辑下奇迹般地恢复了活力。这位具有进步主义思想的南方人在编辑工作上是有活力、有见识和不妥协的。他一篇又一篇地刊登那些自称为"健谈者"的文章。其中有洛奇(Henry Cabot Lodge)②和希夫(Jacob Schiff)③谈论政治的,简·亚当斯和里斯(Jacob Riis)④谈论社会改革的,詹姆斯(William James)⑤谈论心理学研究的。《论坛》所刊登的每一篇文章几乎都被人讨论过,但佩奇自己却从未料到一场争论会由赖斯(Joseph Mayer Rice)发表的有关学校问题的一系列文章而引起。

　　1892 年与往常一样,约翰逊(Marietta Johnson)⑥博士关于教育死气沉沉得足以窒息的责戒依然是恰当的。赖斯对教育的批评激起了佩奇对教育的好奇心。显然,国家大肆宣传的学校并非一切都好,连佩奇

---

① 佩奇(1855—1918),美国报刊出版者、外交家。——译者注
② H·C·洛奇(1850—1924),美国政治家。——译者注
③ 希夫(1847—1920),美国金融家。——译者注
④ 里斯(1849—1914),美国新闻记者、著作家、社会改革家。——译者注
⑤ 詹姆斯(1842—1910),美国心理学家。——译者注
⑥ 约翰逊(1864—1936),美国教育家,进步教育协会发起者之一。——译者注

这位新闻工作者也听到了消息。此外,要说到谁能提供一些优秀的文章,那就是赖斯。赖斯是纽约市一位年轻的儿科医师。他的诊断精确、有自己的见解、有针对性。由于对疾病预防有兴趣,因此,他会去探讨有关城市学校的一些问题——这些问题是如此的紧迫,以致使赖斯在德国的耶拿大学和莱比锡大学中花了整整三年时间(1888—1890)去研究教育学。① 他从那里带回了一些关于"教育科学"的相当明确的观点——对于一个年仅 33 岁的年轻人来说,这是一件危险的事情——在1891 年又花了一年时间寻找宣传这些观点的方法。纽约市的一份小周刊《新纪元》(*Epoch*)上的专栏和《论坛》1891 年 12 月号上的一篇文章最先为他提供了这种机会。赖斯那种尖锐的文笔不可避免地引起了评论。临近 1891 年年底,佩奇向赖斯提出了一个新的建议。

佩奇在这个建议中要求赖斯代表《论坛》杂志准备一份有关美国公共教育的第一手评估材料。赖斯非常高兴地接受了这个建议。他打算从波士顿到华盛顿、从纽约到圣路易斯,到教室里听课、同教师谈话、出席地方教育董事会的会议和访问家长。他打算对学校行政人员提供的报告采取"不轻易相信"的态度,目标是向公众提供一个客观的评估。1892 年 1 月 7 日,赖斯离开纽约。他调查访问了 36 个城市,同大约 200位教师谈了话。同年 6 月底,赖斯回到纽约,笔记本里记满了统计数字、实例以及看法。整个夏天他埋头于写作,并在 10 月间发表了第一篇文章。在短短的一个月内,他和佩奇两人就意识到他们所面临的艰险了。最后一篇文章发表于翌年 6 月。② 那时,赖斯的名字已成了一个话柄——对于全国的教师来说,它经常是一个代表某种特征的词了。

赖斯的故事完全带有新闻写作的特征。它注定要使"揭丑"这个词在美国家喻户晓。在一个又一个的城市中,公众的冷漠,党派的干涉、腐败和无能,实质上正导致着学校的毁灭。巴尔的摩有一位教师告诉赖斯:"我以前教高年级,但前些日子因患了神经衰弱,医生劝我休息。

① 简略的赖斯传刊登在《美国传记百科全书》第 12 卷、第 203—204 页上。

② 这些文章从 1892 年 10 月到 1893 年 6 月,连载 9 期,后来以《美国公立学校制度》为题再发行(纽约,1893)。

这样,我现在教低年级,因为教低年级孩子不费心。"赖斯问纽约的一位校长,在课堂上是否准许学生把头转来转去,这位校长回答说:"既然教师在他们的前面讲课,他们又何必向后看呢?"芝加哥的一位女教师按照一种"协作训练"的方法来训练学生,告诫学生说:"别停止思考,把你们所知道的一切告诉我!"在费城,"地区要人"控制了教师和校长的任命;在布法罗,市长是全市 700 位教师唯一的监督人员。尽管上述情况屡见不鲜,但其性质是相同的:政党工作人员雇佣未经培训的教师,这些教师盲目地让天真无邪的孩子进行协作训练、死记硬背和复述那些毫无意义的冗词赘语。

但是,情况并非都这般糟糕,赖斯在各处都发现有鼓励学校摆脱死气沉沉教学统治的做法。在明尼阿波利斯,"一批很负责的进步主义教师"正在读写算的基础上进一步扩充学校的教学大纲,并富于同情心地对待来自于"甚至可以说是最穷的移民家庭"的儿童。在印第安纳波利斯,学校行政管理人员坚决把党派关系排斥在外,称职的"进步主义"教师正试图把"综合的观点"引进课程之中,把几门课结合起来。"这样,儿童可以看出这些课程之间的相互联系,从而获得更多的知识。"在印第安纳州的拉波特,赖斯既在素描、绘画以及用粘土做模型方面看到了可喜的进步,又在教学生"互相帮助"方面看到了鼓舞人心的成果。最后,赖斯认为,帕克(Francis W. Parker)①那所闻名于世的库克县师范学校"既是最进步的学校之一,又是最有启发性的学校之一"。他在那里发现了儿童受到"全面"教育的典型例子:自然研究、艺术、社会活动以及读写算均由一位富有灵感和热情的教师担任。

发表在《论坛》1893 年 6 月号上的最后一篇文章唤起了人们的行动。所有公民都能感受到"进步学校"给予他们孩子的生气和温暖。其方法是简单而明了的:在被唤醒的公众的率领下,学校制度必须"在所有方面绝对地脱离党派关系";必须引进直接的、全面的、科学的管理;教师必须不断努力提高其专业和文化水平。赖斯总结道:"国家普通教育的精神是进步的";现在剩下的是全国各地公众必须去做这项工作。

---

① 帕克(1837—1902),美国教育家。杜威称之为"进步教育之父"。——译者注

赖斯的一系列文章所引起的反应是令人震惊的。报纸的反应是人们所预料的——《波士顿广告日报》(*Boston Daily Adoertiser*)1893年1月的一篇社论代表了相当普遍的同情心理:"……必须承认,赖斯所列举的例子确实反映了一种令人遗憾的状况,同时人们也下决心要改善这种状况。现今的学校制度(尤其是'使学生穷于应付作业'的制度)中,有许许多多机械呆板的条条框框,与别处的制度毫无区别,对儿童的教育只是妨碍而不是帮助。"①《芝加哥电讯》(*Chicago Dispatch*)认为,"芝加哥的公立学校不能超越地区党派关系是一种耻辱";而《底特律自由报》(*Detroit Free Press*)认为,赖斯的批评"观点正确并提出了进一步改善学校工作的建议。这些建议竟使那些受到最严厉批评的人感到兴趣,并且最终能改正批评所指出的缺点和弊端"。②

然而,专业刊物的反应——一种从使人寒心的冷漠发展到接近歇斯底里的反应,使人更感兴趣。波士顿的《教育杂志》(*Journal of Education*)认为,赖斯这个年轻人的性格表明他的"论证过于吹毛求疵,因此,他只不过是一位喜欢采用耸人听闻手法的批评家……"③在新英格兰地区的任课教师中拥有广泛读者的《教育》(*Education*)杂志,1892年12月刊登了一篇冷酷无情的社论,把赖斯描述成一个刻薄的新闻工作者,说他"最近为了在德国进修一门教育学课程,放弃了医治病人的工作"④。在以后几个月里,这份杂志的评论只是继续发挥这个主题,使得《论坛》的一系列文章受到公众的嘲笑,公众说这些文章作为激进的、高水平大学的、专家型的批评,实质上是由一个完全没有领会美国公共教育要点的、自以为懂得教育学的人所写的。⑤

纽约的《学校杂志》(*The School Journal*)编辑早就采取了一种观望态度,在该杂志1892年11月号上写道:"赖斯博士进入了一个新天地。我们反复说学校有朝一日会在社会上曝光,并且提醒它们是否做

----

① 《波士顿广告日报》,1893年1月27日,第4页。

② 摘自《赖斯博士访问记》系列摘要,见《学校杂志》第46期(1893),第450页。

③ 《教育杂志》第37期(1893),第72页。

④ 《教育》第13期(1892—1893),第245页。

⑤ 同上,第306—307、354—357、377—378、501—503、567页。

好了一切准备。现在我们再一次提醒它们。"①两个月后,即赖斯关于纽约学校的评论文章发表以后,《学校杂志》就更少公开发表其见解了。在它看来,赖斯所提出的一系列批评"既没有说服力,又无关紧要"②;即使这些学校会有一些成果,最多也只是人们要求它们的那些罢了。由于不甘落在颇有资格、更受尊重的竞争者——《学校杂志》后面,《学校》(School)这份杂志从一开始就痛斥赖斯的一系列文章。它用自己委任的学校保护人的来信点缀笔锋尖锐的社论。这些来信争辩说,赖斯从外国搬来的训练方法缺乏课堂经验,证据也不足;而且,反对公立学校的偏见使他不适合评价美国教育。③ 到1893年3月,《学校》的编辑发誓要刊登自己任命的"专家"的评论,而不再随意刊登那些评论赖斯错误的文章以吸引读者——但只有一次违背了誓言,即在1893年4月斥责《学校杂志》"扭扭捏捏地、半心半意地支持赖斯的廉价的批评,即一个在《论坛》杂志上被说成是专家的人的花言巧语"④。

因此,批评与《论坛》的发行量一起与日俱增。编辑成书的论文集在1893年10月出版,仅仅起了煽风点火的作用,并一直延续到1894年夏天。赖斯本人依然无所畏惧。他继续为《论坛》撰稿,而且以后的一些文章,例如,《苦学拼写法是无用的》(The Futility of the Spelling Grind),被广泛阅读和引用。它提供了3.3万名小学生的测验数据,表明在埋头于家庭拼写作业的时间总量和胜任高级技艺之间,不存在必要的联系。⑤ 1897年,赖斯成了《论坛》杂志的编辑——但他在杂志编辑方面的结果不很突出。此外,他还写了两本比较重要的著作:一本是《科学的教育管理》(Scientific Management in Education,1913),另一本是有关市政府行政管理的。⑥ 他甚至成立了一个教育研究学会。然

---

① 《学校杂志》第45期(1892),第444页。
② 同上,第46期(1893),第153页。
③ 《学校》第4期(1893),第180、193、199、210、211、250、260页。
④ 同上,第322页。
⑤ 《论坛》第23期(1897),第163—172页。
⑥ 有关市政府行政管理的书,题为《人民的政府》(费城,1915),提倡科学的公共管理。赖斯1898年还为学校出版了一本《简明缀字课本》。

而,赖斯在 1934 年逝世时,实际上并不是一个名人。人们只记得他是
"美国测验运动"的发起人之一。这位昔日的进步主义者命运不佳,只
是那些将要继续改革的人所进行的一种职业冒险。众所周知,因为一
些改革运动与历史无关,人们宁可向前看,也决不向后看;当的确需要
回顾历史的时候,他们通常宁愿选择理想的祖先,也不愿承认终有一死
的凡人。

II

　　赖斯的揭露对于 19 世纪 90 年代的美国人来说,显然是一帖苦药。
因为如果要说通过半个世纪的公立学校宣传,在公众心里留下了什么
的话,那就是意识到教育与国家进步之间存在着不可分割的关系。南
北战争前普及教育的伟大设计师——马萨诸塞州的贺拉斯·曼、康涅
狄格州的巴纳德(Henry Barnard)①、密执安州的皮尔斯(John
Pierce)②、俄亥俄州的路易斯(Samuel Lowis)③——在谋求政治支持的
过程中,都坚持不懈地研究了这个问题,把每一所乡村学校描述成共和
国的堡垒以及公众希望和抱负的所在。④
　　贺拉斯·曼被认为是最主要的典范。作为早期公立学校运动的领
导人,他在普及教育观点中注入了一种无限的信念:人类生活和教育机
构的臻于完善。公立学校一旦建立,任何邪恶都不能抵抗它们的有益

9

————————

　　① 巴纳德(1811—1900),美国教育家、著作家,19 世纪美国公共教育运动领导人
之一。——译者注
　　② 皮尔斯(1797—1882),美国教育家,密执安州第一任公立学校督学。——译者
注
　　③ 路易斯(1799—1854),美国教育家,俄亥俄州第一任公立学校督学。——译者
注
　　④ 克雷明:《美国公立学校》(纽约,1951);E·I·F·威廉斯:《贺拉斯·曼》(纽
约,1937)。

影响。普及教育能够成为人类环境的"伟大平衡器"、"社会机构的摆轮"以及"无穷财富的创造者"。贫穷无疑将消失,标志全部人类历史的"富人"和"穷人"间充满仇恨的不和也将随之消失。罪恶将减少;疾病将减轻;普通人将生活得更长久、更美好、更幸福。这是一个总的信念:教育能影响年轻共和国的命运——一种 19 世纪的古代雅典教育观点。所以,它激起了美国公众的乐观主义情绪,这是一点儿也不奇怪的。

这个理论支持着贺拉斯·曼的信念,他的信念代表了早期美国进步主义的一种有魅力的混合体,把杰斐逊①的共和主义、基督教的道德主义以及爱默生②的理想主义结合了起来。贺拉斯·曼很了解自由、自治以及普及教育之间的关系。他像杰斐逊一样,认为公民只有具备作出明智决定的知识时,自由才是稳固的。要不是贺拉斯·曼,这个问题就会更深奥。实际上,这是一个提高道德的问题。有一次,他写道:"与以往社会相比,公立学校……创造更有远见的理智和培养更纯粹的道德。在这之前,贤人哲士决不会在议会大厅里主持会议,其深奥的言论也决不会被记录在法令汇编上。"③贺拉斯·曼清楚地认识到知识就是力量,但是,这种力量既作恶又行善。因此,公民教育决不能仅仅是智力方面的,对道德价值的看法不可避免地进入了教育的范畴。

不过,道德价值问题一提出,就引起了其他问题。贺拉斯·曼深受美国人多样性的影响。然而,他害怕道德价值观念的冲突会使美国人分裂而没有力量,担心宗教、政治以及阶级的差别会产生破坏性的影响。因此,他寻求一个共同的道德价值体系,在这个体系中,多样性可以得到充分的发展。贺拉斯·曼寻找的是一种新的社会哲学,一种由不同背景和教派的美国人分享的社区观念,而他在这种努力中所采用的工具就是公立学校。

贺拉斯·曼的学校将是公立的。它不像平民学校——例如 19 世

---

① 杰斐逊(Thomas Jefferson,1743—1826),美国第三任总统。——译者注
② 爱默生(Ralph Waldo Emerson,1803—1882),美国散文家、诗人、哲学家。——译者注
③《教育委员会第 12 年度报告》(波士顿,1849),第 84 页。

纪普鲁士的国民学校——而有点像属于所有人的公共学校。它将对所有人开放，由州和地方社区提供，作为每一个儿童天赋权利的一部分。它将对富人和穷人一视同仁，不仅免费，而且教学质量像任何私立学校一样好。它将不属于任何教派，而接受所有教派、阶级和任何背景的儿童。在童年的温暖氛围中，贺拉斯·曼看到了鼓舞成年人在永远无法摆脱的生活矛盾中友好相处和树立相互尊重精神的机会。在社会的和谐中，他确定了公共教育的主要目的。

　　贺拉斯·曼构想的天才之处以及从那时起就表示了美国公共教育特征的内在物力论(dynamism)①的中心，是授予人民参政的权利，通过政府立法机关和地方教育行政部门由公众选举的代表而不是专职的学校教师，实行基本的管理。其明显的理由是：公共管理必须是公众支持的必然结果。这个理由无疑是充分的，而且这种关系还得大大加深。由于外行人控制的手段是精明的，社会不断要求对其教育儿童的社会哲学加以解释。当贺拉斯·曼自己开始给这种哲学下定义的时候，一种19世纪并不罕见的自然法则、进步信念、资本主义道德和自由新教的混合体出现了。但是，贺拉斯·曼自己的定义并没有他发起的事业重要，因为他的事业是与政治进程联在一起的。通过这个政治进程，公众规定了学校所承担的义务。人们在美国教育史中发现这些学校具有决定性的力量。

　　在课程方面，贺拉斯·曼的想法极其平常。他倾向于接受通常的一些课程：阅读、书写、拼字、算术、英语语法和地理，以及健康教育、声乐(唱歌会增强肺的功能和预防肺病)和初步的《圣经》阅读。然而，在教育学方面，他的思想别具一格。他一再想对怎样教公民这个古老的问题作出新的解答。首先，贺拉斯·曼是在卢梭(J. J. Rousseau)②之后第一个论述集体教育的，并认为这不仅是实践的需要，而且是社会迫切需要的东西。卢梭在《爱弥儿》中争辩说，理想的教育环境是一个教

11

————————

① 物力论，以力与其相互关系来解释宇宙的理论。——译者注
② 卢梭(1712—1778)，法国哲学家、教育家。——译者注

师和一个儿童。但为了指导民众教育,他劝告读者转向柏拉图(Plato)①的《理想国》。于是,贺拉斯·曼认为,家庭教师的教育决不能为教育的社会目的服务,只有对一群不同背景的学生进行教育,才能实现公立学校的统一目标。

然而,一旦认可了这个问题,其他问题也就随之出现了。一个自由的社会关心个人而不关心民众。那么,个人的价值怎样才能同儿童的集体教学一致起来呢? 贺拉斯·曼根本没有解决这个问题,但有一点值得大为称赞——他的确认识到了这个问题。例如,他认为,儿童在气质、能力和兴趣方面各不相同,因此,课程设置就应该适应这些差别。他一直认为,一所免费学校的纪律必须是每个人的自我约束。他用“自治”、“自制”、“自愿遵循理性和义务的法则”来阐述共和国教育的目的。一方面,贺拉斯·曼拒绝盲从;另一方面,他又拒绝无政府主义的放任自流。对于贺拉斯·曼来说,道德行为的本质是自由的自我选择,而最终目的是道德的培养,只有在培养儿童自我约束的艰苦过程中,他们才会觉得公立学校确实尽了它对自由所承担的义务。

即使人们同意这些见解,贺拉斯·曼的决心依然具有其理论上的困难。他被瑞士改革家裴斯泰洛齐(J. H. Pestalozzi)②的自然主义教育学所吸引,但是,他像裴斯泰洛齐本人一样,专心致志于道德教育。怎样使一个儿童在获得自由的同时又塑造他本人呢? 这个问题又回到了卢梭那里,最终回到了柏拉图那里。当然,卢梭从来没有解决这个问题。贺拉斯·曼在颅相学(就像任何 19 世纪流行于美国的学术风尚一样流行)的“科学”中找到了答案。③ 颅相学家假设脑具有 37 种功能——例如,支配个人态度和行动的攻击性、仁慈心及尊敬心等。这种理论在观点上受行为主义者的影响,主张人性能够得到改善、合乎需要的能力能够通过训练而得到培养、不合乎需要的能力由于不用而受到

---

① 柏拉图(前 427—前 347),古希腊哲学家。——译者注
② 裴斯泰洛齐(1746—1827),瑞士教育家。——译者注
③ 贺拉斯·曼在担任马萨诸塞州教育委员会秘书职务之后,最先读的一本书是辛普森(J. Simpson)的《公共教育的必要性》(爱丁堡,1834)。这本书在很多方面依赖于裴斯泰洛齐和英国颅相学家的著作。

抑制。今天能够记起这种理论的人太多了,但人们仅仅把它当做一种从颅骨的轮廓来辨认性格的有趣方法。实际上,19世纪40年代教育上的改良主义吸取了这种理论中的一些重要部分。它竭力想得到一种对人类行为的自然主义解释;激起了人们对儿童健康问题的极大兴趣;保证教育能通过改善儿童个人的性格来建设美好的社会。对于一位教育改革家来说,这是一种多么奇妙的心理学啊!爱默生自己把有关这门学科的一篇最主要的文章称为"一段时间以来我所读过的最好训诫"(*the best sermon I have read for some time*)。①

为公立学校教育的实现而进行的斗争是美国历史上迷人的一章。在贺拉斯·曼的积极领导下,马萨诸塞州在许多方面成为全国普及教育的典范。差不多在每一个州里,公民们都组织起来为公立学校而战。令人惊讶的是,他们组成的政治联盟常常聚集了其他兴趣根本不同的人。正如琼斯(Howard Mumford Jones)②所指出的,成功的学校领导是这样的一种人:他能够用完美的技巧同时照顾到工人受伤害的自尊心、富人经济上的活力、穷人的地位抱负以及文化人在文盲大众的冲击面前的羞怯防卫。③ 然而,这些联盟的松散关系竟是他们彼此理解的关键。因为当教育的政治方面与更大范围的政治倾向大相径庭时,实际上早在上一个世纪中就显示出了其独特的倾向。这些倾向也经常被人们一致认为的"教育是非政治的"假设弄得模糊不清。

为免费学校而战是一场艰苦的战斗。经过长达25年的战斗,其结果还不能确定。地方选举在学校问题上争辩、获胜和失败。教育改革的潮流在这一个州涌起,却在另一个州退落。有时立法在这一年通过了,在第二年就被废除了。那些应该建立公立学校的地方、社区并不理睬要求建立公立学校的政府法律。公共教育的坚定支持者不断对其感

① 腊斯克(R. L. Rusk)编:《拉尔夫·沃尔多·爱默生书信集》(6卷本,纽约,1939),第1卷,第291页。参见戴维斯(J. D. Davies):《颅相学:风尚和科学》(纽黑文,1955)。

② 琼斯(1892—),美国教育家。——译者注

③ 琼斯:《贺拉斯·曼的改革运动》,见艾伦(D. Aaron)编:《危机中的美国》(纽约,1952),第91—107页。

到夹杂着痛苦的失望,而这种失望又会伴随着他们对于任何社会改革的每一次努力。

到 1860 年,一项计划已经开始出现。它受到贺拉斯·曼理想的影响。绝大多数州都建立了公立学校制度,全国超过半数的儿童已能得到一些正规教育。小学正在满足广泛的需要;在一些州,如马萨诸塞州、纽约州以及宾夕法尼亚州,免费公共教育的观念正慢慢地扩展到一些中等学校;在少数几个州,如密执安州和威斯康星州,已经有一所州立大学与公立学校制度衔接。当然,从州到州,从地区到地区,都发生了一些意义深远的变化。长期以来一直是公共教育先驱的新英格兰地区,也有私立教育的传统。那里私立学校仍然兴旺发达。在中西部地区,大部分小学生被送到公立学校去。南部各州,除北卡罗来纳州以外,公共教育都比较落后,一般在南北战争以后才建立公共学校教育。

总的看来,普及教育完全赢了——即使有时是勉强的——但全社会都承认这一点。外国人已经承认它是一种独特的美国革新。波兰革命者格鲁斯基(A. G. De Gurowski)伯爵在 1857 年就敏锐地观察到:"美国社会的未来和祸福将建立在公立学校的基础上,而不是建立在别的基础上。公立学校是真正的美国社会和人民的精神、意志以及特征最高尚和最光辉的表现形式……在欧洲这个文雅阶级的文明社会里,教育并没有超出个人训练的范围;唯有美国这个自由的国家在新英格兰地区、马萨诸塞州的倡导和率领下,拥有明智的和受过教育的民众。"①

III

胜利必须得到巩固,这个任务落到了下一代教师身上。他们正在继续贺拉斯·曼及他的同时代人的开拓性工作。在城市的红砖建筑

---

① 格鲁斯基:《美国和欧洲》(纽约,1857),第 292、308 页。

中,在乡村的白瓦校舍中,在边陲新移居区的简陋小屋中,19世纪七八十年代的教师试图把普及教育的立法变为现实,使儿童真正受到学校教育。他们的工作之所以没有很好地被人们记住,是因为接替那些开拓先驱者的人并不那么吸引人;历史学家在热衷于研究前辈的过程中,有时忽视这些后继者的工作重要性。南北战争以后的十年里,一批新教师:马萨诸塞州的希思(Barnas Sears)①、皮博迪教育基金会的柯里(Jabez L. M. Cury)②、纽约州奥斯威戈师范学校的谢尔登(Edward Sheldon)③、联邦教育局的伊顿(John Eaton)④,站到了普及教育运动的前面。然而,远远超过他们并且是又一个教育学时代的统率人物,无疑是哈里斯(William Torrey Harris)⑤。

　　哈里斯是新英格兰人,22岁时就到了美国西部。他的成名是由于他先担任圣路易斯市公立学校的督学(1868—1880),后又担任美国教育总署署长(1889—1906)。从1859年一直到1909年逝世,哈里斯的生涯代表了一种异乎寻常的结合,即彻底唯心的哲学家和杰出实践的教师的结合。同一个哈里斯,一方面,他数年尽力去掌握黑格尔(G. W. F. Hegel)⑥的《逻辑学》,并创办了《思辨哲学杂志》(*Journal of Speculative Philosophy*)(在美国是这一类期刊的先驱);另一方面,他比其他任何人更努力使学校行政管理工作专业化。哈里斯很快就被一些美国哲学家视为爱默生理想主义精神的继承人、他那个时代最主要的黑格尔学派的继承人、致力于理性精神复兴的"圣路易斯哲学运动"的主要代表。对于美国教育家来说,一方面,他依然是南北战争前所取得的胜利的伟大巩固者;另一方面,他最终使公立学校制度合理化了。哈里斯开始工作的时候,正是贺拉斯·曼逝世那年。普及教育是一个

————————

① 希思(1802—1880),美国教育家。——译者注
② 柯里(1825—1903),美国教育家。——译者注
③ 谢尔登(1832—1897),美国教育家,纽约州奥斯维戈师范学校第一任校长。——译者注
④ 伊顿(1829—1906),美国教育家。——译者注
⑤ 哈里斯(1835—1909),美国教育家、哲学家。——译者注
⑥ 黑格尔(1770—1831),德国哲学家。——译者注

由农民、工人和商人组成的不牢固的同盟共同使用的激进概念。尽管他对普及教育作了肯定,但他的思想体系实质上还是保守的。①

　　要充分理解哈里斯的工作,人们就必须首先把他看成一个教育思想史上的过渡人物。听过他具有号召力的讲话和读过他复杂的理论分析的这个民族,进入了一个剧烈变动的早期工业发展时期。美国制造业受到保护关税、廉价劳动力、丰富的原材料以及四通八达的铁路交通网的刺激,以空前的速度发展起来。人们在不断举家迁移。一股稳定的移民潮流涌进东部海港,美国人自己迁移到西部的各个城市。在哈里斯享有教师盛名的最初几年里,他的讲台在圣路易斯这个繁荣的中西部城市里并不是毫无意义的。因为这一切最终是在这个人口众多、种族和宗教上存在着差异以及坚持根据工商业的要求去检查公立学校的城市中发生的。

　　把哈里斯看成两个时代之间的过渡人物,应该从领会他那关于黑格尔深奥著作的奇妙魅力开始。与许多19世纪中期的同胞一道,哈里斯经历过一场意义深远的宗教危机。这场危机就出现在《思辨哲学杂志》的创刊号上。哈里斯写道:"放弃传统的心灵承受力和只接受其本身证明为正当的心灵承受力的倾向,是富有活力的;其结果仅仅是要求理性,这种理性将找到并建立一种哲学基础,即所有那些作为宗教教义的重要观念的哲学基础。"②自然主义和神秘主义都不能满足哈里斯的需要。但是,他在黑格尔的辩证法、绝对真理以及自动的唯理论(rationalism)③学说中,找到了一条路——不管这条路多么曲折——把他少年时代的基督教信仰同科学的方法调和了起来。哈里斯更广泛地用黑格尔的观点去论证在一个充满变化的社会中什么是值得保存的。黑格尔使他能够在不否定旧美国的基础上接受一个新美国。在黑格尔的唯

16

_____

　　① 见柯蒂(M. Curti):《美国教育家的社会观念》(纽约,1935)第9章;霍姆斯(B. Holmes):《威廉·托里·哈里斯的一些著作》,《美国教育研究杂志》第5期(1956—1957),第47—66页;利德克尔(K. F. Leidecker):《美国式教师》(纽约,1946)。
　　②《思辨哲学杂志》第1期(1867),第1页。
　　③ 唯理论,亦称"理性主义",旧哲学认识论的一派,同"经验主义"相对。只承认理性认识的可靠性,否认理性认识依赖于感性经验。——译者注

理论中,哈里斯找到了信念。

　　哈里斯对教育的信念和对教育的贡献,大都可以用简单的实用主义词句来解释。他生来就有作为一个行政官员的敏感和才能。但是,他最基本的贡献只能通过他对黑格尔的信奉来了解。例如,他确认公立学校的模式,作为一个南北战争前在康涅狄格州出生并在那里受到教育的人,追随并支持贺拉斯·曼和巴纳德的信念,这当然是很自然的。他在1871年写道:"可以期望的是,在公立学校中比在其他任何地方更能体现出美国学校的精神。如果年轻一代不发展民主思想,那么,责任就在于公共教育制度。"①一年以后,哈里斯又告诫人们说:"愚者治于人,唯智者能自治。"②公立学校使公民增加了各种机会;对公民教授道德和公民权利与义务;鼓励一种富有才能的领导者;主张社会的变动性;促进了公众对社会发展的反应。贺拉斯·曼和他的同时代人对此会表示由衷的赞同。

　　但是,当人们继续读下去时,细微的差别就出现了。哈里斯尽管保存了19世纪40年代的改良主义,但还是采用了一种新的调子。学校是"让所有阶级的人去参与文明生活的伟大工具"③。但什么是文明生活呢?对于哈里斯来说,它是一种有秩序、自我约束、公民对国家忠诚以及尊重个人财产的生活。受过教育的人具备社会(他是其中一部分)能接受的世界观。"教育是用这种社会秩序代替人们的纯粹动物性的过程",是"为了永恒的自由而对短暂的自由的放弃"。④ 因此,教育的目的必须限制在长期以来一直深埋于种族智慧内的原则上。虽然自由的个人为社会发展贡献了自己的一份力量,但他所能作的贡献对巨大的社会整体来说是渺小的。

　　贺拉斯·曼是否向商人保证过公立学校将维持社会秩序、增加财富和保卫财产?他当然作了保证。他对马萨诸塞州教育委员会的第五

---

① 《圣路易斯公立学校理事会第16年度报告》(圣路易斯,1871),第28页。

② 《圣路易斯公立学校理事会第17年度报告》(圣路易斯,1872),第58页。

③ 哈里斯:《威廉·托里·哈里斯的教育信条》,见兰格(O. H. Lang)编:《19世纪的教育信条》(纽约,1898),第43页。

④ 哈里斯:《教育的心理学基础》(纽约,1898),第282页。

年度报告就是这种推理的一个典型例子。而且,贺拉斯·曼也大胆提出了他的文明生活定义。但是,他和哈里斯之间的差别是一种决定性的和重要的差别。贺拉斯·曼的公立学校实际上有助于形成一种受新的社会哲学支配的社会秩序;哈里斯的公立学校只不过在巩固一种早已存在的社会秩序方面起些作用。

在分析哈里斯关于学校教学大纲的介绍时,这种差别就更明显了。首先,他比贺拉斯·曼更清楚地认识到,学校只是几种起教育作用的机构之一,因此,学校的权力明显地受到限制。儿童的成长受到家庭、教派、民间社团以及未入学前的各种情况的影响,而这些影响在他入学期间依然存在着。那么,正规教育又如何成为有特色的工作呢?哈里斯用四条原则回答了这个问题。这就是:学校教育必须永远是更大范围的生活教育(一种延续到成年时期的教育)的初级阶段;学校应该只教学生一些不大可能从交往(如,同亲戚、游戏伙伴或同事的交往)中学到的知识;学校教学大纲应该只包括与学生所生活的那个世界有关的一般理论知识;最后,学校不准侵犯教会的正当领地——如果是道德教育,可以这样做,至于宗教教育,是绝对不行的。①

哈里斯在论述教育内容的过程中,从未忘记这些原则。有一次他写道:"学校过程的问题……是在我以前的教育家所碰到的最重要的问题"②;课程必须是一种工具,儿童通过它可以被有步骤地引进与文明社会有关的联系中。哈里斯赞成卢梭"儿童生来是微弱的"的说法,但此后,他们的思想就有了分歧。卢梭的自然主义对于哈里斯来说,是"教育学说中的最大异端"③。黑格尔告诫说,学校不是与人相对立的;它们能使人作出真实的表达。因此,哈里斯认为,学校必须把儿童引向自由而远离他的原始自我。这个目标只能由成人生活和学校循序渐进的学习来决定。教育必须是培养人才的社会科学。这个过程的关键是黑格

18

---

① 见麦克拉斯基(N. G. McCluskəy):《公立学校和道德教育》(纽约,1958),第三部分;以及拜尔利(G. L. Byerly):《威廉·托里·哈里斯对公立学校管理的贡献》(芝加哥,1946)。

② 全国教育协会(NEA):《讲演和活动记录汇编》(1880),第 174 页。

③《威廉·托里·哈里斯的教育信条》,《19 世纪的教育信条》,第 37 页。

尔学说中的自我疏远观点。自然的自我以及本能和冲动的自我,必须与更广大的社会联系起来;人无常的喜怒必须服从于文明社会的需要——"理性的客体"。在这个过程中出现的对自我的新看法,在有关疏远和返回的继续论证中与原始自我连接了起来。人类事业的本质是纪律:一种从幼儿园就强调的有秩序行为的纪律;一种在小学里掌握基本原理的纪律(哈里斯把数学、地理、文学艺术、语法和历史称为"心灵的五扇窗户");一种在中学和大学里致力于学习经典著作、语言和数学的纪律。其最后的结果是自动的个人,能够在他所在的文明社会里行使真正自由的有理性的人。

19

　　哈里斯既是教育行政官员,也是教育理论家。他的很多教育实践活动,归根到底都受其本身教育理论的指导。他就像那些在纽约、波士顿、费城、芝加哥等城市与他地位相同的人一样,始终关心着对绝大多数人来说永远紧迫的问题。这是一件为普及教育唱赞歌的事情。至于提供普及教育,那完全是另一回事情。19世纪90年代的城市行政官员面临着无数儿童渴求受教育以及为这些儿童服务的教师和教室数目太少的问题,而且在对其管辖地区的学校分类和组合方面,几乎没有可以信手拈来的先例。哈里斯的回答是,小学要根据学年和学期的工作组织起来,让学生通过有规律的和习以为常的考试。为了让这个制度完全起作用,就需要计划和秩序。当哈里斯不断试图改善经济和提高效率时,他一直表现出那超人的敏感和细心。他专心致志于作报告,编写教科书,汇集学校的统计数字,促使教育学术语标准化,关心学校建筑物的照明、暖气和通风,制定教师薪水一览表以及加强教育管理的连续性。他的黑格尔式的对教育的热爱,支持着他走过这条道路的每一步。因为充分展开的公共教育制度,将展现新的都市文明对教育最美好的描述。

　　哈里斯的社会哲学最终无法满足新的都市工业制度的需要,尽管他的教育学为都市的教育需要尽了力。但是,完全静态地去讨论他的教育学是没有任何意义的。自动的学说不得不离开变革之路,尽管哈里斯相信社会分析对于既考虑到改革又考虑到人们反应的教育政策是极为重要的。此外,社会变革和个性两者之间的持续紧张关系——哈

20 里斯如此重视的一种紧张关系——给他的体系带来了一种不会被误解的物力论。然而,同意这一点,哈里斯教育学的特征显然是保守的。他的重点是在秩序上,而不是在自由上;是在学习上,而不是在游戏上;是在努力上,而不是在兴趣上;是在规定上,而不是在选举上;是在有条不紊、缄默以及"保存和拯救我们的文明社会"的工业上。哈里斯的尝试给不可避免地趋向于形式主义的学校的确切作用下了定义,但是,他坚决反对商业和职业教育,这使那些迫切要求变革的人士嫌恶他。哈里斯终于巩固了贺拉斯·曼所发起的革命。然而,由于他的黑格尔主义观点,他的教育学似乎成了下一代批评的靶子。

IV

不管为学校辩护的哲学多么高尚,对比之下,19 世纪 90 年代的学校始终是一个令人沮丧的地方,各处都面临着学生和教师、教室以及美元的问题。在四五十年代教育复兴时期建起的农村学校,已经陷入破旧不堪和声名狼藉的境地。它们与教育学主流隔绝,又不断受到农村衰落的困扰,依然不分年级和质量低劣地进行教学。每个班、每节课都有平均 10 分钟的背诵,而未经培训的教师继续热衷于"用老一套的课本进行老一套的训练"。麦加菲(W. H. McGuffey)①对于父母一辈来说是足够的,也足以用来教他们的孩子。②

在城市中,入学人数激增与其他大量的问题混在一起。校舍光线暗淡、暖气不足、不卫生、到处有裂缝。来自 12 个不同国家的年轻移民

---

① 指美国教育家麦加菲于 1836 年编的通俗识字课本《麦加菲识字课本》。它对美国民族性的形成影响很大。——译者注

② 农村学校的悲惨状况见《农村学校委员会的报告》,全国教育协会:《讲演和活动记录汇编》(1897),第 385—583 页;怀特(H. White):《我们的农村学校》,《独立自主的人》第 65 期(1908),第 819—821 页;雷塞拉尔(M. V. Rensselaer):《一所农村学校》,《肖托夸学会》第 34 期(1901—1902),第 428—432 页。

对新移居的农村儿童潮流的出现起了促进作用。教育行政官员抱有希望地说,把班级规模缩减到每位教师教 60 个儿童。但是,希望的实现几乎是渺茫的。难怪死记硬背的做法在学校里占据了统治地位,它并不需要哈里斯详尽阐述黑格尔理论中的任何部分,只不过是其生存的基础。

当学校预算增加时,政治家们迅速意识到了一个更有利的额外的财政来源。在小村落到村、村到镇、镇到市的不断合并中,地方教育董事会的成员增加到 50 人、70 人,甚至超过了 100 人。规定地方教育董事会的职责是困难的,腐败培植了其丑陋的负责人(冒昧地说)。教学和行政职位被买卖;校舍——就像市政厅和公共澡堂一样——突然令人难以置信地花很多钱去修建;党派关系渗透到学校的每一件事情,例如从教科书的指定到学校校长的任命中去。总之,就像城市的其他每一个政府机构一样,学校制度有其发展中必须经历的困难。①

赖斯并不是对这些坏不堪言的状况提出抗议的第一人。被杜威称为"进步教育之父"的帕克,早在 1875 年就进行了马萨诸塞州昆西市学校的改革。当他尽了一些努力去宣传这个改革时,"昆西制度"已经在全国甚至世界范围内引起人们的兴趣。紧接着,1876 年费城 100 周年纪念博览会展现了俄国技术教育制度,纽约、圣路易斯、芝加哥等城市的商人都尖锐地批评美国中等学校教学大纲中过于强调学术课程,要求为手工训练和职业教育确立中心地位。而保护农业社(Grange)②早期在它的全国性大会上通过了一些决议,哀叹农村学校和学院中缺乏实际的农业训练。

22

---

① 赖斯以记者身份很好地描述了城市学校。1903 年,后任《世界的工作》杂志编辑的 W·H·佩奇派阿黛尔·玛丽·肖作一次同赖斯相似的学校评估调查。她的一系列文章极像《论坛》上的早期文章,有力地证明了赖斯早在十年前揭露的状况依然存在。见《世界的工作》第 7 期(1903—1904),第 4204—4221、4460—4466、4540—4553 页;第 8 期(1904),第 4795—4798、4883—4894、4996—5004、5244—5254、5405—5414 页;第 9 期(1904—1905),第 5480—5485 页。

② 又译"格兰其"。美国全国性保护农民利益的田庄农民秘密组织,1867 年成立。——译者注

　　19 世纪七八十年代间,人们对教育的批评不仅是局部的、间歇的,而且常常是无关痛痒的。相比之下,90 年代带来了全国性的对传统教育的批评以及教育革新和改革的洪流。没多久,它就完全具有了一场社会运动的特征。在这一点上,赖斯的文章似乎标志着一个开端。他在《论坛》的一系列文章中最先把当时的多方面抗议编成一个真正的改革计划,最先把教育问题看成事实上的全国范围的问题,又最先把揭丑的方法应用在抨击使学校受到影响的政治腐败和专业狭隘上。进步教育运动之所以从赖斯开始,恰恰是因为赖斯把它看成是一场运动。这种不断增长的自我意识超过了其他任何东西,使得 90 年代的进步主义思潮离开了它在前几十年中的源头。

　　这场运动一开始就显示出一种值得注意的差异,即对教育的批评和教育革新的差异。这场运动从开始起就是多元的、常常自相矛盾的,而且总是与更广泛的社会和政治中的进步主义潮流有着密切的关系。在大学中,它是作为猛烈反对哲学、心理学和社会科学中的形式主义的一部分而出现的;在城市中,它只是更广泛的城市整顿和改革计划的一个方面;在农民中,它成为赞成或反对激进的"土地均分论"的关键。这场运动既是城市社会改革工作者所要求的"社会教育",又是农村评论家所要求的"为农村生活服务的学校教育";既是商会和工会同样要求的职业训练,又是标新立异的教师所要求的新的教学方法。它涵盖了圣路易斯市的幼儿园和威斯康星州立大学、历史悠久的哈佛大学以及纽约的一所雄心勃勃的专业学院——哥伦比亚大学师范学院,获得了家长、教师、过于乐观的参加者和头脑冷静的政治家的支持。因此,在不到两代人的时间里,进步教育运动改变了美国学校的特征。

第二章　教育与工业

I

　　美国人总是喜欢商品展览会。1876 年举办的盛大的费城 100 周年纪念博览会是其中最好的一个。这个博览会酝酿了 5 年,花费超过 1100 万美元;由 58 个国家政府代表参加,1000 万人参观。这次博览会除了以那种人们一生难得见一次的铺张华丽的表演来满足公众的爱好之外,还雄辩地证明了在科学技术良好影响下的世界范围的进步。博览会实际上相当于制造业、农业,尤其是技艺方面为东道主服务的"一所十分优秀的学校"。不可否认,美国工业本身也获得了令人难忘的成就。无论怎样,费城 100 周年纪念博览会充分激起了人们的一种民族自豪感,用事实表明了:在对工业霸权的世界性竞争中,美国是一股需要认真对付的力量。①

　　教育和国家进步的关系一开始就是费城 100 周年纪念博览会的一个基本主题。博览会确实用各种方式陈列了许许多多可以引以自豪的展品,从印第安纳州小学生捐赠的植物标本到瑞典农村校舍的实比模型。人们已密切关注教育革新与工业繁荣之间颇为直接的关系,这是意料之中的。最后,几件来自莫斯科和圣彼得堡的工具展品,确实把观众的注意力吸引了过去,因为这些工具第一次向西方显示了俄国教育

---

　　① 美国 100 周年纪念委员会:《董事长的报告》(华盛顿,1880),第 1 册,第 13、438 页。

家在如何组织有意义的和具有指导性的工艺训练(作为技术教育的必要手段)这个难题上最终所取得的惊人的进展。

俄国之所以能在工艺训练上取得惊人的进展,关键在于莫斯科帝国技术学校校长沃斯(Victor Della Vos)的工作。这所学校是1868年春根据沙皇敕令建立的。它特地建造了为教学目的服务的生产车间,并用在生产车间中的现场训练来补充数学、物理学及工程方面的教学。他们确实打算利用这些车间去生产适销商品,但首要任务是为学徒训练提供场所。学生通过这种训练,可以在技术学校中掌握实际的操作技能。沃斯一开始就认为这种车间训练的方法花钱太多,是无效的。为了更容易地进行学徒训练,他组织了不仅与生产车间分开,而且为生产车间作预备的教学车间。在为这些教学车间制定教学大纲的过程中,沃斯偶然发现了他那激进的教育革新。①

沃斯设想道:"每个人都清楚地知道:要掌握某种艺术,例如绘画、音乐,只有使最初的尝试按照循序渐进的规律进行;学生必须遵循某种明确的方法或经过某种训练,并慢慢地、逐渐地克服所遇到的困难。"②能不能设计一些与教机械技术类似的方法呢?沃斯和助手一开始就在做这件事。他们为每种有特色的技术或手艺(诸如细木工、铁匠、木匠等)建立教学车间;不仅分析每一种工艺的合成技能,而且按照教学次序对它们加以安排;还把绘图、模型和工具结合起来,进行循序渐进的练习。通过这些练习,学生能够在教师的指导下达到一定的技能标准。通过莫斯科帝国技术学校的生产车间迅速消失这一事实,新制度很快就证明了自己的必要性。

俄国人在费城展出的绘图、模型和工具,对沃斯的方法作了具体的说明。据说,麻省理工学院院长朗克尔(John D. Runkle)③有一天逛了

---

① 贝内特(C. A. Bennett):《手工和工业教育史,1870—1917》(皮奥里亚,1937),第1章。

② 沃斯:《为莫斯科帝国技术学校车间机械技术学习而编的科学器械图册》(莫斯科,1876)。

③ 朗克尔(1822—1902),除任美国麻省理工学院院长(1870—1878)外,还是美国促进中小学手工训练运动领导人。——译者注

机械展览厅,偶然发现了俄国展品陈列架,感叹地说美国教育以后决不能再是老样子了。[①] 朗克尔在麻省理工学院仔细考虑了建立教学车间的问题。对于他来说,俄国人的解决办法富有哲理性地抓住了"所有工业教育的关键"[②]。他一从费城回来,就在学院里介绍教学车间。1876年8月17日,学院董事们不仅为工程系学生建立了一些教学车间,而且还建立了一所新的机械技术学校,"为那些宁愿投身工业,但不愿成为科学工程师的人"[③]提供手工教育。

朗克尔成了一名热心的手工训练促进者。不久,他在给马萨诸塞州教育委员会和麻省理工学院董事们所作的报告中,详尽阐述了一种建立在"手工训练观念"基础上的更普通的教育理论。他认为,在共和国早期,学徒训练本身就是智育和体育的结合,但由于出现了过于专门化的工业制度和过于强调智力训练的公立学校制度,这种理想的教育被撕得粉碎。对于一种新的注重学生均衡发展的学校教育(将重新与智育和体育密切结合)来说,关键在于手工教学,这将使人们对工业社会的生活有实际的准备。

可能是从朗克尔开始,人们把沃斯的发现归纳进一种创办新学校的理想中。但是,圣路易斯市华盛顿大学的伍德沃德(Calvin M. Woodward)[④]为这种新的学校理想提供了一种新哲学。伍德沃德是一位上过哈佛大学的新英格兰人,1865年以副系主任和数学讲师的身份加入华盛顿大学的教师队伍。他与奥法龙工艺专科学校(一所为城市学校和熟练工人进行夜间教学的地方学校)一起,在1868年受权建立了华盛顿大学的工程学系。据伍德沃德说,工程学系的建立,是因为教应用力学时为使学生理解某些难题而让他们准备一些作为例证的木质模型的需要。请大学里的木工来指导那些学生工作之后,他很快就认

26

---

① 《朗克尔致哈姆(C. H. Ham)的信》,1884年5月22日,引自哈姆:《手工训练》(纽约,1886),第331—332页。

② 朗克尔:《教育中的手工因素》,见马萨诸塞州教育委员会:《第41年度报告,1876—1877》(波士顿,1878),第188页。

③ 同上,第192页。

④ 伍德沃德(1837—1914),美国教育家。——译者注

识到学生对于工具的最简单的使用方法是惊人的无知。在作出最重要的事情最先做的决定之后,他把数学模型的想法搁在一边,开始制作教学器具的工作,从而开始了他在车间教学方面的第一次冒险行动。他设想的车间教学是不带直接的职业目标的。

19 世纪 70 年代间,伍德沃德成为一名坦率的公立学校批评家。他指责公立学校依附于过时的绅士文化的理想。他在 1873 年写道:"在人类活动的每一个范围内,不管是有学问的人,还是有技能的人,都有一种不断增长的需要。我们的学校、学院和大学能适应这种需要吗?我们对它们培养的人满意吗? 也就是说,在一些需要学问的传统职业被占满以后,它们除了培养出弥尔顿(John Milton)①'绅士'阶级的候选人之外,没有其他什么结果。那么,我们是否只好勉强承认:因为没有适合这些人的工作,所以,如果可能的话,必须让他们过舒适和欢乐的生活?"他总结说,旧的教育方式是无用的,"对一个人谋生来说,经常碰到的是不适应而不是适应"②。

伍德沃德对沃斯在费城的展品陈列显然是有思想准备的。他在一年之内把俄国的方法热心地推荐给华盛顿大学的行政管理人员,同时警告说,期望完全排除狭隘功利主义的动机"有时会走到另一个极端,使得手工训练被排除在我们学校重要的和必要的学科部门之外,因为人们怀疑它们究竟是不是有用"③。这里,"狭隘功利主义的"与"必要的和有用的"两者之间的细微差别支配了伍德沃德提出的教育理想。他真诚地献身于一种广泛的和普通的课程,而不愿使普通学校的教育目标只是局限于一门具体的手艺。他主张手艺多而课程少。沃斯的思想提供了车间教学的方法,依靠这个方法,手工操作过程可以抽象化、系统化,可以有效地讲授;朗克尔的天才是理解了沃斯发现的含义:对所有学生的通才教育。伍德沃德开始建立体现沃斯和朗克尔两人原则的

---

① 弥尔顿(1608—1674),英国诗人、政论家。——译者注

② 伍德沃德:《手工训练学校》(波士顿,1887),第 243—245 页。参见科特斯(C. P. Coates):《华盛顿大学手工训练学校史》(美国教育局简报,1923 年第 3 号),第 8—11 页;贝内特:《手工和工业教育史,1870—1917》,第 318 页。

③《华盛顿大学手工训练学校中的手工教育》(1877)。

学校。华盛顿大学的手工训练学校在 1879 年 6 月 6 日建立。作为美国此类学校的第一所,它体现了伍德沃德努力的结果。

这所新学校的目标是提供三年制的中等学校课程,既强调脑力劳动,也强调体力劳动。它打算把数学、绘画、科学、语言、历史和文学同木工、车工、制模、切削、钳工、锻工、铜焊、锡焊、冶炼和机械工作等方面的教学结合起来。其课程的目标是普通的而不是职业的;重点始终在教育上而不是在为产品销售的生产上,在原则上而不是在狭隘的技能上,在技术上而不是在手艺人的能力上。这所学校 1880 年 9 月公开招收 50 名学生,到 1883 年 6 月,1880 级学生毕业时,入学人数已增加到 176 名。[1]

由于成功地开办了手工训练学校,伍德沃德很快就作为一场新运动的主角出现在公众面前。19 世纪 80 年代,人们既看到了他的哲学的扩展,又看到了他的哲学的成果。他支持变革,就不可避免地卷入对现存学校制度更尖锐的批评中。对于伍德沃德来说,现存学校制度是片面的和不切实际的。它为"所谓需要学问的职业"培养少数年轻人,但很少关心"有生产力的劳动阶级"。它教年轻人去想,而不教他们去做,实际上教他们厌恶做。它不顾现实生活的艰难,只专注于无目标的、折磨人的和有损于真正教育的书本学习。最能雄辩地证明现存学校制度不足的是,它未能保持八年级以上学生人数很低的百分比。

靠什么来补救呢?那就是手工训练。伍德沃德极力主张,"把全部少年送进学校",并教他们同等"对待有用的各个领域"。随之而来的好处将无穷无尽。年轻人待在学校里的时间会更长。呆板乏味的学术课程将被赋予新的活力和意义。没有上流阶层错误概念的年轻人将作出更明智的职业选择。而必然要同没受过教育的、缺乏才智的工人发生联系的劳动问题将迅速地消失。伍德沃德保证:"我提倡的学校制度不制定不恰当的标准……它的目的在于去扩展、重视和丰富社会所有基

---

[1]　科特斯:《华盛顿大学手工训练学校史》,第 39 页。

本的要素;尽可能使每一个高尚的职业变成培养人和发展人的快乐之家。"①

对伍德沃德的一些观点,不可能没有异议。在 19 世纪 70 年代后期,全国教育协会(National Educational Association)成为一个竞技场,人们在那里对手工训练问题进行了热烈的辩论。人们一开始就兴趣盎然。当朗克尔主席在 1877 年的全国教育协会大会上解释俄国工艺教学制度时,俄亥俄州的一位教师就称它是自全国教育协会成立以来,他在协会大会上所听到的最重要的内容。大多数新的热心人还赞同那些属于高等技术学校(如麻省理工学院),但肯定不属于公立学校的新方法。全国教育协会珀杜分会主席怀特(Emerson White)②建议说:"我并不期望车间在公立学校中将永远占重要的地位。"所有人都能入学的公立学校需要提供一种对所有人都有用的文化教育。怀特不反对包括某些"普通技术知识",但是,他认为去教手工艺或手工艺过程,就是破坏正当的和重要的公共教育。③

由此引起的问题成了 19 世纪 80 年代教育界冲突的关键。当伍德沃德提出他的想法,即把手工训练作为一种为所有人服务的均衡的普通教育的一部分时,许多人和怀特一起叫喊这是"破坏"公共教育。马萨诸塞州伍斯特市市长马布尔(Albert P. Marble)④就是其中之一。例

---

① 伍德沃德:《手工训练学校》,第 239 页。"尊重"手工劳动的概念,不过是"自立"问题的一个方面,像贺拉斯·曼这样的美国人以及他们维多利亚式的同代人(如塞缪尔·史密尔斯)就曾经这样说过;而许多人则认为它是手工训练思想的核心。对这个概念的任何解释都没有哈姆(记者、作家、芝加哥港关税估价人、1884 年建立的芝加哥手工训练学校的幕后策划者之一)在他的著作中所表达得好。见哈姆:《手工训练》。

② E·怀特(1829—1902),美国教育家。曾任俄亥俄州公立学校督学,珀杜大学校长。全国教育协会发起人之一。——译者注

③ 到 19 世纪 70 年代后期,怀特在那些美国教育的委员会中已成为知名人物。1876 年他担任全国教育协会珀杜分会会长,在担任俄亥俄州公立学校督学之后,曾于 1872 年担任过全国教育协会主席。他认为,在机器承担比以往任何时候都更大的生产责任时,公立学校致力于手工艺训练是可笑的——对伍德沃德的看法提出尖锐批评。见全国教育协会:《讲演和活动记录汇编》(1880),第 225 页。

④ 马布尔(1836—1906),美国学校督学。——译者注

如，他不断公开批评学校制度，认为这是热衷手工训练的人过分的要求和错误引导的感伤主义。在 1882 年的一次与全国教育协会面对面的辩论中，马布尔很快提出了新的观念，主张"我们必须引导学校按照一种共同的目标来训练男女孩子，使他们在学校里学会如何从书本上获得知识。犁、锄头或者蒸汽机中没有贮藏知识，但书本里贮藏着知识……这句格言被带进了朗诵室。教师说：'现在朗诵格言。'这是一种根本不属于学校的事情。它属于外界，而且应该从外界得到。"①

不出所料，在手工训练概念上最猛烈的抨击来自哈里斯自己。正当伍德沃德开办华盛顿大学的手工训练学校时，哈里斯辞去了圣路易斯市公立学校督学职位，到康科德哲学学校去任教。因此，几乎没有他对华盛顿大学开办手工训练学校评价的记录。早在 1884 年，在对全国教育协会的一次简短讲话中，哈里斯高兴地指出，为工作作准备已成为学校教育的内容，但这种准备并不是学徒训练。他认为，没有必要把手工训练引进普通公立学校的教学大纲中。②

当伍德沃德进一步阐述自己的观点时，哈里斯和他的交锋几乎是不可避免的。在 1889 年全国教育协会督导局会议的正式讨论中，哈里斯终于找到了机会。哈里斯的论文《手工训练的心理学》(The Psychology of Manual Training)，深刻地剖析了手工训练存亡攸关的哲学问题。哈里斯开始倾向于把教师划分为保守主义者和进步主义者。前者坚持过去的传统；后者经常批评传统，并寻找补救办法和进行激进的变革。当然，这两者对教育进步内在的辩证过程是必要的。没有实验，就不能前进。进步主义者甚至还承认，在 100 次实验中，只有一次才能得到真正的结果。因此，需要充分讨论所有进行变革的建议。

那么，究竟什么是手工训练呢？哈里斯认为，伍德沃德把"全部少年"送进学校的观点是一种危险的"卢梭主义的遗物"，也是一种不能区分个人才能高低的观点。至于"工具劳动是有教育意义的"，哈里斯认为，这样的劳动只不过像打弹子游戏、掷圈游戏、棒球运动和抽杆游戏

---

① 美国教育局：《教育专员 1893—1894 年的报告》，第 1 册，第 887 页。
② 全国教育协会：《讲演和活动记录汇编》(1884)，第 85 页。

一样,不应在学校中占有一席之地。哈里斯坚持认为,人和动物的差别在于人有能力去归纳、领会、联想和形成观念,学校应该做的事情就是培养人的这些能力,把自我活动作为终身教育过程的一个起点。哈里斯告诫人们说:教一个儿童木工,是给他有限的关于自我和自然的知识;而教他阅读,就是给他一把开启人类所有智慧的钥匙。"准备吃一天的一片烘面包和可能得到很大收成的玉米种之间,是有差别的。对学校来说,培养儿童自学技能的教育,就是教他们学会选择性地接受人类所积累的经验。"①

在哈里斯向全国教育协会督导局提出他那有点苛刻的分析的 4 个月之后,他又抓住机会在全国教育协会 1889 年 7 月的会议上重申己见。② 会议也听取了全国教育理事会教学法委员会的一份类似的报告。全国教育理事会(the National Council of Education)于 1880 年成立,是全国教育协会内的一个权力小组,任务是讨论大政方针。③ 伍德沃德对教学法委员会的报告准备了一份详细的反驳材料,并在 1890 年作为他《教育中的手工训练》(*Manual Training in Education*)的一部分内容发表。他无需烦恼,因为他显然赢得了 1889 年的这场辩论。至于以后,能说会道的反对派就不多了。④

假如要对结果作评判的话,那么,伍德沃德赢的不止是这场辩论。1884 年,手工训练在三个城市中兴起。它们在一些方面肯定要成为将来的发展模式。在哈姆(Charles Ham)和雅各布森(Colonel Augustus

---

① 《全国教育协会督导局活动记录汇编》(1889),第 126—127 页。

② 《工具劳动的智力价值》,见全国教育协会:《讲演和活动记录汇编》(1889),第 92—98 页。

③ 这两份报告相似是毫不奇怪的,因为哈里斯是四人委员会的成员之一。见克拉克(I. E. Clarke)编:《美国的工艺美术教育》(华盛顿,1892)第 2 部分,第 931—936 页。

④ 伍德沃德:《手工训练的兴起和进步》,见美国教育局:《教育专员 1893—1894 年的报告》第 1 册,第 903—904 页。

Jacobson)①的推动下,芝加哥市商业俱乐部建立了一所私立手工训练学校。这所学校虽然没有附属于大学,但基本上是参照伍德沃德的学校模式而建立的。一个月后,巴尔的摩市教育委员会对商人和工会的要求作出反应,即开办了美国第一所公立手工训练学校。② 与此同时,一个6500人的工业城市——伊利诺斯州佩鲁市也决定把手工训练课引进普通中学。手工训练注定要成为美国教育中最普遍的模式。③

　　三种工作方式都迅速地扩展了。经常由商人主办的私立手工训练学校纷纷在托莱多(1885)、克利夫兰(1886)、辛辛那提(1886)、新奥尔良(1886)、纽约(1887)以及马萨诸塞州的坎布里奇(1888)建立。费城在1885年建立了一所公立手工训练学校;圣保罗市在1888年也开办了一所公立手工训练学校。各个城市相继规定手工课是普通学校教学大纲的附加部分。美国教育局1890年的一份调查表明:在代表15个州和哥伦比亚特区的36个城市中,有成千上万的男女孩子正在学习木工、金工、车工、缝纫、烹饪和绘图。

　　此外,这份调查在把这种广泛的学习内容归为"手工训练"时,也暴露了手工教育的一般定义存在外延明显扩大的情况。④ 除了朗克尔和伍德沃德主张的工艺劳动以外,家政课程也已进入中学。手工训练还受到瑞典手工劳动教育(通常是木工)的很大影响,下移到了小学,其表现是小学中的各种工艺美术教育。到1890年,一些教育家认为,如果幼儿园的日常活动能与小学的工艺教育和中学的工具操作练习或家政课程连接起来的话,那么,其结果将是一种在整整12年普通教育期间与智力活动平行的手工劳动循序渐进的进步。在手工劳动和智力活动

33

---

　　① 雅各布森是科克县的一位法官。他早在1874年就写道:"我要建立装满蒸汽机和机器的学校。在这样的学校中,我将培养美国男女少年。他们知道至今为止已有的一切知识。"见美国教育局:《教育专员1893—1894年的报告》,第1册,第889页。

　　② 赫希菲尔德(C. Hirschfeld):《巴尔的摩,1870—1890:社会史研究》(巴尔的摩,1941)第3章。

　　③ 克拉克:《美国的工艺美术教育》第二部分,第191—194页。

　　④ 美国教育局:《教育专员1889—1890年的报告》第2册,第1351—1356页。毫无疑问,就手工教育的含义而论,学习的范围也暴露出十分混乱的情况。

的适当平衡方面,他们对适合工业化时期所需要的公共学校教育有了一种新的认识。①

19世纪90年代间,手工训练的巨大进展只不过更进一步证实了伍德沃德的看法。伍德沃德的胜利是他在许多方面付出了极大代价后才得到的。提倡并支持手工教育的商人们可以用伍德沃德的辩论术发表讲话,但他们要的是实用的手工艺训练,这种训练不受越来越多的商会有关学徒训练的规定的约束。学生自己似乎更关心怎样利用手工训练学校去选择一些更高级的技术职业,而不关心手工劳动是否"神圣"。②当工艺劳动的对象从木材转到金属,尤其是钢材的时候,机器逐渐代替了手用工具;起支配地位的观念是生产技能而不是艺术手工。当学校本身由一批对手工训练富于改良主义热情的新的行政人员来管理时,关于手工活动和智力活动之间平衡性的讨论变得越来越学究气了。

伍德沃德自己的系统阐述最终体现了一种两难推理。它充其量只是扮演了过渡期的哲学角色。一方面,为了使他的观点能被整个教育界所接受,他被迫否认对职业目标的期望;另一方面,正是他十分支持的那种工艺劳动(被感情用事地与手工模式拴在一起),把学校领到了职业训练的边缘。比起教育家来,学生和手工训练的提倡者在"对文化承担历史义务"问题上的烦恼要少得多。因此,不难想象他们去冒险尝试的理由。一种不断增长的工业经济对人力的极大需求,终于解决了这个两难推理。同一个伍德沃德,1890年否认手工训练学校与职业有任何关系;13年后又夸口说:"由于手工训练学校的成倍增加,我们解决了培养国家所需要的所有技工的问题。"③

---

① 一个早期的例子是纽约道德文化学会的创始者阿德勒(Felix Adler)。见贝克(R. H. Beck):《进步教育和美国进步主义:费利克斯·阿德勒》,《哥伦比亚大学师范学院学报》第60期(1958—1959),第77—89页。

② 伍德沃德列举了从1894年10月起圣路易斯市手工训练学校毕业生的职业:少数从事手工劳动;大多数从事办公室和技术工作、脑力劳动或管理工作。

③ 伍德沃德:《美国的手工教育、工业教育及技术教育》,见美国教育局:《教育专员1903年的报告》第1册,第1039页。

II

坦白地说,在整个 19 世纪 80 年代里,有一些学校是职业性质的和有职业目的的。例如,圣路易斯手工训练学校在开办一年后的 1881 年,奥克姆蒂(Colonel Richard T. Auchmuty)这位富有的建筑师、纽约一个旧名门的后裔,为了特殊的目的,即提供砌砖工、泥工、管子工、木工、采石、锻铁、裁缝、印刷的手工艺教学,在纽约建立了多所手工艺学校。基于一种与沃斯的发现十分类似的理论,这些学校并不以提供一种有更大文化价值的教育自居。那些课程简短但很实用,每个人学习结束时都要经过一次严格的资格考试。其目的显然是要用一种旨在培养合格的熟练工人的技术教学和手工艺教学的结合来代替情况恶化的、过于专门化的和范围很狭窄的学徒训练。①

奥克姆蒂直言不讳地指出了促使他建立学校的那股力量。在现代工厂制度下,学徒训练已退化成一种杂乱无章的安排。师傅不愿再教,男孩不愿再延长契约期。因此,儿童劳动被认为是剥削而不是有教育意义的。要解决这个困难,由"外人"绝对控制的工会就试图严格限制学徒训练的人数,因此,也就限制了美国少年流入到各种职业中去。对于奥克姆蒂来说,答案是明确的:由于现代劳动分工过细,车间不再是学习一门手工艺的最佳场所,一些学校就不得不承担起学徒训练的传

---

① 《世纪》新丛书第 1 期(1881—1882),第 286 页;《纽约州劳动统计局第 4 年度的报告》(1886),第 392—397 页。当然,职业教育在 19 世纪 80 年代并不是新鲜事物。它对建立于南北战争前的伦塞莱尔工艺学院和密执安州农学院这样的学校是极为重要的,对根据 1862 年《莫里尔法案》建立的农工学院也是极为重要的。所有这些学院都以车间或学校农场中的体力劳动为特色。但是,奥克姆蒂学校提供手工艺训练而不是技术训练。相对那些学院的情况而言,它们是新的做法。

36　　统职责。① 不出所料,奥克姆蒂开始转向支持他观点的雇主,并保证说:他的毕业生不但能从事低工资级别工作,还能相对地摆脱工会控制。一笔由摩根(J. P. Morgan)②在 1892 年提供给纽约市手工艺学校的 50 万美元赠款,表明商业社团已经开始基本上同意这种观点。

　　那些工会从一开始就存在着矛盾心理。纽约市 1886 年的一份调查披露:国家的劳工组织大约有 2/3 赞成手工训练和手工艺学校。大多数组织在工业教育中看到了使学校具有实用性的必要。许多组织(尤其是那些代表熟练手工艺人的组织)评论说,他们看做是预备的工业教育的学校与"健康的和切实可行的学徒训练制度"之间,没有必要互不相容。可是,有少数组织大声喧嚷,既刻薄又强硬地站在它的对立面。雪茄烟工人工会干事在第 144 号文件中写道:"迄今存在的手工艺学校只不过是培育无赖或工贼的学校。"木匠工会的一个地方分会警告说,手工艺学校训练造就"羽毛未丰"的技工。与此同时,一个地毯工人工会害怕手工艺教学会剥夺儿童本来就已经太短暂的普通教育。编织花边的工人协会干事预言说:手工艺教育"将不是一种赐福,而是一个灾祸。这是由于每一个决心把工人的工资压到最低点的资本家都会擅自决定不受限制地安置失业的熟练工人,去接替那些可能反抗他的专横做法的人"。有关学徒训练的观点很多,但其要点是明确的:放弃对学徒训练的控制,就是放弃通过艰难斗争而赢得的权利;在为更高的工资和改善工作条件而斗争的过程中,这是关键。③

37　　在 19 世纪 90 年代,不仅有关手工艺学校的观念得到传播,而且一些人努力同雇主达成协议。纽约市布鲁克林区普拉特学院的早期历史

---

　　① 奥克姆蒂:《一种美国学徒制》,见《世纪》新丛书第 15 期(1888—1889),第 401—405 页。《世纪》完全被奥克姆蒂的论点所吸引,不断关注手工艺教育和学徒训练问题。1893 年的一系列社论从奥克姆蒂那里获得了很多灵感,文章的校样也是由他阅读和修改的。有关工会反驳奥克姆蒂论点的情况,见贝米斯(E. W. Beimis):《劳工组织与美国少年和手工艺教学的关系》,载《美国政治和社会科学研究院年刊》第 5 期(1894—1895),第 209—241 页。

　　② 摩根(1867—1943),美国著名金融家。——译者注

　　③《纽约州劳动统计局第 4 年度报告》(1886),第 398—405 页。劳工专员皮克(Peck)的报告是最早把工业教育称为进步教育的报告之一。

就提供了一个极好而又恰当的例证。从最初的几年起,普拉特学院就参照奥克姆蒂教学大纲的内容,提供了砌砖工、石雕工、管子工的正式训练。由于设置这些手工艺课程,这所学院不久就遭到地方工会的敌视,幸好没有奥克姆蒂反对劳工的强烈偏见,结果更多的是武装对峙而不是持续斗争。至少在管子工这一领域,普拉特学院的董事们与布鲁克林区管子工人协会达成了一个协议。根据这个协议,管子工人协会的一个委员会正式检查了该学院毕业班学生的管子工技术和有关工会法的知识。可是,在19世纪90年代初期,学院与砌砖工人工会和涂灰泥工人工会的关系不大友好。这些工会不时威胁要撤回充当教师的熟练工人。然而,这种状况终于得到了改善。①

就纽约市的赫希学校来说,它建立于1891年,旨在让少年在尽可能短的时间内适于当机械工人和建筑工人的助手。市政当局在对劳工的关系方面,实际上又走到了另一个极端,极力主张每个毕业生都必须参加他那个行业的工会。即便如此,冈珀斯(Samuel Gompers)②把赫希学校同所有手工艺学校放在一起加以反对,认为它们对劳工运动的利益生来就有敌意。冈珀斯在90年代初写道:"因为手工艺学校继续培养那些思想上有准备又心甘情愿干'粗活'的工人,到了所谓的'毕业'关头,他们就去代替那些工资远远低于流行手工艺的美国工人,所以,这不仅是荒谬的,而且确实是错误的。由于我们国家的劳苦大众实际上有一半人失业,因此,持续的实习就等于犯罪。"③

由于1896年全国制造商协会(National Association of Manufacturers)成立以及它早就信奉手工艺教育是一种经济武器,因此,劳工的敌对情绪越来越严重。全国制造商协会的成员在1897年协会第一次全国性大会期间,应塞奇(Theodore C. Search)校长的邀请,参观了宾 *38*

---

① 克拉克:《美国的工艺美术教育》第3部分,第449—459页;贝米斯:《劳工组织与美国少年和手工艺教学的关系》,见《美国政治和社会科学研究院年刊》第5期(1894—1895),第227页。

② 冈珀斯(1850—1929),美国劳工联合会第一任主席。——译者注

③ 贝米斯:《劳工组织与美国少年和手工艺教学的关系》,见《美国政治和社会科学研究院年刊》第5期(1894—1895),第233—236页。

夕法尼亚州博物馆开办的手工艺学校,并留下了深刻的印象。随后,大会通过了一项支持"实用工艺学校、工业学校、手工训练学校或其他技术学校"的决议①。翌年,塞奇又在他的校长年度讲演中着重讲了更广泛的工业教育问题。他告诫说,德国新兴的工业力量正是依赖了其卓越的技术学校制度,英国正在迅速地学习德国的经验,美国同样也应该这样做。塞奇承认,要牢牢抓住人文学科的学习,那完全是可以接受的,但它"对于一个国家的巨大物质利益来说,是不恰当的和不合理的,因为这将使这个国家不去注意工商业的明显需要"。他建议,在任何可能的地方,"应该把相当多的金额从教育的主渠道转向商业和技术学校"。他的看法被全国制造商协会 1898 年的全国性大会所采纳。②

塞奇的建议对全国制造商协会的影响,至少有十年时间。在 20 世纪初期,这个协会是全国手工艺教育最公开的支持者。事实上,这个协会每年都通过支持商业和技术训练的决议。1905 年,它又任命了一个工业教育委员会,跟随奥克姆蒂富有理智的步伐。这个工业教育委员会的一些报告描述了正在与德国和英国进行你死我活的商业战的工业美国由于中学墨守成规,由于工会制定的学徒训练规定以及"某些工会成员蛮横无理的反对",手工艺教育因而减少了活力。这个委员会得出结论:"很显然,恰当地保护手工艺学校,使它不受有组织的劳工的支配和毁灭性打击,是改善目前令人无法容忍的状况的唯一方法。"③

要不是全国工业教育促进协会(National Society for the Promotion of Industrial Education)在 1906 年建立,全国制造商协会和美国劳工联合会在这个问题上的对立就可能在以后几年里成为不可调和的矛盾。全国工业教育促进协会主要是通过哥伦比亚大学师范学院的理查兹(Charles R. Richards)和纽约市公立学校手工训练局局长哈尼(James P. Haney)的努力而建立起来的。坦白地说,它的目的是在政治上联合

---

① 全国制造商协会:《活动记录》(1897),第 81、92 页。

② 全国制造商协会:《活动记录》(1898),第 20—22、62—63 页。

③ 全国制造商协会:《活动记录》(1906),第 57—83 页。

全国促进工业教育的各种力量。[1] 这个协会像许多类似的组织一样,在建立后的最初几年里,主要起了一个为许多职业教育机构提供信息的交换站的作用。但是,常常出现这样的情况:它的过分热情使许多人改变了对这场运动的看法。

1907 年,理查兹亲自参加了美国劳工联合会在弗吉尼亚州诺福克召开的全国性大会,并在大会上阐述了全国工业教育促进协会的目的,争取人们对工业教育事业的支持。美国劳工联合会对此不太热情。它通过了一项决议,一方面赞同"旨在提高工业教育水平和促进各种工业高级技术教学的政策、学会或协会",另一方面又谴责手工艺学校被用作反对"工会运动"的一种武器。也许,更重要的是,美国劳工联合会的教育委员会曾建议执委会进一步考虑决定对该会来说是最明智的政策。[2]

美国劳工联合会的执委会在 1908 年的全国性大会上提出了一个建议,联合会的教育委员会还应进一步研究这个问题。随后,教育委员会作出了一项措词强硬的决议。决议告诫说,具有相反的方法和目的的两种团体,都是在为国家而提倡工业教育:一种团体主要由不加入工会的雇主组成,要求提供某种训练,通过这种训练专门培养能掌握一些手工艺但拒绝参加工会的劳工和罢工破坏者;另一种团体,包括"著名的教育家、有见识的工会代表以及真正从事工业部门工作的人",极力主张接受工业教育是所有在社会保护下的儿童的共同权利。这项决议继续指出,工业教育是"必要的和不可避免的",美国劳工联合会应该把政治砝码投在可爱的儿童一边;最后要求成立一个美国劳工联合会特别委员会,对整个情况进行调查。大会继续进行,把选拔特别委员会的问题留给了冈珀斯主席。[3]

与美国劳工联合会执委会协商后,冈珀斯任命了一个由美国联合

40

---

① 全国工业教育促进协会:《会议和活动记录》(第 1 号简报,纽约,1907)。

② 美国劳工联合会:《活动记录》(1907),第 318—319 页。

③ 美国劳工联合会:《活动记录》(1908),第 234 页。

矿工工会前主席米奇尔（John Mitchell）①任主席的有实权的特别委员会，他自己也是其中的一员。这个特别委员会在研究中仔细检查了新泽西州的公立技术学校和马萨诸塞州独立的四年制公立职业学校的教学大纲，纽约市公立工业学校为14—16岁学生以及公立手工艺学校为16—18岁学生所制订的计划，最早得到一笔特别税款资助的密尔沃基手工艺学校、辛辛那提关于两组学生轮流在车间工作和在学校学习的合作协议，由国际印刷联合会资助开办的美国印刷工人技术学校、一些私立的手工艺学校、纽约中央铁路公司和通用电气公司的艺徒学校以及一些在全联邦范围内提出的工业训练计划。

特别委员会的看法在每一点上都与工会所做的那些事情相吻合。他们认为，昔日的学徒训练浪费时间、没有效用，是一种剥削，必须用其他一些教育安排来代替它。但在这个时候，协会终止了。特别委员会猛烈攻击制造商和学校当局之间的合作协议，并辩解说："谴责任何私人控制公立教育制度或任何私人选择学生的计划，都是有正当理由的……"接着，它又介绍了三种学校：第一种是为那些已经从事手工艺的人设立的公立成人业余补习学校；第二种是参照国际印刷联合会所办的学校模式，由工会开办的手工艺补习学校；第三种是不一定有单独校舍的公立手工艺学校，既提供普通教育，也提供车间教学。为了使这些学校同手工艺本身保持密切的联系，特别委员会进一步建议成立代表工业和有组织的劳动的地方咨询委员会。特别委员会最后附加了一个提案，要求联邦每年提供1100万美元给各个州、各个准州以及哥伦比亚特区，用于中等学校的农业、家政和各门手工艺的教学以及这些课目的教师培训班。②

特别委员会的这份报告标志着劳工对待职业教育的态度到了一个新阶段。在1910年前，许多单独的工会和工会主义者赞同这种观点，但全国最有影响的发言人——他们中的冈珀斯对此是有敌意的。从1910年起，美国劳工联合会支持职业教育，认为问题不再是学校是否会

① 米奇尔（1870—1919），美国劳工领袖。——译者注
② 美国劳工联合会：《工业教育》（华盛顿，1910）。

提供职业训练,而是如何提供职业训练。在决定回答如何提供职业训练这一问题的过程中,美国劳工联合会依然仅为劳工留下一个保证。

Ⅲ

教育史家长期以来一直倾向于把职业教育运动描绘成本质上是城市性的。他们设想:一旦劳工变得信仰这种事业,战斗就差不多赢了。[①] 这种看法事实上忽视了半个世纪以来从农民的主张和革新得到的有力支持。说到底,强调职业教育就是农学院思想的本质。从马萨诸塞州农业委员会 1852 年正式开始建立农学院起,在 19 世纪六七十年代,至少有 13 个州也这样做。[②] 这对于 1862 年《莫里尔法案 》(*The Morrill Act*)颁布后建立的农工学院来说是极为重要的。凯利(Oliver H. Kelley)[③]关于全国保护农业社的最初概念是颇为含蓄的。这是 1867 年建立的、作为"农村复兴和农民恢复活力"的一种社会和教育互助会。早在 1874 年,全国保护农业社就宣布它的兴趣在于"实用的农业、家政学以及所有的家庭装饰艺术"的教学。[④] 两年后成立的教育常务委员会,年复一年地对教育问题发表意见,并把各州保护农业社的注意引到教育问题上来。

19 世纪 80 年代间,尽管农场主专心于政治,但其教育改革的活力从未减退过,至少已有 20 多个州建立了农学院。这些农学院多数是受

---

① 这个看法是 C·A·贝内特在他的《手工教育和工业教育史,1870—1917》第 13 章中提出的。可参见 E·P·卡伯莱:《美国公共教育》修订版(波士顿,1934),第 19 章。

② 特鲁(A. C. True):《美国农业发展史,1785—1923》(华盛顿,1928)。特鲁把农学院的根源追溯到 19 世纪初农业学会和农场主俱乐部。

③ O·H·凯利(1826—1913),美国保护农业社运动创始人。——译者注

④ 全国保护农业社:《活动记录》(1874),第 58 页。保护农业社的早期计划中就有对教育的全面论述。见巴克(S. J. Buck):《保护农业社运动:1870—1880》(坎布里奇,1913),第 8 章。

到某种公共拨款资助的。一个有影响的院外活动集团从 1882 年起，促成了五年后通过的《哈奇法案》(Hatch Act)。这个法案规定，在全联邦范围内资助那些农业试验站，以便"帮助美国人民获得并传播与农业有关的学科的有用和实用的信息"。1887 年，许多取得这一立法胜利的团体联合成立了美国农学院和农业试验站协会(Association of American Agriculture Colleges and Experiment Stations)。这个组织必定会对以后几年的农业教育运动提供强有力的支持。

43　　1890 年，正是人民党①开始在美国中西部出现的一年，国会通过了第二个《莫里尔法案》，联邦政府将进一步对农工学院提供资助。这种农工学院"提供农业、机械技术、英语以及数学、物理、自然科学、经济学等各科教学及其在实际生活中的应用"。到 1896 年，正是布赖恩(Willian J. Bryan)②竞选失败的那一年，农工学院中已有 25000 多名学生。他们学习的专业包括冶金学、农业学和家政学。总之，这种情况雄辩地证明，参议员莫里尔(Justin S. Morrill)③30 年前所倡导的事业具有生命力。④

　　随着人民党在政治上的失势，教育改革似乎立刻增加了新的活力；到处都能听到要求"改组学校"的呼声。⑤ 这些呼声大都涉及那个共同的问题，即农村教育是缺乏想象力的和不切实际的；教授的书本内容太多，与生活联系的内容太少；教人们离开农村到城市去；只有大量增加

---

① 人民党是以美国中西部和南部田庄农民为主建立的政党，旨在争取建立独立的第三党。其成员多与全国农业保护社有联系。20 世纪初衰落。——译者注

② 布赖恩(1860—1925)，美国政治家，曾在威尔逊内阁中担任国务卿。——译者注

③ 莫里尔(1810—1898)，美国共和党议员，曾在国会参众两院供职长达 43 年。——译者注

④ 美国教育局：《教育专员 1895—1896 年的报告》第 2 册，第 1272 页。

⑤ 1896 年后，土地改革从投票处移到了尚未受到普遍注意的学校。见索尔图斯(T. Salutos)、希克斯(J. D. Hicks)：《中西部对农业不满的人，1900—1939》(麦迪逊，1951)；麦康内尔(G. Mc Connell)：《土地民主的衰落》(伯克莱，1953)；凯佩尔(A. M. Keppel)：《农村儿童的农村学校：改革运动在农村初等教育上的背景，1890—1914》(未发表的博士论文，威斯康星大学，1960)。

农业课程,才能把它从完全的腐败中救出来。

应该考虑到一些更受人们欢迎的农村新闻记者所做的那些努力。例如,有影响的《华莱士农民》(*Wallace's Farmer*)的编辑"亨利大叔"华莱士(Henry Wallace)①,提供了一个极好而又恰当的例子。他原是一个农庄少年,原先受的是牧师的训练,后来才开始对学校教育产生兴趣。在 1916 年去世以前,他的杂志发表教育社论,刊登对教育感兴趣的订户的来信,转载重要的教育演说,报道教育学的新发展。他不仅赞美农村生活的益处,而且阐述把教师和农民兴趣融合起来的必要性。首先,华莱士打算消除对教育由来已久的怀疑,促使农民主动地关心他们孩子的学校教育。只有当教师富于"农业精神"的时候,教育才会出现新生,而这种精神只能源于农民自己。②

华莱士赞成这样的投稿者:坚决主张抛弃"一种刻板的和陈旧的公式,即所谓一个人只有懂得希腊文和拉丁文才算是'受过教育的'";建议人们少依附于教科书,多关心儿童的全面发展,并不断注意农业基本原理。③ 他写道:"对许多中年农民来说,要得到一个明确的观念,即清楚地理解蛋白质、碳水化合物、游离氮提取物等的含义是什么,是很难的。现在,这些术语与学生所学的以及他们日常生活中完全没有用的许多东西相比,是不难的。"④教师的指导应该来自于农民,而不应该来自于中学、师范学校或学院,因为农民最知道他们的孩子需要什么。要不依附于教科书,教师就要在教室中用种子、巴布科克牛奶检验器、蜂窝或其他实际材料来做实验,小心地"把饲料放到尽量低的地方,以便小羊能吃到"⑤。一旦开始这样做,这种实践将不仅吸引年轻人的注意,而且毫无疑问地使成人对更好的教育产生兴趣,甚至可能促使父母去参观他们孩子的学校——但愿能达到这个目的!

威斯康星州有一个与华莱士很相似的人,他就是霍尔德(William

---

① 华莱士(1836—1916),美国农学家。——译者注
② 《华莱士农民》,1908 年 12 月 18 日,第 1564 页。
③ 同上,1913 年 1 月 19 日,第 68 页。
④ 同上,1908 年 3 月 6 日,第 338 页。
⑤ 同上,1910 年 2 月 18 日,第 322 页;1914 年 8 月 28 日,第 1165 页。

44

Dempster Hoard)①。霍尔德是当地一份报纸和《霍尔德挤奶工》(*Hoard's Dairyman*)杂志的编辑,担任过州长和威斯康星大学董事会董事。他把希望寄托于适合于年轻一代的真正科学的农业。他向全州牛奶场农民宣布:"我们老家伙——我们的眼睛有些'酒醉糊涂',但它还不至于把我们弄糊涂,依靠旧式农民,农村是没有希望的。"②他带着沮丧的情绪列举了一些少年在他们的父亲拒绝采用农业新技术,乃至听都不听的情况下寻求他帮助的例子。他终于对成人的不让步感到绝望,认为未来前途在于学校里的年轻人。

45

承认这一点,那学校就应当进行变革。霍尔德有偏见地察看了一下当时教育"低劣和蹩脚的特性":"……这正如 60 年前我们少年时代的情况,但今天 99% 的学校还依然如故。微小的进步不能帮助农村少年更好地了解农业问题"③,因此,需要一种全新的观点。教师应当掌握初等植物学、环境卫生学以及农业化学;教科书应当让农村读者感到言之有理。只有到那时,农民才会认识到学校教育的价值,并改变他们传统的冷漠态度。

霍尔德孜孜不倦地为建立县师范学校而工作。这种学校将培训认识农业重要性的农村教师。与试图影响农民的华莱士不一样,霍尔德把那些保守的教育家看做是教育变革的主要障碍。他写道:"旧的文化观念就是想办法具有大多数人没有的一些东西。懂希腊文和拉丁文的人往往就被称为'有文化的人'。这个概念是多么的狭窄和多么的主观。"霍尔德扩大了这个概念,使它包括让女孩学会照顾病人和美化家庭,以及让男孩掌握土壤化学,了解"不会说话的畜牲的习惯"④。在他看来,文化的民主不仅意味着有受教育的机会,而且改变教育的真正含义,使它成为对幸福的理智追求。

当时,有一些组织声称其"为农民说话"。如果要说到它们的主张

---

① 霍尔德(1836—1918),美国出版家、农业学家。——译者注
② 《威斯康星州挤奶工协会第 32 年度报告》(1904),第 25 页;《威斯康星州挤奶工协会第 33 年度报告》(1905),第 19 页。
③ 《霍尔德挤奶工》,1895 年 7 月 19 日,第 419 页。
④ 同上,1914 年 4 月 10 日,第 416 页。

得到广泛反响的卓越例子,那么,刊登在农业刊物《华莱士农民》和《霍尔德挤奶工》上的这些主张,无疑是有代表性的。全国保护农业社更加注意在公立学校中传播"实用的知识",并进一步加强各级农业教育。它认为,尤其是农工学院,也受到了为真正的职业目的服务的州立大学中保守的教育势力的支配。1902 年成立的美国农民联合会(Farmers' Union)和美国权益学会(American Society of Equity),在最初几年里一直注意教育问题。美国农民联合会的第一个章程就明确表示"要用科学农业知识教育农民"[①];农村中小学教师只要不从事银行业、商业、司法工作或者投机买卖,也就获得了合格的会员身份——这无疑是对教师的一种有说服力的照顾。美国农民联合会 1906 年的全国性大会建议加强公立学校的农业和工业教育,并建议增设一门有关经济和行政管理的课程。[②] 与此同时,1907 和 1908 年的农民联合会佐治亚州分会集会的代表宣布,他们全力支持农业中学。[③] 美国权益学会最初是一个巨大的农民垄断组织,早就声明支持"教农民和他们孩子的学校,以及农业的普遍进步"[④]。1907 年以后,美国权益学会威斯康星州分会很可能是所有分会中最活跃的。它对州的教育制度进行了一场持续的游击战,称州立大学是"一所每年要花数百万蒲式耳[⑤]小麦、教古典语言和无用知识的坟墓学校"[⑥]。毫无疑问,1914 年州议会议员对威斯康星大学的调查,主要是由《威斯康星权益新闻》上发表的一系列批评文章促成的。[⑦]

不出所料,农学院对教育改革事业也给予了有效的援助。农学院

---

① 巴雷特(C. S. Barrett):《农民协会的使命、历史及时代 》(纳什维尔,1909),第 107—108 页。

② 同上,第 257 页。

③ 同上,第 215—221 页。

④ 泰勒(C. C. Taylor):《农民运动,1620—1920》(纽约,1953),第 369 页。

⑤ 蒲式耳,计量谷物等的容量单位,在美国等于 35.238 升。——译者注

⑥ 索尔图斯希克斯:《中西部对农业不满的人》,第 128 页。

⑦ 《中西部对农业不满的人》,第 129—130 页;M·柯蒂、V·卡斯坦斯:《威斯康星州大学史,1848—1925》(两卷本,麦迪逊,1949)第 2 卷,第 267—294 页。

工作者在 1896 年成立了一个全国性协会①，每年的全国性大会从一开始就考虑了农村学校的问题。1901 年，在布法罗召开的会议上，霍尔德极力主张农学院工作者应该深刻认识到农民需要初级农业教学，坚持认为它是使少年务农的唯一办法。② 在 1902 年的集会上，代表们确信：一旦他们成功地使农业和家政学进入学校，那农家厨房就成了"伊甸乐园的门厅"和"上帝在伊甸园东部种植的那个花园的再现"③。

不管这些全国性会议的重要性如何，州一级农学院之间实际上是有区别的。如果威斯康星州农学院可以作为一个恰当的例子的话——它是一个好的例子，尽管它接受州议会的财政资助，但它实际上由农民管理——那么，对于教育改革运动来说，这所地方农学院是典型的舆论机构。农民家庭不断被告诫说：需要一种调整方向的农村学校。学校花园、野外旅行考察以及农场和厨房工作中的实用课程，是对过于重视书本知识的教学大纲的回答。一位演讲者猛烈抨击说："儿童对现实世界感兴趣时，语法、历史、地理是一堆抽象概念。庄稼的轮作制就像介词的位置一样鼓舞人心；苹果和玉米的施肥就像城市的方位和河流的方向一样有趣；马、牛、羊的生理机制就像总统的义务和独立战争的起因一样接近生活。"④农村教育拯救的只是农业。⑤

承认了这种对农业学校和农学院改革的多方面要求，那些信托农业教学的人不久就发现自己面对着许多像朗克尔和伍德沃德曾面对过的问题。农业课程有特色的内容是什么？教农业课程的适当方法又是

---

① 这个组织在威斯康星州沃特敦成立，最先以"国际农学院工作者协会"著称，后来改为"美国农学院工作者协会"。它的简史见该协会《活动记录》(1901)（美国农业部农业试验站局，第 110 号简报）。参见汉密尔顿(J. Hamilton)：《美国农学院史》（美国农业部农业站局，第 174 号简报）。

② 美国农学院工作者协会：《活动记录》(1901)，第 20 页以后各页。

③ 美国农场主学院工作者协会：《活动记录》(1902)（美国农业部农业试验站局，第 120 号简报，第 109 页以后各页）。

④ 威斯康星州农学院：《第 15 号简报》(1901)，第 65 页。

⑤ 关于讨论保护农业社和促进教育改革的学院的重要性，见伯特菲尔德(K. L. Butterfield)：《农业教育的一个有意义因素》，载《教育评论》第 20 期 (1901)，第 301—306 页。

什么？美国的农学院和农业试验站协会几乎不能回避这样的问题。这个协会的早期活动记录中都是关于"农业教育向何处去"的演说。实际上，在 1897 年到 1901 年间，这个协会的教学法委员会就设计出了统一的农业课本，去代替农工学院大有差异的临时凑合的教材。[①] 这种课程把整个农业分成适当的部分，又提出了有关每个部分在四年制农学院教学大纲里的时间分配的建议，还对与示范农场和花园有适当关联的工作提出了建议。[②] 当这个委员会进一步提出它的充其量不过是作为试验的方案时，那渴求得到有意义的教材以自慰的农学院教授就迅速采纳了这些建议。

49

　　在结束学院一级的努力之后，美国农学院和农业试验站协会教学法委员会把重点转到了中等和初等教育。它在 1902 年提出的一份报告中讨论了学院（校内预备班在 20 世纪初相当普遍），特别是农业中学、普通乡镇中学的中级农业课程问题，认为这种课程将能使毕业生从农学院和农业试验站的工作中得到收获，从而变为"更聪明和更进步的农民"[③]。两年后，这个教学法委员会进行广泛宣传，要求农村公立学校进行农业教学。它的努力结果是把农业教学确定在哈里斯有关初等教学大纲广义的文化概念之内。这个教学法委员会认为，农业只不过是更广泛的地理学习（哈里斯的"心灵的五扇窗户"之一）的一个阶段，至多将"唤起对农场工作和生活的一些兴趣，以及显示农业改善方面已有

　　[①] 19 世纪 70 年代和 80 年代是新建的农工学院不断摸索的 20 年。一方面，几乎所有的农工学院都建立了示范农场，并试图把在示范农场的努力与农业、园艺、畜牧业的课堂教学联系起来。其大量的工作几乎就是在一个农业教授指导下的学徒训练；另一方面，有一些工作成为很深奥的事情，即归入与农业实践没有多大关系的一类中。描述这些早期探索活动情况的，可见小埃迪（E. D. Eddy, Jr.）：《为我们土地和时间服务的大学》(纽约，1957) 第 2 章，第 4 章；特鲁（A. G. True）：《美国农业教育史，1785—1929》(华盛顿，1929) 第 3 部分，第 4 部分；罗斯（E. P. Ross）：《民主的大学》(艾姆斯，1942) 第 5 章，第 6 章。

　　[②] 美国农学院和农业试验站协会教学法委员会的许多报告刊登在美国农业部农业试验站局：《第 41 号简报》(1897)、《第 49 号简报》(1898)、《第 65 号简报》(1899)、《第 76 号简报》(1900)、《第 99 号简报》(1901) 以及《第 115 号简报》(1902) 上。

　　[③] 这份报告刊登于美国农业部农业试验站局：《第 123 号简报》(1903)。

的进步,表明农业的合理性和科学的基础,至多给学生一种对于农业试验站、农业学校和农学院的展望,以及对其他为学生提供未来教育或有助于学生毕生事业的机构的展望"①。

20世纪初,不仅农村对职业教育的巨大要求成为教育改革的关键,而且有关农业课程的内容及其在重新制定的学校课程中的地位更加明确。尽管农村和城市有互不相容的传统,但不可避免的是,更广泛的工业教育运动最终将促使城市和农村联合。农业教育和工业教育这两股潮流在20世纪最初几年间趋于平行发展,但是,由于全国工业教育促进协会起了很好的作用,1906年以后,这两股潮流开始汇合在一起。提倡农业教育和工业教育的那些团体,不过是陌生的政治伙伴。它们发现,在国会中应当一起采用疏通议员的方法,以便达到共同的目标,即使联邦职业教育议案得以通过。

IV

从一些方面来看,1910年标志着职业教育运动到了一个转折点。一收到米奇尔特别委员会的报告,美国劳工联合会就同全国制造商协会一起,为了在学校中全面实施手工艺教学而对国会议员进行疏通活动。全国保护农业社与美国农学院和农业试验站协会进一步呼吁在各级学校中扩大农业课程。全国教育协会在那一年发表了一个强有力的声明予以响应。声明强调指出,职业训练是对学生进行工业教育"主要的和起支配作用的因素"②。受到全国工业教育促进协会的鼓舞,一个进步联盟就像在任何进步时代一样,由多方面力量混合组成,这场运动开始在全国各州州议会大厦中写下了值得称赞的篇章。

1910年,一份由全国工业教育促进协会与美国劳动立法协会(A-

---

① 美国农业部农业试验站局:《第60号通知》(1904)。
② 全国教育协会:《讲演和活动记录》(1910),第657页。

merican Association for Labor Legislation)合写的调查报告指出,29 个州已提供了某些形式的工业教育。其中,10 个州建立了技术中学,18 个州提供了手工训练,11 个州提供了家政学,19 个州提供了农业训练,11 个州提供了工业和手工艺课程。一些州,例如伊利诺斯州,仅仅授权地方在乡镇中学中建立手工训练部门。其他一些州,例如威斯康星州,精心制订了提供多种工业教育的规定,包括县农业学校和县家政学校、公立中学和公立学校高年级的手工训练部门以及城市的手工艺学校。全国工业教育促进协会发现,这场运动基本上始于 20 世纪初,25 个州在 1900 年以后才制订有关职业教育的法律。这个协会得出结论说:"需要大量经费以及包含课程和方法彻底变革的其他教育运动,不会像职业教育运动那样很快受到议会的重视。"①

看到这些成就后,全国工业教育促进协会的领导者已经开始体验到改革家的急躁性了。他们相信职业教育支配了工业进步,开始梦想得到联邦的大量援助,从而忽视了一个州又一个州的艰苦奋斗。他们的想法并不新,一些有关职业教育目的的议案至少在 1906 年以后才投进国会的议案箱里。一般来说,这些议案反映了两种不同的要求:那些与 1907 年戴维斯议案(Davis Bill)同类的议案,要求联邦支持中等学校农业、家政学以及机械技术方面的教学;而那些与 1909 年麦克劳克林议案(Mclaughlin Bill)同类的议案,要求联邦支持农学院领导下的推广工作。1910 年,正是美国劳工联合会致力于职业教育的时候,衣阿华州的参议员多利弗(Jonathan P. Dolliver)提出了一个新的议案,试图把上面两种要求结合到一项单独的立法中去。这个议案得到全国教育协会、全国保护农业社和全国劳工联合会强有力的支持,但遭到全国农学院和农业试验站协会中一些人的坚决反对,这些人以联邦政府援助中等学校最终会削弱农工学院的工作为借口。正当全国工业教育促进协会决定对国会议员加强疏通活动的时候,协会的一个议案得到了国会

① 全国工业教育促进协会:《有关美国工业教育的立法》(第 12 号简报,纽约,1910),第 25 页。

的支持。联邦的政治舞台上不可避免地出现了戏剧性的场面。①

这场斗争实际上因多利弗议案(Dolliver Bill)而开始,以 1917 年通过的规定联邦资助中等职业教育的《史密斯—休士法案》(*Smith-Hughes Act*)为结束,是美国教育政策中振奋人心的篇章。这场斗争由许多方面参加,主要由全国工业教育促进协会领导。② 全国工业教育促进协会早就发现,要使一个包括美国劳工联合会和全国制造商协会在内的院外活动集团与这场运动协调,并不是一件容易的事情。全国制造商协会会长柯尔比(John Kirby)在 1911 年斥责美国劳工联合会差不多就像"可爱的儿童身上的一只塔兰图拉毒蛛"③一样,在工业教育运动中干了大量令人讨厌的事情。④ 在对米奇尔特别委员会报告的反驳中,这个协会似乎完全改变了它对手工艺学校已有十年之久的态度。可能受到德国著名的业余补习教育倡导者凯兴斯泰纳(Georg Kerschens-teiner)⑤博士广泛发行的演讲的影响⑥,全国制造商协会不再提倡手工艺学校,而全力拥护业余补习教育。"往昔的"手工艺学校被宣判为不

---

① 布劳克(L. E. Blauch):《农业扩大工作中的联邦合作》、《职业教育和职业复兴》(美国教育局,1933 年第 15 号简报,华盛顿,1935),第 52—71 页。

② 《职业教育和职业复兴》,第 52—71 页。

③ 塔兰图拉毒蛛,产于南欧等地。——译者注

④ 全国制造商协会:《活动记录》(1911),第 73—74 页。这种反感是不新鲜的。当全国工业教育促进协会的 C·理查兹 1906 年给全国制造商协会写信谈该协会计划时,全国制造商协会工业教育委员会会长 A·伊特纳(Anthony Ittner)回答道:"邀请属于美国劳工联合会的劳工领袖担任协会的成员,正如世界上普通的基督教徒所告诫的,就等于邀请魔鬼及其后代参加基督教促进运动。"理查兹被说服了,可是,伊特纳参加了这个协会。见全国制造商协会:《活动记录》(1909),第 19 页。

⑤ 凯兴斯泰纳(1854—1932),德国教育家。——译者注

⑥ 见全国工业教育促进协会:《慕尼黑的业余补习职业学校》(第 14 号简报,纽约,1911);凯兴斯泰纳:《论职业教育的三次演讲》(芝加哥,1911)。德国慕尼黑的教育学博士凯兴斯泰纳在全国工业教育促进协会的赞助下,于 1910 年来到美国。他的访问作为一个例子,说明了欧洲和美国工业教育运动各阶段间有着不可分的联系。此外,一些人把他的演讲解释为"证明德国人在我们前面"。就这一点而言,他们实际上充当了支持职业训练的宣传工具。为了政治目的,滥用一些比较资料,在美国教育史上是常有的事情。

实用、花钱过多以及不适应人们的需要。美国需要什么样的职业训练呢？真正的答案是由"事业者"管理的注重实际的业余补习学校。全国制造商协会的工业教育委员会1913年主张,让教育家关怀那些偏重字词学习的儿童,但让主要由雇主和雇员组成的独立的职业教育委员会管理另一些偏重手的训练的儿童。威斯康星州独立的职业学校制度由独立的工业教育委员会负责,这是人们模仿的典范。①

面对全国制造商协会这种已改变的态度,美国劳工联合会还是坚持它的特别委员会的建议。国家需要把正规手工艺教学与业余补习学校教育结合起来,两者都应该得到公共资金的资助。美国劳工联合会在同意一些代表雇主和工会成员的委员会完全能以顾问资格行使职权时,一再强调为大多数人服务的职业教育仍应在公共管理之下,而不应该从公立学校制度中分离出来。对于美国劳工联合会来说,教育家的不称职显然没有商人追求私利那样可怕。②

全国工业教育促进协会日益成为一个对议员进行疏通活动的组织。它在1912年聘用普罗泽(Charles A. Prosser)③任专职干事。普罗泽继续进行了先驱的道格拉斯委员会(Douglas Commission)的工作。道格拉斯委员会曾提醒马萨诸塞州注意公众对工业教育的迫切需

54

---

① 要领会这种转变的重要性,可把工业教育委员会1910年的报告(全国制造商协会:《活动记录》,1910,第258—268页)同它1911年的报告(全国制造商协会:《活动记录》,1911,第185—194页)进行比较。

② 美国劳工联合会:《活动记录》(1912),第269—276页。按照阶级方法,公立学校制度分裂的可能性,在专业和公共报刊上引起了一场激烈的争论。例如杜威同E·G·库利(芝加哥商业俱乐部的一位发言人)的争论——杜威:《一个不民主的建议》,《职业教育》第2期(1913),第374—377页;库利:《杜威教授对芝加哥商业俱乐部及其职业教育议案的批评》,《职业教育》第3期(1914),第24—29页。可参见杜威:《学校制度的分裂》,《新共和》第2期(1915),第283—284页。

③ 普罗泽(1871—1952),美国教育家。——译者注

学 校 的 变 革

要。① 于是,人们要求普罗泽到马萨诸塞州去组织一个新的职业教育部门。作为全国工业教育促进协会的干事(1912—1915),他孜孜不倦地工作,从这个城市跑到那个城市,从这个州跑到那个州,系统阐述教学大纲、鼓动人们、召集议员一起商议等。在促成国会支持并最终通过《史密斯—休士法案》方面,谁的工作也没有他的工作那样有效。②

职业教育国家资助委员会(Commission on National Aid to Vocational Education)在 1914 年的成立,标志着这场斗争最后阶段的开始。③ 这个委员会由国会 1914 年 1 月 20 日决议授权成立,并被要求到 6 月 1 日提出报告。美国劳工联合会和全国工业教育促进协会公开表示,他们担心"不幸的任命"会使以往的努力前功尽弃。但是,当威尔逊(Woodrow Wilson)总统④宣布委员会的全体成员时,他们的担心就烟消云散了。职业教育国家资助委员会有 4 位国会议会成员——参议员史密斯(Hoke Smith)⑤、佩奇(Carroll S. Page)以及众议员休士(Pudley M. Hughes)、费斯(S. D. Fess)。他们以前都声明过赞成联邦资助职业教育。另外,还有 5 位非国会议员成员——普罗泽是其中之一——全都是全国工业教育促进协会的成员,其中 2 人在协会的财政委员会任职。

正如普罗泽一次在全国工业教育促进协会工作会议上指出的那样,职业教育国家资助委员会在国会历史上是独一无二的。它按时提交报告,但只花费了 2/3 的拨款。这个委员会把调查表送给数以百计

----

① 马萨诸塞州议会 1905 年授权州长道格拉斯(William L. Douglas)去任命一个委员会,以便"调查不同等级的熟练工人对教育的需要以及州里各种工业的职责"。这个委员会在 1906 年提出报告,这是职业教育运动在美国开始的一个标志。见《工业和技术教育委员会报告》(波士顿,1906);贝内特:《手工和手工业教育史,1870—1917》,第 507 页。

② 鲍登(W. T. Bawden):《工业教育领袖》,《工业技术及职业教育》第 41 期(1952),第 219—220 页。

③《全国资助职业教育委员会报告》,第 63 届国会会议第 2 次会议,众议院第 1004 号文件。

④ 威尔逊(1856—1924),美国第 28 任总统(1913—1920)。——译者注

⑤ 史密斯(1855—1931),美国政界领袖。——译者注

48

的教师、104 个全国性工会、70 个有代表性的雇主,在 4 月 20 日开始的那个星期里,昼夜不停地举行听证会,从联邦各部部长、感兴趣的全国性组织的代表以及知名人士那里听取意见。它在 6 月 1 日提交的报告中特别提到一种对职业教育"巨大的和迫切的需要",坚持认为为了满足这种需要联邦提供资金是必要的,并建议联邦政府对职业教育问题的继续研究进行资助。

职业教育国家资助委员会特别建议,联邦资金应用来支付手工艺、工业、农业科目教师和督学的部分薪水,并帮助农业、手工艺、工业及家政学科目的教师培训。这个委员会进一步建议,资助应限于学院一级以下的公立学校,被资助的三类学校应该包括全日制中等学校——大约一半时间用于一门职业的实际训练;为 14 岁以上年轻工人设立的业余学校——旨在发展他们的职业技能或者普通的"公民或职业的意识";夜校——扩大 16 岁以上成年工人的职业知识。

为了管理这笔补助金,职业教育国家资助委员会建议各州指定或由公众推选委员会,作为各州与联邦政府联系的机构。也许,更重要的是,这个委员会建议任命一个由邮政总局局长、内政部长、农业部长、商业部长、劳工部长以及教育总署署长(作为执行委员)组成的联邦委员会,去管理这笔补助金,配合各州促进职业教育。最后,这个委员会建议各州和地方社区还应提供与联邦政府资助金相当的款项,用来支付全部设备、器材和维修等费用。

取业教育国家资助委员会的报告标志了职业教育立法活动已进入最后阶段。于是,商人、工会会员和教育家一致支持联邦资助职业教育的原则。《史密斯—利弗法案》(*Smith-Lever Act*)规定在全联邦范围内资助农业方面的推广教学计划,经总统签字生效后,削弱了美国农学院和农业试验站协会的反对力量。当第一次世界大战在欧洲进行的时候,职业教育日益被看成是国家军备计划的一个方面,威尔逊总统在 1916 年向国会发表的国情咨文中,就是这样描述职业教育的。1916 年6 月,商会根据 4 月调查(对以压倒优势赞成职业教育立法的地方商会的调查)公布的结果,使更多人对此附和。1917 年 2 月,正是美国参战的前两个月,由参议员史密斯和众议院议员休士提出的一项法案最终

56

成了法令。其中的提法与 1914 年职业教育国家资助委员会的提议有着惊人的相似之处,不同的只有两点:除了农业、手工艺和工业等科目外,家政学也作为受联邦资助的职业科目;联邦职业教育委员会(Federal Board of Vocational Education)的成员改为包括农业部长、劳工部长、商业部长、教育总署署长,以及分别来自制造业和商业、农业、劳工的三位公民代表——他们由参议院提名和同意,并经总统任命。

尽管像联邦的许多法令一样,《史密斯—休士法案》并没有更多新的内容,但这个法案从未被忽略。1910 年建立的全国工业教育促进学会对州立法所产生的明显影响无疑会继续下去,直到影响全国大多数学校为止。这个法案的作用,当然是加快了职业教育的进程,并采取某些方法使职业教育标准化。隔了不久,沃斯的观点就成了美国学校一个根深蒂固的方面,而哈里斯的那些异议几乎消失了。

可是,就像往常一样,哈里斯的异议的影响仍然存在。正如道格拉斯(Paul Douglas)①在第一次世界大战后不久写的一篇富有洞察力的批评文章中指出的那样,由于那种着重手工艺的教学,《史密斯—休士法案》明确提出,美国已经在技术进步的急流中掉在后面了。② 那些离开工业而作为职业科目教师的手工艺人,把自己从工业革新的主流中孤立出来,这实在是太容易了;为学校购买的机器不久就因工艺改进而过时报废。面对第二次世界大战后的一场新的学徒危机,美国工业在不到 40 年的时间内又要求恢复它的教育职责,这种职责在 20 世纪初的几十年间曾如此轻易地被放弃了。③

---

① 道格拉斯(1892—1976),美国参议员、教育家、经济学家。——译者注
② 道格拉斯:《美国学徒工业教育》(纽约,1921),第 5 章。
③ 见克拉克(H. F. Clark)和斯隆(H. S. Sloan):《工厂里的教室》(拉瑟福德,新泽西,1958)。

第三章　文化与社区

I

　　当罗斯福(Theodore Roosevelt)①第一次读到里斯(Jacob Riis)的 58
《另一半人是怎样生活的》(*How the Other Half Lives*)时,他就发现这
本书将会使他永远受到"启发和鼓舞"②。就里斯所描述的数百万人而
论,城市贫民区的贫穷、肮脏、疾病和绝望是客观存在的、令人十分沮丧
的事实。19世纪90年代,在那些城市里,新一代美国人感受到了工业
文明的灾祸。他们一窝蜂地拥进纽约、芝加哥、费城、底特律等城市,寻
找工作、财富和刺激,寻求一种更好的生活,但找到的常常只是在廉租
公寓中忍受难熬的苦难。他们希望破灭,美梦迅速成了恶梦。

　　贫穷、肮脏和疾病在19世纪90年代并不是新的社会现象,而是历
史的产物。所谓新的现象,只是像里斯和罗斯福一类的人变得多了起
来,他们好像突然留心起贫穷、肮脏和疾病来。③ 回顾90年代的状况, 59
人们就能够意识到一种社会道德心的觉醒,越来越多的人相信:这种令
人难以置信的苦难既不是受害者的责任,也不是他们命中注定的;这种
苦难一定能够减轻,而减轻之路既不是慈善,也不是革命,归根到底是

---

　　① 罗斯福(1858—1919),美国第26任总统,曾获1906年诺贝尔和平奖。——译
者注

　　② 罗斯福:《自传》(纽约,1926),第169页。

　　③ 布伦纳(R. H. Bremner):《来自低层:美国贫穷的发现》(纽约,1956)。

教育。

　　各种形式的社会组织的成立,正是社会道德心觉醒的一种表现。这些社会组织中,有公民委员会、慈善协会、教会联盟和改革学会。但是,在代表社会道德心的新精神方面,它们当中没有一个组织比社会服务社更富有戏剧性。19 世纪 80 年代,英国建立了一些社会服务社。它们是对工业社会各种令人震惊的状况的反应。由于受到金斯利(Charles Kingsley)①、莫里斯(Frederick Denison Maurice)②、拉斯金(John Ruskin)③社会哲学的鼓舞,一些在大学工作的人在巴内特(Samuel A. Barnett)④牧师的领导下,决定像"贫苦大众"一样生活,"与他们一起生活,仔细考虑他们的问题,向他们学习忍耐、友爱和自我牺牲的精神,但同时也在教育和友谊上对他们提供帮助"⑤。1884 年,他们在怀特查佩尔(伦敦的一个贫民区)找到一幢房子,将它命名为汤因比公寓(Toynbee Hall)。这是因为巴内特的朋友汤因比(Arnold Toynbee)⑥新近去世,他曾为鼓舞这场运动做了很多工作。⑦

　　"社会服务社"思想迅速传播开了,不仅遍及英国,而且传到了美国。1886 年,一个名叫科伊特(Stanton Coit)⑧的年轻人,是阿默思特学院的毕业生,曾在汤因比公寓住过两个月,在纽约市东南区的福赛思街146 号建立了美国第一个社会服务社。其他人紧随其后。在罗宾斯(Jane Robbins)和法因(Jean Fine)的领导下,史密斯学院的四位女毕业生于 1889 年秋季建立了纽约市学院社会服务社。与此同时,由于受到巴内特在伦敦工作的影响,简·亚当斯(Jane A ddams)和斯塔尔(El-

60

---

① 金斯利(1819—1875),英国牧师、小说家、诗人。——译者注
② 莫里斯(1805—1872),英国神学家。——译者注
③ 拉斯金(1819—1900),英国批评家、作家。——译者注
④ 巴内特(1844—1913),英国牧师、社会改革家。——译者注
⑤《巴内特:他的生平、著作及朋友》(两卷本,纽约,1919)第 1 卷,第 310 页。
⑥ 汤因比(1852—1883),英国社会学家、经济学家。——译者注
⑦ 巴内特夫妇:《通往社会改革》(伦敦,1909)第 3 部分;皮切特(W. Picht):《汤因比公寓和英国社会服务社运动》(伦敦,1914)第 1—2 部分。
⑧ 科伊特(1857—1944),美国伦理学家。——译者注

len Gates Starr)①在芝加哥开办了赫尔会所(Hull House)。它后来成为美国最著名的社会服务社。1891 年,惠勒(Everett Wheeler)在纽约市建立了东区会所(East Side House),祖布林(Charles Zueblin)②也建立了西北大学社会服务社。1892 年,塔克(William J. Tucker)③与学者伍兹(Robert Woods)④一起,在波士顿市开办了安多弗会所(Andover House)。这样,美国五年内共建立了六个新的社会服务社机构。⑤

　　这些年轻改革者的工作结果使人们确信:工业主义的真正灾祸,与其说是它物质上的不良影响,还不如说是它破坏了传统的人际交往。他们确实严厉而坚决地抨击了"巨富的罪恶",但更深深地哀怨的是格罗金斯(Morton Grodzins)所说的那种"自发产生的抱怨",即工业主义瓦解了社区结构而使人们疏远,最终引起贫民区生活的恶化。⑥ 在这样的推理下,这些改革者不得不通过教育和政治去寻求解决的方法。为此,他们设想通过使社会下层群众获得知识和树立理想,带头重建社区,从而充分发挥社会对减轻民众苦难的力量。社会服务社工作者一直讨论"人际关系的更新",但最终目标是使工业文明变得仁慈博爱。在这个过程中,教育总是一种主要的工具。

　　在分别实施最初规划的过程中,街区居民直接从周围邻居的愿望中得到了暗示。马路是否脏?廉租公寓是否害虫成灾?社会服务社设立了清扫学会,引导人们打扫满是臭虫、跳虱、蟑螂和老鼠的房间。马路上的顽童是否会对居民的生命和财产造成威胁?社会服务社建立了少年之家,把男女少年青春期的旺盛活力引到体育活动、工艺美术以及建设性的娱乐活动中去。贫民区的死亡率和发病率是否高得令人担忧?社会服务社变成了急救中心、医疗诊所、随访护士总部和预防卫生学校。年轻人是否找不到工作?社会服务社不仅提供手工艺教育,还

_____

① 斯塔尔(1860—1940),美国社会工作者。——译者注
② 祖布林(1866—1924),美国社会学家。——译者注
③ 塔克(1839—1926),美国传教士、教育家。——译者注
④ 伍兹(1865—1925),美国社会服务社工作者。——译者注
⑤ 伍兹、肯尼迪(A. J. Kennedy):《社会服务社见识》(纽约,1922)第 4 章。
⑥ 格罗金斯:《忠诚与不忠诚》(芝加哥,1956),第 238—242 页。

用各种方法提供最适宜于每个人的手工艺。母亲是否要求工作？社会服务社介绍了幼儿园和日托托儿所。工人是否是文盲？社会服务社教他们读书。夏天城市里是否闷热？社会服务社修建了操场和度假中心。凡是有助于人类改善的努力，社会服务社都进行了尝试，因此，它的事业完全是社会的全面革新。①

当这种工作取得进展时，街区居民越来越感觉到自己在教育上的职责。赫尔会所是最典型的。它开设了幼儿园、少年之家和成人俱乐部。在饮食营养方面，它采取了一个冒险行动，尽力鼓励妇女购买既便宜又富于营养的阉割家畜的肉。它还建立了劳动人民社交俱乐部，即赫尔会所工人陈列馆。那里还有戏剧和合唱团以及音乐学校。成人有各种各样的活动，例如移民的英语班、莎士比亚俱乐部、柏拉图俱乐部以及烹饪、裁剪缝纫、儿童保育和手工艺等各门课程。②

简·亚当斯喜欢把这种"社会化教育"计划看做对"范围狭窄的学校"观点最强烈的反对。③她痛斥了富人那种高人一等的优越感——认为下层社会对社区的精神生活没有多少帮助；痛斥了教育家的偏狭观念——由自己的狭隘文化观引起的不能抓住城市社会生活中丰富的、可进行教育的事情。简·亚当斯在《民主和社会道德》(*Democracy and Social Ethics*)中写道："我们不能容忍那些把所有重点都放在阅读和书写上的学校，它们实际上依赖于一个臆说，即'带给儿童的所有知识和兴趣必须以书为媒介'。这种臆说不能给儿童任何有关生活的线索，或有益而明智地把自己同生活联系起来的力量。"④学校要成为维护社会利益的一种力量，就应该像社会服务社所做的一样，即与现实世界联系起来，并对生产制度最终变得仁慈产生影响。简·亚当斯得出结论说，

①　简·亚当斯：《赫尔会所20年》(纽约，1910)；科伊特：《街区互助协会》(伦敦，1891)；西姆霍维奇(M. K. Simkhovitch)：《街区》(纽约，1938)；沃尔德(L. Wald)：《亨利大街上的会所》(纽约，1915)及伍兹：《国家建设中的街区》(波士顿，1923)。

②　《赫尔会所20年》。

③　《对社会服务社的主观需要》，见简·亚当斯等：《慈善事业和社会进步》(纽约，1893)，第10页。

④　简·亚当斯：《民主和社会道德》(纽约，1902)，第180—181页。

教育家应该会利用和征服工业。

怎样才能做到这一点呢？简·亚当斯的答案是：使年轻人更深刻地、更人道地理解工业世界，并理解他们是其中的一部分。除手工训练和家政学之外，她还要那些准备去工厂的儿童了解工业史和各种劳动之间的关系，以便领会"他正在参与的那部分社区生活的历史意义"①。这样，人们就可能不会受到失去人性的、单调乏味的工业劳动的伤害。一种通过学校培育起来的艺术精神，最终能够注入整个生产过程，使生产过程从最狭隘的机器支配人变成一种真正的人类事业。那些受过教育的工人受到了丰富的想象训练。他们需要更灵巧的产品，而这种产品只能由受过教育的工人来生产。由一所有社会意识的学校培养的具有专长的工人，最终会使机器服从于一些更高尚的目的。

简·亚当斯小姐深信，她的阐述超过了伍德沃德感伤主义的和不切实际的想法，也超过了奥克姆蒂利己的和实际主义的想法。她在假定工厂已得到公众承认的同时，考虑了和它们相联系的人的问题。她认为，"在一个现代化的服装厂里，要 39 人做一件外衣。然而，同样的 39 人，可以用一种'协作'精神生产一件外衣。这种'协作'精神使他们在成衣的全过程中产生兴奋，远远超过孤独的老裁缝的工作，正像一个男孩在棒球队里从打球得到的乐趣超过了在牲口棚旁边独自做手球游戏的乐趣一样。"②简·亚当斯实际上打算使社会了解拉斯金那句"无艺术的劳动会变得像野兽一样残忍"的格言，主张工业文明"需要集体劳动所固有的集体艺术的安慰"。③

当然，简·亚当斯的看法是否因为像拉斯金的那句格言一样具有浪漫精神而受到损害，人们是有争议的。④ 她认为，各个工会只有把工人联合起来，才能最终实现为自己提出的任何合法的目标。然而，不管遇到什么样的困难，她的见解本质上是开明的，并且总是平等的。她要

①《民主和社会道德》，第 192 页。
② 简·亚当斯：《青年精神和城市街区》（纽约，1909），第 127 页。
③《民主和社会道德》，第 219 页。
④ 对拉斯金的有关评论，见威廉斯（R. Williams）：《文化和社会》（伦敦，1958），第 7 章。

求学校用一种真正的人的含义去清洗普通个人的环境。假定"除非所有的人和阶级都去做有益的事情,我们才能确信这件事情具有的价值"①,那么简·亚当斯那个时代可能会有更冷静和更现实的教育观念,但肯定还是不人道的。②

社会服务社工作者反对"范围狭窄的学校"观点,必然会停止为教育革新而对国会议员进行疏通的活动。在 19 世纪 90 年代前后,社会服务社工作者在"教育改革运动"中扮演主角也是不奇怪的。例如,纽约市亨利大街社会服务社的沃尔德(Lillian Wald)③在 1897 年说服市卫生局任命了第一批校医,而她的同事法雷尔(Elizabeth Farrell)开办了第一个得到市教育委员会支持的残疾儿童班。亨利大街社会服务社还帮助成立了纽约第一个"实用家政中心"。最后,这个中心被列入一个在全市范围内提供学校午餐的计划之中。在芝加哥,市民帮助建立了学校图书馆;与此同时,市民还与芝加哥大学社会服务社合作,进行了第一次培养学校医务室护士的试验。得梅因的路边社会服务社和巴尔的摩的洛卡斯特社会服务社促使这两个城市的教育委员会决定开办成人夜校,而泽西城的惠蒂尔会所和沃思堡的街区会所带头开办了公立学校幼儿园。

纽约市学院社会服务社的罗宾斯(Jane Robbins)和伊丽莎白·欧文(Elisabeth Irwin)担任了公共教育协会(Public Education Asscciation)的重要职务,而斯托弗(Charles B. Stover)、波尔丁(James K. Paulding)和雷诺兹(James B. Reynolds)居住在纽约大学社会服务社期间,担任了学校理事。里奇曼(Julia Richman)既是市教育联盟干事,又是区学校督学。他也建立了一个教师会所,那里的居民迫切要求推

---

① 简·亚当斯:《民主和社会道德》,第 219—220 页。

② 简·亚当斯和约翰·杜威的教育观,显然是相近的,这无疑是由于杜威在芝加哥大学任职期间,他们在赫尔会所的亲密交往。简·杜威——与简·亚当斯同名——在 1939 年给她父亲的信中写道:"因为赫尔会所和简·亚当斯的缘故,杜威那作为教育指导力量的民主信念具有了更加激烈和更加深刻的含义。"见她的《约翰·杜威传》,载希尔普(P. A. Schilpp)编:《约翰·杜威的哲学》(纽约,1939),第 29—30 页。

③ 沃尔德(1867—1940),美国社会学家。——译者注

行学校午餐计划、开办身心缺陷儿童的特殊班、修改课程，以便"使学习的课程适合儿童"。简·亚当斯担任了四年芝加哥市教育委员会成员。她坚持不懈地争取缩小班级规模、改善学校设备以及更好地培训教师。①

社会服务社工作者对美国儿童局（United States Children's Bureau）的建立及早期工作方向也有影响。儿童局这个概念是由沃尔德和简·亚当斯原先的合作者凯利（Florence Kelley）②首创的。沃尔德小姐、简·亚当斯小姐和凯利夫人担任理事的全国童工委员会（National Child Labor Committce）最后促使国会认可了它。③ 1912年，塔夫脱（William H. Taft）总统④任命另一位在赫尔会所住了很久的居民莱思罗普（Julia Lathrop）⑤担任儿童局第一任局长。儿童局这个具有广泛法定权威的机构的任务是调查"所有有关美国各阶级儿童福利和儿童生活的问题"，并提出报告。在制定儿童局的早期计划方面，莱思罗普起了决定性的作用。⑥

当然，正是美国儿童局的建立，代表了社会工作这一职业的胜利。但就这点而论，它并不能帮助社会化教育，而只能标志"社会化教育"概

65

---

① 这些资料与社会服务社的有关情况一起刊登在伍兹和肯尼迪合编的《社会服务社手册》(纽约，1911)上。参见西姆霍维奇：《扩大的公立学校作用》，载全国慈善和教养联合会：《活动记录》(1904)，第471—486页；伯杰(M. I. Berger)：《社会服务社、移民和公立学校》(未发表的博士论文，哥伦比亚大学，1956)，第4章。

② F·凯利(1859—1932)，美国社会事业家，社会改革家。——译者注

③ 布伦纳：《来自低层：美国贫穷的发现》，第218—222页；戈德马克(J. Goldmark)：《急躁的改革运动参加者：弗洛伦斯·凯利传》(厄巴纳，1953)第7—8章；帕吉特(A. E. Padgett)：《美国儿童局建立史》(未发表的硕士论文，芝加哥大学，1936)；简·亚当斯：《我的朋友——朱莉娅·莱思罗普》(纽约，1935)。童工法和教育改革之间的联系是社会服务社工作者早期不断注意的一个问题，尤其是赫尔会所的一个问题。

④ 塔夫脱(1857—1930)，美国第27任总统(1909—1912)。——译者注

⑤ 莱思罗普(1858—1932)，美国社会事业家。——译者注

⑥ 布雷德伯里(D. E. Bradbury)：《为儿童工作的40年：儿童局简史》(美国儿童局出版，第358号，华盛顿，1956)，第5—17、87页。

念的实质性进展。① 当继续进行儿童福利调查时,儿童局更多地依靠社会服务社工作者的观念和设想。这些社会服务社工作者打算制定一个为所有儿童的需要服务的教育计划。因此,儿童局发行的在成千上万人中流传的报告和小册子,不可避免地体现了社会服务社的学校观:一个宣传教育要扩大的强有力运动在全国家喻户晓。简·亚当斯及其同事长期以来把教育要扩大的观点看做是"美国社会服务社运动"的基本含义。

66

II

影响下层社会就是影响移民,而影响移民也就使人立即意识到美国化这一历史问题。很可能在南北战争以前,民族主义教育家就呼吁学校要按照美国的生活和思维方式来训练新移民。早在 1849 年,米德尔伯里学院院长就提出疑问:究竟是移民的潮流成为国家的一部分,还是实际上证明这个共和国是哥特人和匈奴人曾到过的罗马帝国? 他认为,这个答案多半取决于"我们教师的智慧和忠诚"②。很多人都采用一个方式,即那些本人的忠诚既不为人们所了解,又未经过考验,因而需要重申的人所采用的方式,大声表达自己的个人情绪。从一开始,人们就认为,公立学校是一种使新移民认识并承担"公民职责"的极好工具。

19 世纪后期,由于美国移民的特点深刻变化,美国化这一作用又一次处于首要地位。1880 年以前,大多数移民来自西欧和北欧,特别是英国、爱尔兰、德国和斯堪的纳维亚半岛。除爱尔兰人外,其他移民都向内地迁移,定居在大西洋中部、中西部和西北部各州的富饶地区。然

---

① 这种联系在第一次世界大战后职业社会工作者对教育改革的不断支持中得到了反映。

② 拉巴雷(B. Labaree):《我们国民学校特殊性所需要的教育》,见美国教育学会:《演讲和活动记录》(1849),第 34 页。参见克雷明:《美国公立学校》(纽约,1951),第 44—47 页;柯蒂:《美国忠诚的根源》(纽约,1946)。

而,在 19 世纪 80 年代,来自南欧和东欧的移民的百分比显然开始上升,预示着从 1890—1920 年,绝大多数移民将来自这些地区。① 这些"新移民"采用各种不同于前辈的方式定居下来。他们倾向于留在城市里,聚居在那拥挤不堪的贫民区,并一直保持着原先的生活方式和习俗。例如,一个移民在回忆他抵达纽约的往事时说:"……我的问题是使自己能与瓦斯卢伊人和罗马尼亚人,以及以前的同乡和同胞们相处。从更大的意义上来说,它不是美国,而是少数民族集中居住的纽约东区。这完全出乎我的预料,完全改变了我的价值观,并使我晕头转向。"②

67

对于那些在城市少数民族集中居住的贫民区工作的社会服务社工作者来说,根本的问题依然是财富、腐败以及上流阶层不愿同穷人一起分享他们的知识和理想。然而,对于同样献身于改革的其他人来说,问题的责任更直接地在于那些不幸的人自己。传播社会福音的牧师们斥责移民犯罪率高,道德败坏,以及用他们原有的民族语言含糊不清地说话;工会领袖认为新移民应对失业率上升和工资下降负责;而市政当局对受工头支配的移民选票惊恐不安。一个正在发展的持不同意见的组织开始要求制定限制移民的法令,并把它们作为与城市工业主义的腐败、肮脏和不公正的行为进行斗争的最迅速和最无痛苦的方法。③

教育立即被卷了进去,因为不管限制的结果如何,有一种需要是永远存在的,那就是使那些移民美国化。正是对这种"需要"的陈述,引起了比已解决的问题更多的问题,因为人们并没有就什么是美国化及它的含义取得一致的见解。例如,斯坦福大学的卡伯莱(Ellwood P. Cub-

---

① 人口调查局:《美国的历史统计,1789—1945》(华盛顿,1949),第 33—36 页。

② 拉法格(M. Ravage):《发展中的美国人》(纽约,1917),第 61 页。"新"移民和"老"移民之间的差别是有意义的,但这种差别常常被夸大。见汉德林(O. Handlin):《美国生活中的种族和国籍》(波士顿,1957)第 5 章及琼斯(M. A. Jones):《美国移民》(芝加哥,1960)第 7 章。

③ 海厄姆(J. Higham):《移民限制的起源,1882—1897:一种社会分析》,《密西西比河流域历史评论》第 39 期(1952—1953),第 77—88 页;《国土上的陌生人》(新伯伦瑞克,1955),第 3—7 章。

berley)教授曾是"美国化就是英国化"这一观点的主要代言人。卡伯莱指出,南欧人和东欧人实质上与先于他们的那些移民是有区别的。先于他们的那些移民,"未受过教育、顺从、缺乏自信心和主动进取精神,没有英裔条顿人的法律、秩序和政府的观念。他们的到来极大地稀释了我们民族的血统,并使得我们公民的生活腐败。"他得出结论说,教育的首要任务是拆散这些移民的集中居住区,"把这些人同化和融合为我们美国民族的一部分。只要能够做,就应该向他们的儿童灌输盎格鲁撒克逊人的正义、法律和秩序以及民众政府的观念,唤醒他们对我们民主学校的崇敬,以及对我们国民生活中的那些我们作为人就要保持它们永久价值的事情的崇敬"①。按照这个观点,美国化就是剥夺移民的种族性,反复灌输处于支配地位的盎格鲁撒克逊道德观念。美国化意味着具有一些人的方式和信仰,正是这些人组成了真正的、历史上的美国,并使得美国有存在的价值。美国革命妇女会(Daughters of the American Revolution)的一位代表问道:"哪种美国意识能够在德国泡菜和比利时林堡干酪的氛围中发展呢?或者说,你能对那些满嘴蒜臭气的人所具有的'美国习俗'期待什么呢?"②在美国,没有"归化的美国公民"的地位。

其他人(主要是在外国出生的人)争辩说,融合的希望不在于纯盎格鲁撒克逊传统,而在于一个从美国生活舞台上慢慢出现的新民族。赞格威尔(Israel Zangwill)③的剧本《大熔炉》中的主人公宣称:"美国是上帝的熔炉,就是你们站着的这个地方。好心的人啊,我想,当我在埃利斯岛看你们的时候,你们站着的这个地方有 50 个民族,具有 50 种语言和 50 种历史,以及 50 种血仇和 50 种倾轧。但是,兄弟们,你们不愿意长期这样下去的,因为你进了上帝之火燃烧的熔炉——这些是上帝

① 卡伯莱:《变化中的教育概念》(波士顿,1909),第 15—16 页。卡伯莱的这本书是这个时期的一本典型的进步主义小册子。它用抒情的词句概述了与 19 世纪 40 年代的伟大改革运动相称的教育觉醒。

② 比尔斯塔德(E. H. Bierstadt):《美国化面面观》(辛辛那提,1922),第 114—115 页。

③ 赞格威尔:(1864—1926),英国小说家、剧作家。——译者注

之火。你们的旧怨和世仇算得了什么！德国人和法国人，爱尔兰人和英国人，犹太人和俄国人——带上你们的一切走进熔炉吧！上帝正在熔炼美国人。"①1912 年，安廷（Mary Antin）②在她的自传中用夸张的词句写道，依靠世界主义的"天堂"环境"改造"移民。③

　　一小批知识分子最后提出了"文化多元论"的概念，即在把移民引进新世界的同时，保存旧世界最好的东西。这个观点将鼓励少数民族在对更广泛的美国生活主流作出贡献的同时，培育和扩充自己独特的传统。纽约犹太教神学院的弗里德兰德（Israel Friedlaender）写道："国家的普通文化像一堵铁墙耸立在我们面前，如果试图用头去撞它，那么，我们将会像一颗胡桃被砸得粉碎。对我们来说，唯一的解决方法是适应这种文化，但这种适应不会牺牲对犹太教来说是必需的东西，将不是使犹太教枯竭，而是去丰富它……这种适应将充分考虑到我们需要的环境，将保护和促进我们犹太人的特性和独创性。"④南北战争期间，即使坚持"文化多元论"观点的人压力日益加大，这种看法也是高尚而勇敢的。然而，它在全国范围内既没有得到广泛的传播，也没有引起广泛的注意。

　　那么，美国化的工作实际上是怎样进行的呢？关于这个过程，我们所知道的比我们所希望知道的要少得多，尽管有充分的证据表明，教育家在美国化成为一个全国性问题前早就参与了美国化的工作。例如，社会服务社工作者早就发现，应该帮助下层群众讨论"美国化问题"标题下的全部问题，街区居民还怀着往常的热情着手解决了这些问题（但他们不热心讨论形式上的定义，而关心怎样做社会改善工作）。在整个国家的任何地方，都有大的移民社区。只有建立一些街区会所，才能帮

① 赞格威尔：《大熔炉》（纽约，1909），第 37 页。
② 安廷（1881—1949），美国女作家。——译者注
③ 安廷：《希望之乡》（波士顿，1912），第 12 页。
④ 弗里德兰德：《过去和现在》（辛辛那提，1919），第 317 页。弗里德兰德早在 1907 年的一次题为"美国犹太人问题"的演讲中，就系统阐述了自己的看法（见《过去和现在》，第 253—278 页）。这个观点也被卡伦（H. Kallen）在《民族》（1915 年 2 月 18、25 日）和伯克森（L. B. Berkson）在《美国化的理论》（纽约，1920）中雄辩地陈述过。

助这些居民。赫尔会所早就建立了工人陈列馆,被称为一项"教育事业",将在欧洲经验和美国经验之间架起一座桥梁。这样,既使两者具有更多的含义,又表现了它们之间的一种关系。① 纽约市的格林威治会所举行了法国、意大利和爱尔兰的音乐会,这是移民送给美国生活的惹人注目的礼物。洛杉矶市的伯利恒学院建立了一个俱乐部,其特色是使西班牙、意大利、叙利亚和斯拉夫学生了解其公民权利和义务。② 到1910年,所有的街区会所事实上都以这样或那样的方法向新移民解释美国。

一些互济会和文化学会,如德国人的体操协会、斯堪的纳维亚人的技巧协会、波希米亚人的斯拉夫体操协会、波兰人的训猎鹰协会,也卷入了美国化的工作。这些协会发起成立图书馆、俱乐部和使同胞易于文化适应的班级。③ 纽约市教育联盟(New York's Educational Alliance)是出生于德国的犹太人建立的,旨在帮助信奉犹太教的东欧人适应美国生活。这个联盟制定了一个令人惊奇和与众不同的教育计划:到1894年,它能引以自豪的是,建成一个招收100名儿童的幼儿园希伯来语班、一所工业学校、一个藏书1.5万册左右的免费流通图书馆、一个讲座方案以及英语、公民学、缝纫、烹饪和家政方面的班级。1898年,在这个联盟的倡议下,戴维森(Thomas Davidson)④建立了对工人进行文化教育的手工艺者学院。从很多方面来看,这是按照拉斯金和其他英国社会服务社精神之父的传统而进行的一次教育实验。

71　　一些建立得更早、影响更大的机构也参加了美国化的工作。教会成了识字训练班、公民教育班和更广泛推动"社会化教育"的总部;政治俱乐部、报纸和公共图书馆都发现自身应该适应移民的需要。每一种机构都以自己的方式参与美国化的工作——外文出版社的短篇小说、基督教女青年会的缝纫小组以及地区的合唱队,不管其愿意不愿意,全

---

① 简·亚当斯:《赫尔会所20年》,第235—236页。
② 伍兹、肯尼迪:《社会服务社手册》,第10,200页。
③ 丹尼尔斯(J. Daniels):《美国道路——街区》(纽约,1920)第2、4、5章。参见伯杰:《美国儿童局建立史》第2—3章。
④ 戴维森(1840—1900),苏格兰血统美国人,哲学家、教育家。——译者注

都美国化了。[①]

学校的情况又怎么样呢？作为一个试图改变移民的机构,学校在改变移民的过程中本身也被毫不留情地进行了变革。例如,纽约的教师发现自己每星期都要多次带领学生去沐浴,[②]但课程表没有列入沐浴这件事情,教师自己也不知道沐浴是否是他们的职责。然后,哪里有儿童,哪里就有虱子! 马萨诸塞州 26 个城镇组织了"汽船班",并把它作为学校的移民接待中心,旨在向移民的孩子提供在正规教室里学习所要求的最起码的英语训练。[③] 在一些城市里,罗马天主教会、路德教会和希腊正教会办起了双语学校,由在外国出生的教师任教。[④] 一些州要求地方提供民办的夜校。[⑤] 在芝加哥赫尔会所建立的移民保护同盟(Immigrants' Protective League),搜集了所有经由埃利斯岛来到伊利诺斯州并求助于某个学校机构的 6—16 岁移民儿童的姓名、住址和民族等资料。[⑥]

这些都是"看得见的"变化,但变革远远超过了这种程度。到 1909 年,美国移民委员会的大量研究结果表明:全国 37 个大城市在校学生的父母有 57.8% 是在外国出生的。在马萨诸塞州的切尔西、明尼苏达州的杜鲁司,百分比高到 74.1%,纽约是 71.5%,芝加哥是 67.3%,波士顿是 63.5%。此外,在外国出生的移民包括 60 个左右的人种(美国移民委员会使用"种族"这个词)。[⑦] 真正要教这些年轻移民的学校并不

72

[①] 丹尼尔斯:《美国道路——街区》;帕克(B. E. Park):《移民出版社及其管理》(纽约,1922);索尔兹(M. Soltes):《犹太人出版社:一个美国化机构》(纽约,1924)。

[②] 阿黛尔·玛丽·肖(A. M. Shaw):《纽约分支学校的真正特点》,《世界的工作》第 7 期(1903—1904),第 4204—4221 页。

[③] 《马萨诸塞州解决移民问题委员会报告》(波士顿,1914),第 115—117 页。

[④] 艾博特(G. Abbott):《移民和社区》(纽约,1917),第 231—232 页。

[⑤] 惠顿(H. H. Wheaton):《移民成人教育调查》,《美国移民评论》,1915 年 6 月号,第 42—65 页。

[⑥] 《美国移民评论》1915 年 6 月号,第 228 页。美国教育局:《教育局长的报告》(1916),第 350 页。

[⑦] 美国移民委员会:《关于移民在校儿童的报告摘要》(华盛顿,1911),第 18—19 页。

满足于一些表面的变化。学校里仍存在着这样的情况：在一个教室里，学生用六种不同的语言说话，其中没有一个人说英语，这不可避免地改变了教室的气氛。这个问题远远超出了语言本身。因为对于教师、父母、同学乃至学校来说，每一种语言都暗含着一种独特的传统和独特的习俗。不仅是沐浴，其他各式各样的、在任何课程表上都找不到的活动也开始出现了。必须比以往任何时候都更迫切、更有意识地教移民的孩子礼貌、清洁、衣着以及教室中应该共同遵守的纪律。在斯宾塞（Herbert Spencer）①谈论的"健康"、"公民的权利和义务"和"道德品质"开始代替全国教育协会的一些委员会冗长报告中的"智力训练"之前，教师们早就发现自己在日常的教学工作中追求着这些目标。②

当实行美国化最初碰到压力时，许多教师认为，只要用英语上课，这个问题就能解决。丹尼尔斯（John Daniels）说了一位教师的故事。这位教师告诉他："我们过去常有一个美国化问题，但我们不会再有了。几年前，我们对镇上的外国人开设一些英语课和公民课，在两三个月

---

① 斯宾塞(1820—1903)，英国哲学家、教育家。——译者注

② 安廷：《希望之乡》第 10 章；博克(E. Bok)：《爱德华·博克的美国化》(纽约，1922)，第 2—4 页；科弗洛(L. Covello)：《关键是教师》(纽约，1958)，第 24—25 页；杜格莫尔(A. R. Dugmore)：《共和国的新公民》,《世界的工作》第 5 期(1903)，第 3323—3326 页；希尔(M. Hill)：《星条旗》,《麦克卢尔杂志》第 15 期(1900)，第 262—267 页；马克斯韦尔(W. H. Maxwell)：《来自真正教师生活的故事》,《世界的工作》第 18 期(1909)，第 11877—11880 页；帕特里(A. Patri)：《大城市的一位校长》(纽约，1917)；里斯：《穷人的孩子》(纽约，1892)第 11—12 章；萨利文(M. Sullivan)：《一个美国人的教育》(纽约，1930)，第 30 页；塔尔博特(W. Talbot)：《贫民区的一所自行其事的公立学校》,《世界的工作》第 18 期(1909)，第 11567—11572 页；汤普森(F. V. Thompson)：《移民教育》(纽约，1920)。美国社会移民的特点，在某种程度上可以说明为什么美国学校似乎比它们的欧洲对手更能接受教育改革。但这并不是去讨论教育改革的程度，也不是去讨论预先注定的特殊方向。在逐渐相信他们自己宣传的进步教育家中，这是一个共同的假设。见克雷明：《美国中等教育的改革，1893—1918》,《哥伦比亚大学师范学院学报》第 56 期(1954—1955)，第 295—308 页；小托马斯(A. M. Thomas, Jr.)：《美国教育和移民》,《哥伦比亚大学师范学院学报》第 55 期(1953—1954)，第 253—267 页。

内，就使他们完全美国化了。"①其他一些带着天下所有善良愿望的人，开始从事完全不适合移民需要的夜校工作。1919 年，一份对克利夫兰市学校制度的调查，生动地描述了一所夜校的一些教室里的活动情况。在第一个教室里，一些身强力壮的工人在抄书："我是一只黄莺。我能歌唱。我能飞。我能为你歌唱。"在第二个教室里，教师在快下课的时候，让成年男学生读一篇用黄瓜做泡菜的课文。在第三个教室里，教师花大部分课时去教词尾变化、语态、语气、时态、数、人称，在快下课的时候又讲一个关于知更鸟的故事，说"上帝太喜爱花鸟，以至于不能让严寒冻死它们"。在第四个教室里，一节课都是谈"小水滴，小沙粒"。在第五个教室里，14 个人在读一篇文章的开头部分："哦，宝宝，可爱的宝宝，不管你做什么，你都是家中之王，我们都听你的话。"②由于这种令人讨厌的情况在一个又一个城市的学校里反复出现——人们不禁会想起克利夫兰是少数几个有某种教学大纲的城市中的一个——因此，在一片抱怨声中，移民逃离了那些夜校，这是不奇怪的。

在很大程度上，这无疑会使"美国化"继续成为一个全国性的紧要问题。由于 1911 年美国移民委员会多卷研究报告的发表，教师、社会工作者和政府官员都努力寻找解决这个问题的新方法。1913 年，北美城市移民同盟（North American Civic League for Immigrants）发起召开了一次会议，来自各个城市的代表作了讲演，极力主张采用专门的方法教移民的儿童学习英语、公民学、卫生学、家政学和娱乐活动。一些学校被鼓动去超出传统的范围，成为协调更广泛的美国化工作的全天开放的街区中心。③ 三年后，在全国移民和美国化问题讨论会上，与会代表又讨论了许多同样的问题，美国教育局局长也提出了一个建议：联邦政府承认美国化是一个全国性问题，并在"资金和法令"上帮助解决这个问题。④

① 丹尼尔斯：《美国道路——街区》，第 5 页。
② 米勒（H. A. Miller）：《学校和移民》（克利夫兰，1916），第 91—94 页。
③ 《移民的教育》（美国教育局，1913 年第 51 号公告）。
④ 《美国移民评论》1916 年 4 月号，第 38—45 页。

美国教育局局长克拉克斯顿(Philander P. Claxton)①的建议反映了教育局在这场"美国化运动"中日益增长的影响。在新成立的移民教育司的鼓舞下,美国教育局加倍努力工作,搜集最新的统计资料,召开教师和城市工作者会议,组织宣传夜校的活动,传播大量有关新措施和新方法的信息。当美国化先成为备战措施、后成为一种战时措施时,有一种观点使得与社会服务社的"社会化教育"观念有惊人相似之处的"令人厌烦的工作"逐渐具体化了。② 一本广为分发的小册子写道:"学校将是车轮,上面的其他所有活动将可以转动。这意味着,人们将必须认识到教育不仅仅是由'书本知识'组成的。"③一些地方教育委员会把校舍变成了各种各样社区活动的街区中心;学校就是会场、公众论坛、娱乐房、公民活动中心和所有正式或非正式的教育之家。美国化最终被看做是社会教育、移民教育和共同努力改善街区生活等方面的一个冒险行动。社会服务社的"革新"主题是独特的,简·亚当斯肯定会点头,表示由衷的赞同。

III

不管城市贫民区的丑陋和腐败情况是多么令人难以忍受,19 世纪90 年代的城市仍在继续召唤,年轻人成群结队地离开苦难、闭塞和越来越贫穷的农村。他们的离开反映了美国农村的病灶所在。原来,三代农民都吃一种传统的阿卡狄亚④甜食,主要从事农业劳动,满足于自耕

① 克拉克斯顿(1862—1957),美国教育家。——译者注

② 塔尔博特:《教侨民英语》(美国教育局,1917 年第 39 号公告);《作为一种战时措施的美国化》(美国教育局,1918 年第 18 号公告);《美国化会议记录》(华盛顿,1919);巴特勒(F. C. Butler):《社区美国化》(美国教育局,1919 年第 76 号公告);马霍尼(J. J. Mahoney):《为美国化培训教师》(美国教育局,1920 年第 12 号公告)。

③ 巴特勒:《社区美国化》,第 66 页。

④ 阿卡狄亚,古希腊的一个高原地区。——译者注

农的"自给自足"以及农业和民主制度的必然联系。那些在土地上劳动的人是"上帝的特选子民"。现在,当农产品价格低得可怜以及被遗弃的家园数量成倍增加时,不知怎么地,那些老调听上去便有点儿空洞。尽管说起来农业是崇高的,但严酷的生活事实是不容忽视的:土地被廉价卖掉;工作、挣钱和擢升机会已移到了城市。一名学生写信给康奈尔大学农学院院长贝利(Liberty Hyde Bailey)①说:"农民的负担是沉重、痛苦和没有报偿的,而且他们没有改变这种状况的指望。他们的生活是贫穷和变化无常的。因此,他们为什么要全力去从事这种痛苦而又吃力不讨好的工作呢?"②

　　从某种意义上说,贝利毕生都在回答那个学生的问题。贝利是密执安州立农学院的早期毕业生,1888 年来到康奈尔大学担任第一位园艺学教授。③ 在康奈尔大学的 25 年中,贝利撰写了许多专著、短论、文章和小册子,详尽地阐述了他那个时代试图发展农业的理由。贝利说:地球是神圣的,也是善良、仁慈和无私的。与地球打交道,就是改善人的生活,就是归返文明社会道德的堡垒——真实和质朴。农业不仅是民主的基石,而且是仁爱、道德和正义的基础。贝利在他的整个生涯中表现出神秘主义、浪漫主义、怀念过去、笃信宗教,甚至有点狂热。在美国人逐渐了解城市生活阴暗面的时代里,贝利的努力必然会给他们留下深刻的印象。

　　作为一名农村生活的提倡者,没有人能比得上贝利。农村曾给美国以伟大,农民将继续是国家的"道德骨干"。贝利欣然承认,城市必须得到发展,它们是新的工业制度的核心,但决不能独自建立一种持久的文明社会。因为它们要依赖强大和健康的农村提供人、物质以及精神食粮。以往,城市就像寄生植物一样,把根扎进广阔的农村,从农村中吸收活力。其结果是非常明显的,美国灾难性地恶化了。对于贝利来

---

① 贝利(1858—1954),美国植物学家、作家。——译者注
② 贝利:《农民的训练》(纽约,1909),第 98 页。
③ 贝利传记权威的是罗杰斯三世(A. D. Rodgers III)的《利比蒂·海德·贝利传》(普林斯顿,1949)及多尔夫(P. Dorf)的《利比蒂·海德·贝利》(伊萨卡,1956)。

说,这种教训是清楚的。城市和农村应该结束在历史上对立的状态,两者必须努力使农村生活和学校能有巨大的变革。只有这样,才能保证文明社会的不断进步。

变革——这是 19 世纪 90 年代的永恒主题。怎样实现这种变革呢?对于贝利来说(就像对于简·亚当斯一样),答案始终是教育。1893 年,正是赖斯批评学校教育的文章在《论坛》上发表的一年,贝利在康奈尔大学农业协会一个挤满听众的会议上充分阐述了他的想法。他将教育变革追溯到 100 年前哈佛大学设立化学教授的职位,并简要论述了对“一种新课程”的迫切需要。这种课程将利用每一种已知的科学方法——试验、实验室工作和示范农庄,寻找一些真正可靠的农业原理。这些原理一旦被发现,就将在注重实际的农民中尽可能广泛地传播。贝利指出:“所有教育方法的新发展,都趋于一个方向。普及学术工作,并把它带到人民面前,让所有人都能感受到它的影响。”[①]由于受一种教会精神的支配,教育能成为争取农村进步斗争中的重要手段,其他所有的变革都会随它的仁慈而来。

在以后的 20 年中,贝利不断努力扩充和修改他的想法。19 世纪 90 年代间,他先在纽约、后又在整个国家,成为“自然研究”最重要的倡导者。到 1900 年,康奈尔大学成为数以百计的自然研究俱乐部的总部,不断发行刊登这个新运动消息的小册子、传单和期刊。贝利本人的“自然研究”迅速成为一种教学法的起点,这种教学法所涉及的范围远远超出鸟、蜜蜂和花。适当地教“自然研究”,就是解决人与土地和农村分离的重要方法。教学生了解“农村情况”,就是要使他们了解“自然状态”、“质朴生活”和“对普遍事情的同情”。直接接触过大自然的儿童,几乎不会加入逃往不自然的城市的队伍。[②]

《自然研究观念》(*The Nature-Study Idea*)1903 年出版后,贝利就

---

① 贝利:《农业教育及其在大学课程中的地位》(伊萨卡,1893),第 10—11 页。

② 贝利:《自然研究观念,一种对使儿童研究自然的新学校运动的解释》(纽约,1903)。康奈尔大学的工作,见史密斯(K. G. Smith):《民众学院》(伊萨卡,1949)第 5—6 章。

着手进行一项雄心勃勃的尝试,即统一他的教育观,并把这种教育观与农村生活的广泛变革更紧密地联系起来。他在八年内共出版了四本畅销书①,并发表了大量呼吁彻底改变农村教育方向的文章。传统学校没有教毕业生留在农村所需要的知识和看法,学生脱离社区生活而去研究与农业毫无关系的历史问题和枝节问题。难怪年轻人要逃离农村!贝利强调说,未来的学校必须从生活中得到启示,必须放弃"静坐法"和"转椅",让学生在车间、田野和花园里主动学习。这种学校的学习必须是广泛的,而不是狭隘的;必须是自发的,而不是拘泥形式的。最重要的是,这种学校必须是为农村开设的,在农村中传授有关农业的知识,适应农村的需要,关心农村的问题,始终坚持培养学生热爱农业和热爱土地。要彻底影响教会、图书馆、农村集市和农学院,就必须把学校和社区紧紧联在一起,并使社区成为人们能更好地生活的地方。贝利的"未来学校"最终将是把各方面力量协调起来的中心,协调农学院、农业试验站、联邦和州的机构以及各种各样提高和改进农村社区生活的地方组织。

作为一位空想家,贝利并非不知道由他的理想带来的那些艰难的问题,但他还能够对 20 世纪初的社会状况进行了解,并从看到的那些进步中得到极大的满足。他的康奈尔实验受到人们广泛的欢迎,自然研究俱乐部在全国各地得到迅速发展。城市学校制度也激起了人们的热情。在美国市民协会(American Civic Association)的支持下,学校花园在贫民区的街区已成为相当普遍的现象。同时,农业知识慢慢进入小学课程,鼓励或要求这样做的法令已开始出现在州的法令汇编上。

在中等教育上,大多数州开设了与农学院有联系的预备课程。其中,亚拉巴马州、佐治亚州、威斯康星州和加利福尼亚州在资助农业中学方面做了开路先锋。此外,一些私立学校也开设了农村生活方面的科目。加利福尼亚州拉瑟福德的一所罗马天主教学校,利用葡萄园、果园和 1000 英亩有围栏的大牧场训练来自旧金山地区的学生。康涅狄

① 这四本畅销书是《自然观》(纽约,1905)、《国家和农民》(纽约,1908)、《农民的训练》(纽约,1909)和《美国的农村生活运动》(纽约,1911)。

格州首府哈特福德郊外的一所园艺学校,向那个城市的儿童提供花园和温室工作。宾夕法尼亚州多伊尔斯敦的国立农业学校,利用大量令人难忘的温室、牲口棚、牛奶房和化学实验室,使学生为以后的农村生涯做准备。①

不出人们所料,一些最有希望的革新或多或少地出现了撇开正规学校范围的情况。农业少年之家的发展就是一个突出的例子。好像许多地方都出现了农业少年之家。俄亥俄州克拉克县县长格雷厄姆(Albert B. Graham)和伊利诺斯州温尼贝戈县县长克恩(O. J. Kern)很可能是最早广泛利用农业少年之家的。农业少年之家一开始出现,就被作为一种向死气沉沉的农村学校注入活力的现成手段。在得克萨斯州,《农村和大牧场》(*Farm and Rarch*)杂志组织了一个农村少年进步同盟(Farm Boy's and Girls' Progressive League),其宗旨是"避免我们农村青少年生活的狭隘,使未来的农村生活尊贵和高尚"。《华莱士农民》杂志从 1904 年起,把玉米良种分给少年们,并规定谁在得梅因的州立农学院的园地上获得最好的收成,谁就可以得奖。内勃拉斯加州约克县县长毕晓普(E. C. Bishop)把农业、缝纫和烘烤等课外活动引进学校,结果证明这样做是成功的,1905 年,他被召到州府林肯市并在全州范围内组织这些活动。可以毫不夸张地说,到 1906 年,全国有成千上万名男女少年在照管花园、饲养小鸡、搜集昆虫和野花以及烹饪、制造罐头和烘烤。这些活动都是由地方学校当局发起的。②

---

① 朱厄尔(J. R. Jewell):《包括自然研究和学校花园的农业教育》(美国教育局 1907 年第 2 号公告);特鲁(A. C. True)和克罗斯比(D. J. Crosby):《美国的农业教育制度》(美国农业部和试验站司第 83 号通告,华盛顿,1909)。

② 克罗斯比(D. Crosby):《农业少年之家》,《农业部年鉴,1904》,第 488—496 页;特鲁(A. C. True):《美国农业教育史,1785—1925》,第 393—394 页;雷克(F. M. Reck):《4H 俱乐部的故事》(衣阿华,埃姆斯,1951),第 11—16 页。这些农业少年之家实际上是一个小学生的组织,或多或少与保护农业社、农学院以及大学进修部有联系。青少年保护农业社的观念先于学校少年之家十年多。第一个青少年保护农业社是 1888 年在得克萨斯州建立的。见弗里曼(C. M. Freeman):《青少年保护农业社资料》(俄亥俄,蒂珀卡努,1914),第 3 页。

与这些非正规少年之家的努力密切相关的是纳普（Seaman A. Knapp）①的先驱性示范工作,他因此被称为"美国农业教师"②。长期以来,纳普就是一个建议把农业科学作为消除农村经济贫困状况的热心人。早在1903年,他就发现一个使当地农民接受科学方法的有效途径,即在农业部的指导下,农民在自己的农庄里采用实际上已被某个邻居证实是优越的方法。毫无疑问,这个观念将展现它本身的优点。1903年夏季,当墨西哥棉铃象鼻虫在得克萨斯州引起全州范围内的恐慌时,纳普的方法被用作一项紧急措施。国会投票表决,通过了财政援助,纳普也被邀请去组织农民的合作示范工作。③

　　纳普的计划取得了惊人的进展。1904年,在农业部24名特别代理人的帮助下,他能组织7000次左右的示范活动,召开1000多次会议。示范工作遍布得克萨斯州时,很快就与少年之家的观念联合起来了。1907年,在密西西比州成功办起种植玉米少年之家的教师W·H·史密斯（W. H. Smith）受农业部委托,把示范工作的观念扩大到中小学男生;1909年,曾在南卡罗来纳州的一所乡村学校里办起罐头制造少年之家的克罗默（Marie S. Cromer）也受农业部委托,组织中小学女生进行相应的活动。克罗默的活动迅速扩大成为农业部的家庭示范工作。这是一个合作示范工作计划。如果要为农村做什么,就雇佣有事业心的妇女作为代理人,为农村家庭去做。

　　示范工作的成功使纳普迅速成为一个几乎传奇式的人物。1905

_____

　　① 纳普（1833—1911）,美国农学家、教育家。——译者注

　　② 贝利:《西曼·A·纳普:美国农业教师》（纽约,1945）。

　　③ 纳普:《得克萨斯州特勒尔的社区示范农场工作》（美国农业部植物工业局第51号公告,第2部分,华盛顿,1905）;马丁（O. B. Martin）:《示范工作:西曼·A·纳普博士对文明社会的贡献》（波士顿,1921）。纳普几乎是偶然地在得克萨斯州特勒尔波特（Walter Porter）的一个农场里提出设想的。他们商定,波特将继续拥有并管理他的农场,但采用农业部的种子和技术;波特将获得农场的任何收益,但一个地方商人委员会将提供一笔专门资金,以弥补波特可能会有的亏损。通过减少政府对这个事业的参与,通过提高个别农民的作用,通过争取地方的支持和关心,纳普使示范农场从华盛顿的一个机构变为一种地方社区活动。

年,得克萨斯州立农工学院院长豪斯顿(David F. Houston)①在与巴特里克(Wallace Buttrick)的谈话中,碰巧议论到了纳普。他说:"得克萨斯州有两所大学,一所在奥斯汀,另一所就是纳普博士创办的。"②这种议论已成为历史。1902 年,洛克菲勒(John D. Rockefeller)③建立了普通教育委员会(General Education Board),并把它作为教育慈善事业(其规模之大,至今连做梦也想象不到)的媒介。巴特里克曾是普通教育委员会的干事。这个委员会的主要工作是努力通过教育来重建美国南方。④ 当豪斯顿院长议论纳普的时候,巴特里克实际上正在为南方的重建而寻求可望利用普通教育委员会财力的方法。因此,他一旦遇到纳普,就确信自己找到了答案。在一系列通常的论证会以后,他们达成了一个协议,即普通教育委员会成为农业部支持纳普示范工作的"一个沉默的合作者"。1906 年,普通教育委员会提供了一笔 7000 美元的资助。此后,它提供的资助逐年增加,一直到 1914 年规定不再需要私人资助的《史密斯—利弗法案》(Smith-Lever Act)通过为止。⑤

1908 年,由于农村学校变革和农村教育改革的压力不断增大,对此感兴趣的公众人数远远超出与此直接有关的农民和教师人数。他们在一些杂志,例如,曾连续刊登描述农村社区困境文章的《世界工作》(*The World's Work*)杂志的鼓励下,关心农村生活的更新;在东部城市,得到社会上一些开明的商人和专业人员的很大支持。因此,这个运动具有全国性。在肥沃的田野上,进步主义可以对社会道德的提高产生影响,这种敏感促使罗斯福总统任命了一个农村生活委员会(Commission on Country Life),让它负责搜集情况并提出如何减轻农村苦难的建议。

---

① 豪斯顿(1866—1940),美国教育家、政府官员。——译者注

② 贝利:《西曼·A·纳普:美国农业教师》,第 214 页。

③ 洛克菲勒(1839—1937),美国石油大王、慈善家。——译者注

④ 这个故事见达布尼(C. W. Dabney):《美国南方的普及教育》(两卷本,查佩尔希尔,1936)第 2 部分;哈兰(L. R. Harlan):《分离和不平等》(查佩尔希尔,1958)第 3 章。

⑤《普通教育委员会活动纪事,1902—1914》(纽约,1915)第 3 章。普通教育委员会借用贝利的教育学平均权论的情况,见盖茨(F. T. Gates):《明日的农村学校》(由普通教育委员会出版,纽约,1913)。

农村生活委员会由农民、教育家、自然资源保护论者和城市改革主义者等各方面的代表组成,贝利任主席,其他成员还有华莱士、佩奇、马萨诸塞州立农学院院长和美国农学院与农业试验站协会领导人巴特菲尔德(Kenyon Butterfield)①、美国林业局的平切特(Gifford Pinchot)②、美国农民联合会的巴雷特(Charles S. Barrett)③、加利福尼亚州《伟大的西部杂志》(Great West Magazine)的比尔德(William A. Beard)。这个委员会很快就使全国对农村生活问题的看法具体化了。④ 由于全体成员的权威性,农村生活委员会提出的那些彻底改革教育的建议才有可能付诸实施。

农村生活委员会的主要精力集中在一张寄给全国 50 多万农民和农村发言人的有点冗长的调查表上。其中,有一个关于教育的问题——"你们街区的学校培养的男女少年是否适应农村生活的需要?"——回答几乎是一致的:"不适应。"这个委员会注意到:"到处都有一种要求,即教育应该与生活联系,学校应该反映日常生活,农村学校应该开设与农业和农村生活有关的科目。"农村教育只需一次严格的检查,就会充分暴露出问题。教学必须是"直观的、具体的、实用的",总是与农村、家庭和社区的需要直接有关。学校教育需要补充一个庞大的全国推广教育计划,其中包括农村示范工作、少年之家、知识界、巡回教师、农学院以及各种各样的出版物。有了这样的计划,才会有个人理想和形成地方领导——农村生活委员会把它们看成农村生活真正的和持

---

① 巴特菲尔德(1868—1939),美国教育家。——译者注

② 平切特(1865—1946),美国林务员、政府官员。——译者注

③ 巴雷特(1866—1935),美国农民联合会的主要创立者和主席。——译者注

④ 罗斯福总统在给农村生活委员会几个成员的任命书中,赞扬了纳普的示范工作,也引用了一段自己 1907 年在密执安农学院 50 周年纪念会上的讲话,即"纳普是用他的双手工作的人"。为贝利写传记的人指出,贝利对罗斯福聘请的回答最初是拒绝的,但后来在一次同总统的会见中改变了主意。他接受任命的条件是也任命巴特菲尔德。巴特菲尔德后来是一个使美国农学院和试验站协会支持 1914 年的《史密斯—利弗法案》的关键人物。在其他人后面任命巴雷特和比尔德,显然尼为了考虑委员会成员的地区性。

续的、更新的决定性因素。①

农村生活委员会尽管工作热情很高,并进行了广泛的宣传,但还是"流产"了。农村生活委员会调查的结果,最终被压缩成一份提交给国会的简短报告,而这份报告实际上从未广泛流传过。到罗斯福总统任期结束时,这份报告已成为形式上的东西。国会不仅拒绝拨款2.5万美元印刷和分发这份报告的请求,而且明令禁止农村生活委员会发表调查报告。然而,各州分会仍仿效全国农村生活委员会继续进行工作,许多社区还吸收农民参加有关农村生活的讨论会。农村生活委员会报告中的教育观点在各地还依然存在,但没有立即立法。

农村生活委员会这份报告的直接结果是巨大的。首先,出现了一大批有关农村学校、农村教会、农业社会以及提高农村家庭道德的著作。其中,一个描述农村教师的极好例子是卡尼(Mabel Carney)1912年第一次出版的《农村生活和农村学校》(*Country Life and the Country School*)。② 这本书把读者都吸引到"农村问题"上去了。在这之后,卡尼教授马上就考虑农村的实事。农村教师应该对农村生活的更新起领导作用。他们所要做的事情是:(1) 改善农村学校的自然环境;(2) 使农村学校成为社区中心;(3) 开设与农业、家政学和初等农村社会学有关的"生动的和充实的课程";(4) 广泛开展巩固小规模学区的运动。卡尼教授为准备这样做的农村教师提供了一切:一个建造现代校舍的计划("建议在这幢校舍中铺设粗地毯,它们既能保持教室里的安静,又容易弄干净");一份学校日常工作计划;一份有关农村文学、艺术和音乐图书馆的建议;一张手工训练工具的最低价目表。毫无疑问,《农村生活和农村学校》这本书有助于培养新型的农村学校教师。

其次,也许更重要的是立法——虽然立法来之不易,但它最后还是制定出来了。在激烈辩论"由谁来实施农村生活委员会计划"这个问题

① 《农村生活委员会报告》(参议院第705号文件,第60届国会第2次会议,华盛顿,1909)。

② 这本书被广泛用作农村教师的课本。卡尼教授后来是哥伦比亚大学师范学院的教授。

之后,国会在 1914 年终于通过了《史密斯—利弗法案》,并建立了一个
农业和家政学方面的全国性推广教育工作的制度。这个法案某些方面
的规定与农村生活委员会的建议不同,但是,它受农村生活委员会的影
响是明显的。这个议案在系统议定的过程中,有人曾向农村生活委员
会主席贝利请教。可是,它远没有达到贝利认为应该达到的地步。但
贝利仍认为,这个议案是朝正确方向迈开了有意义的一步。受到人们
普遍赞扬的《史密斯—利弗法案》,提出一个富有非凡想象力的计划:协
调联邦、州和地方在教育事业上的关系。由于示范工作计划一般要广
泛地涉及农村生活(尤其是农村学校),因此,这项示范工作迅速展开
了。[1] 参议员史密斯晚年时认为,这个有关推广教育的议案在他曾经提
议的联邦立法中是最重要和独一无二的。[2]

85

IV

　　现在,可以对这些讨论的问题,即社会改革和教育改革之间必然联
系的问题作一概括。事实上,从 19 世纪 90 年代到第一次世界大战期
间,每一项进步事业的倡导者都有自己的学校改革计划,所有的慈善家
都把教育看成他们努力实现社会缓和的中心。里斯大声疾呼说:"你怎
样看待公立学校乃至整个社会同贫民区的战斗呢?被有些人作为时尚
而大力提倡的幼儿园、手工训练、烹饪学校以及那个时代的所有实验,
把常识带到了民众中间。当公立学校在我们的城市中占据统治地位

---

　　[1] 在《土地民主的衰落》(伯克莱,1953)中,麦康内尔(G. Mc Connell)说,由《史密斯—利弗法案》引起的全国推广教育制度,为以美国农业局联盟为代表的农民提供了一个新的政治力量基础。因此,人民党成员通过教育达到了他们的正面政治攻击未能达到的目的。

　　[2] 小格兰瑟姆(D. W. Grantham, Jr.):《霍克·史密斯和新南方政治》(巴吞鲁日,1958),第 263 页。

时……我们就能丢掉盔甲,同贫民区的战斗也就结束了。"①里斯的朋友、纽约新教的主要发言人拉斯福德(William S. Rainsford)牧师是他的后盾。拉斯福德说:"教育是带来更好的时代、更好的文明、更好的男子和更好的妇女的唯一方法。"②

大学的一些社会科学家也取得了一致的认识。他们认为,国民学校教育支配了理性社会的进步,但决不能墨守民众教育的成规,应该是"联系现实"的学校教育,即批评性的、科学的和充满社会意义的学校教育。阿尔比恩学院的社会学家卡尔顿(Frank Tracy Carlton)写道:"20世纪的问题是使教育成为社会改善的火车头。到目前为止,教育的进步是受经济和社会变化制约的。在文明之路上,我们是否能够促使教育成为某种程度上的指挥力量?"③佩奇在南方农村巡回讲演,呼吁把"教育重建"作为改变社会和经济贫困地区的主要方法,并在一些后来被广泛引用的演讲,如"被遗忘的人"(1897)、"建设一个城镇的学校"(1901)中,为以后几年伟大的慈善事业激动人心的工作做好了准备。④

就一些城市改革运动来说,也常常涉及教育。例如,纽约,良好政府俱乐部联合会(Federation of Good Government Clubs)所属工程师俱乐部的妇女,实际上在1895年就把这个俱乐部变为全国公共教育协会,并投入了争取开办夜校、游戏场、职业课程、免费午餐,开展教师家

---

① 里斯:《同贫民区战斗》(纽约,1902),第404、410页。参见亨特(H. Hunter):《贫困》(纽约,1905),第5章;斯帕戈(J. Spargo):《儿童的悲惨呐喊》(纽约,1906);约瑟夫·李(J. Lee):《积极的和预防的慈善活动》(纽约,1903)。
② 《纽约时报》1895年3月15日,第16页。
③ 卡尔顿:《教育和工业发展》(纽约,1908),第17页。
④ 佩奇:《旧国家的重建》(纽约,1902);亨德里克(B. J. Hendrick):《沃尔特·欣思·佩奇的生平和书信》(加登城,1925),第3章。

访以及开办身心缺陷儿童特殊班的战斗。[①] 1898年，来自许多城市的11个同样的团体，在纽约举行了一次地区性会议。这次会议花了几天时间，专门讨论校舍的改善、少年犯的教育、教育委员会管理的改革和教育刊物的出版。当时，城市改革组织中的一些著名人士都出席了这次会议。[②]

　　威斯康星州在拉福勒特（Robert La Follette）[③]任州长时期，提供了一个州的政治改革和教育改革密切结合的典型例子。19世纪90年代初，威斯康星州在初等和中等教育方面已有显著的进展。到1910年，梅诺莫尼和米尔沃基的学校已成为全国的教育样板，在州议会和威斯康星大学之间也产生了影响。州议会真正把握了威斯康星计划的核心——公众的创造力。拉福勒特1904年发表声明说："威斯康星州欢迎一种不断增长的倾向，即威斯康星大学用一种直接和实用的方式满足全州的物质需要。"[④]威斯康星大学对此的反应是，伊利（Richard T. Ely）[⑤]、康芒斯（John R. Commons）[⑥]、吉尔摩（Eugene A. Gilmore）、赖

---

　　①《公共教育协会第一年度报告》（纽约，1895）。公共教育协会争取到一些最主要的城市改革者的支持，其中有里斯、阿德勒、巴特勒、拉斯福德牧师和伦赛拉夫人。这个协会还同政治教育同盟、童工委员会、伦理文化学会、全国城市同盟、妇女城市同盟和改善穷人协会进行了密切的协作。事实上，这个协会以一个妇女团体作为开始是不足为奇的。在1896年妇女俱乐部联合总会的路易斯维尔会议上，协会通过了一个提议，强烈要求会员俱乐部把主要努力转到公共教育的改善上去。见克罗利（J. C. Croly）：《美国妇女俱乐部运动史》（纽约，1898），第154、181—183页。

　　②《公共教育协会第四年度报告》（纽约1898）；斯科特（W. E. D. Scott）夫人：《公共教育协会会议的目的和工作》，《公共教育协会年鉴》第25期（1905），第371—374页；《公共教育学会》，《学校杂志》第74期（1907），第395—404页。这次会议自称东部公共教育协会会议。它借用了城市改革运动的总设想，认为有效的学校管理的首要问题是最好把教育权威集中在一个内行的学校督学身上，把事务工作留给一个人数不多的、外行组成的、热心社会公益的教育委员会。这使人想起赖斯在1892年提出的设想。

　　③ 拉福勒特（1855—1925），美国政治家，曾任威斯康星州州长。——译者注

　　④ 柯蒂（M. Curti）和卡斯坦森（V. Carstensen）：《威斯康星大学史，1848—1925》第2部分，第90页。

　　⑤ 伊利（1854—1943），美国政治经济学家。——译者注

　　⑥ 康芒斯（1862—1944），美国经济学家。——译者注

因希(Paul Samuel Reinsch)①等教授的工作,不仅对州政府的实际事务作出了贡献,也广泛地影响了这所大学的教学。②

从全国范围来看,农村生活委员会是一个十分突出的例子。全国工业教育促进协会也这样做了。全国工业教育促进协会的领导人中,包括了像门罗(James Phinney Monroe)这样的商人、像美国纺织工人联合会的戈尔登(John Golden)这样的劳工领袖、像纽约市民联盟的布瑞(Henny Bruere)这样的城市改革者、像简·亚当斯和伍兹这样的社会服务社工作者以及像理查兹(Charles R. Richards)这样的教育改革家。这个协会在1917年前的几年里,完全成为推动进步教育的一个协会。因此,只用了11年时间,这个协会就促使国会通过了一个全国职业教育议案,这是不足为奇的。

其他例子多得不计其数,但"进步教育"(progressive education)这个观念已形成了。"进步教育"③开始成为更广泛的社会和政治改革计划的重要组成部分,被称为"进步运动"(Progressive Movement)。与人们一般的看法相反,"进步教育"这个观念并不始于1919年进步教育协会的成立,而始于第一次世界大战前25年努力把学校作为社会和政治更新的主要手段的过程之中。④"进步教育"开始是作为对范围狭窄的学校观点多方面的抗议,但归根到底不止这一点。因为在实现美国生活希望的过程中,"进步教育"实质上把教育看成了政治的附属物。

抓住进步教育和进步主义之间的这种关系,人们也就加深了对两者的理解,这样就扩大了教育中进步运动的范围,并远远超出了波希米亚人学校通常的那种情景,即儿童无拘无束地奔跑和喧闹。虽然这种

---

① 赖因希(1869—1923),美国教育家、外交家。——译者注

② 中西部更普遍的运动,见拉塞尔·B·奈(R. B. Nye):《中西部进步主义运动》(东兰辛,1951)。

③ 在第一次世界大战前的十年里,人们相当平常地使用着"进步教育"这个词。它最经常地指这种或那种工业教育以及把学校改变成社会中心的运动。

④ 在进步教育家的"更新"概念中,他们显而易见地反映出许多同进步主义一样的矛盾。他们在影响现实的社会立法的同时,渴望回顾它的黄金时代。这种矛盾是当代论述进步主义运动著作中的一个永恒的主题。见霍夫施塔特:《改革的年代》(纽约,1955);诺布尔(D. W. Noble):《进步思想的奇谈怪论》(明尼阿波利斯,1958)。

浪漫主义精神的根源无疑可以追溯到 19 世纪 90 年代,甚至更早一些,但大量讲究实际的教育思想家用上述的那种情景来概括教育中的进步运动,显然是不公允的。

　　另一方面,了解了进步主义和进步教育之间的关系,也就真正理解了进步主义本身的含义。霍夫施塔特(Richard Hofstadter)①注意到,进步的精神是一种独特的新闻工作者精神,它的独特贡献属于社会上有责任心的新闻记者兼改革家。人们完全可以把霍夫施塔特的说法转述成:进步的精神最终是一种教育家的精神,它的独特贡献最终属于社会上有责任心的主张教育改革的教师。进步主义者作为道德家,人们可以要求他们致力于教育;作为关心如何提供信息的新闻工作者,他们肯定会把民众学校看成民众报刊的附属物。当拉福勒特州长说"你们将认识真理,真理也将会使你们自由"时,他指的是学校和《拉福勒特杂志》(*La Follette's Magazine*)。只有受过教育的公民,才会从口头的揭露转到进步主义者深信不移的有胆识的政治行动中去。

　　最后,也许最重要的是,进步主义者基本上是温和主义者——尽管都感觉到了社会问题,但他们"需要时间"。事实上,人们通常也把温和主义者与比他们同时代更激进的人区分开来。19 世纪 90 年代真正的激进分子,像德布斯(Eugene Victor Debs)②、德里昂(Daniel De Leon)③这样的人,根本没有耐心进行教育改革,他们把自己的精力放在夺取政权上,把这看做社会真正缓和的唯一真正保证。④ 但是,对于许多受到良心激励和受保守主义影响制约的团体来说,教育提供了一个极好的改革活动的舞台。这种改革活动并没有受到激进主义的影响,教育的困境并不是一种新的现象。半个世纪以前,并不激进的贺拉斯·曼就把学校变为建设美国这个共和国的火车头。追随他的一代人将再次把教育看做实现美国希望的工具,几乎没有人对此会产生怀疑。

①　霍夫施塔特(1916—1970),美国历史学家。——译者注
②　德布斯(1855—1926),美国劳工领袖。——译者注
③　德里昂(1852—1914),美国劳工领袖。——译者注
④　沃德(W. F. Warde):《约翰·杜威的教育理论》、《杜威理论的命运》,《国际社会主义者评论》第 21 期(1900),第 5—8、54—57、61 页。

第四章　科学、达尔文主义和教育

I

康默杰(Henry Steele Commager)①把 19 世纪 90 年代比作美国史上一个重要的分水岭,认为在这十年中,"一个新的美国已勃然兴起"②。他的比喻在教育学和其他任何领域都是恰如其分的。这真是一个光辉灿烂的时代,美国学术的发展硕果累累。事实上,每一个知识领域一般都在科学,尤其是达尔文主义的影响下活跃起来。心理学、社会学和哲学同物理学、化学和生物学一样,深受达尔文主义的影响。③ 因此,当有关人和社会的新观念涌现出来时,教育学也必然被卷入骚动之中。1890 这一年,我们看到了詹姆斯(William James)《心理学原理》(*Principles of Psycholagy*)一书的出版。这是一部花费 12 年时间才完成的划时代的著作。接着,教育界又相继出版了一些优秀的创新著作,如帕克的《关于教育学的谈话》(*Talks on Pedagogics*,1894)、桑代克(Edward L. Thorndike)④的《动物的智力》(*Animal Intelligence*,

① 康默杰(1902—),美国历史学家。——译者注
② 康默杰:《美国精神》(纽黑文,1950),第 2 章。
③ 珀森斯(S. Persons)编《美国的进化思想》(纽黑文,1950);霍夫施塔特:《美国思想中的社会达尔文主义》(费城,1945);洛温伯格(B. J. Loewen berg):《美国科学家对达尔文主义的反应》,《美国历史评论》第 38 期(1933),第 687—701 页和《达尔文主义在美国的传播》,《密西西比河流域历史评论》第 28 期(1941),第 339—369 页。
④ 桑代克(1874—1949),美国心理学家、教育家。——译者注

1898)、詹姆斯的《与教师谈心理学》(*Talks to Teachers on Psychology*,
1899)以及杜威(John Dewey)的《学校与社会》(*The School and Socie-
ty*, 1899)。到 19 世纪末,教育上的一场剧烈变革显然即将到来,进步
主义者发现自己是用一种正在发展的理论去支持他们如此拥护的教育
改良主义。

　　如果这场变革有个开端的话,那它肯定始于斯宾塞(Herbert Spen-
cer)的影响。似乎没有哲学家认为,南北战争后的美国人对探究宇宙的
奥秘寄予更大的希望,或者具有更深的眼光,但斯宾塞的处女作《社会
静态学》(*Social Statics*, 1850)一出版,美国人就阅读并讨论了。由于
1862 年后《综合哲学》(*Synthetic Philosophy*)前几卷的出版,斯宾塞的
影响不断扩大。1882 年,当他来美国作系列讲演并庆祝丰硕成果时,他
的影响达到了顶峰。斯宾塞的理论不仅具有广泛性和综合性,而且大
胆地基于新的进化论,因此,似乎极适合尚未确定宗教信仰又极想在科
学启示中寻求安慰的一代人。尤曼斯(Edward L. Youmans)①在 1863
年给斯宾塞的信中写道:"我认为,对于文明社会来说,还有许多事情要
做。什么是我们需要的观念? 那就是既广泛而又有条理的观念。我认
为,对于我们的需要来说,没有人能像你一样提出这样有价值的思
想。"②

　　在斯宾塞的众多著作中,《教育论》(*Education*)一书在美国也许拥
有最广泛的读者。这是一本包括四篇论文的集子,最初发表在 1854—
1859 年间的英国期刊上。这些论文提出了一些见解。这些见解必须发
出最有权威的声音,使一个依靠《穷理查德》(*Poor Richard*)③的格言培
育起来的民族能感受到。斯宾塞说:"使我们为完满生活做准备,是教
育应尽的职责,而评判一门教学科目的唯一合理办法就是看它尽这个

92

----

　　① 尤曼斯(1821—1887),美国科学家。——译者注
　　② 《尤曼斯致斯宾塞的信》,1863 年 12 月 14 日,见菲斯克(J. Fiske):《爱德华·
利文斯顿·尤曼斯》(纽约,1894),第 169—170 页。
　　③ 《穷理查德》,美国作家、教育家富兰克林(B. Franklin)在 1732—1757 年编辑的
一本年鉴。其中有许多言简意赅的警句和格言,专述节俭、勤苦和俭朴生活的价
值。——译者注

职责到什么程度。"①什么是完满的生活呢？斯宾塞把它分成五类：(1) 直接保全自己的活动；(2) 获得生活必需品而间接保全自己的活动；(3) 目的在于抚养、教育子女的活动；(4) 与维持正常社会政治关系有关的活动；(5) 在生活中的闲暇时间满足爱好和情趣的活动。他得出结论说，理想的教育只是在所有这些方面做好充分的准备。

同这个评判标准相比，斯宾塞发现正规学校教育的缺点是令人沮丧的。他一再看到，学校教育为了一些次要目的而牺牲基本原则。雅致变成了目的，从而排斥了一个人所能追求的最重要的知识。什么知识最有价值？斯宾塞认为，一致的答案就是科学。对于健康的保持，对于父母的职责，对于公民的义务，对于艺术的完美创作和最好欣赏，对于所有形式的包括智力的、道德的和宗教的训练，等等，科学是所有知识中最有效和最实用的。

斯宾塞著作的直接作用显然是促进了美国社会中一些长期存在的教育思潮的发展。这种发展有力地支持了埃利奥特（Charles W. Eliot）②坚持不懈倡导的"新教育"运动。这是一场以纯科学与应用科学、现代语和数学为基础的运动。③ 这场运动对全国教育协会十人委员会（Committee of Ten，1893）提出的应该对中学课程中的自然科学

---

① 斯宾塞：《智育、德育和体育》（纽约，1860），第 31 页。教育家们并不都接受它。例如，当《纽约教师》第 10 期（1860）第 141—142 页、《俄亥俄教育月刊》第 10 期（1861）第 30 页上的一些评论受到人们普遍赞成的时候，《宾夕法尼亚学校杂志》第 9 期（1861）上的一篇评论文章却把这本书称为"一个形而上学先验论者的唯物主义思索"。

② 埃利奥特（1834—1926），美国教育家、化学家，哈佛大学校长。——译者注

③ 埃利奥特：《新教育》，《大西洋月刊》第 23 期（1869），第 203—220、358—367 页；《教育改革》（纽约，1898）。斯宾塞对埃利奥特的影响，见 H·詹姆斯（H. James）：《查尔斯·W·埃利奥特》（两卷本，波士顿，1930）第 1 卷，第 349—351 页。埃利奥特在 1910 年为斯宾塞《智育、德育和体育》的普及版写了序言。他观察到了斯宾塞在那本书里的观点："浮在工业和社会变化的巨大潮流上，它必被卷入广泛而又深远的教育改革之中。"

与其他学科一视同仁的观点，显然是有影响的。[①] 这场运动对全国教育协会中等教育改组委员会（Commission on the Reorganization of Secondary Education，1918）的报告也具有决定性的影响。这个报告提出，把健康、掌握基础知识、健全的家庭成员、职业技能、公民职责、善于利用闲暇和培养道德品质作为美国中等教育的七个"主要目标"。[②]

斯宾塞著作的更大作用是难以摸透的，但也许是最重要的。[③] 斯宾塞毕竟是建议美国人接受进化论的伟大人物，后来被称为"社会达尔文主义的导师"。《社会静态学》比达尔文的《物种起源》（*Origin of Species*）早出版了整整九年。在这本书中，斯宾塞论述了进化的观点。这个观点在他以后的许多著作中完全没有改变。他认为，历史是对环境方式的逐渐适应，或者换言之，历史就是人的特性对生活环境的适应。在历史进程中，人的完善最终是可以实现的，但是，与其说人是历史的创造者，毋宁说人是历史的创造物。

斯宾塞把这个观点应用于教育领域，并得出了一些结论。对一些教育原理，近代教育思想家培根（F. Bacon）[④]、洛克（J. Locke）[⑤]、卢梭（J. J. Rousseau）和裴斯泰洛齐（J. H. Pestalozzi）的著作中已经论述得很多了。例如，教育目的是生活的准备；教学应从具体事物开始，而不是从抽象观念开始；道德教育最好把行动和后果联系起来；心理健康必须身体健康；游戏是童年时期的主要活动，应受到鼓励，等等。这些

94

---

① 全国教育协会 1892 年 7 月 9 日会议任命的中等学校课程委员会（Committee on Secondary School Studies）报告（华盛顿，1893）。作为委员会主席的埃利奥特和这份报告很有关系。斯宾塞的影响是明显的，尽管克鲁格（E. Krug）指出：在斯宾塞把科学看成直接有助于官能的科目时，埃利奥特更多地把科学看成"训练的"科目，认为它们将通过心智训练间接地有助于理智行为。这个区别在埃利奥特 1869 年的声明中已经很明显。见《大西洋月刊》。

② 《中等教育的基本原则》（美国教育局 1918 年第 35 号公告，华盛顿，1918）。参见克雷明：《美国中等教育改革，1893—1918》，《哥伦比亚大学师范学院学报》第 56 期（1954—1955），第 295—308 页。

③ 金布尔（E. P. Kimball）：《社会学和教育》（纽约，1932）第 1—3 章。

④ 培根（1561—1626），英国哲学家。——译者注

⑤ 洛克（1632—1704），英国哲学家、教育家。——译者注

见解以及类似的见解也出现在斯宾塞的所有著作中。他的著作总是以对"自然规律"的普遍观察为依据的。

斯宾塞的著作中也有一些更深刻的社会学说值得仔细推敲。斯宾塞坚决认为,心理的发展伴随在生物进化的过程中。按照不以人类的直接行为为转移的规律,进化的过程在漫长的时期中是自然发生的,所以,在社会进化中,教育决不可能是重要的因素,教师所能做的最好事情就是提供知识,使人们能够更容易地适应周围的环境。这些环境中的任何变化都必须与必然会发生的进化过程相吻合,而人最好别去干预。

与"改革是枉然的"的信念密切有关的,是斯宾塞坚决反对公共教育或国民教育。从《社会静态学》的出版到1903年逝世,他一直是私立学校教育的坚决支持者。他强调说,国民教育只会破坏父母的自由,并会用公共福利主义腐蚀国家。他承认,社会的改善缓慢得使人恼怒,但是,任何人类干预的措施都不能加快社会的改善。非常急躁的改革者正在设想通往进步的人工道路,这实际上只会招灾惹祸。

斯宾塞的著作引起美国知识界的广泛深思,他个人的影响无疑是深远的。其中,他的精力充沛的门徒萨姆纳(William Graham Sumner)①对扩大这种影响起了很大的作用。萨姆纳从1872年到1910年逝世,一直在耶鲁大学任政治和社会科学教授,一直是社会学新领域的指挥者。他全心全意地支持社会达尔文主义,无疑增加了社会达尔文主义在学术界内外的吸引力。

萨姆纳像斯宾塞一样,把一种有活力的和自由的个人主义同一个坚定的信念结合了起来。这个信念就是:只有经过进化过程那不可抗拒的合乎自然规律的作用,科学才能得到进步。他也像斯宾塞一样,不但假设那些掌握权力的人之所以在位,是因为他们是"最适合的人";而且假设他们在社会竞争中的生存是他们适合当领导最有力的证明。他又像他的良师斯宾塞一样,支持学校课程的改革,但最终,实质上又像

① 萨姆纳(1840—1910),美国教育家、社会学家。——译者注

一些社会改善论者一样,对教育的力量抱悲观的态度。①

　　在萨姆纳的几篇文章,如《改造世界的荒唐尝试》、《社会各阶级彼此之间应该怎样相处》中,他干脆置身于反对大部分改革的行列之中。霍夫施塔特指出,由于萨姆纳受到教育上的进步主义的影响,因为除教育之外,他几乎反对他那个时代的每一个改革运动。但在教育上,他除了提倡科学和选修制外,又似乎像在别处一样反对进步主义。一般来说,萨姆纳对公共教育,尤其是对国立大学,抱有相当大的偏见,坚决认为公民选举权并不意味着接受免费学校教育的权利。② 因此,他支持有限的义务教育时,认为与其说教育是提高社会道德的一个工具,还不如说教育是社会秩序的一个保证。③ 萨姆纳不断猛烈抨击各种各样追随教育时尚的人,假定这些追随者的改革建议大多数是江湖郎中的灵丹妙药,因为这些建议试图避免真正的学术训练所必需的令人厌倦的努力。他同样又刻薄地批评了所有向公众普及知识的公共计划。④ 萨姆纳最终坚信自然的进程,他断定,社会学的主要贡献是使人认识到社会机体的巨大复杂性,从而认识到任何希望迅速解决社会问题的计划都是渺茫的。

96

----

① 萨姆纳的悲观是有根据的。他在巨著《社会习俗》(*Folkways*)中,把学校考虑为社会传递种族传统习俗最重要的机构,说:"这种传递必须是可靠的,但并不是没有批评的。对自由批评和体验的反应将使习俗生气勃勃,具有活力。学校无疑就是这样的地方,在那里,通过理智地研究学校以前的活动使它们获得新生。"见《社会习俗》(波士顿,1906)第635页。

② 萨姆纳:《社会各阶级彼此之间应该怎样相处》(纽约,1883),第40—42页。

③ 凯勒(A. G. Keller)编:《威廉·格雷厄姆·萨姆纳:人间饥饿及其他》(纽黑文,1913),第100—103页。

④ 凯勒编:《威廉·格雷厄姆·萨姆纳:被遗忘的人及其他》(纽黑文,1918),第409—419页。

II

　　在萨姆纳担任耶鲁大学教授的 11 年后，一个名不见经传、在政府部门工作的古生物学家沃德（Lester Frank Ward）[①]撰写了一本新书，书名为《动态社会学》（*Dynamic Sociology*）。这本书用一种与严谨的耶鲁大学学者萨姆纳的探讨完全相反的方法，对进化的观点作了论述。沃德和萨姆纳就像两个诉讼者，带着对同样事实的不同看法进入了法庭。他们同样从斯宾塞出发，但得出了截然不同的结论。关于教育和社会改革（这种改革迄今仍在烦扰理论家和事务主义者）性质的论争，就产生于他们的差异。

　　沃德实际上是自学成才的。[②] 虽然他在哥伦比亚学院（今乔治·华盛顿大学）获得过三个学位，但他的真正知识来自潜心的阅读和对自然现象不倦的观察。他同他那个时代几乎所有著名的科学论文撰写者齐头并进，并使自己像他们一样，完全精通了斯宾塞的著作。然而，沃德在观察进化现象后不久就断定，整个宇宙不仅仅存在不可抗拒的自然淘汰作用。他强调说，斯宾塞仅仅把物理的进化，也就是动物或遗传的进化，描述成一个基本上没有计划的过程，但忽视了那个决定性的事实，即由于人脑的出现，进化的真正性质改变了。因为人脑是"有目的的"，它有意图，能制定计划。正因为如此，一种新的动态的阶段取代了遗传进化相对静态的阶段。沃德建议说："人脑的功能是把社会引向平坦发展的道路，是使这些社会力量能够继续得到自由的发挥，防止它们因撞上路障而受到抑制。总之，为了保证人脑在文明社会中的作用，就必须保持社会力量的动态条件而防止静态条件，必须防止在社会力量

---

　　① 沃德（1841—1913），美国地质学家、社会学家。——译者注
　　② 丘格曼（S. Chugerman）:《莱斯特·弗兰克·沃德：美国的亚里士多德》（达拉谟，1939），第 1 章。

与也起作用的自然力量之间恢复平衡。"①由于人脑在起作用，进化不再是盲目的，而是有目的、有意图的，并被有意识地引向有价值的社会目的。

与斯宾塞和萨姆纳不同，沃德指出的这种见解，是把教育设想为人类最重要的活动以及克服所有社会弊病的"万应灵药"。② 他追随孔德(Auguste Comte)③，并认为解救社会的办法在于在公众中传播广泛的知识，尤其是科学知识。知识的普及，必然会使人普遍理解人和自然的关系，也将使人能够在日常生活中把自然现象和人的利益协调起来，最终将导致最大多数人的最大幸福。科学的、大众的和普及的教育，可能是"进步的主要动力"、"文明社会的活塞"、"进步主义的全部体现"。

关于教育机会，沃德绝对是平均主义者。在大量引用爱尔维修(Claude-Adrien Helvetius)④的话的同时，沃德首先倾向于通过争论来解决人的差异这个传统问题，认为在智力上人不存在高低优劣之分；其次认为存在着个人的变化，一些人接受知识的能力大大超过已掌握的知识。他基本上是一个环境决定论者，宁愿强调普遍的潜力，而不愿强调一定的限度。因此，在关于国民教育的论争中，他把举证责任推到杰出人物统治论的鼓吹者身上。⑤

关于教育管理，沃德又追随18世纪欧洲的启蒙运动学说，坚决主张只有国家才能拥有最广泛的手段和最大的动力，去实施普及的学校教育。鉴于斯宾塞和萨姆纳把公共教育看成对父母责任的一种损害，沃德把公共教育看成是使进化转向更广泛的社会利益唯一可行的方法。他坚决主张："社会创立并继续实施一种重要的教育制度的行动，

98

---

① 沃德：《动态社会学》(两卷本，纽约，1883)第1卷，第698页。

② 沃德留下一部有关教育的未刊长稿。它写于1871和1873年之间，现由布朗大学图书馆收藏。这部稿子特别倾向于把斯宾塞的《教育论》视为主要有关家庭教育的论文。

③ 孔德(1798—1857)，法国数学家、哲学家。——译者注

④ 爱尔维修(1715—1771)，法国启蒙思想家、唯物主义哲学家。——译者注

⑤ 沃德：《纯社会学》(纽约，1903)，第447—448页；《动态社会学》第1卷，第405—408页。

不管我们认为那种制度多么不完善,它无疑是长期以来形成的至今最有希望的形式。现在,它所具有的含义很多,但对未来来说,意味着整个社会拨款资助作出贡献的个人,这些个人将促进世界文明的发展。"①

沃德的著作光辉灿烂,完全能与斯宾塞和萨姆纳的著作相媲美。在把教育作为最重要的人类事业的同时,他"科学地"表述了一个主旋律。这个主旋律作为美国主流的一部分,从杰斐逊(Thomas Jefferson)起,经过贺拉斯·曼和哈里斯,一直流传到 19 世纪 80 年代。但是,当斯宾塞和萨姆纳的著作被人们广泛阅读和讨论时,沃德本人却受到极大的忽视,只是以一位社会学家而闻名。要不是他的门徒、芝加哥大学的斯莫尔(Albion Small)②的热情宣传,整整一代教育家就可能会忽视他的著作。

斯莫尔是约翰斯·霍普金斯大学的早期毕业生,1892 年去芝加哥大学担任美国第一个社会学系的系主任。在那里,斯莫尔先通过自己的著作,后又通过《美国社会学杂志》(*American Journal of Sociology*),很快就成为人们公认的新学科发言人。他是一个颇具魅力的讲演者,不仅具有令人愉快而又稀奇古怪的幽默感,而且始终易于接受新观念。他在阅读沃德的著作中产生了灵感,建立了自己的社会学理论的坚实基础。③

斯莫尔第一本比较重要的著作是 1894 年出版、同文森特(George、E. Vincent)④合著的《社会研究概论》(*An Introduction to the Study of Society*)。在这本书里,斯莫尔的教育观基本上是保守的。虽然他认为美国社会的一些弊病应该追究到蹩脚的教师、有缺点的教学方法以及

---

① 沃德:《纯社会学》,第 575 页。

② 斯莫尔(1854—1926),美国社会学家。——译者注

③ 虽然斯莫尔以后是沃德最严厉的批评家之一,但他不断承认良师对他的启示。他在 1913 年写道:"我常常说,在考虑一切之后,我宁愿写《动态社会学》,而不愿写在美国出版的其他任何书。"《美国社会学杂志》第 19 期(1913—1914),第 77 页。见施泰恩(B. J. Stern)编:《斯莫尔致沃德的信》,《社会力量》第 12 期(1933—1934),第 163—173 页;第 13 期(1935—1936),第 324—340 页;第 15 期(1936—1937),第 174—186、305—327 页。

④ 文森特(1864—1941),美国芝加哥大学社会学教授。——译者注

传统的和不科学的课程,但他仍强调学校应该限于对青年传递人类的智慧。然而,两年后在布法罗对全国教育协会的一次讲演中,他的观点明显地改变了。他讲演的题目是《社会学对教育学提出的要求》,把学校当做改善社会运动的先锋。他建议说,教育必须使未来的一代接触现代生活的三大观点:互相依赖——工业社会中没有人能够靠自己生活;合作——与"互相依赖"是密切关联的;进步——新的人和新的活动永远需要新的社会安排。斯莫尔得出结论:"社会学知道社会改善或改革的手段并不比掌握社会发展杠杆的教师的那些手段更重要,认识自己的社会功能的教师将不会满足于学生通过考试从一个年级升到另一个年级。教师将只把对于学生的记录作为自己的成功。这种记录记下了学生离开学校、渴望探索这些更深广的社会关系,并尽力创造更美好的未来的事实。如果我们设想学校能为促进社会进步做大量工作,并被这种见解和情绪所促动,那么,我们就是被这种错误分析所蒙蔽的人。"①

到 1896 年,美国教育家既能在斯宾塞和萨姆纳或者沃德和斯莫尔之间作出抉择,又能够在戈德曼(Eric. Goldman)②所称的保守的达尔文主义或者改革的达尔文主义两者之间作出抉择。沃德和斯莫尔所做的,是把斯宾塞不成熟的社会达尔文主义学说转化为充分发展的社会改善论者的哲学。对于比斯莫尔更年轻的同事杜威来说,这种抉择是根本不困难的。1897 年,当《学校杂志》(*The School Journal*)编辑请杜威简要陈述他的教育信条时,杜威就宣称"教育是社会进步及社会改革的基本方法","教师不是简单地从事于训练一个人,而是从事于适当的社会生活的形成","这样,教师总是真正上帝的代言者和真正天国的引路人"。③ 怪不得美国教育家会把这个长满黑胡子的文静小子看成是最后将把他们领到教育希望之地的摩西(Moses)④!

———————————

① 《全国教育协会:致词和活动记录》(1896),第 184 页。

② 戈德曼(1915—),美国历史学家。——译者注

③ 《学校杂志》(第 54 期,1897),第 77—80 页。1897 年,杜威的教育信条与斯莫尔在全国教育协会上的讲演一起,以小册子的形式重印,并在教师中广为流传。

④ 摩西,犹太教、基督教圣经故事中犹太人的古代领袖。——译者注

Ⅲ

保守的和改革的这两种社会达尔文主义兴起的时代,也正是一种新的心理学诞生的时代。一般说,这种心理学致力于人类行为(尤其是心理现象)的科学研究。正如与之相关的社会学发展一样,欧洲心理学的影响尽管是重要的,但总是被美国舞台的独特要求所调和。因此,波林(Edwin Boring)[①]指出,美国心理学的父系是德国人,源于费希纳(Gustav Fechner)[②]、赫尔姆霍茨(Hermann Von Helmholtz)[③]、冯特(Wilhelm Wundt)[④]的著作;母系是英国人,可以在高尔顿(Francis Galton)[⑤]、斯宾塞(理所当然)的著作中找到。[⑥] 无论如何,孩子总是深受他们成长的环境的影响 。对于美国人来说,像往常一样,有选择地模仿德国和英国人,并最终形成一种显然是旨在为自己文明社会的实际需要服务的心理学。

达尔文主义对美国心理学的最直接影响,也许是对显然具有进化特点的综合制度的建立起了促进作用。其中,最早对教育学产生深远影响的综合系统是霍尔(Granville Stamley Hall)[⑦]建立的。霍尔 1878 年获得哈佛大学第一个心理学博士学位,然后跟随三位德国科学巨头:物理学方面的赫尔姆霍茨、生理学方面的路德维希(Karl Ludwig)[⑧]、心理学方面的冯特进行研究。从德国回来后,霍尔立即接受了约翰斯·

---

① 波林(1886—1968),美国心理学家、作家、教育家。——译者注

② 费希纳(1801—1887),德国科学家、哲学家。——译者注

③ 赫尔姆霍茨(1821—1894),德国哲学家、科学家。——译者注

④ 冯特(1832—1920),德国生理学家、心理学家、哲学家。——译者注

⑤ 高尔顿(1822—1911),英国科学家。——译者注

⑥ 波林:《进化论对美国心理学思想的影响》,珀森斯:《美国的进化思想》,第 269 页;波林:《实验心理学史》第 2 版(纽约,1950),第 14—16、20 页。

⑦ 霍尔(1846—1924),美国心理学家、教育家。——译者注

⑧ 路德维希(1881—1948),德国生理学家、作家。——译者注

霍普金斯大学令人向往的第一个教授职位(杜威在那里曾是他的学生),然后又担任克拉克(Jonas Clark)①在马萨诸塞州的伍斯特刚建立的那所大学的校长。19世纪90年代里,霍尔撰写了一系列论文。正是在这十年中,他作为美国心理学和教育学最重要的人物之一而崛起。到19世纪末20世纪初,霍尔在美国心理学界和教育界已是一个举足轻重的人,在追求新颖做法的教师和教育学教授中早已产生了广泛的影响。

一位过于热情的朋友有一次以"心理学的达尔文"向一位听众介绍霍尔。霍尔在自传中写道,这个比喻比以往任何时候人们向他表示的恭维更使他心满意足。他写道:"把进化的概念引进心理学,我出力很少;我只是提出了一种观点,这种观点几乎包括我所有的见解和抱负。这种观点是:正像我们机体内有许多发育不全的部分和退化的器官一样,我们心灵的活动和结构中也有许多这样的部分和器官;心灵正像机体一样,同样是一种缓慢进化倾向的产物。"②可能霍尔太谦虚了,因为他不仅在心理学领域取得了成就,也影响了教育学,在某种程度上,还对问题钻得很深,并坚持不懈。

从海克尔和斯宾塞那里借用的"普通心理环境规律"是霍尔的基本论点。这个论点是:个体发育,即个人机体的发展复演了种系发生,即种族的进化。这个论点假定,心理生活和个人行为的发展经过一系列阶段,这一系列阶段或多或少相当于种族从原始社会到文明社会的那些阶段。③ 此外,既然任何一个阶段的发展是对下一阶段的正常刺激,那么,心理的正常发展就需要经过每一个阶段。显然,霍尔的普通心理学和它在教育学中的应用之间有着联系。他准备通过儿童生长的过程

102

---

① 克拉克(1815—1900),美国慈善家。——译者注

② 霍尔:《一个心理学家的生平和自由》(纽约,1923),第360页。

③《一个心理学家的生平和自由》,第357—374页;霍尔:《看一看遗传心理学的种系背景》,《美国心理学杂志》第19期(1908),第149—212页;费希尔(S. C. Fisher):《格兰维尔·斯坦利·霍尔的心理学、教育学著作》,《美国心理学杂志》第36期(1925),第1—52页。复演的理论在同时代的赫尔巴特学说中也是主要的。霍尔从赫尔巴特学说中进行广泛的借用。

去评判一种文明,通过适应个人自然生长的方法去评判一种学校制
度。① 霍尔强调说,自然生长是适当的,特别是在儿童的生活中。对于
一个将要庆祝"儿童的世纪"的国家来说,他的学说具有巨大的吸引力。

早在 1882 年,霍尔在约翰斯·霍普金斯大学创建心理实验室时,
就决定把精力集中在当时尚未探索的儿童发展问题上。② 1889 年,他
担任克拉克大学的校长。于是,那所大学很快就成为领导儿童发展领
域研究和写作的中心。1891 年创立的《教育学研究》(Pedagogical
Seminary)杂志,为把霍尔在克拉克大学搜集的资料散发给不断增加的
父母和教师读者做了大量工作。

霍尔受到人们广泛注意的第一本重要著作是《儿童心理的内容》
(The Contents of Children's Minds,1883)。这是一本以问卷资料为基
础的专著。③ 在这本书里,霍尔提出了明确的结论:由于城市的发展以
及随之而发生的童年时期经验的变化,学校不再会带给儿童同过去的
农业时代一样的观念。但是,在这个结论之后,霍尔提出了更为激进的
观点:如果利用研究儿童的结果教学,那么就能更有效地讲授教材。霍
尔实际上竭力主张根据儿童发展的资料来决定课程内容。

谁也没有料到,这个论点竟因一篇论文而变得明确起来。这篇论
文就是几年后《论坛》上发表的《基于儿童研究的理想学校》(The Ideal
School as Based on Child Study)。这篇论文深深地打动了具有较高文
化素养和有影响的普通读者和专业读者。在这篇论文里,霍尔的主要
观点涉及教师中心的学校和儿童中心的学校之间的区别。在整个西方
教育史上,前者是占统治地位的学校模式,要儿童去适应学校;按照霍
尔的看法,后者是唯一能够保卫共和国的学校模式,要学校去适应儿
童。他强调说:"儿童的监护人首先应该努力遵循自然的方法,防止伤

103

---

① 霍尔:《儿童研究及其与教育的关系》,《论坛》第 29 期(1900),第 700 页。霍尔
在《教育学研究》第 1 期(1891)上写道:"每一次教育改革,都是更仔细地亲自了解儿童
和青年,以及更深入地洞悉他们的需要和生活的直接结果。"(第 123 页)

② 霍尔显然受到德国的一些先驱者,尤其是普赖尔(W. Preyer)的影响。见《儿
童心理学》(莱比锡,1882)。

③《普林斯顿评论》第 11 期(1883),第 249—272 页。

害他们,并且应该获得'儿童幸福和权利的保卫者'这一值得骄傲的称号。这些监护人应该深深地感到,人在童年时期就像刚从上帝那边来一样,具有活力,是世上最完美的东西的象征;应该确信,没有什么东西像正在生长中的儿童身心那样值得去爱,值得去尊重,值得去为其服务。"①因此,霍尔这样做,就把卢梭在《爱弥儿》中第一次提出的自由主义教育学建立在儿童中心的学校观上去了。这种学校的课程将更广泛地迎合儿童的天性、生长和发展的特点。

霍尔的观点,特别是这种观点,在他的四卷本巨著《青春期的心理和教育》(*Adolescence*,1904)和《教育问题》(*Educational Problems*,1911)中得到进一步阐述时,就为美国教育观点的一些根本变化扫除了障碍。这有助于把教学工作的重心转移到学生那里,因为忽视学生的天性、需要和发展,教育就不可能有价值,更不要说效能了。② 此外,这也促进重新强调学生的情感、倾向和态度的科学研究。学生的情感、倾向和态度是教育中不可少的一些要素。也许最重要的,是巧妙地把举证责任移到教育环境上,也移到教育机会平等的含义上。从前,人们适当规定和共同接受学校教育内容和目的时,举证责任是在学生身上的:他被告知所做的是否达到标准。教育机会是指所有可以受益于学校教育的人的权利。于是,平等的"给予"不再是很好地规定课程内容和目的的学校,而是具有特殊背景和需要的儿童。因此,教育机会成了所有上学接受知识和道德观念者的权利。③

这种转移确实是哥白尼式的,影响极大。一方面,它推动学校接受

104

---

① 《论坛》第 32 期(1901—1902),第 24—25 页。

② 由于赫尔巴特主义者的兴趣在于用心理学解释课堂教材的观念,因此,他们对教学工作重心的转移已作出了许多贡献。见麦克默里(G. A. McMurry):《普通教学法的诸要素》(布卢明顿,1892),第 194 页。到 1895 年,全国教育协会的十五人委员会(Committee of Fifteen)指出:"现代教育强调儿童而不强调学习科目的观点,是教师工作的指南。了解儿童是最重要的。"见《全国教育协会:致词和活动记录》(1895),第 242 页。

③ 波林作了有趣的观察并指出,虽然霍尔通过哲学研究心理学,但他"由于主张心理学为哲学提供了真正的方法,也就是说,人的心理分析是了解他的看法重要性的关键",而最终"使心理学反客为主"。见《实验心理学史》,第 521 页。

由于传统、习惯或愚蠢的冷漠的缘故而被长期排除在外的学术研究,另一方面,它为每一种有用的日常活动方式打开了教育学水闸,而这些活动方式在某些方面似乎满足了"儿童的需要"。改革家有获得意外成功的时刻,就像感伤主义者所做的一样,美国学校决不会再完全一样了。

　　仅仅根据霍尔自己的大量著作,就可以看到他的巨大影响。克拉克大学很快就成为更广泛的儿童研究运动的司令部。霍尔自己孜孜不倦地讲演,而《教育学研究》成了资料和学说的交流所。当儿童研究协会在地球的每一个角落出现时,推孟(Lewis M. Terman)[1]和格塞尔(Arnold Gesell)[2]这两位学生,把儿童研究工作带到了其他大学中心。[3] 到霍尔把弗洛伊德介绍到美国的 1909 年为止,儿童研究运动得到了蓬勃的发展,又与爱伦·凯(Ellen Key)[4]倡导的富有战斗性的女权运动结合了起来。女权运动准备在改良主义的妇女团体中扩大影响,因为这些妇女团体开始在新教育中看到了迈向更大的目标——妇女最终解放的重要一步。[5]

IV

　　众所周知,霍尔具有许多优良品质,但谦逊并不包括在内。在他的一生中,他很早就自感是"救世主"。后来,这种感觉遍及他的《一个心理学家的生平和自白》(*Life and Confessions of a Psychologist*)一书,

---

　　[1] 推孟(1877—1956),英国心理学家。——译者注
　　[2] 格塞尔(1880—1961),美国心理学家、儿科专家。——译者注
　　[3] 达顿(W. H. Dutton):《美国儿童研究运动——从 1880 年的兴起到 1920 年进步教育协会的成立》(未发表的博士论文,斯坦福大学,1945)。
　　[4] 爱伦·凯(1849—1926),瑞典作家、妇女运动活动家。——译者注
　　[5] 爱伦·凯:《儿童的世纪》(纽约,1909);霍尔:《儿童研究及其与教育的关系》,第 688 页。爱伦·凯对那些参加女权运动的人说,她正试图改革家庭生活,而不是去避开它。

并出现在他的讲演和文章中。例如,1895 年秋天,他在《美国心理学杂志》(*American Journal of Psychology*)上公布了一份长名单,名单上的人不是在约翰斯·霍普金斯大学就是在克拉克大学与他有交往。他同时指出,这些人是真正把科学的心理学带到哈佛大学、耶鲁大学、哥伦比亚大学、威斯康星大学以及美国其他主要大学的学者。詹姆斯一读这篇社论,就给霍尔写了一封长信。下面是其中的一部分:"作为一个坐在椅子里冥思苦索的教授,我坦率地承认,我伟大的助手是一名实验室教师和调查者。但是,有些人却一点不考虑我试图强迫自己表示的善意以及我已做的实事。例如,他们中的一个正在用一些很天真的方法引导你去做实验调查,但你可能会记得,在那几年里,除了哈佛大学,你根本不能在别处搞实验调查。"①

　　詹姆斯的话很有道理。在 1878 年霍尔获博士学位之前,詹姆斯在哈佛大学就已经是努力把心理学确立为真正科学的学科的领导者。早在 1875 年,詹姆斯就作过关于生理学和心理学关系的讲演,甚至还安排学生在学习期间做非正式的实验室工作。1878 年,他签订了合同,为 H·霍尔特(Henry Holt)②的"美国科学丛书"撰写一本普通心理学教科书。这是一本计划两年完成但最后他花了 12 年时间才完成的书。这部著作终于在 1890 年出版,很快就确立了詹姆斯的名声,并证明它不仅在心理学方面是一个里程碑,而且在美国学术史上也是一个里程碑。③

　　詹姆斯在《心理学原理》一书中建议把进化学说应用于心理现象。当然,他的事业不是首创,因为斯宾塞作过同样的努力;霍尔作为一个同时代的人,也正在按照同样的方法工作。但是,詹姆斯与别人有重要的区别。对于斯宾塞来说,心理生活是一种对环境的继续适应,正如社

106

---

　　① 有关这个故事,见培里(R. B. Perry):《威廉·詹姆斯的思想和性格》(两卷本,波士顿,1935)第 2 卷,第 7—10 页。
　　② H·霍尔特(1840—1926),美国出版家、作家。——译者注
　　③ 詹姆斯:《心理学原理》(两卷本,纽约,1890)。

会机体的情况一样,与适应环境的原理有关。霍尔吸取了斯宾塞复演说①的一个方面,并将它变为一种更普遍的人类发展理论。这种理论在教育上的主要含义,似乎是教育家不应该干涉自然的客观过程。

对于詹姆斯来说,这种自然主义决定论是十分讨厌的东西。他参考达尔文的著作,坚决主张在环境显然影响心理的同时,心理也能动地通过一种有创造力的方式对环境起作用。智力的职责不仅是适应环境,而且也是改变环境。詹姆斯认为,有知识的人不只是一面被动反映他所看到的那个世界的镜子,还是一位行动者。他努力改造世界,也是那个世界的一部分。唯意志论(而不是决定论)是人类事务的严酷现实。②

仔细阅读《心理学原理》,就可以看到詹姆斯从冯特及其信徒的形式主义体系转向了一种新的机能心理学观点。③ 詹姆斯把人设想为生物人,他们的行为是对某些本能倾向的反应。习惯的和随意的行动都是以这些倾向为基础的。作为行为重复的一个结果,习惯的形成证明了人类神经系统的可塑性和可变性。习惯一旦形成,就越来越支配行为,直到最后成为社会和个性绝对的决定性因素。教育的主要任务,显然是尽早形成许多尽可能好的和有用的习惯。詹姆斯说:"神学所讲的那个'来世'要忍受的地狱,不比我们'今世'为自己造的地狱坏;在今世这个地狱里,我们习惯用错误的方法去形成自己的性格。年轻人如果不能很快了解这一点,就会背上习惯的包袱行走。因此,当他们处于可塑的阶段时,就要特别留意他们的品行。我们正在编织自己的命运(不管是好运还是恶运),而决不会停止。"④

可是,有一种关于习惯的悖论,认为生活的一切越依赖于习惯,那

---

① 复演说,表现遗传决定论思想的一种学说,认为人的个体心理发展是种系心理发展的简短的重复。——译者注

② 詹姆斯早就被斯宾塞吸引住了,但在赖特和皮尔斯的激励下,逐渐摆脱了幻想。早在1878年,他就在一篇题为《论斯宾塞的心理对应定义》文章中提出了这些观点。见哈里斯:《思辨哲学杂志》第12期(1878),第1—18页。

③ 有关它们的比较,详见海德布里德(E. Heidbreder):《七种心理学》(纽约,1933),第4—5章。

④《心理学原理》第1卷,第127页。

么起相当作用的心理就越能发挥更大的力量。在这种悖论中，詹姆斯的关键概念是意识，也就是他所说的"思维流"。詹姆斯坚决主张，与其说任何形式的心理或心灵概念，还不如说生命本身是心理学的起点。他把意识描述成一种积极活动的现象，即连续不断地忙于注意、强调、忽视和解释直觉经验的原始资料。詹姆斯指出，心理永远是"可能同时发生一些情况的场所"，决定每一个人的命运。因为每一个人都在不断地选择——感觉到什么，知道什么，最终将成为许多可能存在的自我中的哪一个。有知识的人再一次是行动者，正是他那有意识的行动帮助改造世界。

　　在《心理学原理》出版两年后的 1892 年，哈佛大学邀请詹姆斯为坎布里奇的教师作系列讲演。这使他有机会把他的系统观点更直接地扩展到教育学领域。这些讲演后来收进了七年后出版的一本颇有特点的小册子中，题为《与教师谈心理学》(*Talks to Teachers on Psychology*)。这本书的特点是自始至终坚持能动论。它将儿童描述成行为机体，认为儿童的心理主要在于帮他适应今世生活。于是，教育目的是形成他的品行力量，使他既适应社会环境，又适应自然环境。兴趣作为教学的自然起点，必须激发和扩大。意志必须培养，以适当注意活跃的思想和道德行为。各种正确的习惯必须及早形成，以使儿童成为有理性的人，但他的观念又必须经过实践的检验。最后，教师的工作是使儿童这个"敏感的、冲动的、联想的和反应的机体"变成有目的的、能思考的和为争取更好的生活会最充分发挥才能的成人。[1]

　　完成《心理学原理》之后，詹姆斯就转向研究 1878 年以来断断续续盘踞在他心里的那些哲学问题。结果是他在以后 20 年里形成了一个成熟的观念体系。培里(Ralph Barton Parry)[2]把它称作"美国个人主义最完美的哲学表述"[3]。1897 年，一本题为《信仰的意志》(*The Will*

108

---

　　[1] 考虑到后来的发展，记下詹姆斯的"循环"是有趣的。这可能与他的教育学有一点矛盾。见《与教师谈心理学》(纽约，1899)，第 54—109 页等。

　　[2] 培里(1876—1957)，美国哲学家。——译者注

　　[3] 培里：《美国人的特性》(纽约，1949)，第 70 页。

to Believe)的小册子有力地阐述了詹姆斯极为深奥的唯意志论。他的信念是,在一个有许多道德的个人的社会里,每一个人都勇敢地把生命押在他深信的希望、可能和目标上。1904—1905 年,詹姆斯写了一系列文章。他去世后,这些文章被编成文集出版,题为《彻底经验论》(*Essays in Redical Empiricism*)。这本书阐述了一个抽象的"纯经验"概念,否认思维和客体、知和被知之间古老的二元论,赞成一种一元论观点:"通过各部分经验之间的联系,不断地把各部分经验结合在一起。"①《实用主义》(*Pragmatism*,1907)和《真理的含义》(*The Meaning of Truth*,1909)这两本书最终详细阐述了当时颇为著名的论点:"某个观念的真理所固有的特性不是停滞的。真理产生观念。它之所以成为真的,是活动造成的。它的真实性实际上是某个活动、某个过程,即证实自己的过程、检验过程。"②真想不到,这样一种哲学竟会深受詹姆斯同胞的欢迎,并受到他们详细的评论。这种哲学是仁慈的、冒险的、本质上民主的,又总是乐观的。詹姆斯的一位年轻同事桑塔亚那(George Santayana)③像别的美国人一样,有一次谈论到:"詹姆斯感受到未来在召唤,并确信未来不仅能创造得比过去更好,而且完全不同于过去。"④

詹姆斯后来的哲学著作必然地巩固了进步主义者的事业。这些进步主义者把教育看成帮助人们达到一个新的和更美好的世界的一种手段。⑤ 因此,不出所料,那些正在寻求把学校转向狭隘的功利主义目标

---

① 詹姆斯:《彻底经验论》(概要),见《真理的含义》(纽约,1909),第 12—13 页。

② 詹姆斯:《实用主义》(纽约,1907),第 201 页。詹姆斯哲学的欧美来源,见培里:《美国人的特性》第 2 卷,第 6 部分;韦纳(P. P. Wiener):《进化和实用主义的创立者》(坎布里奇,1949)。

③ 桑塔亚那(1863—1952),美国哲学家、批评家。——译者注

④ 桑塔亚那:《美国人的性格与好恶》(纽约,1921),第 88 页。

⑤ 格仑伯格(B. Gruenberg)在 1910 年估计,19 世纪末以前,学过心理学的教师大概十有八九是从詹姆斯的《心理学原理》中学的。他的估计大概过高,但看法无疑是正确的。见《科学美国人》第 103 期(1910),第 198 页。见鲍德温(B. T. Baldwin):《威廉·詹姆斯对教育的贡献》,《教育心理学杂志》第 2 期(1911),第 369—382 页;汉弗莱斯(J. W. Humphreys):《威廉·詹姆斯的教育哲学》(未发表的博士论文,辛辛那提大学,1928)。

的人，准备利用詹姆斯关于观念"兑现"的妙语。最后，还是《心理学原理》和《与教师谈心理学》最直接、最根本地影响了教育学。它们抛弃官能心理学的一些比较陈旧的概念，基本上赞成行为主义者的观点；它们要求教师去帮助教育许多勇敢的、大胆规划未来并敢于努力实现的人。在一个都是这种人组成的社会里，詹姆斯看到了人的尊严和进步这一人类最美好的希望。

V

桑代克在一本简要的自传中写道，从 1893—1894 年，他在韦斯利 *110*大学读三年级以前（当时他正在攻读本学科的必修课程），对是否听到或者看到过心理学这个词已毫无记忆。作为一个文学专业学生，他尤其不受教师或教科书的激励。然而，与一次为获得奖学金而参加的考试有关，他必须读詹姆斯《心理学原理》的某些章节。这件事显然是他一生中的转折点，因为这些章节是够刺激的："比我以前读过的任何书更有刺激，也可能比我以后读的任何书更有激励。"桑代克在哈佛大学的第一年里，对詹姆斯的课程留下了很深的印象。到 1897 年秋，他丢下文学，把心理学作为攻读哲学博士学位的主课。[①]

在哈佛大学，桑代克首次承担了有关动物学习的工作。动物学习是一个实验过程，深深地影响了美国学校。他开始调查雏鸡的本能和智力行为。他的研究方式如此出格，以致哈佛大学拒绝给他提供实验场所。他只好在坎市里奇詹姆斯住宅的地下室进行研究。他曾写道："我希望，带给詹姆斯夫人的麻烦，会因两个最小的孩子感到快乐而稍微减轻一些。"哥伦比亚大学的一份研究生奖学金使桑代克到纽约去，同在冯特实验室受过训练的另一位科学家卡特尔（James Mckeen Cat-

---

① 桑代克：《一个联结主义者的心理学文选》（纽约，1949），第 1—2 页。见伍德沃斯（R. S. Woodworth）：《爱德华·李·桑代克传略，1874—1949》（华盛顿，1952）。

tell)①、人类学家博厄斯(Franz Boas)②一起进行研究。在他们那里,桑代克对定量处理心理资料产生了毕生的兴趣。他继续进行从哈佛大学开始的各项实验,并于1898年写出了《动物的智力》一书。这本书像一座里程碑屹立在心理学史上。③

111　　　这些实验的性质是什么?它们基本上是把一只动物关进一个问题箱。在这样的情境中,例如,压下一根杠杆,从箱里逃出就能得到的报酬是一点食物,动物会产生某种特定的行为。这只动物进入箱子,随便活动一段时间后,压下了那根杠杆,就得到了报酬。在随后的多次实验中,动物从进入箱子到压杠杆之间的时间缩短了。在一定程度上,将动物放进问题箱引起了实验手段和结果的联结。

　　桑代克把那些动物以更迅速和更有效的重复压杆动作获得报酬的行为过程称为有报酬学习,从实验中总结出一种新的学习理论,并根据这种理论,发现了一条新"规律"。这种理论提出,通过神经系统的某个生理键,学习就包含某种特定反应和某种特定刺激的联结,所以,刺激就能有规律地引起反应。用桑代克的话来说,刺激和反应间的联结被连续不断的报酬"打上标记"。因此就产生了他所说的"效果律",即易于"打上标记"的联结与特定情境联系的任何反应结果都是满意的。相反,易于消除联结或消除联系的任何反应结果都是不满意的。鉴于以前的一些理论强调实际或重复,桑代克对学习者的各种结果:成功或失败、奖励或惩罚、满足或烦恼,都给予同样的重视。

　　桑代克的实验有很多给人深刻印象的独创的做法。他的实验开创了动物学习的实验研究。他设想对实验室条件下动物行为条件的论证能够帮助解决普通的心理学问题。这种设想说明了科学方法和进化学说的综合。因为缺乏进化学说,心理学家几乎不会考虑动物学习是一个合适的课题。同样重要的,也许是桑代克的新规律,意味着一种新的
112　心理理论。基于反射弧(使大脑和神经组织同机体的总体行为关联)的

①　卡特尔(1860—1944),美国心理学家。——译者注
②　博厄斯(1858—1942),美国人类学家。——译者注
③　桑代克:《动物的智力》(纽约,1898)。

观念,他停止了对心理是一种单独的实体的探究。心理只出现在机体对其环境的总体反应上。

　　正如桑代克后来在三卷本名著《教育心理学》(*Educational Psychology*)中指出的,心理学由于成为看得见、可测量的人类行为研究,就更应该成为一门科学。它一下子抛弃《圣经》的性恶论是可信的,卢梭的性善论是错的,洛克的可塑论是不要作修改的。桑代克主张,人性只是许多"原始倾向",能被用来行善或作恶,它们靠学习产生。①

　　桑代克认为,他的长篇论文《动物的智力》对教育科学的发展是有贡献的。他写道:"现在,每一个善于观察的教师都认识到怎样经常为不成功的学习作一次最巧妙的解释并提出最好的方式。在这种情况下,一个学生不知怎样受激励去做一件事情,没有理解它意味着什么,甚至对在做什么没有任何真正的认识,但往往最终会掌握它……用一位动物训练者浮夸不实的话来说,对待儿童最好的方式,常常可能像'安排与习惯有关的一切,使动物能迫于自己本性的规律去表演'。"②

　　这些话就足以使教师们大吃一惊,但桑代克进而尖锐地批判了霍尔保守的达尔文主义。他说:"这个主义似乎就像现在某个科学家学派一样,根本没有我想象的意思。如果某一行为在种系中发生,那么,我们就应该使这种行为再在个体中发生。确实,大自然在个体发展中改变器官机能出现的次序,并提出最好的理由。我们应该像大自然一样,尽力去省略无用的和过时的,尽可能快地接触最好的和最有用的;应该在力所能及的范围内,把是什么变成应该是什么。"③桑代克是这样说的,也是这样做(没有超出进化论的前后关系)的。他用差不多同沃德驳斥萨姆纳一样的方法驳斥霍尔的教育学。追随詹姆斯的信念:"即使习惯统治了世界,心理还是能够把习惯改造得与人类目的一致",桑代克一开始就宣称人是能够改变的,并且变得更好。他的确谦虚地为教师们提供了实验的结果,即使他们仅仅做了自己应该做的使教育事业

113

————————

①　桑代克:《教育心理学》(三卷本,纽约,1913—1914)第1卷,第17章。

②《动物的智力》,第104—105页。

③　同上,第105页。

更有力、更经济、更有效的事情。

桑代克一获得博士学位,就转到西雷塞弗大学,继续他的动物学习研究工作。在那里,受过卡特尔激励的、年轻而又富有创造力的拉塞尔(James Earl Russell)①找到他。拉塞尔认为,一个对猴子进行过研究的学者应该继续在人身上进行实验,于是把他带到了刚成立的哥伦比亚大学师范学院。② 在长达40年的光辉灿烂的生涯中,桑代克用人们熟悉的联结主义学说指导了整整一代教育家。在这期间,他的影响不仅是巨大的,而且是多方面的。桑代克同伍德沃斯(Robert S. Woodworth)③一起,进行以詹姆斯习惯特性理论为依据的训练迁移的研究,否定了由来已久的关于某些学科"训练"价值的假设,从而促进了已在一些学校中增长的功利主义倾向。④ 由于详细调查遗传问题,他早就进行个别差异研究。这项研究与智力、心理测验、教室分组和迟钝等相关工作之间仅仅一步之隔。⑤ 不用说,桑代克的学习研究本身积累了实际教学工作的大量资料。他在1906年出版的《教学原理》(*Principles of Teaching*)中,通过大量的实例,阐述了兴趣、注意、推理、情感和道德训练那样的问题。要不是它的文学魅力,我们就会想起詹姆斯《与教师谈心理学》的特点。他随后的研究工作,更具体地论及了教材的设计和选择、教学的组织、在教室中适应个别差异的方法以及评判学生是否进步

① 拉塞尔,哥伦比亚大学师范学院院长(1898—1927)。——译者注
② 拉塞尔:《创建师范学院》(纽约,1937),第53页。
③ 伍德沃斯(1869—1962),美国心理学家、生理学家。——译者注
④ 桑代克、伍德沃斯:《一种心理机能的改进对其他机能效率的影响》,《心理学评论》第8期(1901),第247—261、384—395、553—564页。在桑代克自己不愿意将"迁移"从一种完全一般的看法移到一种完全特殊的看法的时候,他的一些读者却是愿意的。早在1913年,他就批评某些"粗心的思想家"急忙"从相信完全一般的训练到相信完全特殊的训练"。见《教育心理学》第2卷,第365页。对"迁移"的攻击,为实用主义者的获胜提供了太多的弹药,然而,连桑代克的责难都忽视了。见奥拉塔(P. T. Orata):《相同基础的理论》(哥伦布,1928);赫尔菲什(H. G. Hullfish):《与教育理论和实践有关的桑代克心理学诸方面》(哥伦布,1921);科莱斯尼克(W. B. Kolesnik):《近代教育中的心理训练》(麦迪逊,1958)。
⑤ 桑代克:《儿童研究的笔记》(纽约,1901);《纪念爱德华·李·桑代克的人》,《哥伦比亚大学师范学院学报》第27期(1925—1926),第458—586页。

的方法。在 20 世纪最初的 25 年里,公立学校教学工作的一切方面,肯定都受到了桑代克的影响。

桑代克的最终目标是一种综合的教育科学,所有教育都能以它为根据。他相信定量法是没有限制的;他又被讨厌地作为引证:存在的一切,既存在于量中,又能被测量出来。① 从教育方法能通过科学而得到广泛改进的观点开始,桑代克渐渐地确信:教育目的也可能被科学地决定。② 他深信,随着足够数量的教育专家的培养,许多有史以来就烦扰教育工作者的恼人争论将会消失。

桑代克像詹姆斯一样,寄文明希望于自由的和受过科学教育的人。③ 他通过对天才的研究,确信天才的适当学校教育至少就像民众教育一样重要,但从未忽视过民众教育。桑代克的声誉在近几年中由于杜威而黯然失色,部分是因为他的社会观比杜威更保守,部分是因为他的心理学在解释较高级的心理机能上似乎不及杜威恰当。④ 但是,作为一位创新人物,桑代克屹立在教育史上,在任何有关 20 世纪初美国学校变革的讨论中,必定受到重视。

---

① 人们普遍认为,桑代克创造了这个句子的前半部分,麦考尔(W. A. McCall)又加上了后半部分。桑代克在 1918 年的一篇论文中说:"无论什么存在,都存在于某些量中。要透彻地了解它,就包含着既了解它的数量,又了解它的质量。"见《全国教育研究会第 17 年鉴》(布卢明顿,1918)第 2 部分,第 16 页。麦考尔的声明是:"存在于量中的一切都能被测量。"见《在教育中怎样测量》(纽约,1923),第 3—4 页。

② 可以把桑代克的下列文章作一比较:《教学原理》(纽约,1906)第 2 页和《为了积极性和独创性的教育》,见《哥伦比亚大学师范学院学报》第 17 期(1916—1917),第 415 页。

③ 桑代克因为强调遗传的有限作用,所以作为一个保守的达尔文主义者而受到一些进步主义者的攻击。但是,他的改革的达尔文主义早已是明显的。见他 1909 年的论文:《达尔文对心理学的贡献》,《一个联结主义者的心理学文选》,第 349—363 页。

④ 杜威对反射弧心理学的批评,见他的早期论文:《心理学中的反射弧概念》,《心理学评论》第 3 期(1896),第 357—370 页。

Ⅵ

　　杜威像桑代克一样,在自己学术发展的关键时刻读了詹姆斯的《心理学原理》。杜威就学时深受康德和黑格尔思想的影响。1884 年他在约翰斯·霍普金斯大学获得博士学位后去密执安大学工作。几乎一到美国西部,杜威就开始丢掉自己所背的形而上学的精神包袱。仔细阅读他在 19 世纪 80 年代后期的著作,尤其是他同麦克莱伦(James Alex-amder Mclellan)合著的《应用心理学》(*Applied Psychology*),就会发现这些著作清楚地展示出了他努力把新科学具体体现在他的伦理和哲学思想中。《心理学原理》是杜威学术上的《奥德赛》(*Odyssey*)[①],使杜威的思想有了许多"新方向和新性质"。特别是他从这部著作中接受了一种客观心理学理论的观念。这种理论牢牢地扎根于进化的生物学。关于这一点,杜威后来写道:"这种思想通过它的方法而越来越进入我的全部思想之中,并成为改变旧信念的一种酵素。"[②] 1894 年,哈珀(William Rainey Harper)[③]聘请杜威担任芝加哥大学哲学、心理学和教育学系主任后,他那已经发芽的思想就迅速地结出了硕果。

　　在许多年后举行的杜威 70 寿辰庆典会上,杜威讲了一段话,谦逊地描述了他在美国生活和思想史上的地位。他说:"有一个人,这个人

116

----

　　① 《奥德赛》,与《伊利亚特》并称为古希腊两大史诗,相传为荷马所作。——译者注

　　② 杜威:《从绝对主义到经验主义》,见亚当斯(G. P. Adams)、蒙塔古(W. P. Montague)合编:《当代美国哲学》(两卷本,纽约,1930)第 2 卷,第 24 页。参见简·杜威(Jean M. Dewey):《约翰·杜威传》,见希尔普(P. A. Schilpp):《约翰·杜威的哲学》(纽约,1939),第 3—45 页;芬尔(L. S. Fener):《约翰·杜威和美国思想界人民运动的背后》,《思想史杂志》第 20 期(1959),第 545—568 页;怀特(M. G. White):《杜威工具主义起源》(纽约,1943);萨维奇(W. Savage):《在密执安大学发展的约翰·杜威经验主义哲学的进化》(未发表的博士论文,密执安大学,1950)。

　　③ 哈珀(1856—1906),美国教育家、希伯来学者。——译者注

对他身边情况的变化多少有点敏感。他对什么东西在消失和死亡,什么东西在出生和生长,有着某种正确的评价。因此,凭借这种反应,他预言未来将发生的一些事情。在他 70 岁的时候,人们为他举行生日庆祝会,并称赞他促成了一些他预见可能会发生的事情。"①杜威的这段话的确过分谦逊,但在一定程度上仍是真理。

人们都认为,杜威在进步教育运动初期起了作用。在他的周围,要求各种各样教育改革的呼声响成一片。实业家和工会坚决主张学校要承担传统的学徒训练职责;社会服务社工作者和城市改革者拼命主张卫生学、家政学、手工艺和儿童保育方面的教学;每一位爱国者都在要求制订美国化的教学计划;农民新闻工作者迫切要求一种新的农村生活训练,以便给年轻农民一种快乐感和前景感,同时防止他们搬到城市去。应该看到,贯穿在这些建议中的共同意思是:必须想办法结束这样的状况,不管人们是否喜欢,在家庭、街区或车间这些传统上具有教育功能的场所不再起作用的时候,学校必须承担起这个任务。

留给杜威的是一种传统观念:学校像遗产继承人的机构。1899 年,为了回答人们对他夫妇三年前创办的那所实验学校的批评,杜威向家长和学校资助者连续作了三次讲演。这些讲演后来汇集成题为《学校与社会》(*The School and Society*)的小册子出版,这是一本畅销书,在出版后的十年里重印了七次。杜威在观察教育学舞台、试图使观众了解它的意义的同时,坚定地把教育酵素的责任加在工业主义身上。他用柏拉图式的词句提出:社会起到学校教育的作用。旧的农业社会背后,有着历史悠久的农户和农村邻里的教育。农村中,每一个年轻人都分担了有意义的工作;生产的全过程展现在任何具有敏锐观察力的儿童眼前。杜威强调说:"我们不能忽视这种类型的生活中所含有的训练和品格形成的因素……我们不能忽视直接接触自然、实际事物和素材、手工操作的实际过程以及适合社会需要和有效的知识对教育目的的重要性。"②

---

① 杜威:《人及其哲学》(坎布里奇,1930),第 174 页。
② 杜威:《学校与社会》(芝加哥,1899),第 23—24 页。

　　但是,杜威继续说,在工业主义的影响下,社会生活已发生了彻底和根本的变化,"如果我们认为教育对于生活必须具有意义的话,那么它就必须经过同样彻底的变革"。这种变革的性质将是什么?那就是,学校将承担对传统的农村生活起教育作用的一切方面。杜威得出结论说:"把这一切因素组织起来,理解它们的全部含义,把它们所包含的观念和理想彻底地、不妥协地体现在我们的学校制度中。这样做,就意味着使每个学校都成为一种雏形的社会,以反映大社会生活各种类型的作业活动,并充满艺术、历史和科学的精神。当学校能在这样一个小社会里引导和训练儿童成为社会的成员,用服务的精神熏陶他,并授予有效的自我指导工具时,我们就将有一个有价值的、可爱的、和谐的大社会最深切和最好的保证。"[1]

　　当然,杜威的这段话,不仅仅是简单地要求学校扩充课程,也不仅仅是反映怀特(Morton White)[2]已正确指出的"反对形式主义",实际上提供了进步教育的"进步"是什么的答案。让我们回想一下,杜威所说的"雏形社会",实际上是大社会的缩影。因此,他看到的传统教育与现实生活隔离的弊病就消除了。但杜威所说的"雏形社会",更重要的是改善大社会,使它更有价值、更可爱、更和谐。学校再一次被设想为社会变革的手段,因为"有价值的、可爱的、和谐的"已被详细说明,教育理论就成为政治理论(再一次用柏拉图式的词句),教育家就会被卷入社会改革的斗争之中。

　　杜威在讲演中还提出了其他一些尖锐的观点。他斥责"旧学校"方法呆板、课程划一,教育重心也长期是"在教师、教科书以及你所希望的地方,唯独不在儿童自己直接的本能和活动上"[3]。杜威提出,新教育的本质是把这个重心重新移到儿童身上。于是,儿童的谈话、提问、解释和表现出来的自然冲动被看成自然资源和教育过程"不要投资的资本"。学校工作必须从儿童的这些自然冲动开始,并抓住它们,控制它

---

① 《学校与社会》,第43—44页。

② M·怀特,美国哈佛大学哲学教授。——译者注

③ 《学校与社会》,第51页。

们的表达方式,以"不仅促进儿童生长,而且使他们有同样的结果,进而使他们获得从前的教育思想中也提到的职业知识和训练"①。

《学校与社会》中充满有关教育的新常识,其中包括实验学校一些优秀的教学实例,以及那些有时代感的教师通过观察得到的有说服力的备课资料(也有同时代人关于本能和复演说的惯常说教)。但是,在杜威的分析中,什么是新的呢?归根到底,答案就是他的社会改良主义。学校从隔离状态回到了为更美好的生活而斗争的中心。杜威认识到一个新的社会正在形成,并设想了一种新的教育。这种教育可能会产生用人际关系来衡量的社会成功和失败之间的区别。尽管杜威在系统阐述他的理想时已改变了文明的含义,但教育作为文明标志的传统观念再一次被唤起。

《学校与社会》与杜威的那本巨著《民主主义与教育》(*Democracy and Education*)相隔了 17 年。在那些年里,杜威作为哲学家、教育家和社会批评家,地位已经牢固地确立起来了。1904 年,他同校长哈珀一连争吵了几次后,就离开芝加哥大学,转到了哥伦比亚大学,并在那里开始了一段特别多产的时期。那一时期,他相继出版了许多著作,如 1908 年同塔夫茨(James H. Tufts)②合著的《伦理学》(*Ethics*)、1909 年的《教育中的道德原理》(*Moral Principles in Education*)、1910 年的《我们怎样思维》(*How We Think*)、1913 年的《教育中的兴趣和努力》(*Interest and Effort in Education*)、1915 年同女儿伊夫琳(Evelyn Dewey)合著的《明日之学校》(*Schools of Tomorrow*)。他虽然不是有意培养门徒,但自然而然地吸引了他们。由于 1914 年《新共和》(*The New Republic*)杂志的创办,通过充满活力的门徒、有才华的青年作家鲍恩(Randolph Bourne)③,杜威开始为广大具有进步主义思想的公众所

120

---

① 《学校与社会》,第 70 页。
② 塔夫茨(1862—1942),美国大学教授,曾在密执安、明尼苏达等大学任哲学和心理学教授。——译者注
③ 鲍恩(1886—1918),美国政治家。——译者注

知。① 到1916年,杜威已被公认为进步主义的一位最主要的发言人,不管他写什么文章,都保证有众多的感兴趣的读者。一点也不使人觉得意外,《民主主义与教育》一出版,立刻就在一些地区引起轰动。人们认为这本书是自卢梭的《爱弥儿》问世以来对教育学所作的最显著的贡献。②

在《民主主义与教育》这本书中,杜威开始探究民主、科学、进化、工业主义的教育含义。在书的结尾部分,他对进步教育运动作了最明白、最全面的阐述。这本书的思想很丰富,又不图系统的说明。③ 杜威既有启发性地、批判地评论了他以前的一些教育家,如柏拉图(Plato)、亚里士多德(Aristotle)④、洛克、卢梭、康德(I. Kant)⑤、费希特(J. G. Fichte)⑥、黑格尔(G. W. F. Hegel)、赫尔巴特(J. F. Herbart)⑦、福禄培尔(F. W. A. Froebel)⑧(不像他的门徒,杜威研究过哲学史),又明显地意识到同时代人在心理学、社会学和教育学上的发展。当然,这本书中的许多观点,他在更早的著作中已预示过,并带有一种人们早已熟悉

---

① 菲勒(L. Filler):《伦道夫·鲍恩》(华盛顿,1943),第4、6章。勒讷(M. Lerner)指出,杜威的公众声誉在一定程度上,由于鲍恩是热情的门徒,见《伦道夫·鲍恩和两代人》,《一年两次》第5—6期(1940—1941),第65页。

② 见拜尔(T. P. Beyer)的评论,载《日晷》第61期(1916),第103页。李普曼(W. Lippmann)把这本书说成是"最杰出和最有权威的学者献给美国文明社会未来的成熟智慧"。见《新共和》第7期(1916),第231页。

③ 杜威自己概括了这本书的七个最主要的观点:"人类的冲动和本能与自然力在生物学上的连续性;心理的发展有赖于参与有共同目的的联合活动;自然环境通过在社会环境的运用产生影响;利用关于渐进发展中的社会的愿望和思维中个别差异的必要性;方法与教材必要的统一;目的与手段的内在联系;承认心理是认识和检验行为意义的思维。"见《民主主义与教育》(纽约,1916),第377页。

④ 亚里士多德(前384—前322),古希腊哲学家、科学家。——译者注

⑤ 康德(1724—1804),德国哲学家。——译者注

⑥ 费希特(1762—1814),德国哲学家。——译者注

⑦ 赫尔巴特(1776—1841),德国哲学家、心理学家、教育家。——译者注

⑧ 福禄培尔(1782—1852),德国教育家。——译者注

的口气。[1] 像任何名著一样,这部著作既是那个时代的反映,又是对那个时代的批判。它把进步教育许多不同的方面和谐地结合到一种范围广泛的理论之中,并使它们统一,为它们指出方向。正是它的出版,为教育革新运动带来了新的活力。

杜威对民主主义的定义是从美国经验的材料上得来的。他认为,因为在组成社会的各种各样的团体中,关于分享共同利益的观点越来越不同,在这些团体中,相互影响和相互协调就更加自由,所以,需要盛行民主主义。一个民主社会就是这样起变化的,就是这样尽可能明智地、科学地组织起来的。用杜威的话来说,这是"有意识进步的"[2]。什么理论更能适合一个不断变动的社会、一个正在引人注目地改变习惯和信念的移民团体社会、一个知识分子感到在衰退但又迫切需要重建的社会?民主主义成为对"更完美的联合"坚持不懈的追求,成为一种连续不断的共同生活的社会过程。正如杜威1899年所设想的,一个"更有价值的、可爱的、和谐的"新社会是民主主义的具体体现。

杜威在他的民主主义概念中,设想了一种对教育的强制要求。在后来变得出名的一段话中,他阐述了《民主主义与教育》一书的主题:

> 民主政治热心教育,是众所周知的事实。根据表面的解释,一个民主的政府,除非选举人和受统治的人都受过教育,否则是不能成功的。民主的社会既然否定外部权威的原则,就必须用自愿的倾向和兴趣来替代,而自愿的倾向和兴趣只有通过教育才能形成。

122

---

① 《与意志有关的兴趣》(1896)中概述过动机理论,《教育的伦理学原理基础》(1897)中概述过道德概念。《我的教育信条》(1897)和《学校与社会》(1899)提出过教育学和社会哲学。《儿童与课程》(1902)中论述过儿童经验和系统知识的关系,而《作为社会中心的学校》(1902)和《教育中的民主》(1903)中阐述了社区理论。有意义的是,杜威的教育学有这么多的观点,是他在芝加哥大学期间系统提出和阐述的。在这十年里,他每天都接触实验学校的问题。教育学,见贝克(M. C. Baker):《约翰·杜威的教育理论基础》(纽约,1956年);社会处境,见金格(R. Ginger):《奥尔特格尔德的美国》(纽约,1956)、麦考尔(R. L. McCaul):《杜威的芝加哥》,《学校评论》第67期(1959),第258—280页。

② 《民主主义与教育》第7章及第375页。

但是,还有一种更深刻的解释:民主主义不只是一种政府形式,首先是一种联合生活的方式,是一种共同交流经验的方式。人们参与一种有共同利益的事,每个人必须参照别人的行动,考虑别人的行动,使自己的行动有意义、有方向。这样的人在空间上大量地扩大范围,就等于打破了阶级、种族和国家之间的屏障。这些屏障过去使人们看不到自己活动的全部意义。这些数量更大、种类更多的接触点表明,每个人必须对更加多样的刺激作出反应,鼓励个人变换行动。这些接触点使各人的能力得以自由发展。只要行动的刺激是片面的,这些能力就依然受压抑。因为这种刺激必须在一个团体里,这个团体由于排他性而排除了很多社会兴趣……一个变动的社会,有许多渠道把任何地方发生的变化传播出去。这样的社会必须教育它的成员发展个人的首创精神和适应能力。否则,他们将被突然遇到的种种变化所迷惑,看不出这些变化的意义或关联。①

杜威用社会的术语明确表达了教育的目的,确信教育最终将在个人改变了的行为、知觉和顿悟中显示它的成功。杜威给教育下了定义:"教育就是经验的改造和改组。这种改造或改组,既能增加经验的意义,又能提高指导后来经验进程的能力。"②这段话支配了他的生长概念。生长是杜威学说中用得很多的中心词。教育就是生长,在它自身以外,没有别的目的。根据杜威的说法,教育目的不仅是教学生做公民、做工人、做父亲、做母亲,而且最终是使他们过最完满的生活——也就是既会连续增加经验的意义,又会连续提高指导后来经验的能力。

生长的概念最终把杜威的个人理论与扩大的进步主义联系了起来。杜威希望教育不断扩大社会情境的范围,在这种情境中,个人能觉察到问题并作出选择,然后按照选择去行动。他希望学校形成使个人

---

① 《民主主义与教育》,第 101—102 页。
② 同上,第 89—90 页。

能够控制环境而不仅仅是去适应它们的习惯，①因此，希望每一代人在试图在后代身上培育的行为品质上胜过前辈。他提出，进步的社会应"力图形成青年的经验，使他们不重演流行的习惯，而是养成更好的习惯，使将来的成人社会比现在进步……我们无疑还远没有实现教育作为改进社会的建设性媒介的潜在功效；也还远没有实现使教育不仅阐明儿童和青年的发展，而且阐明未来社会发展的理想，这些儿童和青年将是这个未来社会的成员"②。

　　杜威就这样阐述了民主主义与教育之间的一般关系，接着又谈到教育的特性，强调充满在教和学每一个方面的一种新的统一精神。杜威公开批判二元论——这使人回忆起他早期的黑格尔主义——抨击劳动和闲暇、人和自然、思维和行动、个性和联合、方法和教材、心理和行为的历史性分离。调和这些二元论，就是在建立一种哲学——"把智力看做是通过行动对经验材料进行有目的的改组"③。只有这样的哲学，才能为"有意识进步的"社会利益服务。

　　在杜威抨击的所有二元论中，对他的进步主义观点来说，没有任何东西比文化和职业的传统分离更重要。杜威像他的同时代人维布伦（Thorstein Veblen）④一样，深入考虑文化和阶级的历史联系。几个世纪以来，文化就意味着拥有某几种知识，表明有知识的人是上流社会阶层的成员。从希腊时代起，文化就同与贫穷相对的富裕、与劳动相对的闲暇、与实践相对的理论联在一起。因此，在学校课程中，文化意味着强调某些文学和历史的学科，特别是掌握古典学科知识和外语。对于杜威来说，这种文化概念必然强调的是阶级之间的差别而不是他们的共同性，是排斥而不是联合。此外，当文化对一些社会团体，如政治家、职员和知识分子团体来说完全是功利主义的时候，它对于另一些社会团体来说则是不公正的。因此，在排斥和不公正这两个方面，历史的文

124

---

　　① 在讨论个人和环境协调的过程中，杜威谈到一些容易适应环境的习惯和容易控制环境的习惯。教育和这两种习惯都有关，但主要与后者有关。他指出，野蛮人适应环境，文明人改造环境。见《民主主义与教育》，第55—57页。

　　②《民主主义与教育》，第92页。

　　③ 同上，第377页。

　　④ 维布伦（1857—1929），美国经济学家。——译者注

化观显然是势利的。①

杜威认为,民主主义需要文化的重建以及与它相一致的课程;要把科学和工业学科设想为使很多人更了解周围生活的工具。这意味着把职业科目介绍到工业社会的生活中去,这些职业科目不仅能培养实用的技能,而且能作为更加理智的冒险事业的出发点。他强调说:"教育者的问题在于使学生从事这样一些活动:获得手工的技能和技艺的效率,在工作中发现即时的满足,为后来的应用做好准备。所有这些事情都应从属于教育,即从属于智育的结果和社会化倾向的形成。"②生长意味着从现在的经验着手,并增加这些经验的意义。如果工业主义是当代的中心问题,那么,为什么不把它作为其他所有问题的关键而从它着手呢?

杜威得出结论说:从本质上看,没有什么学科本身具有自由或者文化的力量,任何科目在某种程度上(在尽可能广的范围内理解它),都是指一种文化。他写道,关于文化的定义,也许没有比"文化是不断扩大一个人对事物意义的理解的范围,以及增加这种理解的正确性的能力"③这一定义更确切的了。就这一点而言,如果根据心理发展的目标进行适当的教学,那么,文化就能包括比平时仅包含科学和手工艺更为广泛的学科领域。

那么,杜威将怎样回答斯宾塞提出的"什么知识最有价值"的问题呢?杜威提出,判断知识价值的标准应该是社会性的。他认为,规划课程时,必须把要素放在第一位,而把精炼放在第二位。"凡是社会方面最基本的事物,换言之,凡是与最广大的社会群体共同参与的经验有关的事物,就是要素。至于代表特别群体和专门职务需要的事物,应该是第二位的。"④对一个阶级来说是狭隘的功利主义教育,对另一阶级来说

---

① 杜威的文化理论,见《教育中的文化和工业》,载《教育双月刊》第 1 期(1906),第 1—9 页;《文化和文化价值》,载孟禄(P. Monroe)编:《教育百科全书》(五卷本,纽约,1911—1913)第 2 卷,第 238—240 页。19 世纪文化的讨论,见威廉斯(R. Williams):《文化和社会》(伦敦,1958)。

② 《民主主义与教育》,第 231 页。

③ 同上,第 145 页。

④ 《民主主义与教育》,第 225 页。

却是广泛的通才教育,在这种地方民主主义是不能兴旺起来的。在共同生活的问题上,人们要求一种普及教育;在"旨在提高社会意识和兴趣"的问题上,人们要求一种广泛的人文教育。

杜威是否真正解决了课程的重点问题呢? 当然,课程的重点问题是一个未解决的问题。因为杜威的标准是如此模糊,以致对评判课程计划没有多少帮助。美国教育史全是一些特殊团体的例子,是这些团体"在更广泛的公共利益上"推行自己所喜欢的教育改革方案。伍德沃德很快就从手工训练对华盛顿大学学技术的学生是有用的看法改变为它对每一个人都是有用的。贝利使得人们对自然学科的看法也有了同样的飞跃。这毕竟是许多年来以人民的名义做一切的民主政治的一条规则。那么,作为一种评判标准的社会价值所固有的困难也更大了。一位评论家曾敏锐地注意到这些困难,并告诫人们说:"在杜威理想的社会制度中,任何个人都不希望过隐居生活(反映他的自我意识)。人们认为隐居是一种有罪的奢侈。每个人都应该记住:自己毕竟只是'修正和改变以前接受的信念的代理人'。总之,人们不得不确信,尽管杜威先生出色地捍卫了个人主义,但他的道德理想实际上是'善于交际的人'。"①

杜威承认这些源于进步主义本身的困难。从本质上看,人们肯定会将他的系统阐述看成贺拉斯·曼思想的继续。在普及学校教育方面,杜威看到了在更广泛的民主化过程中具有决定性意义的第一步。但是,如果没有随之变革学校教育本身的性质,那么人就会丧失社会的含义。这个变革的关键将是建立一种新的文化观。这种文化观超越了仅仅包括语言和文学的传统偏见,扩大到了包括一切有关的人类事务。② 杜威像贺拉斯·曼一样,承认教育是一个有关个人生长和发展的问题;他也像贺拉斯·曼一样,把重点永远放在社会、团体和公众的经验方面。杜威最终认为,只有在扮演适当角色的学校教育得到普及的时候,民主主义才会实现。因此,在教育变革中,他看到了一个"有意识进步的"社会最重要的工作。

———————

① 《民族》第 102 期(1916),第 480—481 页。

② 《民主主义与教育》,第 300—301 页。

第五章　教育先驱者

I

127　　马萨诸塞州在 1852 年第一个通过了州义务教育法；密西西比州在 1918 年最后一个通过了州义务教育法。在这期间，教育改革者忘不了一些使人痛苦的政治生活现实。他们尤其发现：通过一个法令，未必能使儿童上学；在缺乏正式的统计记录的情况下，无法知道儿童是否上学；如果没有有效的实施措施，儿童就会逃避打算强制他们上学的仁慈法令的影响；如果没有限制童工和就业的有关规定，义务教育法就是虚伪的、无法实行的，最终是没有意义的。①

　　应该承认，义务学校教育标志了美国教育史上的一个新时代。下层社会儿童以至身心有缺陷的儿童都能进入学校。许许多多从前可能退学的顽皮和犯有严重过失的学生，现在能很快地受到公众的关心。当受完义务教育的离校年龄逐渐增大时，儿童成长得更快更强壮，思想

128　更为成熟，这些都使问题加剧了。民主空想家们可能做梦也想着义务教育法，但他们没有想到这样会造成"黑板丛林"（the blackboard jungle）。②

　　即使从来没有进步主义运动，没有社会服务社、城市改革协会、农村生活委员会或移民资助学会，没有詹姆斯、霍尔、桑代克或杜威，仅仅义务教育的实施就会改变美国学校。当然，历史学家直接关心的可能

---

　　① 恩辛（F. O. Ensign）：《义务教育入学和童工》（衣阿华城，1921）。

　　②"黑板丛林"，指秩序混乱、无法无天的城市学校。——译者注

是发生了什么,而不是做了些什么。然而,学校发生变革的时机已经成熟。义务学校教育既对进步主义者提出了问题,也为他们提供了机会;正是义务学校教育的存在,不可避免地决定了第一次世界大战前几十年里教育革新方面的每一个尝试。

同这个时代对教育的各种各样的抗议一样,教育实验也明显地具有多样性。有一些人,例如帕克,在昆西市的实验是在公立学校制度中进行的;另一些人,例如杜威,在芝加哥大学的实验是得到私人资助的。有一些人,例如约翰逊,在费尔霍普的实验是以实际工作者的精明见识和只是以后才被公认的系统观点为基础的;另一些人,例如杜威,他的实验是以早已被系统阐述过的测验理论为基础的。一些改革是在专业人员的推动下进行的;另一些改革是在公众的推动下进行的。一些改革者熟悉欧美当代教育的发展;另一些改革者几乎完全不了解这些情况。总之,改革的目的、计划和发起的多样性是这个时代的主旋律。这种多样性肯定要在"进步教育运动"中留下根深蒂固的标记。①

II

帕克在一篇回忆录中写道:"如果要我告诉你我有什么生活秘密的话,那就是我有一种强烈的愿望,即想看到人的成长和进步。我想,这就是我的热情和学习的全部秘密。如果说这件事有点神秘的话,那就是我强烈地希望看到人的精神和心灵的生长。"②

杜威把帕克说成是"进步教育之父",可见帕克无疑是美国"进步教育运动"的第一个勇士。帕克 1837 年秋天生于新罕布什尔州,16 岁时开始了农村中学教师的生涯,1862 年中断教学工作,服役于联邦军队

---

① W·H·佩奇等:《明天的学校》(纽约,1911);约翰·杜威和伊夫琳·杜威:《明日之学校》(纽约,1915)。

② 吉芬(W. M. Giffin):《19 世纪 50 年代的学校时代》(芝加哥,1906),第 133 页。

（在那里他得到了"上校"军衔，并一直保留到晚年）。从军队复员时，他发现自己越来越对他那个时代普通学校的实践感到不满。在俄亥俄州达顿任教期间，他开始如饥似渴地阅读现代教育理论著作。当他的一个姨母去世留给他一小笔遗产时，帕克决定像贺拉斯·曼那样，到欧洲去学习一段时间。在国外的两年半时间里，他不仅在柏林威廉国王大学听课，而且周游了荷兰、瑞士、意大利、法国和德国，并努力考察当时最主要的教育革新活动。回到美国时，他已决定对美国教育进行一些与欧洲国家相类似的变革。

帕克的机会不久就来了。1873年，马萨诸塞州昆西市教育委员会意识到学校制度存在着许多不合适的地方，决定亲自对学校进行年度检查。检查的结果令人十分沮丧。学生虽然完全了解语法规则，但不会写一封普通的英语信；虽然能够熟练地阅读教科书，但对于来源陌生的类似教材的内容却心慌意乱读不下去；虽然迅速地拼写了必修词汇表上的词，但正字法却糟糕透了。昆西市教育委员会下决心作一些变革。对合适人选进行详细讨论之后，决定聘任帕克为昆西市督学。

不久，昆西市学校的情况就发生了一些变化。他们抛弃了固定的课程以及缀字课本、读本、语法书和习字帖，儿童从简单的词和句开始学习语言，而不是死记硬背字母表。教师在教室里使用杂志、报纸和自己设计的材料，以替代传统的教科书。学生通过实物而不是规则学习算术，同时在当地农村旅行，并从中开始学习地理。绘画更注重发展手的灵巧性，提高个人的表达能力。教学的重点始终是在观察、描述和理解能力的培养上。只有当这些能力既在教师又在学生中开始显露出来时，学校才能再设置更为传统的课程。①

他们的上述做法立即获得了成功，被称为"昆西制度"，引起了全国的注意。大批教师、校长和新闻记者纷至沓来。昆西学校有时对参观访问的人数不得不加以限制，否则就会妨碍学校的日常工作。十分有

---

① 小亚当斯（C. F. Adams, Jr.）：《昆西公立学校中的新发展》（波士顿，1879）；帕特里奇（L. E. Patridge）：《用实例说明的"昆西方法"》（纽约，1889）；梅奥（A. D. Mayo）：《新教育和帕克上校》，《教育杂志》第18期（1883），第84—85页。

趣的是，帕克自己却斥责那些大惊小怪的人，声明根本没有"昆西制度"的说法。他在 1879 年的报告中写道："我再说一遍，我仅仅是尝试更好地应用已建立起来的教学原理，即一些直接来自于心理规律的原理。根据心理规律提出的教学方法在每一个儿童的发展中都可以使用。除了学校，这些方法到处都在使用。我没有引进新的原理、教学方法或步骤。我没有尝试进行什么实验，也不存在特殊的'昆西制度'。"①

尽管人们对昆西计划表现出很大的热情，但这个计划也不乏批评者。昆西市教育委员会为了使这个计划得以实施，几乎从一开始就不得不进行不断的战斗。尽管帕克不承认有"昆西制度"，但教育界仍在不断地指责，说昆西计划的主张是错误的、抄袭的和放纵的。社区本身也不断抱怨，说教育被破坏了，那些基本原则被忽视了。马萨诸塞州教育委员会的一个视导员在一次独立调查后指出，昆西市学校的年轻人擅长阅读、书写和拼法，算术在县里也名列第四，但立即就有批评者指责这个调查是有偏见的和不公正的，认为它完全不应予以重视。② 最终，在一片指责声中，昆西计划却兴旺起来了。十年之后，赖斯提出报告说，面临由于城市学校制度发展而产生的各种各样看法，市镇最紧迫的问题是要能抓住教师。③

帕克于 1880 年离开昆西市，在波士顿短期担任公立学校督学之后，又担任了芝加哥的库克县师范学校校长。帕克从 1875 年起就开始教育改革工作。在库克县师范学校，他的工作达到了引人注目的顶点。在库克县的教师培训班上，帕克系统讲述了他的教育理论。库克县师范学校的实习学校，在帕克担任师范学校校长后不久，就成为当地街区的公立学校。他使自己的教育技巧有了最终的模式。

---

① 《昆西市学校委员会 1878—1879 学年度的报告》(波士顿)，第 15 页。帕克不断否认有"昆西制度"，见《帕克 1879 年 12 月 13 日致埃德温·C·赫维特的信》，《新英格兰教育杂志》第 11 期(1880)，第 164 页；帕克：《昆西方法》，见美国教育局：《教育专员1902 年的报告》，第 239—240 页。

② 小亚当斯：《科学的公立学校教育》，《新月刊杂志》第 61 期(1880)，第 934—942页。

③ 赖斯：《美国的公立学校制度》(纽约，1893)，第 212 页。

　　关于库克县师范学校的实习学校里发生的事情,有着无数的记载。其中大部分是由热情的支持者写的。① 他们使实习学校的计划和结果变得更有说服力。① 帕克自己认为他的努力是双重的:一是把儿童移到了教育过程的中心;二是为了增加课程对儿童的意义,使几门课程互相联系起来。

　　首先,这所实习学校被组织成为"一个理想的家庭、一个完善的社区和雏形的民主政体"②。大会议厅成了儿童和成人的公共会场。在行为规范练习上,不拘于正规的形式,重点是在参与和自我表现上。学校的一位教师曾写道:"学校是家庭的祭台,每个学生都带来他的祭品——他观察和研究的成果或喜欢的乐曲和文学作品⋯⋯"③帕克上校自己每天上午来到学校,对儿童、教师和学校表现出和蔼的独裁者和仁慈的家长的姿态。他中等身材,身体壮实,满嘴胡茬(他经常在思考时用手指拨弄胡茬)。他喜爱阅读《圣经》中的一些章节;常常请儿童叙述自己以前的经历;还坚持一位年轻教师带领一个班做以前拟定的练习。尽管帕克有点独裁,但他同样受到了儿童和同事们的热爱。据说,一个儿童有一天放学回家后对她妈妈说:"妈妈,今天帕克上校把他的手放在我的头上。我想,他就像耶稣一样在赐福于儿童。"④

　　学生在晨会后转到了教室,那里同样不拘于正规的形式。对于阅读和书写来说,儿童创作了他们自己的故事,并以"阅读传单"的形式在学校里印出来,很快就代替了初级读本和教科书。作为交际要素的拼法、阅读、书法和语法完全合并了起来,儿童通过实际会话和写作来学习它们。人们认为训练是必要的,但总要与学生的兴趣更直接地联系起来。

―――――――――――

　　① 权威的资料是海夫龙(I. C. Heffron)的《弗兰西斯·韦兰·帕克》(洛杉矶,1934)。见帕克:《库克县和芝加哥师范学校记事:1883—1899》,杰克曼(W. S. Jackman):《弗兰西斯·韦兰·帕克》,《初等学校教师和课程》第 2 部分(1901—1902),第752—780、743—751 页。

　　② 帕克:《关于教育学的谈话》(纽约,1894),第 450 页。

　　③ 弗莱明(M. Fleming):《早操的目的和价值》,《弗兰西斯·韦兰·帕克学校年鉴》第 2 部分(1913),第 11 页。

　　④ 海夫龙:《弗兰西斯·韦兰·帕克》,第 60 页。

当绘画第一次在美国教育舞台上出现时,帕克就使艺术成了实习学校的一个重要方面。他强调说,造型、油画和素描是表达的方式,是"人类进化的三大步"。学习科学是以自然研究的形式开始的。在杰克曼(Wilbur Jackman)的出色领导下,老师带儿童外出短途旅行。他们穿过邻近的田野,沿着湖边行进。通过观察、绘画和描述,他们将科学工作同语言和艺术学习联系了起来。他们还把一些调查报告带进教室,由此开始了物理学和生物学的初步实验工作。数学也常常与这种实验工作和手工训练室的工作联系起来。在手工训练室,设备以及书橱和刺绣样品实际上已成为学生学习科学、自然研究和戏剧等所需要的东西。他们学习地理也从有关近郊的第一手知识开始,还将学习地理这门科目设想为对作为人类家庭的世界的学习。他们将初等经济学和历史引进课程,还增加了音乐、戏剧、卫生学和体育。这些科目都被看成儿童表达的工具,都从对儿童有意义的事情开始。教师工作的起点是,不仅要引导儿童学习,而且要巧妙地引导儿童学习,使儿童借助语言和图画进入一些知识领域,并不断地进一步了解这些知识领域的意义,培养敏感性。这是一种振奋人心的学校教学经验,被许多同帕克一起工作的教师所证明。他们的工作热情迅速传给了新的教师和儿童,来自四面八方的无数访问者也对正在进行的事情激动不已。[1]

帕克基本上是一位艺术家,而不是理论家。他的所有著作,多半来自他对教师团体的讲演,以及实际上是他为自己在学校任职而准备的材料。1883 年,他出版了《关于教学的谈话》(*Talks on Teaching*)。他

---

[1]　赖斯富有感情地描述了帕克的工作,并把这所学校的教师称作"最热情、最认真、最进步和最有思想的教师队伍的一部分"。见《美国的公立学校制度》,第 211 页。另一方面,有人尖锐和坚决地反对帕克的工作,尤其是库克县教育委员会的成员桑顿(C. S. Thornton)。在 1891 年秋天的一次学校检查之后,桑顿写道:"非常遗憾,我必须报告说,检查的结果表明,工作是没有条理的,做法是轻率的、疏忽的和无效的。"见 1891 年 11 月 22 日《芝加哥论坛报》,第 3 页。帕克猛烈反击,说桑顿是孤陋寡闻,没有资格作出评判,因此慌慌张张地指责、反诉、报告和答辩,使得芝加哥报纸在 19 世纪 90 年代的最后几年里有不断的摹本。从学术上对帕克工作提出的批评,见哈里斯在《教育》第 16 期(1895)第 132—134 页和《教育杂志》第 51 期(1900)第 355—356 页上的文章。

在 1894 年出版的《关于教育学的谈话》,很可能是美国第一篇获得国际声誉的教育学论文。帕克大量借用裴斯泰洛齐的方法、福禄培尔的儿童观和赫尔巴特的统觉学说,并把它们综合起来。这标志了一种从美国早期的先验论到更新的科学教育学的过渡,从对欧洲理论的依赖到更有独创性的尝试的过渡。① 尽管帕克这两本著作都谈及了教育科学,但没有一本是真正考虑到达尔文主义的。这两本著作尽管都讨论了贵族教育和民主教育的区别,但基本上是用贺拉斯·曼的词句陈述这种区别的。

此外,假定帕克的社会敏感性和他对社区民主生活的深切关注是正确的,那么,他的哲学目的就比其他任何东西更带有卢梭主义的性质。帕克在解释福禄培尔的观点时写道:"儿童的自发倾向是先天的神性,我们(我和我的同事)在这里为了一个目的,那就是理解这些倾向,并从遵循自然的各个方面使它们继续下去。"② 这些话把一种救世主的热情逐渐灌输给了教师。这些教师不仅听取帕克的意见,而且使他受到了一代进步主义者的喜爱。霍尔每年都去参观库克县师范学校。有一次在给帕克的信中,他写道:"我要到库克去拨准我的教育钟表。"③

135

---

① 帕克在欧洲当然直接研究过裴斯泰洛齐、福禄培尔和赫尔巴特的教育思想。但是,19 世纪的复兴早就在美国引起了轰动。裴斯泰洛齐的教育思想在 1805 后的那些年里已出现在教育杂志和教科书,甚至少数学校的教学大纲上,并在贺拉斯·曼这一代新英格兰知识分子中得到了广泛的流传。后来,在 19 世纪 60 年代间,谢尔登(E. A. Sheldon)在奥斯维戈纽约州师范学校的工作也极大地推动了裴斯泰洛齐教育思想的传播。与此同时,美国 1857 年创办的第一所幼儿园以及后来在一些较重要的城市里建立的幼儿园协会,为普及福禄培尔教育思想做了许多工作。最后,在 19 世纪的最后几十年里,赫尔巴特学说盛行起来,尤其是在那些试图建立一种科学的教育学理论的大学教授中。见 W·S·孟禄:《美国裴斯泰洛齐运动史》(锡拉丘兹,1907);范克沃克(N. C. Vandewalker):《美国教育中的幼儿园》(纽约,1923);德加谟(G. De Garmo):《赫尔巴特和赫尔巴特学派》(纽约,1896)。

② 帕克:《关于教育学的谈话》,第 23—24 页。

③ 霍尔的这封信未注明日期。见威斯康星州历史学会布莱恩(E. Blaine)夫人的文章;海夫龙:《弗兰西斯·韦兰·帕克》,第 39 页。1890 年,布莱恩夫人给帕克 100 万美元,资助一所私立师资培训学院,名为"芝加哥学院"。这所学院后来成为芝加哥大学新成立的教育学院的一部分。布莱恩夫人第二次提供 100 万美元资助开办了由科克(F. J. Cooke)担任校长的弗兰西斯·韦兰·帕克学校。

Ⅲ

　　1894 年，杜威刚刚把家搬到芝加哥大学，就参观了库克县师范学校的实习学校。显然，他对在那里所见到的一切表现出浓厚的兴趣。1895 年，他的儿子弗雷德（Fred）在实习学校科克（Flora Cooke）小姐的一年级班上读书；翌年，他的女儿伊夫琳（Evelyn）也进了这所实习学校。人们完全可以相信，正是出于对儿童的研究，1896 年初杜威夫妇创办了自己的学校。① 这所新学校之所以称做"实验学校"，是要强调它的实验性质，尤其是要强调它是用来检验杜威博士的一些理论以及它们的社会含义的。实验学校刚开办时，只有 16 名学生、2 位教师。到1902 年，它已发展到了 140 名学生、23 位教师和 10 名助手。杜威博士是实验学校的董事，杜威夫人担任校长，埃拉·F·杨（Ella Flagg Young，后来是芝加哥市的第一位女督学）②担任教导主任。③ 到 1904年杜威离开芝加哥大学去哥伦比亚大学时，这所实验学校在美国教育界已成为最引人注目的教育实验园地。确实有一些人坚决认为，后来

136

---

　　① 这些资料取自科克和梅尔文（A. G. Melvin）之间的一次谈话。见梅尔文：《教育史》（纽约，1946），第 323 页。

　　② 杨（1845—1918），美国教育家。——译者注

　　③ 简·杜威（Jane Dewey）在 1939 年写的简要的"杜威传"中提到：她的父亲把埃拉·F·杨夫人看做"他所接触过的在学校管理工作上最有见识的人"。正是杨，建议杜威把自己创办的学校取名为"实验学校"；正是杨，帮助杜威把自己的思想付诸实践。见埃拉·F·杨对实验学校理论的解释，《学校中的隔离》（芝加哥，1900）。这是一篇她在芝加哥大学做的博士论文。杜威夫人在创办实验学校中的作用，见伊斯门（M. Eastman）：《约翰·杜威：我的良师益友》第二部分，《新领袖》1959 年 4 月 6 日，第 22—23 页。杜威夫人在一篇未发表的文章中写道："学校的理事们感到心理实验的必要性，但对教育实验却抱着怀疑的态度。碰巧，1895 年 10 月，大学拨出了一笔 1000 美元的款作心理实验用。由于没有房间或其他设备，无法利用这笔拨款，它很可能要归还。那时，由于说通了大学校长，最后他同意把这笔拨款作为教育实验用。这样，校方支持了实验学校的教育工作。"

没有任何学校能在影响、质量和贡献上比得过它。

鉴于帕克从实践领域开始,然后转到理论上去,杜威就从一些主要观点开始(他称之为假设),又设计出了检验它们的方法和课程。用杜威的话来说,实验学校的目的是"在发展个人能力和满足个人需要的同时,在管理、教材选择、学习方法、教学方法和纪律等方面,去发现一所学校怎样才能成为一个合作的社区"①。后来,杜威在《学校与社会》中详细阐述了这个最初的假设:生活本身,尤其是那些为人的社会需要服务的职业和社交活动,将为教育提供基本经验;学习的内容可以大部分是社会活动的副产品;学习好坏的主要检验,是个人的思维习惯和应付新的社会环境的能力;一方面,学校教育要专注于合作的尝试,另一方面,科学方法能对社会进程产生有益的影响。②

梅休(Katherine Camp Mayhew)和爱德华兹(Anna Camp Edwards)两姐妹实际上在实验学校创办初期就开始任教。她们合写了一份详细的、引人入胜的实验学校工作记录(1896—1903 年)。同帕克的实习学校情况一样,实验学校对幼儿(4—5 岁)的工作一般被视为家庭活动的扩展。其宗旨是"连续性",尽力避免使儿童的经验中断。因为儿童经验的中断,可能"妨碍、推迟或阻挠儿童智力生活(他在活动中的想法)自发的表达"。这样,儿童通常的一天活动就可能包括谈话、建设性工作、讲故事、唱歌和游戏。这些活动都代表一种尝试,即从所熟悉的东西开始,然后逐步扩大它的含义。梅休和爱德华兹报告了一组 4—5 岁儿童的活动。情况如下:

> ……儿童对各种食物、服装和衣着用品以及宽大而结构复杂的住宅提出了许多问题。这些问题的很多回答,好似一些小路,通往一条大道,又回到农场。他们到农场参观,看到果园、人们采摘

---

① 梅休(K. C. Mayhew)和爱德华兹(A. C. Edwards):《杜威学校》(纽约,1936),第 15—16 页。

② 《大学学报》第 1 期(1896),第 417—422 页;芝加哥大学学院:《学院纪事、记录和计划》,1896 年 10 月 23 日。

水果以及堆着一束束玉米的田地。这次参观是很多活动的开始，当然这些活动随着教师、儿童和环境的不同而不同。这个班的部分儿童做食品商店的游戏，出售水果和糖果给人做果子酱。有的扮售货员，有的扮送货员，有的扮母亲，有的制造送货车。扮售货员的使用量杯计量糖果和酸果，并用纸包好，便于"顾客"携带回家。在教师指导下，游戏被引导到讨论要有一间大仓库。这是一个宽敞的地方，可以贮藏很多水果。食品商店的水果只够卖几天，因此仓库要经常为食品商店供应水果。他们用一只大箱子做成批发商店。因为仓库有几层楼，需要电梯。一个儿童自愿动手，用当时几乎每一个家庭都有的一种狭长的包装内衣的盒子做电梯。①

138

对于教师来说，这样的活动孕育着学习的可能性。不管儿童怎样天真，他们总是先了解他们的家庭与范围更大的社区的生产、商业活动之间的联系，然后领会到一个工业社会实质上是互相依存的。此外，阅读、书写和会正确表达的根源在于谈话；物理学、生物学、化学和地理学知识的来源在于农场参观；不仅手工训练，而且测量、计算和更普通的算术练习的开端也在于"批发商店"的建造。对于具有教育机智的教师来说，所有的活动和职业既有一种工具性的价值，也有一种内在价值；它们既为社会发展和儿童智力成长提供了机会，也更直接地使儿童得到了满足。

但是，有一点要提出来，即杜威曾强调指出，他晚年绝没有把他的研究成果完全传授给那些自以为是他门徒的人。一个教师不知道利用什么样的机会，激励什么样的冲动，或培养什么样的社会观念，也就没有随之而来的清楚的感觉。就其性质而言，这意味着这种人可能离开学校；就其智力而言，这意味着透彻了解有条理的知识是在学科中表现出来的。要认出儿童早期学习数学的可能性，教师就必须懂数学；要认出儿童学习基础科学知识的可能性，教师就必须懂物理学、化学、生物学和地质学以及其他领域的知识。总之，对教师的要求是双重的：既要

① 梅休和爱德华兹：《杜威学校》，第64—65页。

掌握有关学科的完备知识,又要利用儿童童年时期的那些共同经验,引导儿童理解并描述这种知识。正如杜威自己指出的那样,这种要求确实是重要的,但又是容易被忽视的。因为响应改革的号召而抛弃传统的课程是简单的,以一连串不但不能促进儿童生长、也不能结束在方法和质量上错误教育的混乱活动来代替传统课程也是简单的。

139　　　　这些指导幼儿工作的原则从属于实验学校的整个工作。① 6 岁儿童——或称做"6 岁组"——继续进行"为家庭服务的职业活动"。他们在教室里建造了一个示范农场后,竟然又在校园里种了些冬小麦,经历了从播下种子到做成面包(当然是他们自己烘面包)的进程。"7 岁组"专注于"通过发明和发现取得进步",同一名教师一起研究史前期基本职业的历史发展。"8 岁组"抓住"通过探索和发现取得进步"的主题,从腓尼基人的商业贸易活动移到世界探险和世界商业这样范围更大的题目。"9 岁组"的重点是美国史,集中在社会服务社和芝加哥的早期发展上。"10 岁组"把"殖民地史和独立革命"作为主题。"11 岁组"的重点是"殖民地开拓者的欧洲背景"。

　　　　与这些主题活动一样,语言、数学、美术和工艺美术、科学、音乐、历史及地理方面的具体工作也在精心计划和妥善安排下取得了进步,而且,总是考虑到社会目的。历史成了一幅人类为什么和怎么得到成功或失败的生动画卷;外语同欧洲文化适当地结合在一起,就容易学;文学被用来记录人类在特定的社会环境下生活的希望和抱负。学生刚跨140　入青春期,教师实际上就注意到他们已逐渐"从直接了解事实或纯观察者的心理观点移到了成人的逻辑观点","注视着一个目标,并以进一步

---

　　　　① 已发表的有关实验学校的记录,比当时任何类似的教育实验更多、更详细。见1900 年发表在《初等学校纪事》上的 9 篇专题文章以及 1901—1902 年《初等学校教师和课程》连载的那些文章。《初等学校教师》1903 年 6 月号的文章全部论及了实验学校。梅休和爱德华兹做了一件值得赞扬的工作。她们根据这堆资料,写成了一份可读性强的纪事。她们用的所有手稿材料,包括油印的教案,打字机打出的报告,从前教师和学生的信件、照片,学生工作的例子以及杜威博士的评注,经梅休和克伯屈教授同意,现保存于哥伦比亚大学师范学院图书馆。

使用为目的,将观察到的东西分门别类"①,因此,以这样或那样的学术训练代替一些花费不少时间甚至延续一整年的合作活动,鼓励 12—13 岁儿童致力于专门的课程计划。

13 岁儿童已经积累了广泛的知识,发展了很多技能和敏感性——手工的、社会的和智力的。他们已经学会了合作工作和独立工作,并能清楚和简要地进行自我表现。他们已经无数次地检验过新发现的知识,在所有的主要知识领域有了一个好的开端。总之,他们已对中等教育(杜威及其同事将其定义为:一个以逻辑体系组织和独特的学术兴趣占统治地位为标志的学校教育阶段)做好了准备。

从实验结果看,杜威的教育理论实际上有过一些戏剧性变化。当然,杜威能以比以往任何时候更大的信心明确地陈述他最初的假设。例如,1901 年,他在一篇为新办的《手工训练杂志》(*Manual Training Magazine*)写的文章里,总体概述了他对初等学校课程的研究结果。按照他的观点,学科内容有三种基本类型:一是现行的事务或职业,如木工、缝纫或烹饪;二是涉及社会生活背景的学科,如历史和地理;三是掌握智力交流和探究的形式、方法的学科,如阅读、语法和算术。杜威得出结论说:"从这三种学科的内容,我们可以看到一种动向,即离开了个人和社会的直接兴趣,采取了间接的和遥远的形式。第一种学科内容不仅为儿童提供同一种类的、他们在日常生活中所直接从事的活动,而且为儿童提供某些他们在每天的生活环境中早已完全熟悉的社会职业方式。第二种学科内容仍是社会性的,但为儿童提供的是共同生活的背景,而不是共同生活的直接现实。第三种学科内容的社会性,与其说是体现在它本身或任何更直接的联想和交往中,还不如说是体现在它最终的动机和效果(主张文明社会的学术连续性)中。"②在这三种基本类型的课程中,杜威看到了一种课程的主线。这种课程的儿童观是科学的,对社会的影响是进步的。翌年,杜威在《儿童和课程》(*The Child*

①《杜威学校》,第 223 页。
② 杜威:《手工训练在初等学校课程中的地位》,《手工训练杂志》第 2 期(1901),第 193—194 页。

and the Curriculum)中概述了这个观点,以后又把它写进了《民主主义与教育》中。

人们如果不细读有关这所实验学校的记录资料——公开发表的报告、教师日记、剪贴簿、一些突出学生的工作例子和一些保存下来的照片,就不会意识到这里是一流教师办的一流学校。① 在从原始人到现代芝加哥人一些主题活动的有秩序进展中,确实存在着那种复演说(杜威曾在全国赫尔巴特学会攻击过它)的明显痕迹。② 毫无疑问,实验学校在刚成立后的那段时期里过分强调了自由活动,杜威自己也注意到这所学校偏重于"个人主义"。事实上,为了获得资料,"应该给人以很多的活动自由,而不应该强加太多的限制,这是必要的"③。有充分的证据表明:实验学校的大部分儿童不仅学到了东西,而且学得很好。也许更重要的是,杜威试图用一个计划、目的和组织都更好的新教学大纲取代他严厉批评过的那种旧课程。他确信自己的革新远不是最后的,也意识到继续努力和进一步改进是教育科学的重要任务。不过,他肯定要失望的。25 年后,他不得不承认进步教育失败了,并认为这是一场彻底破坏传统教育、但又很快放弃了更艰难的任务,即建设更好的教育体系替代已被废除的教育体系的任务的运动。

---

① 实验学校除优秀的专职教师外,还有一批来自大学的知名教授担任顾问。因此,梅休和爱德华兹指出:"那时,张伯伦(T. C. Chamberlain)精心研究了他那有关太阳系起源的微星学说,并把它告诉儿童。科尔特(J. M. Coulter)设计和指导了有关植物种系的实验。其他与学校合作的人,有动物学方面的惠特曼(C. O. Whitman)、生理学方面的洛伯(J. Loeb)、社会学方面的托马斯(W. I. Thomas)和文森特(G. Vincent)、人类学方面的斯塔尔(F. Starr)、地理学方面的索尔兹伯里(R. D. Salisbury)、物理学方面的米切尔森(A. Michelson)、化学方面的史密斯(A. Smith)以及生态学方面的考利斯(H. C. Cowles)。学校感激大学其他系的很多人,尤其是麦克林托克(W. D. Mac Clintock)夫妇、黑尔(G. E. Hale)、阿特伍德(W. Atwood)以及杜威先生系里的成员,特别是米德(G. H. Mead)、塔夫茨(J. H. Tufts)和安吉尔(J. R. Angell)的继续不断的合作。"见《杜威学校》,第 10 页。

② 见杜威:《原始心理的解释》,《心理学评论》第 9 期(1902),第 217—230 页;《文化分期理论的解释》,《公立学校杂志》第 15 期(1895—1896),第 233—236 页。

③ 《杜威学校》,第 467—468 页。

Ⅳ

　　佩奇在 1903 年意识到,《世界的工作》开设教育论丛可以起到赖斯十年前《论坛》论丛的作用,就让政治上敏锐的年轻记者阿黛尔·M·肖(Adele Marie Shaw)去揭露学校问题的顽症。肖的文章虽然从 1903 到 1904 年不断在《世界的工作》上发表,但并没有流传,更不用说引起争论了。然而,这些文章确实雄辩地证明了赖斯当年揭露的学校状况继续存在着。肖在纽约发现,一种制度被一些专业上缺乏与政治上不妥协的人所颠覆。费城的学校受到"为政客服务的政客"的控制。肖注意到,印第安纳州学校执意不肯作出任何改变,以适应农村的需要。在那些地方的城市郊区,她又发现那些落后于时代的教师在极不卫生的条件下,运用旧式的教学方法。研究、观察了一年以后,阿黛尔·M·肖小姐得出结论说,那些学校没有负起向美国数以百万计的儿童提供适宜教育的责任。[①]

　　然而,有几个地方的学校却闪耀着光辉,其中之一是阿黛尔·M·肖参观的威斯康星州邓恩县梅诺莫尼镇的学校。肖注意到,梅诺莫尼只是一个 5600 人的小镇,但生动地证明了美国公立学校制度在适当的管理下能做些什么。"在几百英亩的区域内,它包含了任何地方都存在的公共教育中变化最多、最全面的实物教学课"[②]。这种说法实际上有些过分称赞了十多年前刚开始的教育先驱的冒险行动。[③]

143

----

　　①《世界的工作》第 7 期(1903—1904),第 4204—4221、4460—4466、4540—4553 页;第 8 期(1904),第 4795—4798、4883—4894、4996—5004、5244—5254、5405—5414 页;第 9 期(1904—1905),第 5480—5485 页。

　　② 阿黛尔·M·肖:《梅诺莫尼镇的理想学校》,《世界的工作》第 7 期(1903—1904),4540 页。

　　③ 凯佩尔(A. M. Keppel)和克拉克(J. I. Clark):《詹姆斯·H·斯陶特和梅诺莫尼镇学校》,《威斯康星历史杂志》第 42 期(1959),第 200—210 页。

1889 年，斯陶特（James Huff Stont）这个富裕并了解伍德沃德在圣·路易斯华盛顿大学手工训练学校工作情况的木材商，向梅诺莫尼镇教育委员会提出了以下建议："我将在校园里一个由镇教育委员会指定的地方，建造一幢式样和大小都适当的房屋。它装有学生各个年级教学（包括第一年手工训练课程）所必需的所有设备。我也将发薪水给那些必需的教师，支付所有必需的材料和用品的费用以及三个学期或相当于三个学期所有应急用的经费。除此之外，镇教育委员会应该为每一方面提供 500 美元。"①梅诺莫尼镇教育委员会立即接受了这个建议，并开始这样做。这一行动标志着斯陶特 20 年积极的教育慈善活动的开始。到 19 世纪末 20 世纪初，梅诺莫尼镇学校就像它以前的昆西学校一样，成了那些来自全国的教育工作者朝拜的麦加（Mecca）。②

这幢手工训练大楼很快就成了一个以"从做中学"原理为基础的新学校教学的中心。男学生有机会在木工、铁工或铸工车间里工作，并根据季节生产适当的东西——冬天制造雪橇和滑雪板，春天制作风筝。女学生的课程大多是与家庭相联系的。她们编织、做饭，并经常要根据一定的预算准备一顿饭菜。这样的饭菜实际上是用来招待客人的，因此，大部分家长为了这种教学进程不得不准备牺牲其正常的对食物的消化而来享用这些饭菜。

手工训练的重点逐渐扩展成为一套完整的制度。幼儿园的孩子学穿孔。小学生绘画、写生、编篮子和织补短袜。六年级学生开始实行按照沃斯原理使用工具的系统教学大纲。这个制度最上面的是一个专门的手工训练教师预备班。《威斯康星州杂志》（*Wisconsin State Jonrnal*）编辑宣布说："在梅诺莫尼镇，他们不需要训导主任。"阿黛尔·M·肖小姐后来也重复这一说法。实际上，男学生在金工和木工车间工作结束后，在学校别的地方有可能发生纪律问题。③

---

① 阿黛尔·M·肖：《梅诺莫尼镇的理想学校》，《世界的工作》第 7 期（1903—1904），第 4540 页。斯陶特的传记，见鲍登（W. T. Bawden）：《工业教育领袖》（密尔沃基，1950），第 7 章。

② 麦加，即圣地。——译者注

③《邓恩县新闻》，1904 年 12 月 2 日。

由于斯陶特资助建造了价值 7.5 万美元的体育馆和游泳池,体育活动得到进一步强调。男女学生都有体育锻炼的机会,在 19 世纪末 20 世纪初,这是一个不平常的做法。总的来说,体育教学大纲与个人健康卫生教育是紧紧联在一起的。体育教师关心所有的学生,而不仅仅是有才能的学生。阿黛尔·M·肖小姐注意到,对动作笨拙的孩子,体育教师更有决心让他不停地做规定动作。

斯陶特的慈善事业不久就得到了扩展,从梅诺莫尼镇的学校扩展到了邓恩县农村的一些学校。斯陶特在每一幢校舍里都放置了一整套工具,希望农村儿童能有与梅诺莫尼镇儿童同样的机会。他向地方教育董事会免费提供了名画复制品,以便激励师生打扫教室和美化学校环境。他资助县里建立了流动图书馆,地区只要提供图书管理员以及寄书的资金。当教师、邮递员和农民的妻子们自愿提出帮忙的时候,斯陶特开办了图书馆管理员训练班,帮助她们做好准备。[1] 这样,斯陶特慈善事业逐渐扩展到了梅诺莫尼镇以外的成人和儿童。一个老年居民曾就流动图书馆写道:"流动图书馆能让我们以有益的方式利用余暇时间,给我们以更纯洁的思想,使我们没有时间去想邻居的缺点,使我们成为更好的公民。我非常惦念它。"[2]

在威斯康星州,邓恩县也是最先利用州法律为县师范学校的建立和维持提供资助的县之一。此后不久,邓恩县也利用立法鼓励建立地方农业中学。[3] 农业中学迅速成了全县更新和改进农业技术的发源地。同时,师范学校在这几年中也为邓恩县提供了一批训练有素、通晓农村情况的教师。这些教师不仅对教农业、自然研究和手工训练做好了充分准备,而且把传统课程与学生的日常生活联系了起来。

---

① 《邓恩县新闻》,1896 年 12 月 4 日;1897 年 3 月 19 日;1897 年 11 月 12 日;1899 年 10 月 27 日。

② 阿黛尔·M·肖:《梅诺莫尼镇的理想学校》,《世界的工作》第 7 期(1903—1904),第 4545 页。

③ 斯陶特是拉福勒特的共和党人。从 1896 年到 1910 年逝世为止,他担任了州参议院教育委员会主席。1901 年,他极力呼吁县教育委员会召开一次有关建立县农业学校的特别会议。《邓恩县新闻》,1901 年 8 月 15 日。

146   虽然梅诺莫尼镇学校的大部分先驱性工作直接源于斯陶特的慈善事业,但它使公众卷入了各种活动。梅诺莫尼镇学校确实不久就成了后来罗斯福农村生活委员会所设想的那种社会中心。不管是谁,只要花15美分,就能在新体育馆里游泳或淋浴。通常,体操和游泳满足了商人团体的需要,缝纫和烹饪小组满足了地方女士的需要。学生工作的年度展览会确实吸引了许许多多赞赏者。在1899年举行的纪念福禄培尔的大会之后,当地报纸报道说:梅诺莫尼镇学校是一个代表"各行各业和所有年龄的人(从怀抱着的6个月婴儿到头发灰白的老人)"的、"具有世界影响的"团体。① 学校成为城市商业俱乐部的总部。人们在那里宴请来宾,由烹饪班学生提供服务。一个要盖房子的木匠到学校接受了培训,制作了一个模型,然后根据自己绘制的图纸建起了房子。最有意义的是,梅诺莫尼镇的居民感到学校是他们自己的。这种精神在很大程度上是由不计较个人名利的斯陶特所激励起来的。

　　当有关梅诺莫尼学校先驱性工作的消息传开来时,梅诺莫尼镇不可避免地吸引了像通常一样川流不息来访的社会各界人士。值得充分注意的是,给那些来访者留下最深刻印象的,并不是狭隘的职业教育理论,而是似乎充满整个制度的"艺术和智力"气氛。② 例如,加拿大农业部副部长罗伯逊(James Robertson)在梅诺莫尼镇寻求对加拿大农村学校有实际意义的一些启示,普通教育委员会(General Education Board)、皮博迪③基金会(Peabody Fund)以及南方教育委员会(Southern Education Board)的代表们在参观北方教育实验的过程中,也把梅诺莫尼镇学校列入其中。帕克和芝加哥手工训练学校的贝尔菲尔德(Henry Belfield)参观梅诺莫尼镇学校时,向那里的学生发表了讲话。贝利也满怀热情地考察了农业教育和师资培训方面的这个实验。1902年,全国教育协会在明尼阿波利斯开会的时候,好几辆公共汽车满载着

---

　　①《邓恩县新闻》,1899年4月28日。
　　② 这个描述是由《新英格兰教育杂志》编辑温希普(A. C. Winship)写的。见《邓恩县新闻》,1901年11月8日。
　　③ 皮博迪(George Peabody,1795—1869),美国商人兼金融家。——译者注

印第安纳州、俄亥俄州、堪萨斯州和犹他州的教师来到邓恩县,转了一整天。① 难怪阿黛尔·M·肖小姐将文章命题为"梅诺莫尼镇的理想学校"(*The Ideal Schools of Menomonie*),并得出结论说:"按照梅诺莫尼镇公立学校能够做的这个实例来衡量,其他大部分公立学校的工作是死气沉沉、徒劳无益的。"②

V

根据 19 世纪 90 年代一般的标准来衡量,约翰逊(Marietta Pierce Johnson)算得上是一流的教师。她出生于明尼苏达州,并在那里受教育,从 10 岁起就梦想当一名教师。她在小学里教过各个年级,也曾在中学里教过,此后又满怀热情地在曼卡托的州立师范学校当一名"富有批判精神的教师"。她观察实习教师,并给他们以教学法的专门指导,还经常把自己的班级作为教学时的范例。约翰逊夫人的努力总是有"结果"的,她既使学生父母感到高兴,又使实习教师受到激励。总之,约翰逊是一位成功者。③

正如约翰逊所述,有一天,校长递给她 N·奥本海姆(Nathan Opponhein)的一本著作:《儿童的发展》(*The Development of the Child*),并评论说:"如果教育不按这个方向发展,那么对于开始从事教师职业的年轻人来说,就没有什么刺激。"约翰逊夫人回家后马上就读这本著作,发现它显然是教育实践经验的总结。N·奥本海姆对旧教育的评论颇为新奇,认为社会和学校经常不考虑儿童的兴趣和利益,某些时候任

---

① 《邓恩县新闻》,1904 年 9 月 23 日,1899 年 11 月 10 日;1909 年 10 月 28 日;1902 年 8 月 18 日。

② 阿黛尔·M·肖:《梅诺莫尼镇的理想学校》,《世界的工作》第 7 期(1903—1904),第 4552 页。

③ 《金色的周年纪念日》(有机教育学校,1957);《有机学校》(费尔霍普);约翰逊:《带着一种理想的 30 年》(未发表的手稿,哥伦比亚大学师范学院,1939)。

凭儿童不健康的念头发展,另一些时候又用成人不健康的念头摆布学生。奥本海姆的观点使约翰逊产生灵感,形成了一种全新的教育观点。几年后,她回忆说:"《儿童的发展》成了我的教育《圣经》。经常阅读它,就会有一种奇异的刺激。多年来,它一直激励我进行实验工作。"①

约翰逊夫人还阅读了其他有助于形成她的观点的著作,其中有科学家、纽约普拉特学院院长亨德森(O. Hanford Henderson)的《教育和广泛的生活》(*Education and the Larger Life*)以及杜威早期的一些小册子。她将"'成人'最主要的责任就是为儿童的生长提供适当条件"的原则和促使"儿童身心和精神发展"的实际活动教学大纲的概念结合起来,形成了一种新的教育观点。约翰逊夫人讲:"这个观点吸引了我,我不开办一所学校就不能安下心来。"②她首先从自己和邻居的孩子开始进行实验。几年以后,她翘首以待的机会终于来了。

1903年冬天,约翰逊一家决定移居到亚拉巴马州费尔霍普镇过冬。这是一个他们常去的、位于莫比尔海湾东海岸的小镇。大约十年前,它由乔治(Henry George)③单一税④制的信徒们建立。那年,约翰逊在一些公立学校里教学,召开了一些家长会,并在一个教师训练班上讲述了自己的一些观点。翌年,约翰逊一家又决定搬到密西西比州附近的梅里迪安一个盛产山核桃的农庄。这样,约翰逊夫人有机会定期回到费尔霍普镇,为其他一些教师训练班和暑期学校讲课。到了1907年夏天,费尔霍普镇的科明斯(H. S. Comings)先生和夫人邀请约翰逊回费尔霍普定居,并管理一所公立学校。他们每月向她支付25美元的薪水。约翰逊夫人后来在一篇回忆文章中写道:"很多人来到费尔霍普,尽管鞋里灌满了海边的沙子,但最终都走了。我完全专心致志于开办一所学校,并乐意抓住这一机会。我是那样地渴望去'实行'一个计划,

---

① 约翰逊:《带着一种理想的30年》,第8页。

② 同上,第12页。

③ 乔治(1839—1897),美国经济学家。——译者注

④ 单一税,指只对土地价值征收一种税,作为政府收入的唯一来源,以代替一切现有的赋税。H·乔治1879年《在进步与贫困》一书中开始提出这一名词。——译者注

即努力使儿童来上学并对他们进行实验。这样,我每月接受 25 美元的报酬,花 15 美元租一间农舍,留 10 美元买生活用品。开学第一天,来了 6 个儿童。我不知道做什么,以前当教师时积累的经验都无法应用。我要有一个学习仿效的过程,主要难题是去发现讲课的最好方法。我还没有受过这样的训练,即如何在儿童动手的渴望中、自发的活动中以及主动的生长中寻求儿童身心两方面发展的'结果'。"①

　　尽管有些人对此予以否认,但约翰逊夫人不久就拟定了一种以霍尔的原理为基础的课程。学校的目的就是"尽力使儿童身体健康,最好地发展智力,并保证富有感情的生活的真实和自然"②。约翰逊夫人把这种教育称做"有机教育"——毫无疑问,这是她从亨德森那里借用的一个术语——因此她的学校以"有机学校"(Organic School)著称。约翰逊强调说:"我们必须牢记,我们正在与一个统一的有机体打交道。"正如亨德森所说,"有机体不可能一部分是健康的,另一部分是不健康的,整个有机体总是或健康,或不健康。"③

　　有机学校的组织和生活完全不拘于正规的模式。它简单地根据学生年龄分班,抛弃了各种各样按成绩编班的做法。它决不进行儿童间的相互攀比,只根据他们各自的才能来作出评判。这种做法强调从"全心全意、无私的服务"中得到内心的满足,排除所有外在的奖赏。此外,这种做法还尽可能延长每一种正规的学习。约翰逊强调说:"童年期的延长是人类的希望——从出生到成熟的时间更长,有机体就能发展得更好。"④她最初的希望是把所有系统的阅读和书写科目推迟到学生 10 岁时开设,但面对学生父母的坚决要求,只得推迟到 8 岁。即便如此,也还有一些人提出严厉的警告,反对对儿童施加任何压力。自发性、主动性、兴趣和真实将指导有机学校教室内外的生活。

150

---

　　① 《带着一种理想的 30 年》,第 14 页。
　　② 约翰逊:《什么是有机教育》。
　　③ 《带着一种理想的 30 年》,第 52 页。
　　④ 约翰逊:《人间的青年》(纽约,1929)。这所学校的理论和实践,也可见约翰逊:《费尔霍普教育观念》(纽约);《亚拉巴马州费尔霍普有机教育学校的教育原则》,全国教育研究会:《第 26 年鉴》(布卢明顿,1926)第 2 部分,第 25 章。

　　有机学校本身分成六个部分:幼儿园(6岁以下)、第一生活班(6—7岁)、第二生活班(8—9岁)、第三生活班(10—11岁)、初级中学(12—13岁)、高级中学(14—18岁)。约翰逊夫人把教学大纲设想为一个阶段分明的整体,并借用了杜威的观点——"更正式的学习来自于儿童感兴趣的活动和作业"。幼儿园里有唱歌、跳舞、根据兴趣和实际内容讲故事、郊游以及谈论所看到的植物和动物、创造性的手工以及自发的和富有想象力的戏剧表演。这些活动一直延续到三个生活班,随后逐渐增加更系统的阅读、书写、拼法、算术、工艺美术和音乐方面的科目。

　　使用更加正规的科目标志着初级中学的真正转变。自然研究成为基础科学。学生第一次使用算术课本,通过比较传统的读物而进入文学、历史和地理的大门。在高级中学,学生涉足传统的学习领域。但学校仍强调抛弃测验、废除年级和正规的要求,以有利于不断鼓励每个儿童去实现他自己的目的、最充分地发挥他自己的才能、创造他自己评判结果的标准。约翰逊夫人写道:"令人非常激动的是,如果我们的教育制度能够接受并应用这个观点——没有考试、没有测验、没有失败、没有奖赏、没有不自然,那么我们就可以预期几年内的社会状况;由于儿童间的真诚交往不断发展,儿童生活自由、没有双重目的,就永远不会受骗子的诱惑,甚至有一定的预见性;基本真诚的发展,是所有道德的基础。"①这完全是一个配得上单一税制社区的教育乌托邦!

　　尽管费尔霍普学校的革新比较激进,但相对来说,它的实验并没有多大影响。直到1915年杜威在《明日之学校》中详细论述它后,它才引起人们的注意。杜威把费尔霍普学校的实验作为卢梭的教育原理的生动体现。杜威亲自参观了这所学校,对它赞不绝口。他认为,这所学校的手工训练是他见过的所有学校中最好的,十分称赞这所学校的学生身体健壮,对书本和课程有明显的热情。杜威得出结论说,费尔霍普学校的教学大纲"说明把儿童在家庭中的自然生活同样引进学校是可能的;当儿童完全掌握书本学习的传统工具——阅读、书写和算术,并能

------

　　①《带着一种理想的30年》,第120页。这段引文表明,约翰逊夫人一生不断强调的费尔霍普实验原理完全能应用于公立学校制度。

151

够独立使用这些工具时，他们在学校里就没有人为的压力、奖赏、考试、评分等级或升级，就可能在身体、心理和道德上取得进步"①。不用说，对于持续多年争取资助的费尔霍普学校来说，这样的评论是极为重要的。②

虽然杜威在费尔霍普学校里仅仅短暂地过了一个圣诞节，但人们能够接受他的上述评论。然而仍有人提出其他问题。约翰逊夫人的学校无疑是早期实验学校中最提倡儿童中心的。像她的良师奥本海姆和亨德森一样，约翰逊认为儿童的发展能支配好的教育。她又经常想制定围绕学生需要和兴趣的教学大纲。人们指责约翰逊的学校是一所学生"爱做什么就做什么"的学校。对此，约翰逊气愤地回答说：这完全是诽谤。她强调说："儿童不知道什么是最好的。他们没有作出判断的基础。他们需要引导和管理，但这必须是真正为了他们的利益，而不仅仅是为了成人的方便！我所作的一切努力，就是要学生养成服从的精神，也就是说，使儿童的行动意志符合于成人的意志。"③

于是，真正的问题当然是：约翰逊夫人是否不打算既考虑儿童又考虑成人。就像杜威正确指出的那样，约翰逊的观点保留了卢梭观点的基本活力和平等主义，但也引出了种种困难。因为她谈到为了儿童利益去管理、养成儿童服从的精神以及符合成人意志的行动，这些都是卢梭在《爱弥儿》的自由主义教育学中已经论述过的问题。学校被设想为这样一种地方，即良好习惯形成时，荣誉感就会自然产生，遵循自然，理性就将适时出现；所有儿童必须经常不断地获得成功，现实主义的训练

①　约翰·杜威和伊夫琳·杜威：《明日之学校》(纽约，1915)，第40页。

②　像大多数进行教育实验的学校一样，有机学校经常发生财政困难。费尔霍普镇儿童免费上学，除少数寄宿学生交付应承担的费用外，学校几乎完全依靠约翰逊夫人。约翰逊为她的事业演讲、写作、游说和求助了30年。1908年，费尔斯(J. Fels)出于对单一税制的兴趣，参观了费尔霍普镇，顺便也看了这所学校，并捐助了1.1万美元。约翰逊夫人有一次认识了一位康涅狄格州商人霍格森(W. J. Hoggson)，得到了另一笔资助，导致了后来格林威治村一所暑期学校的建立以及支持有机学校和暑期学校的费尔霍普联盟(Fairhope League)的成立。接着，第二所有机学校在格林威治村开办，约翰逊夫人在亚拉巴马州和新英格兰地区之间来回跑。

③《带着一种理想的30年》，第87页；《费尔霍普的教育观念》，第5页。

和智力都在目标之中。人们承认这种方法掌握在约翰逊夫人这样精明的教师手中可以有成效,但一想到这种方法在没有什么能力的人手中会产生什么情况就会不寒而栗。最后,这种理论上的不明确可能与其本身局限于费尔霍普学校有一点点关系,但是,当约翰逊夫人在第一次世界大战后的那几年里成为进步教育协会的幕后指导者时,这种理论肯定会有极大的意义。

153

VI

　　有机学校只是约翰·杜威和伊夫琳·杜威在《明日之学校》里所描述的许多学校中的一所。确实,没有其他书籍比《明日之学校》更雄辩地证明了"进步教育运动"初期的丰富性和多样性。《明日之学校》集中描述了一些令人振奋的教育实验,如梅里安(Junius Meriam)①的密苏里大学实验学校、芝加哥的弗兰西斯·帕克学校、纽约的普拉特(Caroline Pratt)游戏学校、哥伦比亚大学师范学院幼儿园以及葛雷市、芝加哥、印第安纳波利斯的一些公立学校。上述每个例子都提出了指导理论,描述了将这种理论付诸实践的各种方法。这本书基本上采用了新闻报道的写法,尽力去描述而不是赞扬或批评。

　　《明日之学校》作为一种"进步教育运动"及其在1915年前后情况的记录,其资料是非常珍贵的。它通篇生动地描述了明日之学校中的体育、自然研究、手工劳动、工业训练以及许许多多"社会化活动",令人振奋地论及了儿童的自由、对个人生长和发展的更大关注、教育和生活之间新的统一、一种更有意义的学校课程、文化和学习的广泛民主化。它比任何书都更引人注目地表达了进步教育运动的信念和乐观主义。

　　杜威父女贯穿于《明日之学校》全书的观点是,好教育的原则是有悠久历史的,改革的道路是不平坦的。然而,读者一章一章读这本书

---

① 梅里安(1872—1960),美国富有革新精神的教育家。——译者注

时，就会得到一个细微而又清楚的感觉，即书中所描述的教育实验并不是一样重要的。依照书中的顺序，首先是约翰逊夫人的卢梭主义教育理论。杜威父女把它并入一种更大的、带有杜威自己哲学特征的社会改良主义之中。此外，在作者认为每一所学校证明了进步主义的这一条或那一条主要原则的同时，人们越往后读，例子就越全面。最后是印第安纳州葛雷市的学校。杜威父女对它进行了最充分的描述，这并不是没有道理的。当然，最后一章有一个重要的标题——"民主主义与教育"，那也不是偶然的。

154

杜威在《学校与社会》中强调说，进步教育实质上是使学校适应环境需要和工业文明机会的一种努力。毫无疑问，作为这种努力的象征，没有哪个城市比葛雷市更引人注目。1906 年前，葛雷市只是芝加哥东南约 27 英里、地处密执安湖南岸的一块荒地，美国钢铁公司在那里的一个大工厂还未动工建立。1906 年，这个大钢铁厂建立，也就产生了葛雷市。葛雷市的发展如雨后春笋，但也遇到一个新兴工业城市所面临的复杂的社会和政治问题。到 1910 年，葛雷市的人数已超过 1.2 万，其中大部分是移民出身的工人。

1907 年，葛雷市教育委员会决定让年仅 33 岁的教育工作者沃特（William Wirt）[①]担任督学。沃特在芝加哥大学曾是杜威喜欢的学生。他早在印第安纳州布拉夫顿就开始制订一项计划：地方学校一年 12 个月都必须开会研究如何在教学大纲和学校体制中尽可能增加更多的灵活性。在葛雷市，他有机会设计一种从幼儿园到中学的学校制度；他几乎立即就开始实施他的计划。五年内，沃特的革新引起了美国教育局学校管理部门领导人的极大兴趣。他们参观了葛雷市学校，并提交了报告。[②] 因此，对葛雷市学校的宣传不断增加。似乎到 1916 年，才可以说，如果要引用进步教育的重要例子的话，大多数进步主义者都可能会

155

---

① 沃特（1874—1938），美国教育家。——译者注

② 伯尔斯（W. P. Burris）：《印第安纳州葛雷市的公立学校制度》（美国教育局，1914 年第 18 号公报），第 5 页。两年后，辛辛那提大学教育学院院长伯尔斯发表的那份调查，部分基于厄普德格拉夫（Updegraff）博士 1912 年的报告。

举出葛雷市学校实验。一位年轻而有才干的新闻记者伯恩(Randolph Bourne)曾这样写道:"那些信奉杜威哲学的人,在葛雷学校里发现——就像杜威教授所发现的一样——杜威哲学最完美、最令人赞叹的应用,是进步主义的'明日之学校'最好方面的一种综合。"[①]

所谓的"葛雷计划"(Gran Plan)实际上是什么呢?它基本上代表了一种努力,即把杜威的教育思想:"一种雏形的社会生活,反映大社会生活中各种类型的职业所进行的活动,并充满着艺术、历史和科学的精神"应用到城市的学校制度中。沃特的想法不仅是把极大地扩展了的教育机会——在操场、花园、图书馆、体育馆和游泳池、艺术和音乐馆、科学实验室、金工车间以及礼堂——提供给每个儿童,而且是使学校成为社区艺术和学术生活的真正中心。沃特学校招收所有年龄组的人,一年12个月整天开放,成为人们长期努力改善的社区的中心。它最终是社会进步最重要的杠杆。

沃特从行政管理的角度,把这些思想反映在一个独特的组织制度上。这个组织制度因为更经济地利用学校设备,所以在全国范围引起了注意。通常的计划,即为每一个儿童指定一张固定的课桌、一个教室放着40张课桌。为了取代它,沃特把车间、实验室、操场和礼堂设想为学校十分有用的部分。如果有一半儿童在某个时候能利用这些设施,那么,对于学校儿童来说,只需要一半正规的教室。这个计划以"分团学制"(Platoon System)而著称,同时作为一种既是进步主义的又省钱的方法,给全国的城市教育委员会留下了深刻的印象。因此,虽然在是否需要建新的礼堂和新的体育馆(实际上并不能与假定在教室上可以省下的钱相抵消)方面,人们激烈争论了多年,但是,许多城市的教育委员会几乎没有调查就急忙采用了葛雷计划。[②]

在葛雷制内的每一所学校都被组织成了一个雏形社会。小学生和中学生待在同一幢楼里,强调教育的连续性和典型的社会环境的异质

---

① 鲍恩(R. S. Bourne):《葛雷学校》(波士顿,1916),第144页。

② 斯佩恩(C. L. Spain):《分团学制学校》(纽约,1925);凯斯(R. D. Case):《美国的分团学制学校》(斯坦福,1931)。

性。礼堂成了讨论共同问题的论坛；学校车间配备了在品格、才智和教学能力上经过挑选的工人，从事车间的维修和保养；家政实验室为自助餐厅服务；商业科学实验室处理学校档案。葛雷计划的理论直接来自于杜威：学生从前参与家庭的工业活动，现在参与学校的工业活动；手工艺人、护士、园艺工人、快餐店老板和会计代替了旧式农民家庭中的父亲、母亲和兄弟姐妹。

　　葛雷学校一般采用印第安纳州学校的课程，只是对个别科目进行专门的尝试。这些学科内容开始涉及个人和社会的需要。他们将语法、拼字、阅读、写作和说话结合进统一的英语教学大纲，与教室的团体活动密切联系在一起。地理和历史经常结合在一起，例如，讨论"城市：一个有益于健康的地方"这样的问题。科学从平常的郊游和作业开始，再发展到更系统的材料。手工训练不仅是掌握机械技能，而且是对工业生产进行更普遍的观察，尽管学生还不能领悟所观察到的东西。

　　与大多数小学的教学大纲不同，葛雷学校最初的一、二、三年级课程是不分科的。在每个标准学科中，学生被分为快的、正常的或慢的三类；根据测验成绩和会见情况，学生又被指定按自己个人的教学计划进行学习。每门主要学科都有学生自愿参加的星期六辅导课。学生在游戏、车间或礼堂自由地从事任何学科的附加工作，甚至与另一组学生一起重复工作。学校强调的重点始终是灵活性，学生按最适合他们的速度，采用一种最适合他们的方法自由学习。

　　毫无疑问，杜威在《明日之学校》中的广博论述引起了全国范围内对葛雷计划的兴趣。然而，是鲍恩在《新共和》(*The New Republic*)上的狂热赞美才最后使葛雷学校成为进步教育的典型。正是在这份刚创办的杂志的创刊号上，鲍恩这位年轻的评论家猛烈抨击了美国学校教室里的不自然和死气沉沉的情况，并发表文章哀叹"传统教育""浪费学生的年华"，对在信奉进步主义的知识分子中对教育提出普遍抗议起了很大的作用。1915 年初，对沃特(也许来自杜威)的革新已了解很多的克罗利(Herbert Croly)①派鲍恩到葛雷市去撰写葛雷学校系列访问记。

----

① 克罗利(1869—1930)，美国编辑、政治理论家。——译者注

这一系列访问记无疑是那十年教育变革最清楚的非专业文章,也为鲍恩在"进步教育运动"中赢得了永久的地位。①

就鲍恩所涉及的情况而论,他已经看到了教育的未来及其所能起的作用。葛雷计划解决了工业教育的问题,避免了"似乎是钻进职业运动中的有害的等级观念",提供了一种个别教学的方法,举例证明了"'从做中学'这一教育原理"。它能够在美国城镇得到广泛的发展。事实上,它只是作为"实际的工作体制"而被采用。鲍恩得出结论说:"葛雷计划的哲学是美国的,民主组织是美国的。它是我们美国'文明'最引以为自豪的学校之一。也许,习惯于其他教育观念、传统方法和行政管理体制的专业教育家不会欢迎这种学校。但是,被系统训练和例行公事所拖累的教师将需要它,父母和儿童也将需要它。"②不到一年,鲍恩的著作《葛雷学校》(*The Gary Schools*)出版了。它把这些印象放进更大的、社会学的情境中,并证明葛雷学校是杜威教育信条的范例。这本书受到广泛而又充分的评论,流传甚广。在葛雷计划因为好或坏的原因而流传的同时,鲍恩给它打上了"进步主义"的印记。

既得到了流行又被戴上了坏名声的葛雷计划,在第一次世界大战期间引起了很多争论。在沃特担任负责实施葛雷计划顾问的纽约,葛雷计划实际上迅速成了一些人政治上的玩物,又成了 1917 年市长竞选的主要争论问题之一。③ 因此,沃特与他的学校董事会邀请普通教育委

①《新共和》第 2 期(1915),第 198—199、233—234、259—261、302—303、326—328 页。

② 同上,第 328 页。

③ 对沃特的批评,几乎在他的纽约任命的消息公布以后就立即出现了。《学校与社会》第二部分(1915),第 528—530 页。在纽约市长竞选中,新教牧师米切尔(J. P. Mitchel)支持葛雷计划,而赢得竞选的纽约市民主党组织坦慕尼协会候选人海兰(J. F. Hylan)却攻击它。海兰指责葛雷计划代表了一种更经济地实施贫民区儿童教育的尝试,而不是一种真正的教育学进展。因此,由于沃特把原已取消的宗教教育引进葛雷学校,学校也就产生了宗教问题。有关纽约市长竞选的详细论述,见当时哥伦比亚大学两位博士生的研究论文:利温森(E. Lewinson)论米切尔和科恩(S. Cohen)论纽约市公共教育协会。最后,葛雷计划被说成是"泰罗主义"的典范,即把工作效率强加于学校,见华盛顿大学卡拉汉(R. Callahan)最近的一篇手稿。

158

员会对葛雷学校进行一次无偏见的调查并提出报告。这个调查是在弗莱克斯纳(Abraham Flaxner)①和贝奇曼(Frank. P. Bachman)的领导下进行的,实际上是对沃特革新的第一次系统评估。对葛雷学校成为进步教育最通俗和最大规模的例证来说,这个调查实际上提供了当时人们对进步教育运动初期的成绩和缺点的一些颇有说服力的见识。②

　　弗莱克斯纳和贝奇曼发现,葛雷计划具有很多优点。为了稳妥地替代陈腐教育,葛雷市"采用了进步主义的、现代的学校功能概念,用清晰的词句阐述这个概念,并尽可能迅速地提供了符合这个概念的设备"③。在学校体制上,那里有值得注意的进展;在把民主原则应用于学校管理和训练上,那里有真正的进步。葛雷计划是大胆和勇敢的、自由和富于想象的、先驱性和实验性的。

　　但是,人们在承认这个计划的变化和新颖的特点的同时,也提出了一些问题。④ 例如,"两部制"未必是在实践中拟定出来的。礼堂中的一些活动是草率和浪费时间的;体育馆和公园里的一些活动虽然很有趣,但并没有特别的教育作用。此外,"过分注意工作的细节,而太忽视有效的正规措施"。由学生整理学校档案是轻率的;对拙劣的拼法、算术的不精确和严重的遗漏,没有人表示异议就通过了,等等。这不仅丧失了直接的教育效果,而且使儿童很快就"习惯于马马虎虎地工作"。

　　正规学科也有一些问题。例如,在形式主义受到猛烈攻击时,新的和具体的活动未必被引向更好的学习。的确,在缺乏健全的组织纪律的情况下,科学势必成为"一种短暂的娱乐,不会在学术训练上对儿童的发展产生很深刻的影响"。在高年级的阅读课中,一些学生是好的,但大多数学生处在中等和差等之间。历史、地理、数学和语言艺术的课堂教学基本上是贫乏的、拘于形式的。调查报告曾建议一种新的哲学,

---

　　① 弗莱克斯纳(1866—1959),美国教育家。——译者注
　　② 弗莱克斯纳和贝奇曼:《葛雷学校》(纽约,1918)。弗莱克斯纳和贝奇曼的全面叙述是以一些权威人士,如斯特雷耶(G. Strayer)、理查兹(C. Richards)、考德威尔(O. Coldwell)、考蒂斯(S. Courtis)的一系列专门研究为基础的。他们的调查报告共8卷。
　　③ 弗莱克斯纳和贝奇曼:《葛雷学校》,第196页。
　　④ 同上,第16章。

但首先要接受它、然后能够贯彻它的教师们却完全不把它当做一回事。尽管葛雷学校的教学大纲具有新颖性和先驱性,但它还有许多有待改进的地方;虽然教学大纲规定的活动似乎早已有了秩序,但对它"徒有其表"的抱怨后来却遍布葛雷市。

几年以后,弗莱克斯纳在自传中提到,对葛雷制的宣传来说,这份调查报告总的效果是灾难性的。他写道:"基于不适当的管理和没有明确的说明——智力的、道德的和财政的,教育被过分宣扬成一个复杂的过程。调查报告发表后,教育界也放心了,葛雷制不再是一种兴奋剂。从开始讨论起,它就像突然出现那样突然消失了。"①弗莱克斯纳的话只有一部分是正确的:调查报告确实使激烈的争论平息了下来,但葛雷制仍在继续流传。到 1929 年,41 个州的 200 多个城市部分或全部地采用了它,但有一些地方依然完全没有受到它的影响。②

深受这个调查影响的弗莱克斯纳自己,似乎十分关心葛雷制的命运。在《一所现代学校》(*A Modern School*,1915)中,弗莱克斯纳阐述了自己的温和进步主义看法。到 20 世纪 20 年代,他又持坚定的反对进步主义看法。尽管弗莱克斯纳的看法发生了变化,但是,他在葛雷学校的一段经历很可能标志着他生涯中一个重要的阶段。因此,弗莱克斯纳也在自传中写道:"对葛雷学校和其他学校的调查使我认识到一点,那就是:我必须学习,再学习。1916 年 5 月 10 日,我给妻子写信说:'所谓教育家之流有一些怪毛病,即使最傲慢的人也不例外。我想,其原因肯定在于他们背离最初的意图以及与各种各样人的混乱接触。他们丧失了真实感。'从那时到现在,我时时在重复这种正确的看法。"③

---

① 弗莱克斯纳:《我的回忆》(纽约,1940),第 255 页。
② 凯斯:《美国的分团学制学校》,第 29—30 页。
③ 同上,第 255—256 页。从弗莱克斯纳评论的语调来看,实际上他很可能打算在这个调查中揭穿葛雷学校的幻想。

Ⅶ

在进步主义同初等和中等教育改革联系逐渐密切的同时,进步主 161
义也深深地影响了那些大学。尤其在那些按照杰斐逊方式建立学校制
度的中西部州里,在进步主义年代里活跃起来的公立高等教育在许多
方面受到了与初等学校和中等学校变革同样的影响。① 当然,主要的例
子是拉福勒特时期的威斯康星大学。在范海斯(Charles Van Hise)有
魄力的领导下,这所大学在那个一般称为"威斯康星观念"的广泛的改
革计划中迅速成为关键性的因素。

范海斯 1904 年的就职演说,作为进步主义者关于高等教育在民主
社会中作用的典型陈述经常被人引用。它的主题自始至终是"为州服
务"。一所公立大学要成功,就应该招收所有有充分才华的人;在经济
上给"勤奋的穷人"提供资助。因为学生的每种情绪都建立在与同伴平
等这一基础上。体现了英国住宿学院和德国研讨班的最好结合,公立
大学必须依然易于接受人文学科、自然学科和社会学科以及实用艺术
方面每一种形式的创造性努力,把一大批具有献身精神和将为每一个
领域的建设性进展带头的公民送到社会中去。"州里的每一个青年都
能选择语言、文学、历史、政治经济学、纯科学、农业学、工程学、建筑学、
雕塑、绘画或音乐。他们将在州立大学里找到充分的机会去学习所选 162
择的学科,直到甚至成为其中的创造者。这样的机会完全是公平的,因
为每个学生都有在州立大学里找到适合他需要的高深学术生活的平等
权利。任何更狭隘的观点都是站不住脚的。"②这又是具有进步主义理

---

① 特纳 1910 年的讲话:《先驱者的理想和州立大学》,《美国历史中的西部开拓》
(纽约,1920),第 269—289 页。关于美国高等教育中进步主义运动的权威资料,见巴
茨(R. F. Butts):《指引课程方向的学院》(纽约,1939)。

② 《威斯康星大学校长范海斯的就职演说》(麦迪逊,1904),第 28 页。

想实质的学校教育变革观。令人惊奇的是,拉福勒特自己在范海斯就职演说时就已注意到,威斯康星大学"继续领导并反映了全州的进步主义思想",并"为全州人民拓宽了文化的范畴"。[①]

当范海斯的行政管理工作不断取得进展的时候,"为州服务"会明显地有两种互补的做法:一是规定专家在各个领域的领导;二是将在大学研究计划中得到的新知识尽可能普及到大多数人。这两种做法完全不是新的,都是在范海斯的前任巴斯科姆(John Bascom)[②]、张伯伦(Thomas Chamberlin)[③]、C·K·亚当斯(Charles Kendall Adams)[④]的主持下兴旺发展起来的。而范海斯同拉福勒特领导的州政府的一致行动,使"为州服务"思想发展到了顶峰。大学和州议会大厦(麦迪逊的议会大街两端)之间的合作,成了威斯康星进步主义实验的真谛。

"为州服务"的理想最初很可能是在农业领域中形成的。一个农业试验站于1883年在威斯康星大学建立,后来成为1889年新建立的农学院的一部分。在农业试验站第一任站长、后任农学院院长亨利(William A. Henry)的推动下,威斯康星大学制定了一个有关农牧地区发展的庞大计划,并且不久就得到农民们的热情支持。在更有营养的牧畜饲料上,在加工干酪的先进方法上,在防治动物的结核病上,农业试验站都是打先锋的。农业试验站的园艺家戈夫(Emmett S. Goff)进行了成千上万次的调查,以便为州生产适销对路的水果和蔬菜。与此同时,巴布科克(Stephen M. Babcook)[⑤]的乳脂试验不仅为农民们提供如何决定公平支付他们牛奶款的可靠方法,而且也使威斯康星大学获得了国际声誉。事实上,农业部在1900年做过估计,仅仅乳脂这个试验每年就为威斯康星州节省约80万美元,是整个威斯康星大学年收支预算的两倍。1907年,农学院的一批年轻教授,其中有哈特(Edwin B. Hart)、汉弗莱(George C. Humphrey)、斯坦伯克(Harry Steenbock),

---

① 《威斯康星大学成立50周年纪念》(麦迪逊,1905),第69页。
② 巴斯科姆(1827—1911),美国教育家、哲学家。——译者注
③ 张伯伦(1843—1928),美国地质学家。——译者注
④ C·K·亚当斯(1835—1902),美国历史学家、教育家。——译者注
⑤ 巴布科克(1843—1931),美国农业化学家。——译者注

开始进行引人注目的营养食品系列试验。后来,德克罗夫(Paul de Kruif)①在《与饥饿作斗争的人》(*Hunger Fighters*)中对这些试验作了很多描述。②

　　范海斯试图在整个威斯康星大学推广这种学术研究和实用研究富有成效的结合。他在社会科学方面的努力,提供了他与更广泛的进步主义运动有密切关系最清楚的证据。虽然在艾伦(William F. Allen)及其学生特纳(Frederick Jackson Turnen)③的指引下,19 世纪 80 年代威斯康星大学的历史学工作是闻名的,但是,1892 年经济学、政治学、历史学学院的建立,很可能标志着社会学科不断取得学术成就的真正开始。这样一种学院的思想并不是最早的。H·B·亚当斯(Herbert Baxter Adams)④早在约翰斯·霍普金斯大学就制定过一个社会学科研究计划;哥伦比亚大学 1880 年就建立了由伯吉斯(John W. Burgess)⑤领导的政治学系。但是,威斯康星大学经济学、政治学、历史学学院建立后,在当时一位著名经济学家伊利(Richard T. Ely)的领导下,确实把注意力集中在这所大学上。正如柯蒂(Merle Curti)⑥和卡斯藤森(Vernon Carstensen)指出的那样,这意味着,公众不仅需要律师、工程师、教师和农场经营者,而且需要受过学校教育的公共行政管理人员。⑦

　　受过德国更新的研究方法训练的伊利来到威斯康星大学后,确信经济学不是斯宾塞所谓的一种"不可抗拒的自然规律"的粗暴的学科,　　*164*

---

　　① 德克罗夫(1890—1971),美国作家、细菌学家。——译者注

　　② 柯蒂和卡斯藤森:《威斯康星大学史,1848—1925》第二部分,第 11 章;格洛弗(W. H. Glover):《农场和学院》(麦迪逊,1952)。

　　③ 特纳(1861—1932),美国历史学家。——译者注

　　④ H·B·亚当斯(1850—1901),美国历史学家。——译者注

　　⑤ 伯吉斯(1844—1931),美国政治经济学家。——译者注

　　⑥ 柯蒂(1897—　　),美国历史学家。——译者注

　　⑦ 柯蒂和卡斯藤森:《威斯康星大学史,1848—1925》第一部分,第 631—632 页。两位作者认为,伊利来到威斯康星大学"标志着中西部社会学科研究开始了新的篇章"。见第 619 页。

而有点像是一种能够帮助人类社会发展的仁慈的学科。[①] 伊利的教科书《政治经济学概论》(*An Introduction to Political Economy*,1889)甚至在他来到中西部以前就成了一本权威性著作;他的《垄断和托拉斯》(*Monopolies and Trusts*,1900)和《工业社会进化研究》(*Studies in the Evolution of Industrial Society*,1903),在反对童工、支持工会和主张社会控制资源方面,为提出一种有充分的伦理学根据、有社会责任和改良主义的经济学概念做了很多工作。

伊利使一批颇有才华的年轻人来到威斯康星大学同他一起工作。其中,有公共行政管理方面的赖因希(Paul Reinsch)和斯帕林(Samuel Sparling)、社会学方面的雷蒙德(Jerome Raymond)、经济学方面的斯科特(William A. Scott)和琼斯(Edward David Jones)。伊利对年轻的劳动经济学家、1904年来威斯康星大学担任伊利助手的康芒斯(John R. Commons)的任命是具有重要意义的。康芒斯既熟悉经济学,又熟悉政治学和社会学,在理论和实践上都为进步主义作出了卓越的贡献。康芒斯指导了那本不朽的著作《美国工业社会文献史》(*Documentary History of American Industrial Society*,1910—1911)的写作。这是一次深刻影响美国经济学进程的合作活动。在把专家委员会用作披露公众需求的一种手段以及在阐述适应这些需求的解决办法方面,康芒斯是开创先例的。[②]

正如拉塞尔·奈(Russel Nye)[③]在《中西部进步主义运动》(*Midwestern Progressive Politics*)中所指出的那样,是伊利、康芒斯这一批人给予拉福勒特和其他中西部进步主义者以"科学的奠基石"。这正是全国保护农业社成员和人民党成员所缺乏的。[④] 在威斯康星州,大学教授们在科学、工程、财政、教育和农业方面越来越成为州政府的顾问。

---

① 伊利:《我的基本社会哲学信念》,《论坛》(1894—1895),第173—183页;《我们站着的地方》(纽约,1938)。

② 珀尔曼(S. Perlman)关于康芒斯的书目提要和小传;《集体行动的经济学》(纽约,1950)。

③ 拉塞尔·奈(1913—),美国作家、教育家。——译者注

④ 拉塞尔·奈:《中西部进步主义运动》(东兰辛,1959),第141—142页。

威斯康星州立法咨询委员会主席麦卡锡（Charles McCarthy）在1912年把约46人列入名册，他们同时为州和大学两方面服务。有一些人，例如，威斯康星大学文理学院院长伯格（E. A. Birge），身兼州林业委员会、自然资源保护委员会和渔业委员会数职，从大学和州两处领工资。另一些人，例如，范海斯，在州里任职，但不从州里领取额外的报酬。还有一些人，例如，康芒斯和赖因希，不在州里任职；又如，麦卡锡从州里领工资，但在大学里任教却无报酬。[①]　这种正式或非正式的联系网到1912年时已变得如此广泛，以致威斯康星州教育厅长卡里（Charles P. Cary）局促不安地警告说："除非制止大学去争权夺利，人民才会有一个大学州去替代一所州立大学。"卡里的看法引起一些主要的报刊编辑和商人强烈的共鸣。他们严厉指责麦卡锡教授设在威斯康星大学巴斯肯大楼里的"议案工厂"。范海斯从政治上考虑，想与有关方面调整好关系，然而，大学教授又群起而攻之。[②]

不管这些对政府机构的直接贡献有多大意义，范海斯看到了大学应该真正地为全体人民服务。他在1905年宣布说："在大学的仁慈影响扩展到州里的每一个家庭之前，我将决不会感到满足。这是我要去实现的州立大学理想。"[③]正如范海斯计划其他方面的情况一样，在他前任的领导下，威斯康星大学已有了良好的开端。早在1885年，威斯康星大学的董事们就开设了短训班，缺乏正规训练的那些人受到激励而进入大学，并在有限的时间里学习专门的实用课程。这是一种学术方法。同一年，州立法机关也规定，各个学院的课程内容都要涉及农业的"理论和实践"。在这两方面都有了良好的开端，于是，张伯伦校长1891年提出的一个仿效英国计划的大学进修部总规划得到了董事们的认

---

① 麦卡锡：《威斯康星观念》（纽约，1912），第313—317页。

② 柯蒂和卡斯藤森：《威斯康星大学史，1848—1925》第二部分，第101—102页。

③ 同上，第88—89页。

可①：大学进修部的费用将由那些上学的人负担；教授们将按课时计算酬金；对那些经过注册、听课，考试又全部合格的学生，授予毕业证书。对于这个新的规划，大多数民众颇有兴趣。张伯伦在第一次报告中指出，大学进修部所开设的40门课程，包括从斯堪的纳维亚文学到地貌地质学，估计每门课平均听课人数为170人。

像其他大学一样，威斯康星大学进修部的工作在19世纪60年代后期基本上处于停顿状态。范海斯赞成扩大进修部工作，实质上意味着它的重新开始。直接受沃德的影响，范海斯确信，真正的民主之路在于更广泛地传播有用知识。他不愿意州里"缄默无言和没有名望的弥尔顿"因无法到达麦迪逊而受到损害。范海斯在1907年把雷贝尔（Louis E. Reber）从宾夕法尼亚州立学院聘到威斯康星大学任教。在雷贝尔的领导下，进修部工作一般包括四个方面：函授课程，课堂教学，辩论和公开讨论，一般资料和公众福利。雷贝尔在第一个年度报告中写道："大学的愿望，是进修部的工作不仅扩展到那些感到需要帮助的人，而且扩展到那些没有认识到需要帮助的人，使他们通过进修部为他们开设的课程有可能得到自我改善，并利用提供给他们的各种机会。"②

在雷贝尔的领导下，威斯康星大学进修部积极地开展了许多活动。刚开始工作时，进修部就准备了几百门课程，包括从正规的大学课程到小学课程，从普通学习到手工训练。进修部也为函授学生发行专门的教材和小册子，并设立一个收费图书馆，出借书籍和期刊，供讨论者使用。进修部还为面包师傅组织了一些专门的培训班，制作并发行教学幻灯片，筹备了牛奶展览会，举行了刑法讨论会，建立了社区音乐团体。

①英国的背景，见曼斯布里奇（A. Mausbridge）：《大学导师个别指导的研究班》（纽约，1913）；德雷珀（W. H. Draper）：《大学进修部：50年的调查，1873—1923》（坎布里奇，1923）；格拉顿（C. H. Grattan）：《探求知识》（纽约，1955）。一般说，关于成人教育，考虑一下格拉顿对肖托夸运动（最流行的成人教育计划）的评述是有趣的。因为它是传播支持威尔逊和两位罗斯福总统这种思想的重要工具。关于威斯康星大学计划的全面记载，见罗森特里特（F. M. Rossentreter）：《校园里的分界线：威斯康星大学进修部史，1885—1945》（麦迪逊，1957）。

②《威斯康星大学董事会报告，1907—1908》，第194页。

雷贝尔在 1915 年第一次全国大学推广教育工作会议上解释说："不管对不对,你都会发现大学进修部并不轻视最简单的服务形式。毫不夸张地说,进修部把大学带到了千家万户,并试图为他们提供他们所需要的东西——这是专家报告的结论;进修部的课程,或许还是那些容易的烹饪和缝纫方面的课程,正在为大学带来声誉。"①雷贝尔的说法也许有点极端,实际上改变了范海斯原先的大学"为州服务"的观点。

不用说,范海斯的计划在大众刊物上引起了广泛、热烈的评论。1907 年,《展望》(*The Outlook*)杂志上的一篇文章把威斯康星大学称作"威斯康星州公众生活中的'咨询工程师'。"②埃利奥特(Charles W. Eliot)1908 年授予范海斯荣誉学位时,把威斯康星大学称作美国最主要的州立大学。因此,斯蒂芬斯(Lincoln Steffens)③在《美国杂志》(*American Magazine*)上写道:"在威斯康星州,大学就像聪明的农民每天都去的猪舍或工具房一样;大学实验室就像机灵的制造商的工厂车间一样;对于工人来说,大学比街上拐弯处的学校更能引起他们的注意,就像他的工会或他喜爱的酒吧一样。纯洁的种子悄悄地撒进了学生的心田,纯粹的事实不知不觉地进入了青年的辩论之中,客观的知识潜移默化地影响了投票人的观点。州立大学将体现公民精神的一部分,就像州正在体现公民意志的一部分一样。这种叙述的整个含义是:威斯康星大学是一个高度体现威斯康星州人民共同的社会意识的核心。"④

其他大学派代表团到麦迪逊,向威斯康星大学学习进修部工作,了解大学专家在州的一些委员会中所起的作用,了解如何组织、支持与州进行合作的研究。1904 年,40 个佐治亚州人到麦迪逊访问。其中,有大学校长和董事、州长、报纸编辑和议员。他们学习使威斯康星大学成为"美国北部州立大学典范"的那些特色。派阿肯色州州长到麦迪逊去

168

---

① 雷贝尔:《大学进修部的范围及其组织和分工》,见全国大学推广教育工作协会(National University Extention Association):《活动记录,1915》,第 25 页。

② 哈德(W. Hard):《公众生活中的一所大学》,《展望》第 86 期(1907),第 667 页。

③ 斯蒂芬斯(1866—1936),美国新闻记者。——译者注

④ 斯蒂芬斯:《给一个州送去大学》,《美国杂志》第 67 期(1909),第 364 页。

的普通教育委员会发电报给范海斯说:"我们都在期待着您的建议。"俄亥俄州、堪萨斯州、得克萨斯州和宾夕法尼亚州的代表也到麦迪逊学习"威斯康星观念"①。罗斯福总统曾这样写道:"在美国的其他州里,没有任何大学为社会做过威斯康星大学在威斯康星州所做的同样工作。"②他代表热心的公众说:在威斯康星观念里可以看到的政治和教育的真正联合,是广泛的进步主义运动的关键。

VIII

　　从一开始,进步主义就让教师扮演一个几乎不可能做到的角色:他必须具有熟练的教学技巧,在自己的学科领域卓有见识,在教育学科方面受过充分训练,对社会进步充满热情。几乎不用说,19世纪90年代的教育舞台像别处一样,现实和理想之间的差距是惊人的。确实,一些私立和公立的师范学校几十年来一直声称它们的目的是真正训练专业教师。但它们提供的教师知识十分贫乏,而且主要限于教室里的方法和技巧。随着一些地区特别是那些较贫困的农业地区开始提供一年制的中等教育课程(这不禁使人联想起新英格兰地区在南北战争前几年里的首次努力),这些师范学校在做法和质量上有了很大的变化。③ 赖斯在1893年就注意到:"美国普通学校教师的职位也许是世界上唯一能够无限期保持的,尽管他们在工作中有严重失责和不胜任的地方。"④赖斯写的是一篇揭露文章,但他说的情况并没有夸大其词,是真实的。
　　也许还应注意到,赖斯在揭露美国教育弊病的同时,也提出了消除

① 柯蒂和卡斯藤森:《威斯康星大学史,1848—1925》第二部分,第109—111页。
② 罗斯福:《威斯康星州:美国其他州的榜样》,《展望》第98期(1911),第144页。
③ 克雷明:《美国师范教育的遗产》,《师范教育杂志》第4期(1953),第163—170页。
④ 赖斯:《美国的公立学校制度》,第15页。有趣的是,赖斯和里斯认为,教师一般都抵制学校改革。见里斯:《同贫民区的战斗》(纽约,1902),第369—370页。

弊病的方法,那就是教师应该有充分的专业准备。这一点在 19 世纪 90
年代被广泛宣扬,并对师范学校产生了重要的影响。1890 年,奥尔巴尼
的纽约州师范学校首先改组为纽约州师范学院,遍布全国的一些较好
的师范学校开始拟定正规的四年制学士课程。由此,它们变成了大学。
一些文理学院和大学也起来响应,通过成立正式的教育系或开设正式
的教育学讲座,来满足社会对中学教师的需要。到 1900 年,已有 1/4
的高等学校设立了正式的教育专业。由于随之而来的注册听师范课程
的人数增加,教育学作为一门学科,内容被扩大了。佩恩(William H.
Payne)①和布朗(Elmer Ellsworth Brown)②以欧洲尤其是德国教育家
的著作为根据,写下了美国最早的教育史和教育哲学方面的文章。与
此同时,哈里斯、欣斯戴尔(B. A. Hinsdale)③、德加谟(Charles De Gar-
mo)④和霍尔正式开始了教育心理学的研究。其他一些人,如赖斯,开
始对课堂教学的实际效果进行第一次系统的调查。这些人把最新的学
术方法应用于教育学研究,肯定会对美国师范教育课程的形成产生特
别的影响。⑤

　　全国各地,尤其是芝加哥大学、密执安大学和斯坦福大学这样的著
名大学的教育专业颇为活跃,但没有一所比哥伦比亚大学刚建的师范
学院更引人注目地代表了这种活跃。十分有趣的是,正是哥伦比亚大
学师范学院 1887 年的建立,反映了巴特勒(Nicholas Murray Butler)⑥
的专业主义和 G・H・道奇(Grace Hoadley Dodge)⑦的进步主义的结
合。⑧ G・H・道奇是纽约最富的批发商之一的 W・E・道奇(William

170

---

① 佩恩(1836—1907),美国教育家。——译者注
② 布朗(1861—1934),美国教育家。——译者注
③ 欣斯戴尔(1837—1900),美国大学教授、学院院长。——译者注
④ 德加谟(1849—1934),美国教育家。——译者注
⑤ 博罗曼(M. L. Borrowman):《自由的和学术的师范教育》(纽约,1956);孟禄
(W. S. Monroe):《教师学习理论和师范教育,1890—1950》(厄巴纳,1952)。
⑥ 巴特勒(1862—1947),美国教育家、政治家。——译者注
⑦ G・H・道奇(1856—1914),美国女慈善家。——译者注
⑧ 克雷明、香农(P. A. Shannon)和汤森(M. E. Townsend):《哥伦比亚大学师范
学院史》(纽约,1954),第 1—2 章。

Earl Dodge)的长女,是她那一代人中充满活力的改良主义者代表。G·H·道奇早期的一些活动与援助儿童学会、纽约州慈善团体援助协会和女工联谊会有关。此后,她在 1880 年把注意力转到了菜园协会。这是一个通过家政教育致力于改善贫民区生活的新组织。这个组织不久就扩大了,1884 年改组为工业教育协会,并把疏通国会议员的做法扩展到各种形式的工业教育上去。工业教育协会在激起广大民众的兴趣方面是成功的,但它很快发现,如果没有足够数量完全合格的教师,它的努力就会落空。正规的班级并没有得到改善,这清楚地表明,需要能力强的受过师范专业训练的教师。据说,G·H·道奇曾对范德比尔特(George W. Vanderbilt)①说:工业教育协会对人才的需要超过对其他任何东西的需要。第二天早晨,她得到了范德比尔特一张 1 万美元的支票,附条上写着:"这是你一二年的'人才费',现在找你的人才去吧。"

幸亏人才很容易得到。1887 年 2 月,工业教育协会会长认为哥伦比亚学院哲学副教授巴特勒是"工业教育协会原则的积极提倡者和以教育家闻名的人"。巴特勒早就被巴纳德(Frederick A. P. Barnard)②院长吸引到了教育研究上。巴特勒花了几年时间阅读教育书籍,进行考察旅行,为自己在教育领域的工作做了系统的准备。然而,他把教育学引进哥伦比亚学院课程中的一些努力都失败了。于是,巴勒特和巴纳德决定"在哥伦比亚大学外建立一所师范学院,然后再使它同大学建立有机的联系"。因此,巴特勒这位年轻的哲学家在工业教育协会的工作中看到了一种富有创造力的机会,并欣然担任它的领导,是不足为奇的。在他就职两个月后,工业教育协会就建立了由巴特勒任院长兼主要教授的纽约市师资培训学院。③

纽约市师资培训学院建立后,就得到了迅速发展。该学院的第一期《消息通报》(*Circular of Information*)就自豪地宣称:这不是普通的

---

① 范德比尔特(1862—1914),美国铁路资本家。——译者注

② 巴纳德(1809—1889),美国科学家、教育家。——译者注

③ 论述哥伦比亚大学发展的一篇学位论文中,有许多关于巴特勒的新材料。见惠特莫尔(R. Whittemore):《尼古拉斯·默里·巴特勒和公共教育》。参见巴特勒:《度过繁忙的岁月》(两卷本,纽约,1939—1940)第 1 卷,第 4—8 章。

师范学校,而是一所正式的专业学校,招收的学生至少 18 岁,并接受过良好的中等教育。这所学校 1889 年从纽约市政府得到一份临时的准许状,1892 年又得到一张名为"师范学院"的永久准许状。1893 年,这所学校与哥伦比亚大学组成了具有决定意义的联盟:它附属于大学,实际上成了大学的教育学系。其间,1891 年巴特勒辞去了哥伦比亚大学哲学、伦理学和心理学系系主任一职,由赫维(Walter Hervey)继任。赫维显然分享了巴特勒关于教育专业的梦想,但他没有能力使这种梦想变成现实。1897 年,学院正被内部争吵以及发展中必然会遇到的财政困难所困扰,赫维也辞职了,由拉塞尔继任。拉塞尔具有把这所正在挣扎的专业学校转变成一个享有世界声誉的教育学中心的才能。

作为早年就反对教育上的形式主义的人,拉塞尔 1893 年也加入了去德国留学的洪流,"去那里考察一下有没有更好的方法"①。在耶拿大学,拉塞尔偶然认识了赖斯。当时,拉塞尔正在那里跟随赖因(Willelm Rein)②学习赫尔巴特主义。后来,他又在莱比锡大学同冯特一起工作。1895 年返回美国时,他既获得了莱比锡大学哲学博士学位,又有了一种教育科学见识,就是使教学从一种普通专业转变成最高级的技术专业的见识。回国后,拉塞尔先在科罗拉多大学担任哲学和教育学教授。这为他将理论付诸实践提供了机会。1897 年,他接受聘请来到哥伦比亚大学师范学院,打算在老朋友惠勒(Benjamin Ide Wheeler)③领导下工作。拉塞尔是 1897 年 10 月到纽约的,但他发现惠勒并没有来。两个月后,拉塞尔当选为哥伦比亚大学师范学院院长。

拉塞尔的天才表现在一种不可思议的能力上。他能发现人才,吸引人才,并激励人才出成果。到第一次世界大战开始时,哥伦比亚大学师范学院已有一大批令人注目的在教育学方面作出杰出贡献的名人。

172

---

① 同样,论述哥伦比亚大学发展的另一篇学位论文中,也有许多关于拉塞尔的新材料。见托普弗(K. H. Toepfer):《詹姆斯·厄尔·拉塞尔:进步教育的先驱》。参见拉塞尔:《创建哥伦比亚大学师范学院》(纽约,1937)。

② 赖因(1847—1929),德国教育学家。——译者注

③ 惠勒(1854—1927),美国教育家、大学校长。——译者注

其中有 P·孟禄（Paul Monroe）①，他的开创性研究实际上开辟了美国教育史领域；桑代克，他严密的实验工作不仅统治了教育心理学领域，而且扩展到了其他许多领域。还有杜威，他虽然名义上属于哥伦比亚大学哲学系，但对师范学院的教学工作尽责尽力，他不仅在师范学院讲课，而且热心于师范学院的事业。杜威的学生克伯屈（William Heard Kilpatrick），1913 年开始在师范学院担任教师，又把杜威的思想阐述给一代教师。

弗兰克·麦克默里（Frank McMurry）②是 1898 年来到哥伦比亚大学师范学院的。他抛弃了早期的赫尔巴特主义，建立了一种全新的、以机能心理学为基础的课程和教学方法。曾是帕克、杜威和霍尔学生的希尔（Patty Smith Hill）③1906 年来到哥伦比亚大学师范学院，与幼儿园教育中的形式主义进行了 30 年的斗争。纳丁（Mary Adelaide Nutting）成了世界上第一位幼儿教育教授。萨赫斯（Julius Sachs）不仅开辟了中等教育领域，而且在纽约市开办了一所最著名的私立预备学校。数学家 D·E·史密斯（David Eugene Smith）、拉丁语专家 G·洛奇（Gonzalez Lodge）④、历史学家 H·约翰逊（Henry Johnson）、美术专家阿瑟·W·道（Arthur Wesley Dow），不仅对各自的学科领域，而且对这些领域的教学技巧作出了卓越的贡献。因此，在拉塞尔领导的前 20 年里，学校每年的入学人数从 450 人增加到 2500 人，不久又开始招收来自世界各地的学生，是不奇怪的。

早在 1899 年，拉塞尔就断言，哥伦比亚大学师范学院在发展过程中将受专业教育这个基本概念的指引。⑤ 专业教育包括四个方面：普通文化、专门学问、专业知识、专门技能。"普通文化"是指公认的普通教育目的，即"使学生能够理解不同知识领域内无所不在的联系，甚至理

---

① P·孟禄（1869—1947），美国教育家。——译者注
② F·麦克默里（1862—1936），美国教育家。——译者注
③ 希尔（1860—1946），美国教育家。——译者注
④ G·洛奇（1863—　 ），美国古典学家。——译者注
⑤《哥伦比亚大学师范学院教务长报告，1900》，第 13—15 页；拉塞尔：《大学在培训教师中的作用》，《哥伦比亚大学季刊》第 1 期（1889—1899），第 323—342 页。

解所有知识的统一性"。"专门学问"是指学生将来任教时准备教的知识。拉塞尔在一段与此有关联的话里告诫说："为了不让人们贬低专业教育的基本学问，就要从任何领域中选择适当的知识，这种知识既是综合的又是富有价值的。"再多的专业训练也不能补偿教师对他那个领域的无知。"专业知识"是指有关学生和学习理论方面的知识（教育心理学和儿童研究），有关国内外已取得的成就和现在教育实践的知识（教育史和比较教育），有关学校管理及其与教师、学生和社会的关系的知识。为了了解更多的这些知识，要学习以教育实践为基础的教育理论，并在教学实习方面接受训练。这就意味着在教育中要把系统的研究和受控制的观察结合起来。这正逐渐应用于医学和工程学方面的专业工作。"专门技能"是指教育的技能和方法。如果没有教学的艺术和技巧，最聪明、最博学的学者也注定要在教室中失败。在文化、理论和艺术的平衡中，拉塞尔看到了真正为教师着想的专业教育的那些要素。

与这些有关教师培养观念密切相联的，是拉塞尔提出的"教育本身特征"的观点。他在国外学习期间，观察了种类繁多的德国中学，带回美国的是一种使人坚信不疑的观念，即民主社会需要一种很特殊的教育，这种教育尽一切可能密切联系人民的公共生活。[1] 因此，拉塞尔早就提倡，学院兴趣的扩展，只有超出公立学校教育的范围，才能以每一种合法的形式进行教育的尝试。私立学校、感化学校、医院、社会服务社、难民收容所和其他一些慈善学校，都需要培训过的教师和能胜任的领导人，这是师范学院应该为它们做的工作。

此外，拉塞尔从来没有怀疑过教育的责任最终是为公共利益服务。他热心于南部的重建，因此，与普通教育委员会合作，选拔有能力的男女青年到哥伦比亚大学师范学院接受训练；多次和奥格登（Robert Ogden）[2]、塞奇（Russell Sage）[3]、钱伯斯（Frank Chambers）一起，亲自参观南部的学校和学院。拉塞尔早就打算在纽约建立一所实验学校，作为

174

175

---

① 拉塞尔：《德国中学》（纽约，1899），第421—422页。
② 奥格登（1836—1913），美国商人、慈善家。——译者注
③ 塞奇（1816—1906），美国金融家。——译者注

专门研究工业教育和家政教育、起示范作用的街区中心。他甚至提出一种可能性，"以促进对各种形式的公共教育和社会服务的明智研究为目的"，把这所实验学校扩展为"实验学院社会服务社"①。

拉塞尔这样做，把曾有助于哥伦比亚大学师范学院创建的专业主义和进步主义合并成一种成熟的有关教师培养的改良主义哲学。对美国教育来说，这是具有巨大意义的合并。因为在进步主义方面，教师不久就发现他们具有一种思想方法，即用那些最华丽的词句来美化自己对现状的探求；而在专业主义方面，进步主义者掌握了科学培训能实现"更有价值、更可爱、更和谐的"新社会的教师的关键。② 这种合并使以后进步教育的全部历史带上了某种色彩，并成功地解释了哥伦比亚大学师范学院在拉塞尔领导期间教育名人流星般出现的原因。

没有任何一点可以表示哥伦比亚大学师范学院曾是一些漫画中所描绘的只有一种思想的学校。事实上，正确地说，这所学院一直是"一个思想活跃且有分歧的大家庭"。但是，不容否认，这所学院对所有进步教育的观点都热情欢迎，迅速成为进步教育运动在理论上的十字路口。可以回顾一下，哥伦比亚大学师范学院最早的教授之一理查兹建立了全国工业教育促进协会；卡尼（Mabel Carney）以农村生活委员会的报告为基础，出版了最早提供给农村教师的畅销书；杜威和桑代克几乎从一开始就是最有声望的教授；希尔的幼儿园是杜威父女所设想的"明日的学校"之一。由此可见，这所学院在推动进步教育中的决定性作用是十分清楚的。

最后要说的一点也是经得起评论的，这关系到哥伦比亚大学师范学院自治权的历史事实。尽管它同哥伦比亚大学长期联合，但它仍是一个与拉塞尔的专业主义有特殊联系的自治团体。这对师范学院和进

————————

① 《哥伦比亚大学师范学院院长报告，1899》，第14页。这所实验学校是斯派尔学校。

② 这种合并很可能是1890—1915年间教师实际工资和相关工资大幅度增加的一个因素。见伯吉斯：《学校费用的趋向》（纽约，1920）；道格拉斯（P. H. Douglas）：《美国的实际工资，1890—1926》（波士顿，1930）。道格拉斯把工资增加归因于学年的延长、教师质量的改善和日益发挥作用的教师组织。

步主义来说是福祸并存的。这在教育理论和实践的一切领域中,为先驱者提供了政策和财政上的自由,但也必然导致了大学与艺术和科学的分离,并扯碎了大学对教师培养的作用,同时也越来越增加了与教育理论界工作的隔绝。① 毫无疑问,这种隔绝是符合进步主义思想目的的,允许进步主义思想自由自在地发展,但也听不到人们对进步教育运动的宝贵批评——实际上也就失去了一些重要的政治伙伴——有朝一日,人们会发现,进步教育几乎已经输不起了。

① 论述分离是美国高等教育中的一种普遍现象。见琼斯(H. M. Jones)、凯佩尔(F. Keppel)和乌利希(R. Ulich):《论"大学文理科"和"教育学院"之间的冲突》,《美国学术团体理事会通讯》第 5 期(1954),第 17—38 页;奥尔巴克(E. C. Auerbach):《大学文理科教授对教育学院的反对——一种历史分析》(未发表的博士论文,南加利福尼亚大学,1957)。关于教育史领域分离的不幸后果的卓越论述,见贝林(B. Bailyn):《美国社会形成中的教育》(查珀尔希尔,1960)。

第二部分

进步教育的时代（1917—1957）

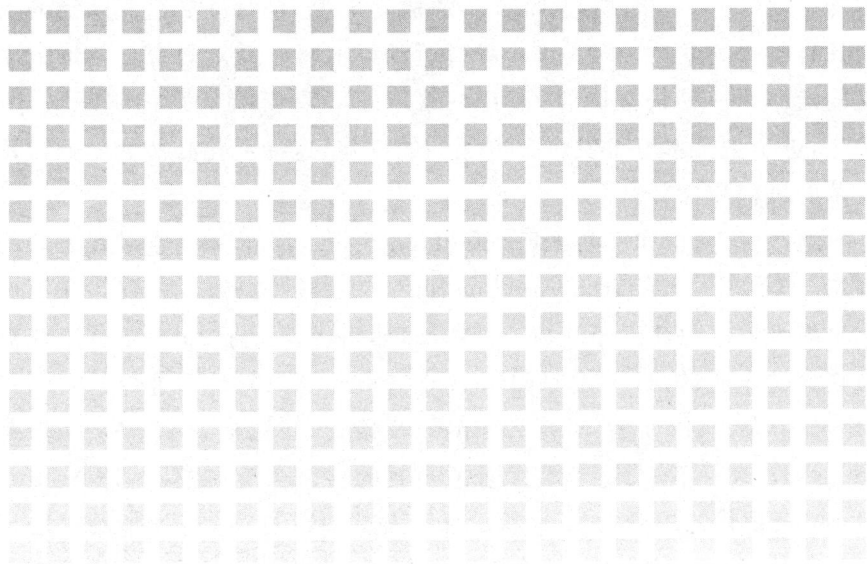

第六章　科学家、感伤主义者和激进主义者

I

179　　由于许多原因,第一次世界大战成了进步教育史上一个重要的分水岭。就拿进步教育协会 1919 年的建立来说,它对进步教育运动的变化具有特殊的意义。因为进步教育运动以前只是反对教育上的形式主义的活动的一种松散联合,而现在采取了一种富有活力的组织形式。但是,进步主义本身也发生了更深刻的变化,这种变化必然会影响教育变革的进程和含义。

　　这些变化,正如亨利·F·梅(Henry. F. May)在《美国人无知的终结》(*The End of American Innocence*)中雄辩地指出的那样,在第一次世界大战以前就已经开始了。例如,弗洛伊德曾于 1909 年首次在克拉克大学作演讲;H·孟禄(Harriet Monroe)①1912 年创办了《诗刊》(*Poetry*)杂志;伊斯曼(Max Eastman)②接管了《民众》(*The Masses*)杂志。1913 这一年,人们亲眼目睹了当时的传奇人物阿莫·肖(Armory
180　　Show)把现代艺术介绍给十多万纽约人。1914 年,颇有才华的年轻记者李普曼(Walter Lippmann)已经出版了《政治学引论》(*A Preface to Politics*)和《趋势与主宰》(*Drift and Mastery*)。布鲁克斯(Van Wyck

---

　　① H·孟禄(1860—1936),美国诗人、编辑。——译者注
　　② 伊斯曼(1883—1969),美国编辑、作家。——译者注

Brooks)①于 1915 年在《美国的成熟》(*America's Coming-of-Age*)中提出了一个新的文学独立宣言。这些人都用自己的方式表示了与过去的决裂。这种做法不仅反对了保守主义者的传统理论,而且反对了进步主义者的说教。

第一次世界大战本身只会加速这种变化。进步主义者尖锐地提出了和平主义的问题,追随杜威的一些人以实用主义支持威尔逊总统;而与鲍恩一样,对实用主义一点也不抱幻想的另一些人,准备接受这种挑战。与使世界稳定并有助于民主的更大的改革运动相比,国内的两年改革黯然失色;另外,当第一次世界大战最后停战时,进步主义运动不仅离奇地分裂了,而且缺乏吸引力。年轻一代所追求的生活理想,与罗斯福总统或任何其他人的"中产阶级生活理想"毫无共同之处。正如摩里斯(Lloyd Morris)后来所评论的,他们厌烦道德义愤,所追求的仅仅是希望得到的。②

教育不可避免地受到了影响。进步主义者主张美国参战,深信这是促进他们事业的唯一机会。美国对德宣战后不久,杜威自己就使一批职业教育工作者确信,整个历史上的无数次战争都对"教育调整"助了一臂之力;③与此同时,哥伦比亚大学师范学院职业教育教授迪安(Arthur Dean)在 1918 年出版了一本著作,详细论述了战争为学校扩大进步教育实践提供了机会。④ 然而,这种希望最后只是实现了一部分。职业教育确实有了进展,学校园艺学和体育的专门教学大纲确实成了最热门的话题。但是,第一次世界大战也造成了教师薪水大幅度下降,一度形成了取消社会学科课程的浪潮。这好像并不预示着任何

181

---

① 布鲁克斯(1886—1963),美国作家、批评家。——译者注

② 摩里斯:《昨天附言》(纽约,1947),第 149 页。戈德曼(E. F. Goldman)在《同命运约会》(纽约,1952)第 288 页上指出:"这个故事发生在新的时代已开始的时候,克罗利(H. Croly)回家去并在三天内拒绝会见任何人。第四天,他把编辑们召到他的办公室,告诉他们进步主义完蛋了。'从现在起,我们必须为拯救个人而工作。'"

③ 杜威:《在世界大战火光中的职业教育》(芝加哥,1918)。

④ 迪安:《我们战时和战后的学校》(波士顿,1918)。

教育自由的新时代的来临。①

第一次世界大战结束后,在威尔逊总统建设一个新的和更好的世界的许诺之下,进步教育又一次活跃了起来。但是,不知怎么,进步教育运动就像进步主义一样明显地发生了变化。20世纪20年代,当智力测验这种新奇方法由于弗洛伊德的提倡而颇为迷人时,社会改良主义事实上因儿童中心教育学的花言巧语而显得有点黯然失色。30年代,当教育界内有影响的团体试图把进步教育更紧地拴到政治上的进步主义上去的时候,进步教育运动受到了一种几乎使人瘫痪的党派偏见的折磨而再也没有完全康复过来。第二次世界大战后,人们对这个运动的咒骂不断增加,甚至要为它准备葬礼。到50年代,进步教育运动表现出来的热情、活力和魄力已消失殆尽,留下的全是些口号了。

如果某个个人的经历象征着进步教育在第一次世界大战后几十年里的不断变化,那么这个人肯定是拉格(Harold Rugg)。拉格是新英格兰地区人,最初在达特默思学院学过土木工程学,毕业后又到伊利诺斯大学当研究生,学习心理学、社会学和教育学,并在1915年获得哲学博士学位。拉格有一次写道,从工程学转到教育学没有什么困难,因为那时这两个领域都因热衷于精确的测量方法而耗尽人们的心力。他曾写到在伊利诺斯大学的工作情况:"我们处在一大堆表格之中,并将堆积如山的数据采用新的定量方法进行压缩、概括和解释。周围充满着正规曲线、标准偏差数、关联系数和回归方程式。"②

182　　从伊利诺斯大学毕业后,拉格到芝加哥大学同贾德(Charles Judd)③一起从事教学和研究工作。在那里,他出版了《应用于教育的统计法》(*Statistical Methods Applied to Education*,1917)。这是一本对统计和图解法进行"清晰、科学和完整的阐述"的著作。学校教师需要用统计和图解法确定学校实践的现状并科学地指引学校的发展。④ 毫

---

① 威茨(H. R. Weisz):《进步教育和第一次世界大战》(未发表的硕士论文,哥伦比亚大学,1960)。

② 拉格:《可以理解的人》(纽约,1941),第182页。

③ 贾德(1873—1946),美国心理学家。——译者注

④ 拉格:《应用于教育的统计法》(波士顿,1917),第4页。

无疑问,由于这本著作,拉格这位年轻的教育学家在第一次世界大战期间被邀请去军队的人员分类委员会任职,并与桑代克、约克斯(Robert Yerkes)[1]以及其他人一起参与了历史上第一次大规模应用能力倾向测验和智力测验。

对于拉格来说,第一次世界大战期间最重要的一点是同波普(Arthur Upham Pope)建立了亲密而又受到激励的友谊,是波普介绍他读布鲁克斯的《美国的成熟》以及那些社会评论家为《新共和》(*The New Republic*)和《七艺》(*Seven Arts*)杂志所写的文章。显然,这些起初使拉格感到困惑的新材料,标志着拉格生涯中的一个转折点。战争结束后,拉格回到芝加哥大学工作了一个短暂的阶段,然后就到哥伦比亚大学师范学院担任刚建立的林肯实验学校校长。拉格沉浸在激动人心的格林威治村的生活之中,继续进行波普已开始的那种教育实验,参加了以斯蒂格利兹(Alfred Stieglitz)[2]为核心的艺术家和文学家团体,并常常与那些豪放不羁的艺术家和文学家一起狂饮烈酒,以抗议极端拘谨的道德、市侩作风和超自然文化。[3]

在林肯学校里,拉格开始编写社会学科教材。这使他在一些地方出名而在另一些地方声名狼藉。这是一种巨大的尝试:拉格把历史、地理、社会学、经济学和政治学的资料合并成一种现代工业文明的概括解释。拉格以哥伦比亚大学师范学院教授身份积极地参与进步教育协会的活动以及同格林威治村头面人物的交往,接触到了教育变革的各个方面。1928年,他同舒马克(Ann Shumaker)合著了一本成为20世纪20年代进步主义者颇具特点的著作:《儿童中心的学校》(*The Child-Centered School*)。像在它之前出版的《明日之学校》一样,这本著作也是对全国教育革新活动一种例证性的综合评述,试图使这些革新与更广泛的进步主义思潮联系起来。但是,杜威父女看到,进步教育的关键

183

---

① 约克斯(1876—1956),美国生物心理学家。——译者注

② 斯蒂格利兹(1864—1946),美国摄影家、编辑。——译者注

③ 拉格:《艺术家和大变革》,见弗兰克(W. Frank)等:《美国和阿尔弗雷德·斯蒂格利兹》(纽约,1934),第179—198页。

在于它同社会改良主义的联系,而拉格和舒马克的看法是:进步教育联系着艺术家与工业文明社会表面性和商业主义的有历史意义的斗争。他们强调说,现代富有创造性的变革的关键是教育和艺术上自我表现的成功。因此,在富有创造性的自我表现上,他们找到了进步教育运动的精髓。

正如许多同代人那样,拉格因 1929 年的经济危机而改变了思想的重点。他的著作虽然一直表现出各种要素的重新巧妙组合,但更重要的是从卢梭主义回到社会改造主义。《美国的文化和教育》(*Culture and Education in America*,1931)提出了一种理论:学校在社会秩序的逐渐改善中是一种有意识的力量。《伟大的工程》(*The Great Technology*,1933)详尽地解释了工业文明社会是社会学科课本的要点,并强调指出,只有当科学方法既应用于政府和社会关系、又应用于工业生产的时候,人的创造性潜力才能得到解放。《美国生活和学校课程》(*American Life and the School Curriculum*,1936)设想了一种教育,即每一个社区机构——家庭、街区、刊物、教堂、政府和工厂都将成为新的"生活学校"的附属物,这种新的"生活学校"在明智的社会变化中将起引导作用。拉格把他的这三本著作设想为三部曲。确实,人们发现,他是在《美国生活和学校课程》中第一次尝试把他对科学、艺术和社会改造的想法综合成一个全面的看法,最后在《美国教育基础》(*Foundations for American Education*,1947)中提出这种看法的。

184　　《美国教育基础》显然是拉格的代表作。他撰写这本著作是一个艰难的尝试。它试图把进步教育运动那些根本不同的要素编织在一起,这些要素正在变成单一的综合性教学大纲。人们对进步主义的兴趣无疑在衰退,而这本书销路很好,几乎成了全国教育专业课程唯一的必读课本。不过,拉格的热情从来没有衰退过。直到 1959 年,他还计划写一本半自传性的两卷本著作,希望从自己的经验中,提取半个世纪教育变革的精髓,但还没有动手写就去世了。他完全相信教育的最终改造力量,坚决反对"教育的反作用力",对教育专业为自己披上进步主义的外衣但又把这件外衣撕碎的矛盾做法感到痛苦和失望。

拉格的经历给我们的启示,远远超过了 1917 年以后进步教育含义的变化所给我们的启示。因为他在哥伦比亚大学师范学院担任教授这一事实本身就是进步教育运动性质变化的一个关键线索。当专业主义不屈不挠地前进时，简·亚当斯、里斯、罗斯福和佩奇等少数人都直接关心过教育变革；当教育进步主义与专业主义结合起来时，教育进步主义越来越发现自己与更广泛的进步主义运动源头隔绝了。集中在《明日之学校》和《民主主义与教育》中的那个思想体系似乎一瞬间就分裂了；在早期运动中出现过的非主要的自相矛盾言论现在势不可当地涌现出来，不同职业的人把进步教育的不同方面推到了符合它们逻辑的——有时是荒谬的——结论上去。这样，桑代克早年对教育研究的兴趣发展成了一种有效的科学方法。这种方法以教育专业对深奥知识有无止境要求（将使它区别于外行）为出发点。同样，霍尔早年从事的儿童研究，现在慢慢地被弗洛伊德学说压倒了。这成了一种掌握在格林威治村知识分子手中的致命的感伤主义。曾激励过里斯和简·亚当斯的改良主义，20世纪30年代在康茨（George S. Counts）及其《社会新领域》（*Social Frontier*）杂志的编辑们所制定的那个社会蓝图中变得更为激进了。

　　当然，不能否认，进步主义对专业教育的支持，使进步教育运动极大地推动了美国教育的变革。但是，这种代价是惊人的，因为专业主义使进步教育运动在学校中最终脱离了支持它的必要的公众力量。当公众舆论在20世纪40年代初开始改变的时候，进步教育运动似乎是麻木的、毫无反应的，一些比较敏感的信徒却很快就意识到这场运动的死亡只是时间问题。苏联人造地球卫星从未照亮过西方教育界，进步教育运动的死亡是因为它自己内部的矛盾。苏联人造地球卫星完全可能演戏似地表现进步教育运动的死亡。但即使如此，进步教育运动的葬礼上也只有为数不多的送葬者。

185

Ⅱ

桑代克1918年曾写道:"无论什么都存在于某些量中。要透彻地了解它,就包含着既了解它的数量,又了解它的质量。教育关系到人的变化。这种变化是两种状况的差别,每一种状况只有通过它的结果(做的事、说的话、完成的行动等)才能为我们所知。要测量其中的任何一个结果,就意味着要用一些方法确定它的量,以便有能力的人了解它究竟有多大。这比没有量好。要很好地测量一个结果,就意味着确定它的量。有能力的人将精确地了解它究竟多大,而且这种知识可以记录下来并被应用。这是20世纪最初十年里那些忙于用测量方法扩展和改善教育结果的人的一般信条。"[1]

对于那些分享了桑代克"一种真正的教育科学"梦想的人来说,这的确是令人激动的十年,而激动的关键是应用于学校的智力测验和能力倾向测验的迅速发展。当然,测验本身早就为欧美国家的心理学家所熟知:高尔顿(F. Galton)在《遗传的天才》(Hereditary Genins,1869)和《对人类才能的调查》(Inquiries into Human Faculty,1883)出版的间隔中就尝试过测验方法;追随高尔顿的卡特尔显然早在1885年就在宾夕法尼亚大学他的实验室里采用了测验方法。但是,教育方面真正惊人的进展是在1905—1908这三年里。法国心理学家比纳(Alfred Binet)[2]和西蒙(Tnéodore Simon)[3]提出了智力量表。这种智力量表是一系列逐步困难的问题,每一个问题都相当于不同智力水平的标准。霍尔的学生戈达德(H. H. Goddard)[4]在美国将比纳的著作翻译

---

① 桑代克:《教育成果测量的性质、目的和一般方法》,见全国教育研究会:《第17年鉴》(布卢明拉,1918)第2部分,第16页。

② 比纳(1857—1911),法国心理学家。——译者注

③ 西蒙(1873—1961),法国医学家。——译者注

④ 戈达德(1866—1957),美国心理学家。——译者注

出版后,美国教育工作者迅速认识到:智力量表不仅能应用于智力,也能应用于成绩。接着,就是一个令人惊讶和富有创造性的时期。设计测验的人实质上在这个时期里发展了评估教育实践每一个方面的各种工具。①

比纳量表有了许多修改和改进。其中,最重要的就是推孟(Lewis Terman)在《智力的测量》(*The Measurement of Intelligence*,1916)中描述的所谓"斯坦福修正"。顺便提一下,推孟推广了"智商",即一个人的智力年龄与实足年龄的比率的观念。其间,桑代克和他的学生发展了测量算术(1908)、书写(1910)、拼字(1913)、绘画(1913)、阅读(1914)和语言能力(1916)等成绩的量表。② 这种做法迅速被其他大学尤其是贾德领导下的芝加哥大学所采纳。到 1918 年,全国教育研究会(National Society for the Study of Education)发表年鉴:《教育成果的测量》(*The Measurement of Educational Products*),W·S·孟禄(Walter S. Monroe)就描述了用于测量小学生和中学生主课成绩的 100 多个标准化测验。这些测验都是他精心挑选的。

要不是第一次世界大战爆发,这种狂热的活动——拉格说它是"没完没了的表格"——无疑会留下一种职业性的弊病。随着 1917 年美国对德国宣战,美国心理学协会(American Psychological Association)通过会长约克斯(Robert Yerkes)提出愿为军队服务,并特别表示愿意组织一些军队新兵智力测验小组。军队采纳了约克斯的提议,并邀请他在华盛顿组织一批心理学家设计并大规模地进行智力测验。在约克斯的指导下,他们发展了一些智力测验工具,其中最著名的是"军队第一量表",是对能进行英语阅读和理解的新兵进行智力测验的;"军队第二量表"是对不能进行英语阅读和理解的新兵进行智力测验的,主要由图画和图表以及手势方向组成。"第一量表"的结果在一张量表上从 0 排

187

---

① 彼得森(J. Peterson):《早期概念和智力测验》(杨克斯,1925),第 5—10 章。

② 库克(W. W. Cook)有关成绩测验的文章和书目提要,载孟禄(W. S. Monroe)编:《教育研究百科全书》(纽约,1941),第 1283—1301 页。测量的尝试也扩展到学校管理上。先驱性的研究是艾里斯(L. P. Ayres)关于城市学校制度阻碍和消除的分析:《我们学校中的差生》(纽约,1909)。

列到 212,并附有指定的等第字母。具体如下:①

测验成绩	0—14	15—24	25—44	45—74	75—104	105—134	135—212
等 第	E 或 D₋	D	C₋	C	C₊	B	A
128747 名识字的白人应征入伍者达到这些成绩的百分率	7.38	14.38	21.86	26.78	16.69	8.82	4.09

几十万新兵进行了这种测验。虽然最初的计划是淘汰明显不合格的人,选拔突出的人进行军官培训,但这种测验最终被用于各种范围更大的分类目的。

约克斯和他的同事使人们充分意识到:他们的测验并不评定人的性格,也完全不能评估"忠诚、勇敢、指挥能力,或使一个人'坚持下去'的情绪特征"。但他们确实犯了错误,即试图把智力年龄主观指定给第一量表上的几个等第。他们是这样做的:既对精心挑选的一组人进行"第一量表"的测验,又对他们进行"斯坦福—比纳量表"的测验,然后把用"斯坦福—比纳量表"测得的智力年龄主观指定给用"第一量表"测得的成绩等第。他们设想:派生于"斯坦福—比纳量表"的一些量表能够用来判断长期辍学成人的智力年龄。但结果是灾难性的。具体如下②:

等 第	E 或 D₋	D	C₋	C	C₊	B	A
斯坦福—比纳量表上的智力年龄	0—9.41	9.5—10.9	11—129	13—14.9	15—16.4	16.5—17.9	18—19.5

不过,这种结果被认为是科学的,并且很快就引起了 20 世纪 20 年代一场较大范围的社会争论。

这场争论始于一些引用约克斯资料的作家。他们支持这个论点:

---

① 约科姆(C. S. Yoakum)和约克斯:《军队智力测验》(纽约,1920),第 134 页;约克斯编:《美国军队的心理检查》(华盛顿,1921),第 421—422 页。

② 《军队智力测验》,第 134 页。

美国人的平均智力年龄是 14 岁，因此，除中学生以外的大多数美国人是不可教育的。① 例如，科尔格特大学校长卡顿(George B. Cutten)②1922 年在报纸上发表文章强调说，仅仅 15％的人才有上大学接受教育的智力。③ 翌年，卡内基基金会的普里切特(Henry S. Pritchett)发表观察记录指出：上学的儿童太多，而一些智力测验表明，大多数儿童不能接受太多的学校教育。④ 密执安大学 1927 年提出的一份报告强调指出，为了无损于大学，可能有不到 20％的班级被拒绝承认。⑤ 普林斯顿大学教务长高斯(Christian Gauss)⑥1927 年 10 月给《斯克里布纳杂志》(Scribner's Magazine)撰稿指出：至少有 1/6 的大学人员在大学里没有事情干。⑦ 一年以后，利哈伊大学那位脾气急躁的麦康恩(Max McConn)出版了一本颇为流行的著作，题为《大学还是幼儿园?》(College or Kindergarten?)。他在书中强调指出，只有一部分人才能受到对个人和社会都有适当利益的教育。⑧

　　如果《新共和》的专栏文章表明进步主义者态度的话，那么他们对这场争论是犹豫不决的。《新共和》1922 年 10 月 4 日的一篇社论坚决支持限定大学入学人数，并趁机指责大学是"贵族的社会俱乐部"，抨击大学之所以未能教学生去思考，部分是因为那里充满了成千上万没有

---

① 最早的一位是斯托达德(L. Stodadard)，见《对文明的反抗》(纽约，1922)。

② 卡顿(1870—　)，美国教育家。——译者注

③ 卡顿：《民主的改造》，《学校与社会》第 16 期(1922)，第 477—489 页。

④ 普里切特：《我们的大学过剩了吗》《斯克里布纳杂志》第 73 期(1923)，第 556—560 页。

⑤ 米勒(H. W. Miller)：《以能力为基础的隔离》，《学校与社会》第 26 期(1927)，第 84—88、114—120 页。1927 年 8 月 1 日《时代》杂志上也发表了这个研究报告。

⑥ 高斯(1878—1951)，美国教育家。——译者注

⑦ 高斯：《纨袴子弟应该上大学吗》，《斯克里布纳杂志》第 82 期(1927)，第 411—416 页。

⑧ 麦康恩：《大学还是幼儿园》(纽约，1928)，第 3—4 章。米克尔约翰(A. Meiklojohn)对麦康恩的反驳，见《新共和》第 57 期(1929)，第 238—241 页。应该注意，杰出人物统治论观点本身是古老的；这里引用的文章的含义是他们把智力测验用作对杰出人物统治论的进一步辩护。论述杰出人物统治论的历史见解，见巴特斯：《指引课程方向的大学》(纽约，1939)，第 18 章。

正经事可干的轻浮青年。① 进步主义忍受不了大学里陈旧的形式主义、大学受商业界控制、时间浪费在学生的表演和体育运动上。洛维特(Robert Morss Lovett)②在《美国的文明》(*Civilization in the United States*,1922)中写道:"在我们时代占统治地位的教育依然迷恋陈旧习惯。"它的目的不在于事实,而在于顺从。在中小学里,教育支配了学生的心理;在大学里,教育是利益的仆人。作为国家的一种机构,教育是"国家和现存社会制度的宣传部门"。③ 另外,有一种固有的杰出人物统治论深深地困扰了那些编辑,因此,一篇名为"教育基本原理"的社论,尖锐地批评了普里切特关于"上学的美国人太多"的观点。编辑们坚持认为,国家需要的是为社会各阶层儿童提供更符合个性的学校教育。④

也许更重要的是,这份杂志在 1922—1923 年争论最激烈期间所刊登的一些文章对读者是颇有吸引力的。李普曼的一系列文章抨击了以智力测验资料为根据的新限制主义,提醒读者"军队第一量表"已被用来帮助分类而不是作为测量智力的工具。⑤ 他认为,智力测验基本上是一种实用的方法,能在教育计划中将个人安排在一个适当的位置,但愚蠢、鄙俗地使任何被分为不可教育的人产生一种自卑感。李普曼得出结论说:"我们认为测量遗传智力的方法是没有科学基础的",心理学家只有认识到这一点,才能"把自己从提供具有欺骗性的证据给新势利的解释者的耻辱中拯救出来"。⑥

也许为了坚持这个论点,《新共和》刊登了杜威那些措辞十分尖锐的文章。在一篇文章中,杜威猛烈抨击了卡顿校长,同时指出,智力测验是一种有益的分类方法,但它们在分类以外的应用上有着受到指责

---

① 《新共和》第 32 期(1922),第 137—138 页。

② 洛维特(1870—1956),美国教育家、改革家。——译者注

③ 斯坦恩斯(H. E. Stearns)编:《美国的文明》(纽约,1922),第 88—89 页。

④ 《新共和》第 34 期(1923),第 57—59 页。

⑤ 《新共和》第 32 期(1922),第 213—215、246—248、275—277、297—298、328—330 页;第 33 期(1922—1923),第 9—11 页;第 34 期(1923),第 263—264、322—323 页。

⑥ 《新共和》第 33 期(1922),第 10 页。

的社会色彩。杜威强调说，智商"是冒险和可能性的一种表示，它的实用价值在于促进人们更周密、更彻底地调查个人是否有能力"。他继续说，除完全的低能外，其至最缺乏创见的公民，都可能具有一种通过真正的个性教育才能挖掘的潜力。"在把具有特色的艺术、思维和交往才能作为自己的主要任务之前，教育民主是不可能的。"在智力测验有助于这个目标的范围内，它们能够为进步主义事业服务；但就智力测验以科学的名义使个人陷入数字的等第而言，它们实质上是与民主社会的政策对立的。[1]

　　或许，20 世纪 20 年代对教育上的限制主义最有系统的攻击，是哥伦比亚大学师范学院巴格莱（William Chandler Bagley）[2]题为《教育中的宿命论》（*Determinism in Education*）的论文集[3]。更有趣的是，巴格莱认为自己是进步教育的主要反对者；然而，在有关智力测验的争论中，他最终还是进步主义杰出的解释者。当然，巴格莱的这本书指出了社会达尔文主义经典论点中的问题，因为他站在激烈的改良主义立场上。巴格莱得出结论说，智商正确解释了强制的力量，这种力量不是为了束缚自己，而是为了发展。一个民主社会可以提供的教育机会是没有限制的——既为智力超群者，也为每一个人。智力测验的唯一作用是告诉教育工作者从那里开始工作；教育工作者和社会的眼光最终瞄准教育机会平等的目标。

　　有关智力测验的争论在以后 20 年里忽冷忽热，可是再也没有 20 年代在报刊上连篇累牍地热烈讨论的情况。有一个短暂时期，人们就种族差别问题对智力测验产生过争论。毫无疑问，这是由纳粹学说的

---

　　① 杜威：《平庸和个性》，《新共和》第 33 期（1922），第 35—37 页。参见杜威：《个性、平等和优势》，《新共和》第 33 期（1922），第 61—63 页；杜威对诺克（A. J. Nock）《美国的教育理论》的评论，见《新共和》第 70 期（1932），第 242—244 页。

　　② 巴格莱（1874—1946），美国教育家。——译者注

　　③ 巴格莱：《教育中的宿命论》（巴尔的摩，1925）。

狂风所煽起的。① 第二次世界大战以后,作为全国对"学校隔离"争论的一部分,智力测验再一次突然热起来。② 直至 1939 年推孟和斯托达德(George Stoddard)③在全国教育协会的会议上强调说:智商究竟是始终不变的,还是随环境和教育而变化的,这个问题还没有明确的答案。④ 20 年以后,教育工作者们还在辩论智力测验实际上测量什么,应该怎样应用智力测验。与此同时,曾参加过智力测验的大部分年轻人为在国家的学习压力很大的院校里取得一席之地而激烈地竞争。⑤

III

如果科学什么也不承诺,而只承诺效率的话,那么,效率最终只能是教育科学家在纳税的公众面前所追求的最好的东西。这种承诺本身

---

① 赞成对智力差异作"种族解释"的最早的系统论点之一,见布里格姆(C. C. Brigham)的《美国智力的研究》(普林斯顿,1923)。布里格姆后来在《心理学评论》第 37 期(1930)第 164 页上公开承认错误。有关这种继续的争论,见克林伯格(O. Klineberg):《种族差别》(纽约,1935)第 2 部分;克林伯格编:《美国黑人的特点》(纽约,1944),第 2 部分。

② 麦格克(F. McGurk):《一位科学家关于种族差别的报告》,《美国新闻界报告》,1956 年 9 月 21 日,第 92—96 页;麦科德(W. M. McCord)和德默尔思三世(N. J. Demerath Ⅲ):《黑人与白人智力:一个继续的争论》,《哈佛教育评论》第 28 期(1958),第 120—135 页;麦格克:《"黑人与白人智力"——一个答案》,《哈佛教育评论》第 29 期(1959),第 54—62 页。

③ 斯托达德(1897—   ),美国大学校长、教育家、儿童心理学家。——译者注

④ 全国教育协会:《讲演和活动记录,1939》,第 89—90 页。《时代》1939 年 7 月 17 日,第 65 页。有关这个问题的进一步讨论,见全国教育研究会《第 27 年鉴》、《第 39 年鉴》;斯托达德:《智力的含义》(纽约,1943)。

⑤ 见希辛格(F. M. Hechinger)发表在 1960 年 6 月 17 日《纽约时报》上的报告。报告谈及一个由惠蒂尔学院的厄普顿(A. Upton)博士做的实验:一组 250 名大学一年级新生应用一种"特殊方法"进行学习,8 个月内平均提高智商 10.5 分。参见赫西(J. Hersey)对智力测验的使用和滥用的尖锐评论:《选择和同意》(纽约,1959);《儿童买主》(纽约,1960)。

并不是新东西,因为全国教育协会至少从 1888 年起就谈论到效率。那一年,埃利奥特对全国教育协会学校管理部作过一次著名的演说,名为"学校教学大纲能够缩短时间和扩充内容吗?"(Can School Programs Be Shortened and Enriched?)[1]但是,1908 年后,人们强烈地感觉到:教育测量在科学地实现效率的承诺方面开创了一个新纪元。难怪全国教育协会学校管理部 1911 年任命成立了节约教育时间委员会(Committee on Economy of Time in Education),并责成它系统地提出消除学校课程浪费时间现象的办法。[2]

　　节约教育时间委员会在 1915—1919 年期间,提出了四份主要报告,仔细研究和评估了全国的专业教育课程。[3] 它主张,节约时间至少能采用三种方法:一是删去不重要的课程;二是改进教学法;三是制定更密切地适应儿童发展的实际课程。在这三种方法中,节约教育时间委员会对第一种方法最煞费苦心。因为第一种方法最困难,最令人苦恼。毕竟,人们长期以来一直在辩论:什么知识最有价值?

　　节约教育时间委员会的推论如下:"教育目的保证学生获得习惯、技能、知识、理想和预见,而且,这些必须成为所有人的共同财产。每一个人都可以是进步的民主社会的有效成员,但必须具有自立精神和自我指导的力量,以及努力合作的能力和素质,如果可能的话,还必须在一些需要管理素质的领导职位上具有指挥别人的能力。"承认这一点,每门课程的内容和重点就将根据共同的社会需要来决定,同时,教学方法也必须按照儿童接受教育的能力和兴趣来决定。从这点到节约教育

293

294

---

　　① 埃利奥特:《教育改革》(纽约,1898),第 151—176 页。

　　② 全国教育协会学校管理部关心此问题是由全国教育理事会(National Council of Education)1908 年任命的一个更早的节约教育时间委员会的工作引起的。见《全国教育理事会关于节约教育时间的报告》(美国教育局 1913 年第 38 号公报)。令人感兴趣的是,1911 年成立的节约教育时间委员会是由三位中学校长、三位教育教授和一位州立师范学校校长组成的。学者或大学校长的缺乏——1911 年制定教育政策的一种较新的情况——有关这方面的资料进一步提到专业教育学家和文理教授之间正在形成宗派,第 175—176 页。

　　③ 这些报告作为全国教育研究会《1915 年年鉴》、《1917 年年鉴》、《1918 年年鉴》、《1919 年年鉴》出版。

时间委员会选择的基本标准之间只是短短的一步：对于任何年龄的儿童来说，课程内容无论包含什么，都必须是那个年龄的大多数正常儿童能够很快理解的，都必须照顾到普通的美国儿童共同的社会需要。

虽然在这点上达到了标准，但是，节约教育时间委员会还面临着更难办的事情，即断定最好地照顾到美国儿童需要的知识是什么。这个委员会的决定是奇特的。他们认为："如果不可能从教育理论中找到用于排除或包含的基本测验，那么，我们就只好接受在现行最好的实践和试验（它们有令人满意的结果）基础上决定最低要求的方法。那些结果之所以令人满意，是因为充分满足了通常的社会生活需要。"①这种推论充其量也不过是循环论证，只有当"最好的"、"令人满意的"、"充分"这些词有确切定义的时候，它们才能成为有意义的。不幸的是，节约教育时间委员会从来没有真正对这些词下过确切定义。因此，它的报告提供了许多新的和有用的信息时，提出的方法却充满着理论上最终无法解决的难题。

195　　　　节约教育时间委员会 1915 年着手进行了一个详细的调查，调查有代表性的城市学校制度的现状。他们不仅去调查学校实际上教的是什么（这本身是一种富有启示的工作），而且去决定学生实际上学到什么程度，以此作为在每门课程领域里建立成绩标准的基础。不用说，最新发展的成绩量表可用于任何地方。结果产生了一批给人印象深刻的图表、坐标图和表格，使教育工作增加了精确性。

对实际情况进行调查之后，节约教育时间委员会就开始拟定一种更好的教育的"最低要求"。这个委员会由于为"令人满意的教育结果"下的定义是"充分满足通常的社会生活需要"，所以，接下去就要详细说明那些需要是什么。于是，这个委员会着手一项按照斯宾塞学说进行的大规模工作：描述人们在"社会生活"过程中实际做什么，并从分析中推论出学校课程的内容。在数学领域里，他们的努力提供了一个卓越的例子。在节约教育时间委员会 1917 年的报告中，恩波里亚的堪萨斯州立师范学校的 W·S·孟禄提出了"节约算术教学时间调查的初步报

---

① 全国教育研究会：《第 14 年鉴》（芝加哥，1915）第 1 部分，第 16 页。

告"[1]，设想小学算术的基本目的是"使学生具有(1) 有关事实、原则和数量关系等的知识，这种知识对决定用什么算术运算解决有意义的实际问题是需要的；(2) 技能，这种技能对于运算来说是必要的"。孟禄对实际问题下的定义是"人类活动过程中发生的事情"，并着手调查一个人在职业、家庭和个人事务中可能面临的典型活动。调查结果并不令人惊讶，只是一份冗长、详细和有点杂乱的活动一览表。孟禄把它当做评估四本广泛使用的小学算术课本内容的一个标准。

　　节约教育时间委员会 1918 年的报告中关于算术的那个部分，在许多方面与上述内容相同。[2] 穆尔黑德的明尼苏达州立师范学校的 H·E·米切尔(H. Edwin Mitchell)[3]列成表格的资料来自四个典型方面：一本权威的烹饪书，一些工厂的工资单，一些有代表性的广告以及一份普通的五金器具目录。然后他拟定了用于写一份算术教案的参考资料，设想资料是"来自家庭主妇、挣工资者、消费者和五金零售商的算术问题的具体材料"，并强调说，这样就必然会形成最终决定小学算术教学大纲的基础。

196

　　这就是 W·S·孟禄和 H·E·米切尔为算术做的事情。其他人也为英语、地理、历史、公民学、文学和体育做了事情。这些分析集中在节约教育时间委员会 1917—1918 年的那些报告里，综合起来就是对传统教案和教科书的一种尖锐批评，直接的攻击目标绝对是改良主义者。这些分析仅仅是对实际情况的系统调查，但其本身毕竟是一种新奇的事情；而同时增加的"为什么？"问题早已成为改变课程内容杂乱状况的过程。节约教育时间委员会在理论见解上还有不少困难，这肯定至少要缠住课程制定者 30 年。这个委员会采用特殊的方法来决定"最低要求"——不管它是否精确和科学——都按照生活本身来为教育目的下定义，因此提出一门将使年轻人适应生活现状(强调稍微改善一下现状)的课程。这几乎不是进步主义或杜威的理想，不少人都持有这样的

---

① 全国教育研究会：《第 16 年鉴》(布卢明顿，1917)第 1 部分，第 111—127 页。

② 全国教育研究会：《第 17 年鉴》(布卢明顿，1918)第 1 部分，第 7—17 页。

③ H·E·米切尔(1830—1902)，美国教育家。——译者注

看法。节约教育时间委员会提出的"最低要求"当然是功利主义的、反形式主义的,但是由于保守,最终在早期的进步教育运动中远离了它的源泉。

节约教育时间委员会的最后报告是在该委员会主席衣阿华州立大学的霍恩(Ernest Horn)领导下拟就的。它"用简单明了的语言"陈述了指导每门课程教学最有意义的科学调查结论。① 书写专家告诫人们说:"搁在课桌上的两条前臂大约应该是它们长度的 3/4";统计数据表已表明,当一条肘臂无支撑时,结果常常会造成脊椎骨弯曲。书写专家建议说:"节约学拼字时间的第一步是了解学生需要学习的那些词,而不是别的什么。"数学专家建议说:"开始背诵后的 5 分钟初步实践可充当'精神兴奋剂'。"这里,教育家们在其范围之内,把他们的结论说成是任何教师在探索专业化的过程中都要遵循的准则。不用说,节约教育时间委员会报告的这个部分是四个部分中流传最广的。

节约教育时间委员会工作中的权力和困难明显地反映在课程改革(源于战争期间的科学运动)的两种主要趋势上。第一种主要趋势代表了努力利用教育科学研究成果,去做一种更好地利用传统教材的工作。这种做法的坚决支持者实际上是埃利奥特精神的继承人。他们试图用某种激进的方式对课程进行小修小改,因此,难以使课程重新具有新的活力和生气。E·R·史密斯(Eugene Randolph Smith)就是一个杰出的例子。作为锡拉丘兹大学数学系的毕业生,E·R·史密斯在新泽西州蒙特克莱公立学校任过教,1912 年被邀请到巴尔的摩市建立帕克学校以前,在纽约市布鲁克林工艺中学担任教师,20 世纪 20 年代担任马萨诸塞州的比弗农村学校校长。作为进步教育协会的创立者和早期会长之一,E·R·史密斯是进步主义者,确信科学是教育改革的一种主要的手段。他注意到比纳的工作,并以蒙特克莱公立学校的算术测验参加了科蒂斯(Stuart Courtis)②的早期实验;后来又创立了一种不用通常教科书教平面几何和立体几何的"教案法",在"蒙特克莱制"中迅速

① 全国教育研究会:《第 18 年鉴》(布卢明顿,1919),第 2 部分。
② 科蒂斯(1874—),美国教育家。——译者注

得到采用。

　　E·R·史密斯的巨著《进步的教育》(*Education Moves Ahead*, 1926)提供了一个极好的例子:20 世纪 20 年代的一所以进步教育思想为指导的学校。一般地说,这是一本讲究实际的著作,适应了学校变革的需要。但是,它又深深地考虑到保护传统教育的价值。E·R·史密斯的做法是折中的:认为学校不仅要考虑学生的积极性和创造力、想象力、领导能力、智力和审美力的训练,还要考虑学生的健康和职业,但又确信教学是一项艰苦的专业工作,对于令人满意地进行这项工作来说,科学知识是必不可少的。他赞成使用智力量表和成绩量表,甚至极力主张进行一些评估个性发展的测验。他强调需要更多更好的动机。动机"并不使工作容易,而是使人获得完成甚至是最艰难的工作的动力"。所有这些都表明 E·R·史密斯很像杜威主义者。学校必须永远不与生活分离,儿童在学习过程中必须总是积极参加者,教学必须永远不是呆板和形式的,专业教育工作者提出这些目标时,必须使用所有的科学工具。

198

　　所有列举的这些例子都表明,E·R·史密斯既不准备放弃大学的入学条件,也不准备放弃中学里智力方面的艰苦工作。人们感觉到:旧的人文学科标准在 E·R·史密斯那里,由于科学和民主社会的需要,得到了扩展,被赋予了活力。E·R·史密斯并不激进,早就反对一些进步主义者的过分行为。他在《进步的教育》结尾时写道:"教育已有成千上万年的历史。它坚持着许多无用的传统和陈旧的理论,但也有太多的活力去进行太激烈的变革。我们可以去掉那些无用的部分,改造这部分或那部分。但是,要使教育受到人们重视,我们就要不怕困难。进行变革的时候,我们不要被某种方法或制度所纠缠。任何制度的规定、任何个人或团体的思想都是有限的,对人类教育来说太狭隘了。"①

　　20 世纪 20 年代,课程改革的第二种主要趋势是,在反形式主义方面比较激进,而在对社会的根本影响方面却比较保守。那些教育教授

---

　　① E·R·史密斯:《进步的教育》(波士顿,1924),第 143 页。埃利奥特曾为这本书撰写了一篇恰当的序言。

199　的工作就是步节约教育时间委员会的后尘。节约教育时间委员会毫无保留地接受委员会的社会功利主义,继续把对现代社会的分析作为课程重点的标准。这个委员会的两位著名领袖是芝加哥大学的博比特(Franklin Bobbitt)教授和卡内基工学院的查特斯(Werrett Wallace Charters)教授。其中,原先曾同这个委员会一起工作过的博比特更为典型。①

　　1924年,博比特出版了一本重要著作,题为《怎样制定课程》(How to Make a Curriculum)。在这本书中,他使节约教育时间委员会的理论和方法有了合乎逻辑的结果。② 博比特把课程制定者比作"伟大的工程师"——在20世纪20年代里,这句话在那些确信科学的人中是众所周知的——把教育科学的目标确定为一张基于"对人的全部生活领域总的看法"的普通教育蓝图。他强调说,教育是为进入成年阶段做准备。因此,为了建立一门为成年做准备的课程,课程制定者的工作就是对全部的人类经验进行分类和详细评述。③ 博比特告诫人们说:"进行这种分析的所有阶段,都应该把注意力集中在人类的现实活动上。"

　　这又是对合乎需要的现实活动的鉴定,这种鉴定标志着节约教育时间委员会的早期工作。它是一种与教育科学研究紧密联系起来的鉴定。在不断发展的社会生活中,博比特拥有一些明显看得见、可测量和可分类的东西。对于这些东西,他能使用所有的定量方法。确实,博比特心中有一个总的价值标准,但他毕竟没有去分析犯罪生活或社会混200　乱现象。博比特最终成了他自己的方法的牺牲品。在抛弃模糊的理想、难以表达的人性和令人厌倦的哲学争论的同时,他不再测量能够测量的东西。他的测量结果很可能因其精确度而闪耀光芒。但在这个过

---

　　① 查特斯后来任教于匹茨堡大学(1923—1925)、芝加哥大学(1925—1928)和俄亥俄州立大学(1928—1942)。见他的著作:《课程建设》(纽约,1923)。

　　② 博比特:《怎样制定课程》(波士顿,1924)。参见博比特的早期著作:《课程》(波士顿,1918)。

　　③ 一份长而详细的课程一览表的目的,无疑是得到20世纪20年代流行的华生行为主义支持的。见伯鲍姆(L. Birnbaum):《20世纪20年代的行为主义》,《美国季刊》第7期(1955),第15—30页。

程中,他放弃了通过教育带来更美好生活的进步主义理想。① 在博比特的唯科学主义中已播下种子的"生活适应理论"(life-adjustment theory),成了第二次世界大战后若干年里进步教育的最终表现形式。

　　科学运动在教育研究作为大学的一种训练而得到迅速进展的时候,才对教育产生最大的影响。只要看一看第一次世界大战后哥伦比亚大学、芝加哥大学和斯坦福大学的学位论文目录,人们就可以看到大学对科学论题的巨大热情。并不奇怪,曾经受到过猛烈抨击、讲课没有实际内容的一些教育学教授,在教育科学中看到了他们领域真正的万应药。在他们自己的学校里,教育科学为教师提供了规则和原理;在他们必须做民众教育工作的同时,教育科学使他们成为名副其实的专业人员,而与外行的公众有所区别。也许更重要的是,教育科学能使他们成为"进步主义者",而不会招致激进主义的污名。在那个时代,教育委员会一般由对改革社会计划有一点兴趣的商人、律师和农民组成。不管这些人可能多么温和、循序渐进或泛泛空想,他们必然会求助于教育科学。②

---

　　① 博比特在全国教育研究会《第 26 年鉴》上写道:"学校不是社会改革的一个机构。它的责任是帮助正在发育的个人继续坚定不移地坚持对他来说最实用的一种生活方式。"

　　② 我在这里显然不想描述全部的教育科学运动,而宁可讨论那些与进步主义有关的方面。关于较大的科学运动,见全国教育研究会《第 37 年鉴》第二部分。关于我提出的批评,注意年鉴编者的结论是有趣的。他认为,科学运动已尽可能在改善学校的范围内进行;它需要重新发现构成教育基础的基本价值。他得出结论说:"科学已竭尽全力,但仍然为哲学上阵。"全国教育研究会:《第 37 年鉴》(布卢明顿,1938)第 2 部分,第 488 页。关于唯科学主义是进步主义的一般注释,见贾德(C. H. Judd):《教育科学研究导论》(波士顿,1918)和《教育和社会进步》(纽约,1934)。参见沃尔菲尔(H. Woelfet):《美国心理的塑造者们》(纽约,1938),第 81—118 页。关于教育委员会成员的社会态度,见斯图博(G. G. Struble):《教育委员会成员的研究》,《美国教育委员会杂志》第 65 期(1922),第 48—49、137—138 页;康茨:《教育委员会的社会成分》(芝加哥,1927);阿恩特(C. E. Arnett):《美国教育委员会成员的社会信仰和态度》(恩波里亚,堪萨斯州,1932)。

IV

考利（Malcolm Cowley）①在他那本有趣的回忆录《流亡者归来》（*Exile's Return*）中，颇有吸引力地概述了第一次世界大战后进步主义所遇到的事情，同时也描述了进步教育的历史。考利认为，第一次世界大战前的几年里，知识分子的抗议混合了两种完全不同的反抗：放荡不羁和激进主义。前一种基本上是个人对清教徒式的管束的反抗；后一种主要是对资本主义罪恶的一种社会反抗。他强调说，第一次世界大战把人们带到了一个十字路口，人们突然被迫去决定自己是哪种反抗者。如果仅仅反对清教主义，那么，他们就能平安地生活在威尔逊先生的世界之中；如果是激进主义者，那么，他们就无处藏身。②

考利的分析提供了一份重要的 20 世纪 20 年代的知识分子态度变化的答案。随着第一次世界大战的结束，激进主义在标新立异者，尤其是在艺术家和文学家（他们聚集在纽约的格林威治村、③芝加哥和旧金山）中，似乎不再那么时髦了，但并没有死亡，仅仅是被一种由多种术语混合组成的思想体系遮盖住了。这种思想体系把自我表现、自由、心理调节结合成一种过于自信和攻击传统观念的个人主义（既与市侩作风的压抑作斗争，也与社会改革的戒律作斗争）。正像第一次世界大战前进步主义促使新教育观产生，把学校作为社会改革的杠杆一样，第一次世界大战后这种抗议形成了自己独特的教育论点：每个人都有很好的创造潜力；学校应该鼓励儿童自由发展这些潜力。这是真正提高人类价值和创造美好社会的最好保证。

---

① 考利（1898— ），美国诗人、编辑、文学批评家。——译者注

② 考利：《流亡者归来》（纽约，1934），第 2 章。

③ 格林威治村，纽约市的一个地区，在华盛顿广场西面，一度是艺术家、作家和演员汇集居住的地方。——译者注

当时,那些读过杜威著作的人,肯定都认识到这基本上是卢梭主义者的态度,实质上是杜威在《明日之学校》中热情描述过的一些教育实验。然而,那些带着困惑读完《明日之学校》并接受杜威分析(这种分析把卢梭的观点编成一种更大的社会改良主义)的读者,一定注意到了杜威和卢梭在重点上有一种很细微的差别。正像激进主义似乎被 20 世纪 20 年代的一些更广泛的抗议遮盖住一样,这种差别似乎在那十年的进步主义教育学中消失了。[①] 实际上,标新立异的教师把进步教育以前含义的一部分扩大成了它总的含义。他们这样做,也就创作了一幅讽刺漫画,作为进步教育运动本身最终的含义而迅速被人们接受。

任何人都没有普拉特(Caroline Pratt)的生活和工作那样清楚地反映了当时学校的变革。[②] 普拉特小姐 1867 年生于纽约的费耶特维尔。她在费耶特维尔的学校里教了几年书后,于 1892 年获得哥伦比亚大学师范学院的奖学金,在那里学习幼儿园方法和工艺美术课程。1894 年毕业后,普拉特就到费城女子师范学校教手工训练课程。在那里她努力从事手工教育,但深深感到自己是在"帮助一种没有真正教育价值的制度生存"。一个夏天,她到瑞典旅行,学习对她有点用处的工艺教育。回到师范学校后,她就确信,必须使用别的一些东西,来代替从沃斯和伍德沃德时代流传下来的分年级练习。在这点上,普拉特找到了她的"领路人"——一位具有改革思想的贵格会教徒、图书馆管理员马罗特(Helen Marot)。

马罗特小姐成名是因为组织妇女工会同盟(Women Trade Union League),发表论述美国工会的著作以及担任《日晷》(*The Dial*)杂志编辑工作。她使自己担任管理员的图书馆成了费城的自由思想中心。社会主义者、哲学上的无政府主义者、单一税论者以及各种各样的反抗者都聚集在那里,尝试刺激的社交、不平常地选择书和小册子。对于年轻的师范学校教师普拉特来说,这是没有料想到的。普拉特不久就参加

203

---

① 激进主义甚至从许多政治激进分子的教育论述中消失了。见德利玛(A. de Lima):《我们孩子的敌人》(纽约,1925),第 12 章。

② 普拉特:《我向儿童学习》(纽约,1948)。

了马罗特对费城贫民区工作和生活状况的调查,并发现自己比以往任何时候都更强烈地渴望一种新的教育。这种新的教育将为那些居住在廉租公寓中、如此迫切需要受教育的儿童提供真正的机会。

由于费城女子师范学校当时受到很大的约束,因此,普拉特辞职,到了纽约。在纽约,她找到了三份教学工作:一份在一所规模小的私立学校;两份在社会服务社。普拉特不受课程规则的限制,决定不让学生从事精心安排的分年级手工训练练习,而让他们从事他们选择的任何建设性活动。这个结果是引人注目的:尽管起初有一些纪律问题,但随之而来的是自由;普拉特的车间活动确实伴随着一片嘈杂声,因为儿童沉浸在"有目的的工作"的欢乐之中。

有一天,普拉特像许多主要的进步教育家一样,改变了自己的观点。这发生在她去一位朋友家作客的时候。普拉特的朋友有一个 6 岁的儿子,颇有创造才能,正在育儿室里玩。普拉特小姐描述了当时的情形:"这时候,我发现地板上铺设了一个小型的铁路系统。这个男孩正在用积木、玩具、零散的纸盒以及他能找到的任何材料进行建筑。其中一些材料显然是从废纸篓中捡来的。当我看到他把货运列车推到岔道上,一列快车呼啸而来停在一个车站上,那里已有几排旅客和汽车在等候着的时候,我也听到了连续不断的、快乐的声音:对火车汽笛声、铃声以及汽车喇叭声的逼真模仿——在我看来,这个男孩发明了一项活动。它比我曾经看见过的提供给儿童的任何东西都更能使他得到满足。"①在这个男孩特别有创造性地使用一些材料的过程中,在他采用富于想象力的方式学习他所生活在其中的世界的过程中,普拉特小姐预见到了一所新的学校:在一个雏形的社会里,儿童能够通过游戏了解全世界的基本真理。于是,游戏学校(Play School)的观念就诞生了。

这所游戏学校实际上是 1914 年秋天开办的,设在格林威治村第四

①《我向儿童学习》,第 23 页。

大街和第十二大街拐角处的一套三室公寓里。① 普拉特小姐在自传里曾写道,这个地点的选择完全是偶然的。她一点不了解格林威治村,而是简单地设想,她将与商人、工人和脑力工作者的孩子打交道。然而,当这所游戏学校搬到第十三大街的一间小房子里并扩大到年龄更大的儿童时,她就遇到了招收学生的困难;愿意把学龄前儿童交她照顾的父母们,都不愿意孩子为了进"游戏学校"而放弃公共教育。但是,普拉特发现,搬到格林威治村居住的艺术家和作家大多都更愿意冒险。开始是一种为贫民区儿童提供更丰富生活的工作,慢慢地变成一种不分阶级的创造性教育实验。

　　这所游戏学校(以后作为"城市和乡村学校"出名)后来的全部历史,是由普拉特和格林威治村知识分子的这种偶然联系而改变特色的。普拉特的工作从一开始就是尽可能充分地为儿童提供各种第一手经验——到公园、商店、动物园和港口参观等——然后,把游戏材料,如积木、粘土、颜料、盒子、小动物等提供给儿童——他们通过这些材料,可以富于想象力地表现他们所经历过的事物。在游戏学校里,初等教育通常的组成部分包括阅读、书写、算术、历史、地理、艺术和体育等;但是,教学工作本身是没有系统组织、没有固定模式的。普拉特把儿童视为艺术家,认为每个儿童都有表达他所看到、听到和感觉到的东西并使之具体化的强烈愿望,都有他个人对现实的感受力。她有一次写道:一个艺术家从一个观念出发,但要通过与这个观念有关的方法来表现它。"他被一种为自己阐明这个观念的愿望所支配,为别人阐明这个观念的

205

---

① 关于"游戏学校"(后来的"城市和乡村学校")的工作,见约翰·杜威和伊夫琳·杜威:《明日之学校》(纽约,1915),第 5 章;普拉特编:《城市和乡村学校中的试验性实践》(纽约,1924);普拉特和斯坦顿(J. Stanton):《入学前》(纽约,1926);教育实验局:《第 3 号公报》(纽约,1917)。教育实验局 1916 年由米切尔(L. S. Mitchell)建立,旨在使建立实验学校的运动与建立一种教育科学的运动一致起来,后来成了"银行街教育学院"。见 L·S·米切尔:《两次生命》(纽约,1953)。

目的只是附带的。"①

那些支持游戏学校的艺术家和文学家肯定会欢迎和同意这种理论的。② 因为他们是第一次世界大战期间短暂存在的《七艺》(The Seven Arts)杂志的忠实读者。《七艺》杂志是 J·奥本海姆(Jamcs Oppen-heim)、费兰克(Waldo Frank)③、罗森菲尔德(Paul Rosenfeld)和布鲁克斯(Van Wyck Brooks)于 1916 年创办的。它发行不到一年,但深深地结下了对美国文化的强烈怨恨,并公开阐述了一种通过艺术来拯救社会的学说。这种学说在 20 世纪 20 年代产生了深刻的影响。J·奥本海姆在一篇有关《七艺》杂志创刊目的的文章中写道:"我们和许多人都相信,我们正生活在一个文化复兴时期的最初阶段。这是一个意味着美国全民自我意识到来的时期,是一个伟大的开端。在这样的时期里,艺术不再是私人的事情;艺术不仅成为国民生活的表现形式,而且是一种提高国民生活价值的方法……《七艺》杂志的目的,就是要成为这些新思潮流动的一个通道,就是要表现我们美国生活。"④这份杂志的发行,用赞美的话来说,就是文学、绘画、音乐和建筑学的复兴。这种复兴最终会克服当代工业文明社会的文化萧条和精神贫乏的状况。

《七艺》在 1917 年秋天就停刊了。由于它强烈的反战立场,它的赞助者兰金(A. K. Rankine)夫人撤回了她在财政上的支持。但是,那些将会解放美国生活真正精神力量的艺术家领袖仍坚持那种令人陶醉的观念,并为一种已经遍及美学每一个领域的表现主义增添了巨大的活

---

① 普拉特和斯坦顿:《入学前》,第 2—3 页。参见贝克(R. H. Beck)的论述,见《美国进步教育,1875—1930》(未发表的博士论文,耶鲁大学,1942),第 6 章;《进步教育和美国进步主义,卡罗琳·普拉特》,《哥伦比亚大学师范学院学报》第 60 期(1958—1959),第 129—137 页。

② 关于 20 世纪 20 年代格林威治村知识分子的思想,见韦尔(C. Ware):《格林威治村,1920—1930》(纽约,1935),第 8 章。韦尔小姐提出了引起人们兴趣的评论,即格林威治村进步学校的儿童教育,是对城市知识分子家庭正在变化的特点的一种回答。

③ 费兰克(1880—1967),美国小说家,社会批评家。——译者注

④ 《七艺》第 1 期(1916—1917),第 52—53 页。《七艺》的历史及其对教育理论的影响,见菲利普斯(M. Phillips):《〈七艺〉和哈罗德·拉格〈学术史研究〉》(未发表的硕士论文,哥伦比亚大学,1961)。

力。在那几年里,邓肯(Isadora Duncan)①和格雷姆(Martha Graham)②正试图发展一种表现派舞蹈;韦伯(Max Weber)和马林(John Marin)③正试图发展一种表现派绘画;艾夫斯(Charles Ives)④正试图发展一种表现派音乐;斯蒂格利兹(Alfred Stieglitz)正试图发展一种表现派摄影;佐拉切(William Zorach)⑤正试图发展一种表现派雕塑。尽管这些人关于创造性行为的概念有不同,但他们都反对拘泥于形式的维多利亚艺术肤浅的审美观点,也都决定用新的、富于想象力的形式表现世界直观真理。⑥

普拉特说儿童是艺术家时,实际上提出了一种关于表现主义者信条的教育观点。⑦ 当这种信条被大规模地应用于教育——尤其是通过一些艺术教师,如林肯学校的米伦斯(Hughes Mearns)⑧和科尔曼(Satis Coleman)、城市和乡村学校的 L·S·米切尔(Lucy Sprague Mitchell)和利文(Willy Levin)、沃尔顿学校的凯恩(Florence Cane)应用于教育时,这种信条似乎很快解放了真正一流的学生艺术。人们只要查看一下 20 世纪 20 年代刊登在《进步教育》杂志上的诗歌、音乐、绘画和雕塑以及戏剧,就可以感觉到进步主义者的自鸣得意。⑨ 当艺术教师被问及成功的原因时,他们都异口同声地回答:激发儿童的创造力! 拉格和舒马克在《儿童中心的学校》中宣称:"创造性冲动在儿童自己身上,但我们的教育并没有发现这种冲动的深刻含义。教育者应该认识到两

207

---

① 邓肯(1878—1927),美国舞蹈家、现代舞创始人。——译者注

② 格雷厄姆(1893—),美国舞蹈家、现代舞学派代表人物。——译者注

③ 马林(1870—1953),美国艺术家。——译者注

④ 艾夫斯(1874—1954),美国作曲家。——译者注

⑤ 佐拉切(1887—1966),美国雕塑家、画家。——译者注

⑥ 表现派美学的权威著作依然是切尼(S. Cheney)的《艺术中的表现主义》(纽约,1934)。参见拉格(H. Rugg):《美国教育基础》(杨克斯,1947),第 4 部分。

⑦ 对这个信条最令人作呕的说法,很可能是德尔(F. Dell)的小说:《你曾是一个儿童吗?》(纽约,1919)。

⑧ 米伦斯(1875—1965),美国教育家、作家。——译者注

⑨ 哈特曼(G. Hartman)和舒马克(A. Shumaker)合编:《创造性表现》(纽约,1932)。

点：第一，儿童生来就有创造力；第二，学校的任务是为儿童提供一个将激发这种创造力的环境。"①一代美国儿童的创造力一旦被解放出来，作家们就不必担心未来了。

尽管承认这些极好的结果，但创造性自我表现的学说在教育中产生了与别处同样的问题。② 这种学说作为一时的风尚而被采用，既产生了一流的艺术，也产生了每一种样式的赝品和自欺欺人的情况。在许许多多教室里，放纵被当做是自由，没有计划被当做是自发性，固执被当做是个性，模糊被当做是艺术，混乱被当做是教育——所有这一切都用表现主义的华丽词藻来说明其合理性。因此，这样至少就出现了一幅有关进步教育的漫画，上面画着幽默家们（完全可以理解）与至少一代人在狂欢作乐，浪费时间。

V

表现主义是 20 世纪 20 年代集中形成儿童中心教育学的两种主要学术思潮中的一种。另一种当然是弗洛伊德学说。早在 1909 年，弗洛伊德就在克拉克大学全面解释了心理分析理论，论述了神经病现象、无意识和它的机制、性欲问题和梦的解释。有关他讲演的介绍刊登在一些有影响的医学和非专业杂志上。③ 但弗洛伊德学说在美国的影响实际上是通过布里尔（A. A. Brill）④博士的努力形成的。布里尔在荣格

① 拉格和舒马克：《儿童中心的学校》，第 228—229 页。

② 对这许多问题生动而又正确的描述，见克劳特斯（R. Crothers）令人喜欢的讽刺作品《正在表现的神经紧张》（1923）。这些描述以后又刊印于科德尔（R. A. Cordell）的《典型的现代剧》（纽约，1930）。

③ 关于对这些讲演的讨论，见琼斯（E. Jones）：《西格蒙特·弗洛伊德的生平和著作》（3 卷本，纽约，1953—1957）第 2 卷，第 56—66、211—214 页。这些讨论以后又刊印于斯特雷齐（J. Strachey）编的《西格蒙德·弗洛伊德心理学者作全集》（24 卷本，伦敦，1953—）第 11 卷，第 7—55 页。

④ 布里尔（1874—1948），美国精神病学家。——译者注

(Carl Jung)①的苏黎世诊所里第一个发现了弗洛伊德的著作。之后，弗洛伊德学说慢慢地在美国社会中传播开来。在 1909 年以后的那几年里，布里尔不仅坚持不懈地翻译弗洛伊德的多卷本著作，而且在知识分子中宣传弗洛伊德学说。② 在 M·道奇（Mabel Dodge）③主持的著名的"格林威治村沙龙"，布里尔是一个受欢迎的客人。他经常同聚集在那里的颇有才华的沙龙成员讨论"新心理学"及其社会思想的变革含义。李普曼在他的《政治学导论》（1914）中注意到了这些讨论，后来为《新共和》（1915）撰文时论述了其中的一些讨论。1915 年夏天，伊斯曼（Max Eastman）在《人人杂志》（*Everybody's Magazine*）上也撰文对这些讨论作了颇为详尽和深受欢迎的叙述。同年，E·霍尔特（Edwin Holt）④出版了《弗洛伊德的愿望及其在伦理学中的地位》（*The Freudian Wish and Its Place in Ethics*），探究了弗洛伊德学说对哲学的影响。第一次世界大战时，"心理分析"是格林威治村的一个流行话题。被霍夫曼（Frederick Hoffman）称为"格林威治村中心理分析的主要提倡者"的德尔（Floyd Dell）⑤曾写道，"心理分析"一词早已被普遍使用，知识分子正用"心理分析"来证明反对传统的社会和道德标准是合理的。⑥

虽然心理分析学的信徒们一开始就间接论述过教育——心理分析本身毕竟是一种再教育的尝试——但直到第一次世界大战后，才开始出现把弗洛伊德学说明确应用于教育的著作。1919 年，圣·伊丽莎白医院院长 W·A·怀特（William A. White）⑦的《儿童期的心理卫生》

209

---

① 荣格（1875—1961），瑞士心理学家、精神病学家。——译者注

② 布里尔在弗洛伊德学说传播中的作用，见奥本多夫（C. P. Oberndorf）:《美国心理分析史》（纽约,1953）；霍夫曼（E. J. Hoffman）:《弗洛伊德学说和学者心理》（巴吞鲁日,1957），第 2 章。

③ M·道奇（1879—1962），美国作家。——译者注

④ E·霍尔特（1873—1946），美国心理学家、哲学家。——译者注

⑤ 德尔（1887—1969），美国小说家、激进的新闻工作者。——译者注

⑥ 霍夫曼:《弗洛伊德学说和学者心理》，第 58 页。心理分析在知识分子思想中的作用，见韦尔:《格林威治村,1920—1930》，第 8 章；伯恩汉（J. G. Burnham）:《精神病学、心理学和进步运动》，《美国季刊》第 12 期（1960），第 457—465 页。

⑦ W·A·怀特（1870—1937），美国精神病学家和精神病医生。——译者注

(*The Mental Hygiene of Childhood*)以及与桑代克同时获得哥伦比亚大学博士学位的中学教师威尔弗里德·莱(Wilfrid Lay)的《儿童的无意识心理》(*The Child's Unconscious Mind*)出版。同年,布里尔在纽约大学作了一系列讲演,听讲对象"基本上是那些从事教育和心理学问题研究的人"。1922年,瑞士心理分析学家普菲斯特(Oskar Pfister)的《教育工作中的心理分析》(*Psycho-Analysis in the Service of Education*)、英国精神病医生米勒(H. CrichtonMiller)的《新心理学和教师》(*The New Psychology and the Teacher*)以及格林(George H. Green)的《教室里的心理分析》(*Psychoanalysis in the Classroom*)出版。其中,后者附有哈佛大学麦克道格尔(William McDougall)①撰写的一篇热情的序言。在以后的一些年里,通俗和专业杂志上发表了大量的文章、评论和注解,整整一代教师和公众都受到了弗洛伊德教育学术语和思想的教育。

不出人们所料,某些心理分析概念甚至支配了这种讨论。教师被强迫承认无意识是他们和学生的动机和行为的真正源泉。教育的基本任务被视为把儿童受压抑的情绪升华到对社会有用的轨道上来。费伦奇(Sandor Ferenczi)②曾写道:"一种由心理分析赋予活力的教育学将在任何可能的地方利用升华……未来的教师将不是任儿童随意发展,而是以有关儿童本能和他们将为自己的发展创造所必需的情境的变形表现知识为基础,把儿童性格的形成引向适当的途径。"③教师的真正作用是在儿童性格形成期间,为了成功的升华而为他们提供尽可能多的机会。这与其说是传递大量独特的信息或行为的准则,还不如说是学校最重要的工作。

心理分析学家喜欢指出:教室必然是一个充满感情的地方,只有善于心理分析的教师才能真正了解这一点。美国心理分析协会早期的一

----

① 麦克道格尔(1871—1938),美国心理学家。——译者注

② 费伦奇(1873—1937),匈牙利精神分析学家。——译者注

③ 费伦奇:《对心理分析理论和方法的进一步贡献》(纽约,1953),第428页。这段话曾被引用在洛(B. Low)的《心理分析和教育》(纽约,1928)中,第142页。

位会长科亚特(Isador H. Coriat)曾写道:"在学校里,教师代替了儿童的父亲或母亲。教师和学生之间存在着感情的联系,那种更早的父母和儿童的联系再生和复活了。教师必须理解自己的无意识,因为不这样做,就决不会认识到为什么要对学生采取一定的方式,或者不会认识到每天与学生接触的效果。"教师要了解移情①和自居作用②现象,了解教室的整个训练模式将发生剧烈的变化,因为"压抑的权威"让位于使学生摆脱儿童早期的固恋活动,学生可以得到正常的发展。③

一些心理分析学家就像弗洛伊德一样,试图用这些概念去作为发展理性行为更有效的基础。因此,科亚特④强调说,教育的真正目的应该是理解儿童的本能、兴趣和倾向,"因为通过这种理解,儿童早期的固恋就可能减到最少,智力方面的主要障碍就消除了"。然而,对于其他人来说,弗洛伊德学说好像把学校的中心几乎完全移到了非智力的甚至反智力的事情上。因为这些人抱有偏见,认为压制变成了对权威的否定,感情变成了对合理性的否定。放纵再一次被当做是自由,漫画家再一次有可能获得意外的成功。

不管分析者们自己对教育学可能影响到什么程度,那些试图从弗洛伊德学说中借用他们能够借用的东西的教师有可能对进步教育运动产生最大的影响。其中,最主要的是农伯格(Margaret Naumburg)。她在1915年建立了儿童学校(Children's School),并使这所学校具有了自己的特色。⑤ 作为哥伦比亚大学巴纳德学院的毕业生,农伯格在大学里曾是杜威的一个充满激情的学生、社会主义者俱乐部主席。第一次世界大战前夕她去了欧洲,先在伦敦经济学院跟随韦伯斯(Webbs)学

211

---

① 移情(transference),亦称"感情转移",精神分析术语。——译者注

② 自居作用(identification),精神分析术语。指把自己亲近的或尊重的人作为行为榜样进行模仿或内投自身的过程。——译者注

③ 固恋(fixation),精神分析术语。指心理发展中出现的某个停留点,表现为强烈而持久的情绪依恋。——译者注

④ 科亚特:《对教育的心理分析探讨》,《进步教育》第3期(1926),第21页。

⑤ 关于农伯格的传记资料,见贝克(R. H. Back):《美国进步教育,1875—1930》,第7章;《进步教育和美国进步主义:玛格丽特·农伯格》,《哥伦比亚大学师范学院学报》第60期(1958—1959),第198—208页。

习,然后又在意大利著名的"儿童之家"(Casedie Bambini)跟随蒙台梭利(Maria Montessori)①学习。尽管这两位女士相处得不太好,但农伯格小姐充分地评价了蒙台梭利的教育方法。回到纽约后,她应用蒙台梭利的教育方法去管理亨利街社会服务社的一所蒙台梭利幼儿园。然而,蒙台梭利的方法被证明是呆板的、缺乏想象力的。1914年暑期后,在玛丽埃塔·约翰逊的指导下,农伯格决定开办一所自己的学校。这所学校将既强调教育的感情方面,又强调教育的智力方面。1914年也标志了在信奉荣格学说的精神病医生欣克尔(Beatrice Hinkle)②和布里尔指导下的三年分析期的开始。

"儿童学校"的名字——后来成为"沃尔顿学校"——确定了它工作的基调:提供一种建立在"体现儿童无忧无虑的愿望及兴趣,使儿童求知、行动和生活"基础上的课程。③ 它绝对消除正规学校的紧张气氛和不自然的做法。农伯格小姐在《儿童与世界》(*The Child and the World*)一书中曾写道:"对于我们来说,所有导致儿童在正常活动中神经紧张和情绪压抑的禁令,都是与生物学、心理学和教育学的最新研究成果背道而驰的。我们必须在建设性和创造性的工作中去发现改变和利用儿童期这种生命力的方法。"④就农伯格而论,这意味着抛弃"对教师或教科书权威的盲目依赖",而以试图培养儿童坚持"情感、思想和行动独立的精神"来替代。

根据分析心理学的原理,农伯格小姐确信,她能够摆脱贺拉斯·曼和杜威团体心理方法中的压抑和错误引导,建立一种将保护每个新入

---

① 蒙台梭利(1870—1952),意大利教育家。——译者注
② 欣克尔(1874—1953),美国精神病医生。——译者注
③ 关于儿童学校的工作,见农伯格:《儿童与世界》(纽约,1928);德利玛:《我们孩子的敌人》,第11章;教育实验局:《第4号公报》(纽约,1917)。
④ 农伯格:《儿童与世界》,第14页。

学儿童活力的教育学。① 最重要的是,农伯格不承认教育是社会的万应药,因为这已被证明是无效的。她在 1928 年写道:"我认为,社会或经济从我们文明社会的绝境中直接逃脱的可能,现在看来已成了相当渺茫和有点荒谬的事情了。我亲眼看到了人民为拯救民主而战斗……这是我曾经所希望的。使我振奋的是,我充分了解到:社会和经济的所有团体,无论是否有力量,都采取同样的行动和推理方法。"②农伯格推论道,一个人可以和一些社会团体无关,但会和社会团体中的许多个人有一些关系。既然这样,答案就不在社会的活动,而在个人的转变。因此,个人的转变成了儿童学校的目的。

　　一位热心的记者 1925 年报道说:沃尔顿学校真正实现了它的目的。德利玛(Agnes De Lima)在《我们孩子的敌人》(*Our Enemy the Child*)中写道:沃尔顿学校"敢于创造一个儿童的世界,然后就站在一旁,看着儿童在真正自由的环境中生长"③。教师不打算为一定年龄阶段的儿童制定教学大纲,取而代之的是努力使儿童接触各种各样的人,为他们提供种类丰富的材料,让儿童自己动手去做。有一段时间,芒福德(Lewis Mumford)④教英语,范龙(Hendrik Van Loon)教历史,布洛克(Ernest Bloch)⑤教音乐。1924—1925 年期间,12 岁的儿童同社会研究新学校的戈登威泽(Alexander Goldenweiser)⑥一起研究人类学。同这样的教师在一起,那些学生都表现出一种主动性。因此,德利玛小姐

---

　　① 由于知识分子普遍认为公立学校不可避免地培育了"团体心理",所以,注意格林威治村的一位意大利居民关于地方"进步主义"实验的评论,是颇为有趣的。评论说:"那所学校的教学大纲适合于富裕家庭的儿童,而不适合于我们的儿童。我们送儿童上学,因为我们不能给他们我们自己的语法和训练。纽约第五大道的儿童在家里学说话学得很好。我们不送儿童上学参加团体活动,他们在街上的活动已够丰富的了。但是,第五大道的儿童是孤独的。我能够看出,对于他们来说,团体经验是一种多么重要的教育形式。"见凯恩:《格林威治村,1920—1930》,第 343 页。

　　② 农伯格:《儿童与世界》,第 40 页。

　　③《我们孩子的敌人》,第 203 页。

　　④ 芒福德(1895—),美国社会学家。——译者注

　　⑤ 布洛克(1880—1959),美国作曲家。——译者注

　　⑥ 戈登威泽(1880—1940),美国人类学家。——译者注

曾热情地描述了一个科学工作室中的工作情况:学生们正分别进行工作,教师站在一个角落里。学生如有问题,那位教师很快就给予回答。但在其他方面,他听任这些学生自己去做。当德利玛小姐问他是不是教师时,他回答说:"好,你能认为我是教师。不管怎样,我就是这里的教师!"①

在寻求一种将真正培育思想和独立精神的课程中,沃尔顿学校的教师——至少有一半人因农伯格小姐的怂恿而学习了心理分析——都倾向于强调艺术。他们认为,艺术创造足以产生掩藏儿童感情的有意识的生活。② 在戏剧活动、文学创作、尤其是绘画方面,沃尔顿学校是十分突出的。在农伯格小姐的女友凯恩的领导下,艺术成了儿童自我表现的主要手段以及寻求自我的关键。由于阅读了荣格的著作,并在欣克尔博士指导下进行自我分析,凯恩激励儿童准确地画出他们觉得非画不可的东西。凯恩曾在《进步教育》杂志上撰文写道:"我始终主张一点,那就是应该让儿童去选择。如果有人偶然说她不知道去画什么,那么,我同她谈话,直到她说出藏在心里的愿望:她想去画,但又怕画不好东西。"③也许人们可能会怀疑这种理论是否正确,但其结果给人们留下了深刻的印象。

如果沃尔顿学校艺术教学大纲的成功是公认的,那么,它提供性知识教育的尝试却引起了预料之中的一些问题。教师的努力是尽可能简单、直接和准确地回答儿童"对自然界的好奇心",从自然研究开始,然后进一步直率地讨论有关性行为的生物学、心理学和伦理学等方面的知识。1929年,继农伯格之后担任沃尔顿学校校长的戈德史密斯(C. Elizabeth Goldsmith)撰写了一篇文章,比较详细地描述了性知识教育的教学大纲,其中包括父母和教师讨论会、自然研究实验室中的谈话记录、有障碍儿童的病例研究。这篇文章还论述了一个4岁儿童的独特

①《我们孩子的敌人》,第206页。

② 在某种程度上,心理分析和表现主义的结合,是以农伯格小姐一度与弗兰克(Waldo Frank)的婚姻为象征的。

③ 凯恩:《儿童生活中的艺术》,《进步教育》第3期(1926),第159页。

故事:这个儿童长时间地呆在厕所里。当一位教师为他提供帮助后,他回答说:"哦,特里,我在厕所里呆了这么长时间,是因为我对我的下身很感兴趣!"①人们设想,沃尔顿学校学生的家长们都赞成这种努力。可是农伯格小姐认为,其中有一些做法就是需要不断地消除家长们的疑虑。无论如何,漫画家再一次有可能获得意外的成功。

弗洛伊德学说对教育界的直接影响还是比较有限的。不管格林威治村的知识分子可能对"新心理学"热心到什么程度,大多数教师都依然不知道它的一些方法,受到的是联结主义②学说的教育。更确切地说,弗洛伊德学说对教育学真正深入的影响,是间接地来自公众对儿童心理分析概念的逐步接受。更具象征性的是,霍尔是美国第一个在讲课中提到弗洛伊德的人,弗洛伊德学说的直接作用是加速了"儿童研究运动"已经引起的教室中情绪气氛和权威模式的变化。最后,与其说我们必须找出弗洛伊德学说对教育学的真正意义,还不如说我们必须尽一切努力去建立一些明确地以心理分析学说为指导的学校。

215

VI

社会改良主义很可能从 20 世纪 20 年代儿童中心的华丽词藻中消失,但肯定没有死亡。更确切地说,它出现在各种教育理论之中。其中最有影响的观点是:工业化的发展加速了社会的变化,使得教师不再能确定学生最终会面临的那些问题。因此,教师只能通过提供一种通常能应用于所有社会问题的思维方法来为改革事业提供最佳服务。这种思维方法,当然是解决问题的方法,就像杜威在《我们怎样思维》(*How*

---

① 戈德史密斯:《儿童的性意识》,见卡尔弗顿(V. F. Calverton)和施马尔豪森(S. D. Schmalhausen)合编:《文明社会中的性》(纽约,1929),第 621—640 页。

② 联结主义(connectionism),美国心理学家桑代克提出的一种理论,强调情境和反应之间的联结,并认为这一联结的形成是学习的基础。——译者注

We Think,1910)和《民主主义与教育》(1916)中概述的那样。

在 20 世纪 20 年代最主要的进步主义者中,没有一个人能像哥伦比亚大学师范学院的克伯屈那样同这种观点有着如此密切的联系。在那些年里,克伯屈超过其他任何人,被人们公认为杜威理论的主要解释者和推广者。当时,杜威自己仍在继续论述这种思维方法。这主要反映在《人性和行为》(*Human Nature and Conduct*,1922)、《经验与自然》(*Experience and Nature*,1925)以及《公众及其他问题》(*The Public and Its Problems*,1927)中。克伯屈第一次遇见杜威是 1898 年在芝加哥大学的一个暑期班里。有趣的是,克伯屈追忆往事时说,他在那里没有找到他所希望的领路人。[①] 然而,九年后,作为哥伦比亚大学师范学院的研究生,克伯屈再一次在杜威指导下学习。这一次,他的看法发生了引人注目的变化。克伯屈在 1909 年春天的日记里写道:"杜威教授对我的思想产生了巨大的影响。我来到哥伦比亚大学师范学院,是希望为教育做凯尔德(John Caird)[②]曾为宗教所做过的事情。我放弃了向往一个封闭的世界的全部看法。"[③]据说,杜威后来给克伯屈的主修课教授麦克文尼尔(John A. MacVannel)写信说:"他是我有生以来最好的学生。"[④]

作为一个在佐治亚州出生的人,克伯屈怀着最后回到南方的希望来到哥伦比亚大学。1909 年,克伯屈在哥伦比亚大学师范学院兼职,教教育史。这标志着他一生与这所学校联系的开始。克伯屈最初出版的一些著作基本上都是批判性的。例如,他的博士论文《新荷兰和殖民地纽约的荷兰人学校》(*The Dutch Schools of New Netherland and Colonial New York*,1912)是一篇有价值的文章,重新讨论了究竟是纽约还是马萨诸塞州建立了最早的美国北部的学校。《对蒙台梭利教育体系

---

① 坦恩鲍姆(S. Tenenbaum)写了一本有权威性的但完全不加批评的传记:《威廉·赫德·克伯屈》(纽约,1951)。蔡尔兹的《美国实用主义和教育》(纽约,1956)第 7 章对克伯屈虽有批评,但更友好地评价了克伯屈的贡献。

② 凯尔德(1820—1898),英国哲学家、神学家。——译者注

③ 《克伯屈日记》,1909 年 5 月 14 日。

④ 同上,1909 年 5 月 19 日。

的考察》(*The Montessori System Examined*，1914)和《对福禄培尔幼儿园原理的批判性考察》(*Froebel's Kinder garten Principles Critically Examined*，1916)，是对一些教育理论的批判性评论，在美国引起了人们广泛的兴趣。克伯屈自己对这些早期的工作仍感到不满意。他 1914年在日记中写道："我作为一名成功的教师和学生，比作为一名成功的调查者或有创见的思想家要好得多；在希望作为教师和作家出名时，我没有理由希望为教育思想作出独特的贡献。……跟着杜威或其他人，我偶然有一个另外的看法。我也许能使教育过程更有条理化。因此，为了对我可能会做的事情抱有一线希望。"①

　　1918 年春天，克伯屈开始准备一篇文章，题为《设计教学法》(*The Project Method*)，旨在对教育过程"有目的的行为"进行理论分析。在构思过程中，他冥思苦索；在写作过程中，他又遇到了通常的一些困难。他因自己的计划受挫和对计划有疑虑而憔悴。这篇文章发表在《哥伦比亚大学师范学院学报》1918 年 9 月号上，克伯屈立即在国内和国际上赢得了很大的声誉。在以后的 25 年里，这篇文章以单行本形式重印了6 万本而广泛流传。

　　克伯屈在这篇著名的文章中努力把"在社会环境中进行全神贯注、有目的的活动"——他的"设计"的正式定义——表现为能使桑代克的联结主义和杜威的教育观点调和起来的教育原则。通过强调有目的的活动——与儿童自己的目标一致的活动，克伯屈试图给桑代克的效果律以最大的考虑，由此提高直接学习和伴随学习的价值。通过在社会环境中设计这种有目的的活动，克伯屈相信他能够促进某些伦理观念。因为在他看来，道德品质是"决定一个人对团体福利的行为和态度的素质"。在一门改编成为一系列设计的课程中，他看到了发展敏锐的智力和提高道德评判能力的最好保证。克伯屈得出结论："有目的的活动方法提供了各种更广泛的、有教育意义的道德经验，这种方法比我们学校通常的方法更接近生活本身，使它更好地适应对这些经验的教育评估

------

① 《克伯屈日记》，1909 年 5 月 19 日。

的需要,更好地为培养所有学生理智的道德品质做准备。"①

20世纪20年代,克伯屈的主要著作《方法原理》(*Foundations of Method*,1925)实际上是对"设计教学法"的详尽阐述。从杜威关于"学校是一个雏形的社会环境"的概念出发,克伯屈尖锐地批评了传统教育。他写道:"我们的学校过去从整个生活中选择一些唯智主义的工具(技能和知识),并把这些技能和知识分成阅读、算术、地理等科目,又分别教授这些技能和知识。我认为,只有学习了这些技能和知识之后,才能将它们重新组合成有价值的生活。现在,在我看来,这似乎是远远不够的。不仅做这些事不能组成整个生活,而且我们把注意如此集中在单独教这技能和知识上,以致不时为生活和个性方面的重要问题发愁。学会过好生活的唯一方法是参加实际生活。"②因此,设计教学法的问题就是为了设计一种尽可能"像生活"的教育。这是一种将通过实际上教生活事务而对更好的生活产生影响的教育。

克伯屈再一次提出,新的教育实质上是"全神贯注的、有目的的活动"。他解释说,这种活动总是分成四个步骤:目的、计划、实行和评价。教育中的重要事情就是保证这种目的和计划成为学习者的目的和计划,而不是教师的目的和计划。

一个与克伯屈对话的人问道:"你不认为教师应该经常补充计划吗?"克伯屈回答说:"例如,让一个男孩种玉米,要考虑到土地、肥料和人力的浪费。科学拟定了比一个男孩所能制定的更好的计划。我想,这取决于你所寻求的东西。如果你希望得到玉米,那么,就要为那个男孩制定计划。但是,如果你希望培养男孩而不是得到玉米,也就是说,如果你希望教那个男孩自己去思考和计划,那么,就要让他制定他自己的计划。"③克伯屈坚决不同意将"教科目"和"教儿童"一分为二,在《方法原理》一书中再三把"男孩"置于"玉米"之上。因此,不管有意还是无

---

① 克伯屈:《设计教学法》,《哥伦比亚大学师范学院学报》第19期(1918),第330页。

② 克伯屈:《方法原理》(纽约,1925),第108—109页。

③ 同上,第212页。

意,他的设计教学法不可避免地成为偏爱儿童中心的方法。

这种倾向显然由于他对所谓的"外部教材"或"预先固定的"教材的有力攻击而得到了加强。例如,克伯屈重申了杜威的论点:由科学和工业进展引起的经济和社会的巨大变化,迫使学校进行全面的变革。

一个与克伯屈讨论的人解释说:"只要人们固定地、静止地看待世界,他们的孩子就只能主要记住他们预料中的那些问题的答案,记住并适应一种固定的秩序,即我说的习惯。这就是我们将希望的那种学校,也就是我们的儿童正在学习的那种学校……"

克伯屈回答说:"是的,如果人们面对一个迅速变化的世界,那么在预料不到的环境中用预料不到的方法去改变什么呢?"

"噢,他们的教育将强调思考、批判的方法和行动的原则,而不仅仅是去做什么。是的,我这样认为。这种学校试图造就自力更生和适应性强的人,我们现代的学校真正不折不扣地按照这些方法去工作,不是更好吗?"①虽然这种情况肯定会继续存在,但人们决不能肯定变化将在哪里发生。这样,在道德、兴趣、行动方面,智力都是唯一的指挥者。学校应该教一些调查和证实真理的方法,而不是真理本身。也就是说,学校应该教儿童怎样想,而不是想什么。因此,一门课程的教材决不能预先确定下来,应该是学生在从事他们自己有目的、有计划的那些活动中涌现出来的知识。

现在,尽管这些信奉杜威学说的阐述是多么的清楚,但它们同杜威的学说有着重要的差别。杜威也谈论过解决问题是教育的中心,深刻地论述过儿童的兴趣和目的,②但是,他在芝加哥大学实验学校的工作

---

① 《方法原理》,第266—267页。这里提出的论点,是克伯屈20世纪20年代另一本主要著作的要点。在那本书中,他强调说:"尽管我们不能清楚地确定未来社会问题的细节,但是,我们能在真正的教育范围内更好地预言某些未决问题将亟待解决。这些涉及儿童年龄和兴趣的问题,将为所需要的那种学习……为未知的将来提供极好的教材。这里能够制定和学习'应付未来'的批判方法。那些教师并不知道这些问题的答案于事有益而无害。"见《变化中的文明社会的教育》(纽约,1926),第110页。

② 杜威在《从教育混乱中寻找出路》(坎布里奇,1931)中赞许地提到了"设计教学法",虽然他的确告诫过人们:这不是传统课程唯一可选择的方法,而且,过多的"设计"是这样的琐细,以致起了错误的教育作用。

是建立了一种代替旧课程的新课程——一批安排和设计得更好的新教材。这些教材从学习者的经验开始,以代表了种族积累的经验有组织的科目而结束。克伯屈则强调将来不能预测,坚决抨击"预先固定的"教材,最终怀疑那些有组织的科目,因此,不可避免地把杜威教育范例的天平移向了儿童。其结果是强调儿童中心。这使人想起,杜威自己最初在《儿童与课程》(*The Child and the Curriculum*,1902)中,后来又在《经验与教育》(*Experience and Education*,1938)中所抛弃的,正是这种观点。

有一些人坚决认为,不管克伯屈著作的含义是什么,他最终作为教师和讲演者,产生了最大的影响。克伯屈是一个擅长讲演的人。他的所有报告影响了数以百计的班级,设法使个人迅速改变观念和教学方法。然而,克伯屈本人厌恶满堂灌,但他在培养门徒方面给人的印象似乎特别深刻。他教过来自美国各个州的学生约 3.5 万人。那时,哥伦比亚大学师范学院培训了一大批对美国教育有发言权的领导者。从1918—1938 年期间,有能力的教师在哥伦比亚大学师范学院所开设的教育哲学高级讲座上,都对教育理论和实践产生了巨大的影响。克伯屈由于具有奉献精神,深受学生爱戴。这个讲座成为非常重要、传播进步教育观点的讲坛,使得进步教育运动在美国教师中依然保持着占统治地位的形象。

克伯屈强调方法是进步教育的精髓,与它相似的是俄亥俄州立大学博德(Boyd Henry Bode)[①]的工作。从 1921—1944 年,差不多有 25 年时间,博德使哥伦布成为教育哲学研究生课程的中心,在质量和重要性上显然可与纽约相匹敌。但是,博德的工作从来没有产生克伯屈在一生中所产生的那样的影响。其原因部分是个人的,部分是学校的,部分是偶然的。博德认为,自己是杜威的同代人,是一个受惠于杜威但又

221

---

① 博德(1873—1953),美国哲学家、教育家。——译者注

独立地通过"毕生的个人思考过程"得出许多杜威观点的人①；克伯屈泰然自若地认为，自己是杜威的门徒和解释者。博德毕生是进步教育的进步主义批评家；克伯屈是进步教育的阐述者，带着自己的专门理论、方法和技巧而载入教育学名册。最后，博德的工作很可能更类似于杜威，具有杜威的精神和特征；而克伯屈的工作是试图通过教师，使杜威的观点易于被公众所接受，最后变为与原著完全不同的改写本。

　　20 世纪 20 年代，博德出版了三本最主要的著作：《教育基本原理》（*Furdamentals of Education*，1921）、《现代教育理论》（*Modern Educational Theories*，1927）和《与学习相抵触的心理学》（*Conflicting Psychologies of Learning*，1929）。《教育基本原理》的倾向性显然是杜威的——"我经常不断、非常广泛地受约翰·杜威教授著作的恩惠"——对于师范学校学生来说，这本书读起来就像杜威的《民主主义与教育》的注释。但这本书已经提出了一些肯定是博德工作中心的批评性主题。博德注意到，如果教育与建设更美好的世界有一点关系的话，那么教育必须有一种清楚、明确的方向。在决定这种方向的过程中，再多的统计方法也不能代替艰苦的哲学思考。"除非知道我们准备去的地方有很多快乐，我们才会放心上路，加快步伐。结果大概是：我们的进步大多只是表面的。仅仅依靠发布解放宣言，我们摆脱不了过去的束缚。文化和实际之间形成的传统对立势必继续存在下去。事实上只要稍加思索就能意识到，文化能是实际的，或者实际能是文化的。一方面是职业科目，另一方面是文学和科学，而没有充分考虑有意义的社会环境，因此，事实上，文化的目的被打败了，民主的观念被留下来照

222

---

　　① 博德 1951 年写信给蔡尔兹，谈到自己的教育观。他说："从教育的观点来说，现代人主要烦恼什么呢？我想，事实上，现代人的文化遗产是一种多么糟糕的大杂烩。但是，天哪，他们自己还不知道。这就是使我烦恼的事情。我想，在这一点上，我还是有代表性的。我让自己相当好地梳理清楚了——我就是这样想的——因为我有一些突出的优点。一点是，我在名牌大学里教课；另一点是，我能年复一年地进行自我'思考'——当一个人靠自己思考的时候，这是一个令人难以置信的缓慢过程。如果我的老师不帮助我，而让我错乱地思考我应该思考的事情，我决不会原谅他的。"蔡尔兹：《美国实用主义和教育》，第 249 页。关于对博德贡献的评论，见蔡尔兹：《美国实用主义和教育》，第 9 章。

顾自己。如果教育要发挥它合法的领导作用,那么,教育必须阐明它的指导理想。"①

《现代教育理论》在 20 世纪 20 年代是对进步教育学的著名评论。当时,这本书的读者太少,以至今天实际上已被人们遗忘了。作为一本观察敏锐、有思想和充满人情的著作,它比任何书籍更接近杜威的著作,使博德在一战期间继续专注于教育学。在批评博比特-查特斯学校所制定的科学课程,并认为它是保守的理论之后,博德继续推敲设计教学法。就强调全神贯注、有目的的活动是反对形式主义而言,就反对敷衍了事、机械和没有意义的学校工作而言,博德是完全赞成设计教学法的。但是,把设计教学法作为制定课程的指导,却是另一回事。因为博德确信:"强调主动和有目的的活动,会使人经常神秘地相信'内部发展'过程。这种过程不需要从环境中得到什么。"②这种教育上的自然主义,由于天真地相信智力发展是自发的,因而误解了思考的真正含义,也就被博德断然拒绝了。

博德从这些批评出发,进而阐述自己的教育观。毫不奇怪,他的重点是在智力的培养上。教育必须使个人适合于改造他的世界。为了这个目的,科学、文学、艺术和职业都能作为一种手段。他与杜威辩论说:文化意味着"一个人有意义知觉的范围和精确性不断扩展的能力"。学校的工作是使人们转向文化,转向能力、敏感、知觉和评价能不断扩展的那种生活。当所有的人都被鼓励去过这种生活,而条件使得这种生活普遍成为可能时,理想的民主社会将开始出现。

博德如此重新陈述杜威的教育观,远不及克伯屈关于方法和课程可以怎样适应学校新要求的看法明确。但博德写的《与学习相抵触的心理学》阐明了这个问题,卓有见识地指出:在教育实践方面,不存在像心理学这样的东西,而只有心理。他像杜威一样,确信任何新的教育学都应该以个别学生为出发点;强调个人在教室中的创造力,要求人们改变遵从的旧的社会理想。作为一种技能,教师"不仅需要了解个别学生

① 博德:《教育基本原理》(纽约,1921),第 241—242 页。
② 博德:《现代教育理论》(纽约,1927),第 163 页。

的同情心、识别力以及他能达到目的的能力，而且需要进一步了解他随机应变的能力，这将使个别学生能够保持他的方法或程序，以便灵活地适应环境的需要"①。

　　这里，博德在很重要的一点上与克伯屈是背道而驰的。因为博德相信，没有一种普通的方法能够把新心理学的所有研究成果结合起来。他认为，事实上，甚至一些设计都能变成形式主义的——因为它们确实也有这种情况——因此，方法和程序就应该按照学习内容和受教育的儿童进行改变。学习方法和程序有时是自由的、非正式的，有时是受控制的、有条理的，但决不是一成不变的。博德曾对那些童子军领队说："塞耶(V. T. Thayer)把他的团体引进一个他自己所熟悉而又充满着他的追随者道德和智力发展的冒险和奇妙机会的国家。"人们不得不又一次回忆起杜威在《儿童与课程》中的那些话。

　　尽管对博德和克伯屈之间的差别作了如此论述，但也许要再一次强调：在有关进步主义观点的更大范围内，他们在观点上比大多数人更为接近。他们最初对联结主义的解释是不同的，但克伯屈在1948年颇有风度地承认，这个问题是博德教他的。② 值得注意的是，他们对进步主义传统中应该得到强调的那些因素的看法不同，但同杜威的观点是一致的，即教育是一种持续不断的经验改组的过程；他们都相信，教育的最大任务是发展一种致力于智力进一步发展的文化；他们也都认为，如果在精神和实际上没有一种彻底的变革，学校绝不能完成这个任务。显然，这些相似之处至少像评价博德和克伯屈在进步教育运动中更广泛意义上的某些差别一样重要。

_224_

---

　　① 博德：《与学习相抵触的心理学》(纽约,1929)，第284页。

　　② 克伯屈：《博德的哲学见解》，《哥伦比亚大学师范学院学报》第49期(1947—1948)，第271页。克伯屈是在1947年11月10日的一次讲演中承认的。当时，他授予了博德"威廉·H·克伯屈教育哲学杰出贡献奖"。

VII

考利所谓的"激进主义"——对资本主义罪恶的抗议——也在 20 世纪 20 年代的教育学环境里出现,可是明显采取了低调。维布伦 (Thorstein Veblen)对大学的事务主义提出了尖锐的批评。他的《美国 高等教育》(*The Higher Learning in America*,1918)拥有广泛的读者。 辛克莱(Upton Sinclair)①的两本评论集:《正步》(*The Goose-Step*, 1923)和《愚笨而没有经验的人》(*The Goslings*,1924),以及柯克帕特 里克(John Kirkpatrick)更客观的研究成果《美国大学及其它的支配者》 (*The American College and Its Rulers*,1926)也一样。斯坦恩斯(Har- old Stearns)的讽刺论文集《美国的文明》(*Cirilization in the United States*,1922)严厉斥责了美国中小学和大学借用批量生产的方法。这 十年间《新共和》发行的几期教育增刊也是这样。所有这些著作的主题 基本上都一样:在商人的死亡之手②从学校中移开以及教育的管理由教 师负责以前,谈论发展智力或改革课程都是愚蠢的。

没有一个人比康茨更坚定或更有见识地提出了这种对美国教育的 维布伦式批评。③ 作为一个在芝加哥大学受到斯莫尔(Albion Small)和 贾德(Charles Judd)教授培养的美国中西部人,康茨的博士论文反映了 1915 年应用算术量表调查克利夫兰学校的工作——他早就抛弃了教育 科学,开始了社会分析和社会批评的生涯。1922 年,他出版了一本关于 中学流生研究的著作,题为《美国中等教育的选择性》(*The Selective Character of American Secondary Education*)。在这本书中,他用具 体实例说明了事实与理想是相反的,中学按照种族、阶级和人种的办

---

① 辛克莱(1878—1968),美国政治家、作家。——译者注

② 死亡之手,喻历史影响。——译者注

③ 关于康茨生平和著作的讨论,见蔡尔兹:《美国实用主义和教育》,第 8 章。

法,就会使明显的不平等现象永远存在下去。康茨强调说:"目前,进入公立中学的绝大部分是比较富裕家庭的儿童。这就告诉我们,特权情况存在,即公共费用已扩大到那些已在现代社会中处于特权地位的阶级。穷人正在为对富人的儿童提供中等教育作出贡献,但是不会利用为他们提供的那些机会。因为他们不是太贫穷就是太无知。"[①]公立中学的精神和教学大纲变革所要求的,就是使公立中学真正成为人民的学校。如果公立中学真正服务于民主目的,那么,教育传统和行政管理就应该适应生活环境。

226

1927 年,康茨出版了《教育委员会的社会成分》(*The Social Composition of Boards of Education*);翌年,又出版了《芝加哥的学校和社会》(*School and Society in Chicago*)。这两本书都代表了对美国教育政策的先驱性调查。第一本书是对美国教育委员会成员中阶级偏见的严厉批评——地方教育委员会由商人、律师、医生、企业主和银行家支配——同时要求更坦率地承认制定教育政策过程中的政治和社会冲突。第二本书是对政治论争的分析,1927 年导致芝加哥市教育局长麦克安德鲁(William McAndrew)被撤职。在这本书里,康茨公开嘲笑教育应该"凌驾于政治之上"的观念,并强调指出,真正的需要是发明使学校成为更适应政治的工具。他建议说:"让教育委员会由职业团体、工人阶级、妇女俱乐部、较重要的宗教派别和其他团体的代表组成,通过间接的方法是不必要的。真正的差别会出现在坦诚而热烈的讨论中。"[②]此外,康茨严厉谴责缺乏才能和没有受过训练的教师,呼吁一个优秀的、组织得很好的职业,能在教育政策问题上清楚地、有权威性地发表自己的看法。他告诫人们说,在缺乏一个有权威性职业的情况下,甚至世界上最典型的管理都不能把学校从混乱的党派偏见斗争中拯救

---

① 康茨:《美国中等教育的选择性》(芝加哥,1922),第 151—152 页。
② 康茨:《芝加哥的学校和社会》(纽约,1928),第 357 页。

出来。①

227　　　最后,康茨在 1929 年把这多方面的批评综合成了可能标志他以后
30 年工作的总的看法。他在一本题为《中等教育和工业主义》(*Second-
ary Education and Industrialism*)的小册子中强调指出,根本的问题是
美国的教育改革从来没有真正面对工业文明社会的现实。在这之前,
教育改革将继续是一个修修补补的过程,最好也不过是一个处理表面
现象的过程。康茨强调说:"一所学校不能仅仅通过决议而具有社会进
步意义。它如果不接触社会的底层和社会生活的源头,那么只能是另
一种学究式人物感兴趣但肯定要夭折的教育实验。进步教育运动的创
立就像进步主义政党的建立一样困难。其原因差不多也是这样。如果
进步教育不是扎根于一些有深远意义的社会运动或社会倾向的话,那
么它只能是一种欺骗的手段。尽管知识分子的所有努力是善意的,但
社会将固执地选择它自己的生路。"②学校决不可能是工业文明社会的
原动力,但能通过保持与社会的接近,成为使社会博爱仁慈的文化工
具。这里有一个历史上空前的教育机会,教师敢于接受这个挑战吗?③

　　　康茨的著作肯定属于 20 世纪 20 年代杰出的进步主义者的陈述,
还有少数人把它们看做进步教育的陈述。但人们的注意力过于集中在
拉格和舒马克 1928 年在他们的著作中赞美的"儿童中心学校"上了。
可是,随着经济萧条的开始,激进主义在政治或教育领域似乎不再过
时,事实上,放荡不羁的出现倒是有点过时的。具有社会意识的进步教
育概念被 20 世纪 20 年代的标新立异者贬为遵守习惯者的说教。现在

---

①　康茨在这里把对进步教育运动的两种政治攻击拴在一起:一种是有力的人民
党主义,反映在有代表性的教育委员会里;一种是有力的职业主义,反映在组织良好、
受过科学训练的教师团体里。这两个论题,在论述美国教育政策的著作中太难得地聚
在一起。例如,科南特(J. B. Conant)最近在《儿童、父母和国家》(坎布里奇,1959)中
强调说,教育改善之路最终要通过公民的活动,而李柏曼(M. Lieberman)在《公共教育
的未来》(芝加哥,1959)中强调说,职业主义是唯一的答案。见我在《进步主义者》1960
年 4 月号上的评论。

②　康茨:《中等教育和工业主义》(坎布里奇,1929),第 68 页。

③　康茨在小册子《学校敢于建立一种社会新秩序吗?》(纽约,1932)中,以更醒目
的形式反复论述"敢于"。

看来,这种意见是非常中肯的。作为杜威早期著作中心的改良主义者的重点,再一次逐渐占据了显要的地位。①

　　虽然这个新的重点相当普遍地出现在 20 世纪 30 年代的教育论著中,尤其出现在全国教育协会的教育政策委员会、美国历史学会(American Historical Association)的社会研究委员会以及美国教育理事会的美国青年委员会的工作中,但它已相当平常地(十分适当地)与哥伦比亚大学师范学院联系了起来。这种联系的起因,似乎在于一个非正式讨论的小团体。它是 1927 年以克伯屈为核心组织起来的。拉格回忆道,虽然他和克伯屈 20 世纪 20 年代初就开始系统讨论美国学校的改造,但他们在工作上是没有什么联系的。接着,其他志趣相投的进步主义者开始一个又一个地加入了哥伦比亚大学师范学院的教师队伍。他们是康茨、蔡尔兹(John L. Childas)②、劳普(R. Brnce Raup)、华生(Goodwin Watson)③、E·布鲁纳(Edmund Brunner)、纽龙(Jesse Newlon)、克拉克(Harold E. Clark)和 F·E·约翰逊(F. Ernest Johnson)。这个小团体从 1927—1934 年,定期举行讨论;从 1934—1938 年,间断地举行讨论;此后几年,又定期举行讨论。由于杜威和其他人的加入,这个小团体有一个时期改变了克伯屈任主席主持的两月一次的讨论。

　　拉格详细地写道:"这种讨论不仅海阔天空,而且最远的还涉及人类在改变工业主义文化以及学者研究、科学和艺术解释上的每一个新观点。我们都彻底改变了我们个人对社会和文化的看法以及对'全人'(whole person)的生物心理学理论的看法,又发现了物理学的新的相对论概念的含义。"到 1932 年,这个小团体已用一种特别的方法表示了知

---

　　① 卡吉尔(O. Cargill)在《知识分子的美国》(纽约,1941)中深刻地论述道:20 世纪 20 年代的主要人物是"攻击传统观念的人",而 30 年代的主要人物是这里有关的"塑造者"。按照他的告诫,不能把 1929 年 10 月 29 日作为美国知识分子史上非常明显的突变的标志。参见格科(L. Gurko):《愤怒的十年》(纽约,1947)和考利 1951 年新版《流亡者归来》中的后记。

　　② 蔡尔兹(1889—　　),美国教育哲学家。——译者注

　　③ 华生(1878—1958),美国心理学家、行为主义的创始人。——译者注

识分子的内聚力,赞成"福利国家的一般概念,是与民主原则的制定完全一致的"。很有趣的是,拉格又补充说:"我们中间除两个人(很可能是康茨和蔡尔兹)外,全都不是政治组织的成员,或不参加政治组织。我们的工作限于研究和批判地评价政策、信条、规划和方针。这正在实践我们所提倡的东西——富有活力的成人教育。"①

当这个新"领域"的名称开始出现时,有关它的第一次重要的系统阐述就被收进一本题为《教育新领域》(*The Educational Frontier*,1933)的著作中。这本著作并不直接源于哥伦比亚大学师范学院这个团体,而宁可说是源于一些专业年鉴在世界上诞生的那个阵痛过程。1932年,全国师范学院教师学会(National Society of College Teachers of Education)任命一个由克伯屈(主席)、博德、杜威、蔡尔兹、劳普、赫尔菲什(H. Gordon Hullfish)和塞耶组成的委员会。这个委员会发表了一个声明,指出教育哲学要适应当代的"社会和经济状况"。声明的所有的作者都持有与杜威同样的见解。7人中有4人是克伯屈团体的成员。难怪这本书的出现,实际上是再一次声明杜威哲学适应经济萧条的美国。

《教育新领域》的论点是,只要巨大的社会变革受到科学和技术的影响,教育的任务就应该是"为使个人理智地参加生活环境的管理做好准备,使他们理解那些正在变化的力量,并用一些智力和实践的工具装备他们。因为他们通过这些工具能自己研究这些力量的方向"②。获得此种教育的关键在于三个方面:一是大规模的成人教育课程——通过在工业文明社会的现实中创造一种有教育意识的公众方式,为经过彻底修改的学校课程提供政治和教育的支持;二是完全重新确定专业教

230

---

① 拉格:《美国教育基础》,第578—582页和《教师的教师》,第225页。克伯屈团体也为1935年成立的约翰·杜威教育文化研究会(John Dewey Society for the Study of Education and Culture)提供了核心。这个学会出版了一些有影响的年鉴,其中有克伯屈编的《教师和社会》(纽约,1937)、艾伯蒂(H. B. Alberty)和博德合编的《教育的自由和民主》(纽约,1938)、拉格编的《民主和课程》(纽约,1939)、阿克斯特尔(G. E. Axtelle)和沃滕伯格(W. W. Wattenberg)合编的《为民主而战的教师》(纽约,1940)。

② 克伯屈编:《教育新领域》(纽约,1933),第71页。

育的方向——大力强调历史和社会科学,因为它们将提醒教师注意当代紧迫的社会问题;三是大力改革行政管理制度——在这个制度下,教师和学生能在学校的实际管理中发挥更主要的作用。

书中由杜威和蔡尔兹共同构思并由杜威撰写的两章,阐述了教育的哲学基础。对一个用最广泛词句表达的学校教学大纲的要求,与"在我们是其中一部分的那代人中,标志和划分我们家庭、经济以及政治生活的需要和问题有着明确的关系"①。正如杜威开始时的教育观一样,要求一所接近生活的学校进入人们有能力理解的社会,作为人们理智的社会生活的一部分并进行变革,以便适合人们更美好的生活理想。杜威再一次看到,教育的变化与政治的变化是"相互关联和相互影响的"。他告诫人们说:"社会变化(轻微的或革命的)不能没有人们有愿望和目的的行动。这种永恒的联系是通过教育实现的。"②这使人或多或少地联想起杜威 1897 年的信条——"教育是社会进步和社会改革的基本方法"。

像先于它的《儿童中心的学校》一样,《教育新领域》是那十年中进步主义者一个特有的声明。因此,在第一次世界大战后进步教育所有重要的著作中,它无疑是最冷静和最现实的。然而,人们在读完这本书后却有一种忧虑感,即尽管它诡辩,但它在教学大纲问题上是很天真的。教师——不像是人口中最勇敢的那部分人——不仅仅是被请去承担重大的责任。相反,所有谈论变革的教师,只有几个可怜巴巴的与课程、方法和组织有关的具体榜样,他们日复一日地关心某种学校生活的状况。除了不断地、令人生厌地鼓吹实践性外,这本书很少论及去做什么。所以,这样的一代教师发现自己理解了:《教育新领域》中的克伯屈是指导他们的社会观,而《方法原理》中的克伯屈是指导他们的实践——不管两个克伯屈可能有多大的差别。不管他们怎样猛烈地批评他们的前辈愚蠢,这是 20 世纪 30 年代改良主义教师从未真正解决的一个问题。

---

① 《教育新领域》,第 36 页。
② 同上,第 318 页。

　　如果《教育新领域》是那十年中进步主义者特有的声明,那么,《社会新领域》就是有特色的进步主义者刊物。创办一份杂志的计划,最初由哥伦比亚大学师范学院两位研究生格罗斯曼(Mordecai Grossman)和沃尔菲尔(Norman Woelfel)提出,后来由克伯屈的团体接替。其目的是为改良主义者团体提供一种公开讨论的工具。最后确定下来的 27 名董事的名单,读起来就像是 20 世纪 30 年代一本进步主义者的《名人录》。克伯屈担任董事长,康茨当选为主编。不过,作为副主编的格罗斯曼和沃尔菲尔,在这份杂志创办初期和最有生气的那几年里做了大量工作。

　　《社会新领域》1934 年 10 月的创刊号刊登了一个方针声明,指出了自由个人主义的死亡以及随之而起的集体计划和管理,并极力主张探究清楚这些变化对社会和教育改造的意义。正如人们所期望的,这种教育观是非常广泛的:"《社会新领域》承认,它反对狭隘的教育概念……相反,在教育的兴趣范围内,它包括所有那些对人的形成的影响和作用,足以把个人——无论老幼——引导到团体的生活和文化中去。人们认为,教育是文化进化过程中的一个方面,因此,不想促进一种有限的、专门的职业主义,而宁可在推进绝大多数人(他们从事社会的工作——在农场、船上以及矿山、商店和工厂劳动)的幸福和利益的过程中专心考虑教育的广泛作用。"①

　　这份杂志始终非常维护它的自身形象,尤其在创刊初期。它的版面对当时一些主要的进步主义者很有吸引力;它的新闻评论水平常常可以与竞争对手《民族》和《新共和》相媲美。杜威以及后来的克伯屈都定期为它提供文章;比尔德(Charles Beard)②、芒福德、奥格伯恩(William F. Ogburn)③、费尔蔡尔德(Henry Pratt Fairchild)④、布利文

①《社会新领域》第 1 期(1934—1935),第 4—5 页。沃尔菲尔的文章发表在《新共和》第 80 期(1934)第 217 页上。文章指出,《社会新领域》这份新杂志"表示教育界中社会和经济问题的所谓'左翼思想'的具体化"。
② 比尔德(1874—1948),美国历史学家、政治学家。——译者注
③ 奥格伯恩(1886—1959),美国社会学家。——译者注
④ 费尔蔡尔德(1880—   ),美国社会学家、经济学家。——译者注

(Bruce Bliven)①、赫钦斯（Robert M. Hutchins）②、吉登斯（Harry Gideonse）和柯蒂(Merle Ourti)都曾经是它的撰稿者。《社会新领域》1935年1月号刊登了一次对"满堂灌"的精辟讨论,由丹尼斯(Lawrence Dennis)③、希德（F. J. Sheed）、布鲁德（Earl Browder）、科伊（George Coe)④、博德、吉登斯和康茨撰写;两个月后的3月号又刊登了深刻论述学校行政人员政治作用的专题论丛,由杜威、比尔德、拉格、纽龙和蔡尔兹撰写。在整个20世纪30年代里,《社会新领域》实际上是唯一的专门提供给教师的杂志;这些教师公开地、直截了当地讨论了思想意识时代的那些思想意识问题。

　　康茨、格罗斯曼和沃尔菲尔继续编辑这份杂志,一直到1937年。在他们的领导下,这份杂志的发行量迅速上升,一些年来都在5000份左右,但在经费上入不敷出,以至连续几年赤字,只得依靠赞助它的团体来解决这个问题。1937年,哥伦比亚大学师范学院的哈特曼(George Hartmann)担任了杂志主编。在三年的任职期间,他几次主动提出由进步教育协会接办这份杂志,把它作为进步教育协会的喉舌。1939年,在连续几次拒绝之后,进步教育协会表示愿意接办这份杂志,但要求将它改名为《民主新领域》(Fromtiers of Democracy),并成立一个新的编辑委员会,以消除激进主义的污名。进步教育协会的这些条件得到了同意。于是,一份新的杂志出现了。从1939—1943年,克伯屈和进步教育协会的一名官员小海默斯(James L. Hymes. Jr.)负责杂志编辑工作。进步教育协会执行委员会行政会议决定停办这份杂志以前的最后几期,是由拉格编辑的。不过,这份杂志那时已基本上失去了它作为教育上改良主义原理的"传声筒"的作用,已经结束的最恶劣的经济萧条期以及第二次世界大战已使这份杂志按传统方式编辑的最后几期蒙上了阴影。

233

---

① 布利文(1889—　),美国杂志主编。——译者注
② 赫钦斯(1899—1977),美国教育家。——译者注
③ 丹尼斯(1893—　),美国新闻记者。——译者注
④ 科伊(1862—1951),美国教育家。——译者注

回顾一下《社会新领域》，它是美国改革史上值得重视的一段颇为迷人的插曲。这份杂志无疑是 20 世纪 30 年代真正的进步主义者的喉舌。尽管它的优点并不是一贯的，但它一直生气勃勃。确实，强调对它的阐述，使人很快就回忆起它发行时的那不屈不挠的几年。然而，尽管害怕"通过教师党，哥伦比亚大学能控制美国"①，但这份杂志就像先于它的《教育新领域》一样，莫名其妙地被证明在改变实际中是无效的。例如，那些研究过新政时期(New Deal)②教育政策变化的人就指出，教育政策没有受到《社会新领域》的影响；如果全国教育协会对罗斯福的政策影响不大，那么，《社会新领域》的影响就更小。③ 因此，除社会学科领域之外，教育的方法也仍然没有触及。理论家和实践者之间的鸿沟正在教育界加宽，而《社会新领域》的那些杰出的争辩者，不过被那些不怎么富于想象的人用更特别的教育秘方战胜了。最后，这份杂志在公众心里留下了又一个进步教育的形象，即那幅激进的教师用学校去破坏美国生活方式的漫画——对一个竭尽全力试图在经济萧条的混乱中维护那种生活方式的团体讥讽式的批评。④

VIII

杜威虽然在战争期间转而考虑其他事情，但依然对教育变革深感

---

① 《时间》，1935 年 7 月 17 日，第 48—49 页。

② 新政时期，指美国总统罗斯福的政府执政时期(1933—1939)。——译者注

③ 蔡特林(H. Zeitlin)：《美国教育中的联邦关系，1933—1944：新政时期改革和革新的研究》(未发表的博士论文，哥伦比亚大学，1958)。

④ 由于公众指责《社会新领域》受到了共产主义者的影响，所以，提到艾维森(R. W. Iversen)在《共产主义者和学校》(纽约，1959)中的评述是有趣的。艾维森说，美国一些共产主义教育理论家实际上从康茨和《社会新领域》那里借用了"学校能够在社会制度的改变中起决定性作用"的观点。这个观点从未太流行。可是，20 世纪 30 年代普通的无产阶级小说使得美国教育道路受到公众普遍的嘲笑。

兴趣。他的许多文章可以作证。① 然而,20 世纪 20 年代之后,杜威很少成为进步教育运动的解释者和综合者,而渐渐成为它的批评者。例如,早在 1926 年,他就以一种他的著作中不常见的尖锐语气,抨击"儿童中心学校"的学习缺乏成人指导。杜威指出:"这种方法实在愚蠢。因为尝试不可能的事情,所以它始终是愚蠢的;它误解了独立思考的条件。"他告诫人们说,自由既不是与生俱来的,也不是指没有计划。与有经验的、对自己的传统有见地的教师合作,这就是能够做到并有步骤地做到的事情。杜威坚决认为,儿童不知道什么方法最好!②

　　两年后,即《儿童中心的学校》出版的同一年,杜威利用对进步教育协会作重要讲演的机会重申己见。他强调说:"进步主义学校重视个性,有时似乎认为有条理地组织教材是与学生的个性需要敌对的。但是,个性是在不断发展的,而不是瞬间产生的和现成的。"他继续说,不要反对个性原理,一些系统组织的活动和教材是促使个性发展的唯一办法;教师凭借较丰富和较完全的经验,不仅有权利而且有很大的义务去帮助学生从事工作。③

　　1929 年,在一篇题为《教育科学的来源》(*The Sources of a Science of Education*)的措辞尖锐的论文中,杜威对唯科学主义最终支配进步教育的一些观点提出了类似的疑问。他告诫人们说,教育基本上是一门艺术,而不是一门科学;只有当教师试图更理智地对待他们打算为之服务的目的和他们计划实现这些目的的实践时,教育才能成为科学。杜威指出:"教育科学的资源是教育工作者亲自获得的真知灼见的一部分。通过参与,教育的功能得以发挥,教育比以前更进步、更有人性和更真实。但是,人们无法发现什么是'更真实的教育',除非通过教育行动本身的继续。这种更真实的教育从未实现过;但对这种更真实的教育的追求又始终在进行。也许可以从一些已有科学声誉的材料中直接

235

----

① 这些文章被重印在杜威的《今日教育》(纽约,1940)之中。

② 杜威的文章最初发表在《巴恩斯基金会杂志》上,后又重印《艺术和教育》(梅里诺,宾夕法尼亚,1947)之中。见此书第 32—40 页。

③ 杜威:《进步教育和教育科学》,《进步教育》第 5 期(1928),第 197—204 页。参见《新学校中有多少自由》,《新共和》第 63 期(1930),第 204—206 页。

不费力或立即见效地找到教育范围以外问题的答案。但是,这样的寻找是一种放弃,是一种屈服。其结果最终将使实际操作中的教育减少为一种更好的科学提供资料的机会。"①杜威在继续把哲学看成是"一般的教育理论"的同时,强调指出教育本身是一个比科学更广泛的范畴,因此,教育要成为一门科学,就绝不能只限于"一般的教育理论"这个术语的基本含义。

杜威对 20 世纪 30 年代激进主义的反应,是始终不渝地坚持他早期的论点。拉普谈到:杜威有一次告诉他,杜威早期和后期的教育著作之间的差别是,前者一般地论述社会,后者是在特殊的时期论述特殊的社会。即使如此,杜威在 20 世纪 30 年代还是强调一种培养对社会问题敏感并有能力对它们起作用的有才智的人的教育。对康茨提出的"教师敢于建立一种社会新秩序吗?"这个问题,杜威回答说,在一个政治和教育力量复杂的工业社会里,学校绝不可能是政治、智力和道德变化最重要的决定因素。"然而,尽管学校不是充分的条件,但它是理解和认识'要维持一种真正变化了的社会秩序'的必要条件。"②杜威有一次对全国教育协会说:教育工作者开始充分认识社会变化以及社会变化对学校影响的事实,这就是变革。③

杜威坚决反对教给学生固定的社会信念,但又确实主张,对于进步学校来说,教师应该挑选促使旧秩序变化的科学、技术和文化的力量,评价它们的成果,考虑一下做些什么才能使学校成为它们的伙伴。④ 当然,对于一些人来说,这是一种极端的"满堂灌"形式。杜威一方面受到保守主义者的批评:他的概念使学校陷入一种站不住脚的直觉主义之中;另一方面又受到进步主义者的批评:任何成人指导都是没有根据

---

① 杜威:《教育科学的资源》(纽约,1929),第76—77页。

② 杜威:《教育和社会变化》,《社会新领域》第 3 期(1937—1938),第 237 页;《教育能够参与社会改造吗》,《社会新领域》第 1 期(1934—1935),第 11—12 页。

③ 杜威:《适应变化着的社会制度的教育》,见全国教育协会:《讲演和活动记录》(1934),第 744—752 页。

④ 杜威:《教育和社会变化》,《社会新领域》第 3 期(1937—1938);《教育,民主主义和社会经济》,《社会新领域》第 5 期(1938—1939),第 71—72 页。

的,是强加给儿童的。

杜威用肯定会成为他 20 世纪 30 年代最重要的教育著作的《经验和教育》(*Experience and Education*,1938)来回答这两种人。这本书实际上是杜威各方面教育观点的重申,而这些教育观点是他 20 多年来在被批评、歪曲和误解的过程中形成起来的。也许除了尖锐的语调外,这本书基本上没有什么新意。杜威建议,进步教育应该开始"用教育本身的词句,而不是用关于教育的某些主义,甚至'进步主义'这样的词句来思考。因为任何用一种主义的词句来思考和行动的运动,都会不由自主地卷入反对其他主义的倾向之中,不知不觉地受到这些主义的控制。因为这个运动是通过反对其他主义,而不是通过对实际的需要、问题和可能性作全面的、建设性的调查来形成它的原则的"[①]。杜威一直是一个敏感的观察者。1938 年,他已经能够察觉到思想意识上的分裂肯定会瓦解进步教育运动。

假如这些对他的看法是正确的话——顺便提一下,这种看法在继续,直到他 1952 年逝世为止——那么,人们对难以置信的歪曲感到惊讶。这种歪曲代表了当代一些人对杜威在进步教育发展中作用的评价。杜威的著作适合于所有的读者。其中一些著作已被翻译成 12 种以上的文字,还有许多著作现在还在出版。然而,对杜威的作用最粗俗的丑化,却来自美国国内和国外在其他各方面颇有才华的评论者。人们对其中的原因感到诧异。

这里,必须作一些说明。例如,人们经常讨论到的杜威文体,被埃德曼(Irwin Edman)[②]说成是"笨拙的、经常出差错的";被联邦最高法院法官霍姆斯(Oliver Wendell Holmes)[③]说成是"不善于表达内心思想

[①] 杜威:《经济和教育》(纽约,1938),第 6—7 页。这本著作的尖锐语调也贯穿在杜威最后发表的那篇教育论文,即他为克拉普(E. R. Clapp)的《教育资源的使用》(纽约,1952)一书所撰写的引言之中。

[②] 埃德曼(1896—1954),美国哲学家。——译者注

[③] 霍姆斯(1841—1935),美国法学家、作家。——译者注

238

的";被詹姆斯说成是"讨厌的,甚至可以说是讨厌的上帝"。① 在同"二元论"所作的斗争中,杜威经常解释像"经验"、"生长"、"探究"、"兴趣"等一些词。这些词的含义如此的多,以致能被其他人随意解释。人们只需要注意一下教育界关于他的"教育即生长"以及"除了更多的生长,没有别的东西是与生长相关的"观点的争论,就清楚了。确实,人们如果读完《民主主义与教育》,就能获得相当清楚的概念:杜威的"生长"意味着什么。对于那些未读完杜威著作而又引用他的著作的人来说(如果他们确实读过的话),困难就太多了。对杜威的歪曲,不能只追究到文体。因为假如杜威的支持者和贬低者都承认他的著作是半教育的,那么,他们在那些年里对杜威著作的注释和批评就是理智的;而且,尽管杜威的文体华而不实、平铺直叙,但是他的论点归根到底是能够被人们理解的。

这种文体问题又与门徒身份的问题纠缠起来,杜威遭受了一种所有重要的思想家都逃脱不了的厄运。因为所有有影响的思想几乎都是通过定义而得到广泛使用的,而历史学家直接面对的困难任务是怎样确定那些不可避免的曲解的责任者。例如,克伯屈的 3.5 万名研究生实际上受杜威的影响到什么程度? 或者反过来说,杜威应对"设计教学法"(作为杜威哲学的教育外延,克伯屈阐述和提倡了 40 年)负责到什么程度? 在进步教育运动中,杜威直截了当地阐述了他同克伯屈的差别,以及对于这种差别他应负什么责任。虽然杜威是一个绅士,但在缺乏这种阐述的情况下,无论克伯屈怎样曲解他的思想,杜威都应该负责吗? 现在,如果这些同样的问题又被其他许多隔了一代、两代和三代的门徒提出来,那么,评价杜威影响的困难就太大了。这个问题不能仅仅依靠杜威实际上说过什么来解决,虽然这经常可以消除误解。因为一个人的影响往往会超出他的意图,有时甚至到了完全意想不到的程度。

---

① 埃德曼:《约翰·杜威:他对美国传统的贡献》(印第安纳波利斯,1955),第 23 页;豪(M. P. Howe)编:《霍姆斯——波洛克来往书信集》(两卷本,坎布里奇,1941)第 2 卷,第 287 页;拉拉比(H. A. Larrabee):《作为教师的约翰·杜威》,《学校与社会》第 87 期(1959),第 379 页。拉拉比提到,詹姆斯的评论是同已故的普林斯顿大学斯波尔丁(E. G. Spaulding)谈话的一部分。

最后，也许是最重要的，存在着的"时代错误"问题，是由杜威自己的概念"哲学是社会的批评"得到强化的问题。杜威毕竟沉浸于 20 世纪初的城市进步主义思想之中，他的教育著作必须被看做与维布伦、简·亚当斯和里斯的著作属于同一个类型。杜威有一次写道，对教育目的的阐述，是一个在特定的时间里强调的问题。"因此，我们不强调不需要强调的问题……我们根据已发生的一些变化来制定我们明确的目的。"[①]在过分形式主义的时代里，杜威要求：使学校更接近生活；在教育不平等的时代里，他谈论文化民主；在放纵的经济个人主义时代里，他呼吁一种新的"社会化教育"，以促进人们社会责任感的发展。杜威的批评适时而具有最大的力量。因此，重新有自我意识的教育界把他作为最重要的预言家，应该说是不奇怪的。

然而，杜威批评适时的做法使得一些当代评论者遇到了最大的困难。虽然杜威的"社会精神"绝不意味着产生 W·怀特（William Whyte）[②]所主张的"驯顺的人"，但是，在今天的合作时代，似乎有许多人为这种人辩护。不管从《民主主义与教育》到生活适应教育委员会声明的知识界的情况多么复杂，这些情况是能描述出来的。1916 年，有位评论者写道："尽管杜威先生出色地保卫了个人主义，但他的道德理想是'善于交际者'的"，这充其量不过是表达了一种少数派的观点；今天，这样的批评更加流行了。实际上，不管对"对杜威理想驯顺的人"的指责（这种指责甚至会涉及杜威对美国教育的影响）多么令人反感，仅仅依靠引证名人著作是驳不倒这种指责的。因此，有必要进一步系统地研究杜威的著作以及他写作的背景条件，以便能把杜威所引起的学校变革与他谈论说明或者实际上批评的学校变革区别开来。在缺乏这种研究的情况下，杜威将仍然是美国人民对教育希望和绝望的一个象征。这会在他们历史上某些特定的运动中表现出来。

---

① 《民主主义与教育》（纽约，1916），第 130 页。
② W·怀特（1917—　），美国作家、编辑。——译者注

第七章 进步教育协会

I

240   1919 年,一个协会在进步教育运动中应运而生。一位年轻人科布不仅开始对教育改革感兴趣,而且成了教育改革的倡导者。科布和华盛顿一些志趣相投的女士想成立一个组织,来推进教育改革事业的发展。他们对协会的名称进行了讨论,没有采用"实验学校促进会"(The Association for the Advancement of Experimental Schools)和"新学校促进会"(The Association for the Advancement of the New Schools)这两个名称,而是以"进步教育促进会"(The Association for the Advancement of Progressive Education)来命名他们的组织。① 1919 年冬天,他们起草了一个有关协会原则的声明。声明说:"进步教育的目的是以对
241 人的心理、生理和精神,以及社会的特性和需要进行科学研究为基础,促使个人得到最自由和最充分的发展。"他们还制定了组织计划。埃利

————————

① 科布:《进步教育协会的创立和早期活动》(未发表的著作,现存于哥伦比亚大学师范学院图书馆)。关于这个协会的早期历史,见贝克的《美国进步教育,1875—1930》(未发表的博士论文,耶鲁大学,1942),以及博瓦德(B. J. Bovard)的《进步教育协会史,1919—1939》(未发表的博士论文,加利福尼亚大学伯克莱分校,1941)。在这两篇论文中,贝克的研究更为突出。最近,哥伦比亚大学师范学院的格雷厄姆(P. A. Graham)正在撰写一篇有关这个协会历史的新的博士论文。

奥特成为这个协会的名誉主席,这对科布来说是致命的打击。[1] 1919年4月4日,在华盛顿公共图书馆的大厅里,"100多人"开创了这个新协会的历史性事业。[2] 从此,教育改革运动蓬勃发展起来。正如那些倡导者所说,无论是好是坏,进步教育的事业与进步教育协会的命运是息息相关的。

科布曾在1929年回忆道:"从一开始,我们的目标中就没有'谦虚'这个词。我们的目标可以说是要改革美国的整个教育制度。"[3]这个目标在科布的心里显然已酝酿了很久。19世纪末,科布还是马萨诸塞州牛顿中学的学生时,"就特别讨厌死记硬背的学习方法,尤其是语言方面",但是,英语老师A·乔治(Andrew George)的课却"始终充满着激情"。"在A·乔治的指导下,我们还会因为无用的背诵而厌烦吗?根本不会!乔治先生在每节课的前十分钟安排计分的书面测验,余下的时间都安排自由讨论。讨论的范围从英国文学的主要思想到世界上的任何问题。"后来,当科布在牛顿中学任教时,他尽力仿效A·乔治的教学方式,也在课堂上安排自由讨论。1917年,他在美国海军学院教授英语,这时"教育上的官僚主义和大普鲁士主义已发展到极点"。对此,他深感愤怒,并渴望建立一所属于他自己的学校。那是不奇怪的。[4]

科布开始在教育界进行调查。他访问了一所"有机学校"(Organic School)。这所学校是他在马萨诸塞州的同事艾尔斯(Milan V. Ayers)夫人按照M·约翰逊的原理建立的。科布"被这所学校的自由气氛和孩子们身上的自主精神迷住了"。不久,他在巴尔的摩听了M·约翰逊本人的讲演,还见到了刚建立的帕克学校的年轻校长E·R·史密斯(Eugene Randolph Smith)。科布读了《明日之学校》这本书,高兴地了

---

① 科布的堂兄欧内斯特·科布(Ernest Cobb)在《决战中的一步》中记述了对埃利奥特的邀请。见此书第9—10页;科布在《进步教育协会早期阶段的冒险故事》一文中也作了这样的记述。见《进步教育》第6期(1929),第71—72页。

②《巴尔的摩太阳报》,1919年6月1日,第A—14页。

③ 科布:《进步教育协会早期阶段的冒险故事》,《进步教育》第6期(1929),第68页。

④ 科布:《自传笔记》(未发表的著作,现存于哥伦比亚大学师范学院图书馆)。

解了其他一些学校正在进行的教育实验计划。

　　M·约翰逊夫人经常参与教育改革活动,并要求科布建立一个教育协会来作为她工作的后援。约翰逊给科布一张名单,上面列出了华盛顿地区可能会有兴趣给予支持的人的名字。其中包括威廉斯(Laura C. Williams)夫人。她是华盛顿小型讨论会的发起人和组织者,也必然会成为进步教育协会的早期支持者。有一段时间,科布尽管认为建立这样的协会或许只是他自己的一所"有机学校"而没有认真考虑,但还是放弃了这种想法,赞成一个让不同的教育工作者和家长能够聚在一起交流思想的更广泛的协会。1918年秋天,当科布回到安纳波利斯的时候,他拟出了这个新协会的初步计划,交给了E·R·史密斯,并认为这个组织既能引起外行人的兴趣,也能引起专业工作者的兴趣。科布说:"我发现,很多母亲对现行的教育方法深感不满,都想得到一种新的和更为有效的方法。这就有可能为教育改革运动打下很好的基础。"①E·R·史密斯对此也很热心。他们两人决定朝着这个目标继续努力。

　　1918年冬天,一个小组开始定期在威廉斯夫人的家里开会。他们为新协会起草计划,认为协会的"重点是把那些分散的和不统一的力量集中起来,以便使教育改革能在全国各地继续进行下去"。科布、E·R·史密斯和华盛顿蒙台梭利学校的女校长A·E·乔治一直参加这个小组的活动。偶尔参加的,还有M·约翰逊和附近格切学院的教授弗罗利切(Hans Froelicher)、一所地区幼儿园教师利比(May Libbey)、华盛顿慈善家帕森斯(A·J·Parsons)夫人和科布的朋友艾尔斯夫人。除了选择协会的名称和解决组织安排外,这个小组的最主要任务是拟定一个能够引导这场运动的原则声明。下面的声明很清楚地表明,它是E·R·史密斯和约翰逊夫人观点的综合。②

243

------

① 科布:《进步教育协会的创立和早期活动》。

② 《进步教育促进协会》(Association for the Advancement of Progressive Education)(华盛顿)。

1. 学生有自然发展的自由

应该根据社会的需要，而不是根据随意的法则来指导学生自治。但是，这并不意味着自由应该成为放纵，也不是说教师即使是在必要的时候也不行使应有的权力，而是说应该为培养学生的主动性和提高他们的自我表现力而为学生提供充分的机会，并且为每个学生提供一个良好的环境，让他们自由地利用周围环境中丰富多彩和令人感兴趣的材料。

2. 兴趣是全部活动的动机

应该通过以下途径来发展和满足学生的兴趣：（1）让学生直接和间接地接触现实世界，并从活动中得到有用的经验。（2）要求学生学以致用，并比较不同事物之间的相互联系。（3）培养学生的成就感。

3. 教师是指导者，而不是布置作业的监工

教师对进步教育的目的和一般原则抱信任的态度是极其重要的。他们应该对教师职业有充分的准备，为发展学生的主动性和独创性提供活动机会。教师应该具有个性和特点，并且对学校的所有活动，如学生的游戏、戏剧表演和社交集会等十分熟悉，就像他们在教室里上课一样。理想的教学环境要求班级规模比较小，尤其是在小学阶段。

提倡进步教育的教师将鼓励学生运用他们所有的感觉，训练观察力和判断力，而不仅仅是让他们死记硬背课文。这些教师将花费大量的时间，告诉学生如何使用来自不同方面的知识，包括从书本上学到的知识和从生活中得到的知识；如何分析所得到的知识；以及如何有逻辑性、有说服力地把得出的结论表达出来。教师要激发学生的求知欲，并在研究中作为学生的指导者，而不是作为他们的监工。

244

要真正地激励学生，教师就必须为学生的自我完善和发展广泛的兴趣提供充分的机会，并给予适当的鼓励。

4. 注重学生发展的科学研究

学校的档案不能仅仅记载教师为学生评定的分数，并以此来

表示学生在学习各门课程中所取得的进步,还必须包括对学生生理、心理、道德和社会品行的真实报告。这些档案不仅会影响学生的在校生活,而且会影响他们的一生。同时,他们又受到来自学校和家庭两方面的影响。

应该把这些档案当做教师正确对待每一个学生的指导,并使教师集中注意有关学生发展的所有重要的活动,而不仅仅是注意上课的教材内容。

5. 对于儿童的身体发展给予更大的注意

进步教育首先要考虑的一个方面是学生的健康。对于学校来说,十分必要的是,应该提供光线明亮、空气流通和设备齐全的校舍,以及更大的室外活动场地,供学生活动。

教师应该更仔细地观察每一个学生的身体状况,并应该与定期检查学生身体的校医合作。

245

6. 适应儿童生活的需要,加强学校与家庭之间的合作

学校和家庭应该尽一切可能来满足儿童正常的兴趣和活动,这一点在小学阶段尤为重要。男孩和女孩都应该有机会进行体育锻炼、家务劳动和各种形式的健康娱乐活动。孩子们如果不能在学校里完成全部作业,那么至少应该在学校里完成绝大部分作业。那些课外作业应该既可以在学校里完成,也可以在家里完成。这样,儿童将无需花费更多的精力。

不过,只有通过家长和教师之间的密切合作,这种状况才能形成。家长的职责是要知道学校正在做什么以及为什么这样做,并且通过最有效的途径与学校合作。学校的职责是帮助家长更广泛地了解学校教育工作的情况,并通过一切可能的方法为家庭提供信息和帮助。

7. 进步学校在教育运动中的领导作用

在教育运动中,进步学校必须起领导作用。进步学校应该是一个实验室,在那里,人们不墨守成规,任何新的思想都能受到鼓励。但是,历史的精华依然影响着现在的发现,而实验的结果和原来的教育知识又自由地融合在一起。

看了这些指导原则,人们就会相信这个新的组织"基本上是一个由家长以及那些对影响公众和国家的教育感兴趣的人组成的协会"。这个协会的策划者谨慎地表示,尽管教师是这个组织的合适成员,但这个协会不会是职业性的。最初的执行委员会和后来的咨询委员会(后者主要是装饰品)的成员中,包括著名的作家,如韦尔斯(H. G. Wells)、奎克(Robert Quick)和德尔(Floyd Dell),以及一些私立学校的代表和几个教育教授,还有像帕特里(Angelo Patri)[①]、麦克安德鲁(William McAndrew)[②]一样具有才干的几位公立学校的代表。这个组织就像一个信息交流中心和一个宣传机构。其成员最初希望通过讲座、报纸、杂志和期刊来获得信息。最后,他们一致认为,这个协会无论过去还是将来,都不会偏袒任何特殊的教育方法或教育制度。"因此,这个组织只不过是一个媒介,通过它,能把不同的学校所取得的改善和发展公之于众。"[③]

246

在进步教育协会1919年4月4日的会议上,有85人登记入会。他们共付会费85美元,再加上威廉斯夫人捐赠的几百美元,作为协会开展工作的经费。科布在一些年后回忆道:"我们这些创建进步教育协会的人,从教育的角度上说,大多数只不过是一些无足轻重的人。包括教育学院和大学在内的正规教育机构并不重视和尊敬我们,不过我们也不太计较这些。因为我们得到了来自于公众和一些不怀偏见的著名教育人士的支持。"[④]科布的看法基本上是正确的。这个组织建立于进步教育运动的兴起阶段,很少考虑到教育传统或当时的教育成就。[⑤] 在1919年前的25年中,M·约翰逊是主要的进步主义者,他对进步教育

---

① 帕特里(1876—1965),美国教育家、专栏作家。——译者注

② 麦克安德鲁(1863—1937),美国教育家。——译者注

③ 《进步教育促进协会》(华盛顿)。

④ 《进步教育协会的创立和早期活动》。

⑤ 见科布的文章:《一个新的教育运动》,《大西洋月刊》1921年2月号,第227—234页。其中,科布写道:"'进步'这个词被应用于一种专门的和特定的教育模式;两年前,它在华盛顿被一批人最初用于建立'进步教育协会'——这是一个把应用某种新的方法的教育工作者和对进步教育感兴趣的社会人士集合在一起的协会。"

协会的建立起了重要的作用。杜威拒绝参加这个组织,在埃利奥特去世后才接受这个协会名誉主席的职务。协会的早期领导人非常尊敬裴斯泰洛齐、福禄培尔和帕克,并且了解当时欧洲的教育思想。但是,在1919年前后,他们最初的声明最多是不完全地表达了进步教育的思想。实际上,在两次世界大战之间,这个协会的名称与进步教育运动的偶然巧合以及它的巨大热情,使得这个协会成为进步教育运动的主要代言人。

进步教育协会在它的早期阶段表现出的那种巨大的热情,实际上是一种类似于宗教信仰的狂热。这种狂热竟使进步教育协会的活动赢得了极大的声望。这个协会的年会开得很好,并且能够吸引一些知名人士前来讲演。在1920年的年会上,第一个讲演者是帕特里。在1921年的年会上,第二个讲演者是凯特林(Charles Kettering),他曾经在创建底特律的公园学校中起了很大的作用;第三个讲演者是迈耶(Adolf Meyer),他是约翰斯·霍普金斯大学的精神病学教授。此外,进步教育协会把来自公立和私立学校的有前途的教育改革发言汇编成简报印发出来,无疑提高了与会者的兴趣。①

1924年,在孔利(Avery Coonley)夫人的大力资助下,《进步教育》杂志创办起来了。孔利是华盛顿的一位慈善家,长期以来对政治感兴趣。在进步教育协会创立后的十年里,协会的任何活动都不能引起公众的兴趣,得不到他们的赞扬。但是,在颇有才干的哈特曼(Gertrude Hartman)的编辑下,《进步教育》杂志先是每年出版三期,后又改成季刊。这份杂志以丰富的图解和十分生动的形式,向公众介绍了美国和西欧国家新的进步教育的情况。其中,以1926、1927、1928和1931年出版的几期最为重要。它们用艺术、文学、音乐和戏剧的手段进行了"富有创造性的表现"。《进步教育》杂志编辑把重点放在表现"儿童运用所有富有创造性的艺术来进行自我表现的形式上,而这些形式与成人至善至美的标准恰恰相反"。这些杂志很快成为标准的参考资料,并在公众的心目中树立起了"进步教育"这一特殊的形象。

① 见《进步教育协会会刊》,第2、6、7、8、9、13、14期。

　　进步教育协会从一开始就被人们认为是国际教育运动的一部分；创立初期就与国外的类似组织进行联系。最初的一本《会刊》描述了"国际新学校局"(International Bureau of New Schools)①的工作,要求人们特别注意雷迪(Cecil Reddie)②的阿博茨霍尔姆学校、德穆林(Edmond Demolin)③的罗歇斯学校以及利茨(Hermann Lietz)④的乡村教育之家。与此同时,最初的《进步教育》杂志还介绍了一些教育实验,如英国的道尔顿计划和比利时的德可乐利计划。事实上,这些工作不可避免地加强了与英国"新教育联谊会"(New Education Fellowship)⑤的密切联系。1925年,当哈特曼和M·约翰逊以进步教育协会代表的身份出席在英国爱丁堡举行的新教育联谊会会议时,他们只是第一批试探者。第二年,进步教育协会的执行委员会停止了与新教育联谊会的正式联系。也许他们担心会传染上新教育联谊会在教育和政治上的激进主义思想。⑥ 无论怎样,这两个组织之间还是存在着一定程度的合作关系。1929年夏天,200多位美国代表参加了新教育联谊会在丹麦埃尔西诺举行的会议。到1932年,进步教育协会实际上已经成为新教育联谊会在美国的一个分会。

　　一个组织具有专职行政人员的时候,便度过了它生命中的一个转折点。犹如许多孩子的冒险活动,进步教育协会毫无偏见地让它的创立者成为这个协会的管理者和执行者。在进步教育协会创立后的最初两年里,科布在艾尔斯夫人的帮助下担任了执行委员会干事。其他人后来也陆续担任过不同的职务。1926年秋天,他们觉得进步教育协会已经有能力聘请一个专职的理事来制定协会的工作计划和管理协会的

---

　　① 国际新学校局,1912年在瑞士成立,是欧洲各国新学校互相联络的中心。——译者注

　　② 雷迪(1858—1932),英国教育家,欧洲新教育运动的先驱。——译者注

　　③ 德穆林(1852—1907),法国社会学家,教育家。——译者注

　　④ 利茨(1868—1919),德国教育家。——译者注

　　⑤ 新教育联谊会,1921年在法国成立,出版《新时代》杂志,宣传新教育理论。1966年,改名为"世界教育联谊会"。——译者注

　　⑥ 进步教育协会:《执行委员会会议记录》,1925年4月23—25日,1925年10月24日。

各项活动。第一个担任这个新职务的是斯奈德(Morton Snyder)。他是阿默斯特学院毕业生,担任过斯卡巴勒学校、纽瓦克中学和芝加哥大学附属中学的校长,工作相当出色。斯奈德受过私立教育,这在20世纪20年代进步教育协会领导人中具有相当的代表性。他的继任者多雷(J. Milton Dorey)也有相同的经历。毫无疑问,斯奈德以前所未有的速度提高了协会的工作效率。

1926年,埃利奥特去世。进步教育协会不得不寻找新的名誉主席。执行委员会经过讨论,决定聘请杜威担任这一职务。1927年,执行委员会在给杜威的信中写道:"您比任何人更能够代表我们协会所主张的哲学思想。"[1]杜威接受了这一职务,一直担任到他1952年去世为止。尽管杜威1928年就职演说时的观点[2]遭到了尖锐的批评,而且他在协会中从来没有积极的活动,但是,杜威对协会的工作尽心尽力,无疑地显示出,协会在它最初的十年中取得了辉煌的成就。到1928年,进步教育协会的成员已达到6000人,年度预算也达到3.5万美元。也许更重要的是,这个协会使进步教育运动获得了可喜的进步,成为进步教育运动的象征。因此,农伯格曾这样评述进步教育协会1928年的会议:"在今天的美国,任何有背于'进步教育'的东西都已经完全过时了。没有人再愿意被人说成是保守主义者。所以,在进步教育协会第八次年会上,你可以发现来自于公立和私立学校的形形色色的激进主义、进步主义和温和的保守主义的教育工作者……"[3]

尽管这样,进步教育协会创立初期的大多数领导人还是保留了下来。一个由教育工作者和社会人士组成的小团体与一些特殊的私立进步学校保持联系。曾经帮助创建帕克学校的安蒂奥克大学的摩根(Arthur E. Morgan)先生,是进步教育协会的第一任主席。继任主席是E·R·史密斯,随后由科布担任。科布当时是切维·蔡斯学校的校长。当执行委员会越来越具有代表性的时候,进步教育协会的内部核

---

① 进步教育协会:《执行委员会会议记录》,1927年4月30日。
② 杜威:《进步教育和教育科学》,《进步教育》第5期(1928),第197—204页。
③ 农伯格:《进步教育》,《民族》第76期(1928),第344页。

心依然追求科布和其他创立者的所有愿望和目标。毫无疑问,他们所提出的进步教育的形象与他们所代表的学校是有着密切联系的。人们只要读一下 E·R·史密斯 1924 年写的《进步的教育》(*Education Moves Ahead*)或科布 1928 年写的《新的影响》(*The New Leaven*)就会发现:这种形象就是东部的私立预备学校试图把新的活力注入到传统的课程中去;同时扩大传统课程的范围,使它包含更多的创造性艺术。但是,人们还是感到,改良主义是徒劳的,因为 1919 年前的教育运动的主旋律就是改良主义。

Ⅱ

我曾经问过科布,在他 1930 年辞去进步教育协会主席的职务之后,协会发生了一些什么事情。科布回答说:"他们是从我们的手中夺走这个协会的。"我又问他:"你说的'他们'是指谁?"科布说:"是指哥伦比亚大学师范学院的那些人。"进步教育协会的所有创立者,在协会的成员增加和目标确立之后,发现自己被别人排挤掉了。这是令人痛苦的回忆。科布的评论只有一部分是正确的。科布是在福勒(Burton P. Fowler)的帮助下才担任进步教育协会主席这一职务的。福勒当时是威尔明顿的塔山学校校长。福勒后来继任科布,又是得到了纽约布朗克斯维尔的督学贝蒂(Willard W. Beatty)①的帮助。在那个时候,实际上在任何时候,哥伦比亚大学师范学院的人很少能够出席执行委员会的会议。不过,科布的那种感觉确实是正确的,进步教育协会在 20 世纪 20 年代末的确发生了一些事情。由于协会的工作开展得很好,因此,开始时对协会不屑一顾的同行也不得不对它刮目相看。一开始,进步教育协会主要是作为家长的协会,教师"只不过是合适的成员"。但是渐渐地,教师变成了专业的热情支持者,很多人想要在教育领域里发

---

① 贝蒂(1891—1961),美国教育家。——译者注

表他们最新的思想。

251　　　　最初的变化可能发生在 1929 年底。那时,进步教育协会执行委员会已逐渐被人们接受,其工作的重点放在扩大进步教育的范围和加强进步教育的影响上。因此,执行委员会就像其他委员会一样,也强调"活动的方法"①。在那十年里,进步教育协会成立了"教育资源委员会",与"全国教育协会"有着密切的联系;还成立了"教育自由协会",目的是考虑课堂上教师的教学权利,但仍没有什么效果。除外,进步教育协会还成立了"中等学校课程委员会"和"人际关系委员会"。1939 年,"约翰·杜威学会"(John Dewey Society)也成了进步教育协会的一个委员会。进步教育协会曾成立过的委员会还有"社会和经济问题委员会"、"农村学校委员会"、"家庭和学校关系委员会"、"成人教育委员会"、"实验学校委员会"、"文化交流委员会"、"师范教育委员会"和"广播教育委员会"。这些主要由教育专家组成的委员会,或多或少地促使进步教育协会走向职业化;但却从未使"学校与大学关系委员会"受影响。当进步教育协会的其他委员会的工作随着时间的流逝而被人们遗忘的时候,"学校与大学关系委员会"的工作依然对美国教育的发展产生了持久的影响。

　　　　学校与大学关系委员会和它著名的"八年研究"(Eight-Year Study)计划是在进步教育协会 1930 年的年会上产生的。当时,与会代表就如何改善中学为美国青年服务的问题进行了讨论,或者更直截了当地说,就进步教育如何能更有效地发展中等教育的问题进行了讨论。讨论中有人提出很多建议,但人们心里最主要的问题显然是大学的入学要求问题。因此,有人建议执行委员会任命一个委员会,来研究中学

252　和大学更好地合作的可能性,并试图达成协议,为中等学校进行根本改

---

　　① 进步教育协会执行委员会的会议记录上经常有这样的意见。见多雷:《进步教育协会的现在和将来》,《进步教育》第 6 期(1929),第 73—76 页;福勒:《进步教育协会主席的使命》,《进步教育》第 7 期(1930),第 159 页。也可参见福勒:《进步教育进入了第二阶段》,《进步教育》第 9 期(1932),第 3—6 页。

造提供自由。[①]

执行委员会的答复是,同年 10 月建立一个以"学校与大学关系"命名的委员会。约翰·巴勒斯中学的校长艾金(Wilford M. Aikin)成了这个委员会的主席。威斯康星州的古典学者艾加德(Walter Agard)、《新共和》杂志的布利文(Bruce Bliven)、卡耐基基金会的利安德(William S. Learned)、本宁顿学院院长 R·D·利(Robert D. Leigh)[②]、辛辛那提大学校长沃尔特斯(Raymond Walters)以及哥伦比亚大学师范学院的拉格和沃森教授,都是这个委员会的重要成员。[③] 这个委员会立即着手工作。研究了一年之后,他们就一些熟悉的问题提出了一份严厉谴责美国中学的报告。他们指出,美国的中学不能真正继承和发扬美国的传统;没有为公民做充分的准备;很少能使有天赋的学生充分发展其才能;从来没有富有成效地指导或激励学生;课程是毫无生气的大杂烩,与年轻人真正关心的东西毫无联系。

在这些分析的基础上,学校与大学关系委员会计划了一个实验。在这个实验中,他们邀请了 20 多所主要的公立和私立中学参加,重新制定他们的课程。实验的指导思想是:(1)更好地掌握知识;(2)学习更有连贯性;(3)发挥学生的创造力;(4)对现代文明的问题有清楚的了解;(5)更好地个别指导学生;(6)有更好的教材和更有效的教学方法。"我们都希望提出一种灵活、适应变化需要的新的中等教育形式,它的基础是理解年轻人和成年人生活所需要的品质。"这个委员会还声明:"我们将努力培养学生把教育视为对人生意义一种持久的探索,而不只是累积学分;使学生渴求学习,勇于探索新的思想领域,在学习上不断进取;使学生懂得如何安排时间,如何更好地读书,如何更有效地

253

---

① 艾金(W. M. Aikin):《八年研究史》(纽约,1942),第 2 页。对于任命一个委员会,主持年会的艾金主席当时并没有充分的准备。这从他的文章《中等教育的希望》中可以清楚地看到。见《进步教育》第 7 期(1930),第 28—32 页。也可参见艾金的解释,载《进步教育》第 8 期(1931),第 318—319 页。

② R·D·利(1890—),美国教育家、社会科学家。——译者注

③ 这个委员会最初的名称是"学院入学和中等学校委员会"(The Committee On College Entrance and Secondary Schools)。

运用知识的原理,对所必须履行的义务更有经验。"①

　　这个计划引起了人们广泛的兴趣。到 1932 年,他们在许多建议的基础上设计了一个实验。30 所中学应邀参加了这个实验(其中的佩斯姆·马诺尔中学后经学校与大学关系委员会的同意,退出了这个实验),还有 300 所大学同意在实验期间对这些学校所推荐的毕业生不实行原来的入学要求。正如艾金主席后来所回忆的:"有一些教师认为,这些学校参加这个实验是完全不必要的,进行的是一种冒险的改革;有一些大学教授认为,'进步教育现在是自取灭亡';有一些家长认为,这个实验只能带来不安和不满。但是,对那 30 所学校的大多数教师和全国成百上千的教育工作者和家长来说,这个实验使他们对未来充满了巨大的希望。"②

　　这个实验一直持续到 1940 年。"八年研究"在 1942 年出版的系列丛书中进行了充分的、引人注目的论述。③ 但可惜的是,这些著作发表在第二次世界大战期间,没有得到应有的注意。直到 20 年后,大多数随意的报刊浏览者才发现了这种挑战和骚动。当时不同的学校由于它们的环境不同,从不同的角度触及了课程改革的问题。经过挑选的一些私立学校专门招收 些对文化有特殊需要的儿童,而一些贫民区学校则招收各种各样的学生。一些学校的行政领导迟疑不决,另一些学校的教师派系斗争激烈,早期的大部分努力被一片疑问所笼罩。正如一个教师所回忆的:"在八年研究的开始阶段,我们所有的人对自己的

254

　　① 《八年研究史》,第 144 页。学校与大学关系委员会"关于学校与大学工作更好地合作的建议",被重印在艾金的《八年研究史》中。见此书第 140—146 页。
　　② 《八年研究史》,第 23—24 页。
　　③ 这套系列丛书的总标题是"美国教育的冒险"。其中包括:艾金的《八年研究史》,概述了这项实验的情况;贾尔斯(H. H. Giles)等的《课程研究》,概述了 30 所学校的工作;E. R. 史密斯等的《学生进步的评估和记录》,论述了 30 所学校的评估和记录;钱伯林(D. chamberlin)等的《他们在大学里成功吗?》,对 30 所学校进入大学学习的毕业生进行了跟踪调查,并将他们与其他中学的毕业生进行了比较;《30 所学校的故事》,记述了每一所学校参加"八年研究"实验的理由。除了这五本书外,还有学校与大学关系委员会的年度报告,曾作为《教育纪事》杂志的增刊而发行;不定期出版的《30 所学校简报》;一大批教师报告;一些学生刊物;来自 30 所学校的各种各样的油印材料。

新任务几乎到了疯狂的程度。我们想做一切事情,不愿遗漏任何一件事情。当然,这是错误的。我们在这令人愉快的经历中学到了许多东西,尽管在开始的时候,我们的做法常常受到人们的嘲笑。"

但是,某些大众化的改革还是逐渐出现了。当教师开始对教某些传统的课程提出疑问时,标准的科目获得了新的活力。教材按照学生的兴趣和需要重新组织起来,不同系科之间存在的一些原有的障碍被扫除了。许多学校在加强与周围社区之间的联系方面是十分成功的。温泽学校使波士顿成了"基础经济学、公民学、科学和建筑学的示范实验场所";丹佛东区中学的学生制作了说明城市粮食供应的影片;林肯学校让学生学习研究田纳西州区域管理系统和西弗吉尼亚州产煤区的工业组织。学生和教师一样,在各项活动中充满了冒险的激情。他们在年刊中很自信地谈到了有关教育的目标和结果的问题。与此同时,教师在制定教育政策的问题上也显示出他们参与意识的增强。人们修改了旧的课程计划,介绍了新的教学资料,并召开了许多会议,讨论计划、执行和评估。总之,人们由于热爱改革事业而以激动、充满活力和跃跃欲试的姿态投入进去。正因为这个缘故,人们试图去做的任何事情也许会比以前获得更大的成功。

可能人们会用不同的方法来评价这个实验,但对一种教育的最后判断,毕竟要在人们离开教室之后的生活之中。学校与大学关系委员会决定调查这 30 所学校的毕业生在大学里的表现,以此来检验这个实验的成效。在芝加哥大学的 R·W·泰勒(Ralph W. Tyler)[①]颇有才干的领导下,一批测试专家开始对这些毕业生与大学里其他具有相同背景和能力的学生进行比较。他们的方法是组成 1475 组大学生,每一组两个学生:一个是这 30 所学校的毕业生;另一个是其他中学的毕业生。这两个人要尽可能性别、年龄、种族、学习能力、家庭和社会背景以及专业和业余生活的兴趣相近。

比较了这 1475 个对照组之后,评价小组发现,那些来自这 30 所学

---

① 泰勒(1902—　　),美国教育家、课程论专家,"八年研究"的领导者和组织者之一。——译者注

校的毕业生具有以下特点：(1) 学年平均总分稍高；(2) 在大学学习的四年中,更容易获得学术上的荣誉；(3) 在学术上似乎具有更强的好奇心和动力；(4) 似乎具有更正确、系统和客观的思维能力；(5) 似乎对教育的含义有更清楚的认识；(6) 在遇到新的环境时,往往表现出更高的智谋；(7) 与对照组一样,具有相同的分析问题的能力,但是他们解决问题的方法更为有效；(8) 越来越多地参与组织学生团体；(9) 在获得非学术荣誉方面有更高的比例；(10) 在职业选择上有更好的倾向性；(11) 积极关心国内和国际事务。[①] 此外,同对照者相比,他们甚至表现出更大的差别。哥伦比亚大学校长霍克斯(Herbert E. Hawkes)在1940年给美国大学协会(Association of American Colleges)的总结报告中写道:"这项研究的结果表明,预备学校的课程把力量集中在对一种固定的入学要求的准备上,而这种入学要求却不是使男女学生更好地利用大学生活的一种令人满意的手段。看上去那些较少采用传统方法的中学教育却具有更多的刺激性和主动性,并为大学提供了比我们过去所能得到的更好的人才。"[②]

对"八年研究"应该花更多的笔墨来加以描述。这里要补充的是,"八年研究"的一些报告仍然需要仔细地研究和分析。[③] 也许,最主要的一点是这项研究对进步教育协会本身的影响。1930年,学校与大学关系委员会被任命成立的时候,"八年研究"只不过代表了进步教育协会各种各样活动的一种。但是,当中等教育在进步教育协会的生涯中朦

---

① 钱伯林:《他们在大学里成功吗?》,第207—208页。

②《八年研究史》,第150页。霍克斯的报告,被重印在艾金的《八年研究史》中。见此书第147—150页。

③ 在"八年研究"期间担任进步教育协会执行委员会干事的雷德弗(F. L. Redefer)1950年曾在一篇文章里对这些报告进行了评论。这篇文章题为《八年研究——八年之后》(未发表的博士论文,哥伦比亚大学师范学院,1952)。雷德弗访问了曾参加这项实验的30所学校,并与这些学校的教师进行了交谈。他指出,实验计划已不存在了。可参见 H·G·约翰逊:《论"八年研究"》,《学校和社会》第72期(1950),第337—339页;迪德雷赫(P. E. Diederich):《再论"八年研究"》,《学校和社会》第73期(1951),第41—42页;H·G·约翰逊:《我们又一次原地踏步》,《学校和社会》第74期(1951),第41—42页。

朦胧胧地变得比以前更加出名时，它的尾巴很快就摇起来了。成立于
1933 年的"中等学校课程委员会"(Commission on Secondary School
Curriculum)就是从"学校与大学关系委员会"中直接派生出来的①；"人
际关系委员会"(Commission on Human Relations)又是"中等学校课程
委员会"的一个分支②。这三个委员会对一些基金会都具有非同寻常的
吸引力。卡内基基金会对"八年研究"的资助总计 7 万美元。"普通教
育协会"在 1933 年才开始对这项研究产生兴趣，并在以后的八年中提
供了 150 多万美元的资助。其中，622500 美元资助"学校与大学关系委
员会"，360000 美元资助"中等学校课程委员会"，223670 美元资助"人
际关系委员会"，420835 美元资助进步教育协会的研究计划、暑期学校
和一般的行政机构。③

　　这些资助显然加强了进步教育协会的力量——基金会的基金使进
步教育协会有了新的活动项目——但也加速了进步教育协会向职业性
组织的转变。进步教育协会很快就成为参加"八年研究"计划的 30 个
成员的引人关注的教育团体。协会成员从 1929 年的 6600 人下降到
1932 年的 5400 人，1937 年又上升到 8500 人，1938 年达到顶峰：10440
人。④ 然而，进步教育协会的领导人并没有认识到这些明显的成果实际
上预示了协会最终的衰落。由于基金会的资助而得到的迅猛发展，使
得进步教育协会完全依赖于外来的资助。当 1941 年这种资助突然停

257

---

　　① 塞耶(V. T. Thayer)曾是中等学校课程委员会的主席，托卡里(C. B. Zachry)
曾是这个委员会的研究主任。中等学校课程委员会的主要成果有泰勒、扎卡里和科廷
斯基(R. Kotinsky)合著的《中等教育改革》(纽约，1939)、扎卡里和莱迪(M. Lighty)合
著的《青年期的情感和行为》(纽约，1940)和布洛斯(P. Blos)的《青春期的个性》(纽约，
1941)。

　　② 凯利赫(A. V. Keliher)曾是人际关系委员会的主席。这个委员会的主要成果
有凯利赫的《生活和生长》(纽约，1940)和 K·W·泰勒的《青年需要父母吗?》(纽约，
1938)。关于这个委员会制作的那些影片的指导，见"人际关系系列片"(纽约，1939)。

　　③ 关于进步教育协会 1940 年的财政情况，见博瓦德：《进步教育协会史，1919—
1939》，第 14 章。

　　④ 进步教育协会成员人数的统计数字是上下波动的，一般是 2500 人。每年常常
是 8 月底总有一些人退出。

止的时候,它就没有别的经济措施可以替代了。也许,更重要的是,进步教育协会在扩大它的活动范围和使自己成为进步教育的真正代言人方面的成功,不可避免地吸引了在它创立初期曾避开它的那些教育界权威人士。由此,人们在思想意识上产生了冲突,这种冲突逐渐削弱了正在发展的进步教育运动。20 世纪 20 年代,进步教育协会的创立者在建立这个组织的努力中曾成功地避免了这场冲突,而现在所有进行教育改革的学校却面临着这场冲突。

III

    1930 年,进步教育协会主席福勒曾这样写道:"尽管我们协会从来没有批准或发表诸如计划、原则或方法之类的东西,但我们一致同意并确认了某种假说,即所有教育工作应该以儿童为中心,而不是以他们所学的课程为中心;对于新教育思想所采取的科学态度是我们取得进步的最好保证。"①为了使进步教育能称为一种"精神"、一种"思想"、一种"趋势"或一种"强调",进步教育协会坚持奋斗了十年。实际上,进步教育协会领导人考虑的就是要使协会与一些特殊的教育观点相联系。他们在 1930 年的《进步教育》上刊登的那个原则声明中,删除了这样的字句:"使它发表的任何学说不被人看做是固定不变的或万能的,而实际上是变化的或进步的。"②一方面,协会拒绝一种固定的哲学思想,因为没有一种哲学能够足以包括进步教育的"全部精神";另一方面,协会担心任何声明将会使正在发展的进步教育变得僵化起来。正如贝克曾注意到的,一些改革者可能成为激进主义者,但大多数人仍倾向于循序渐

---

① 福勒:《进步教育协会主席的使命》,《进步教育》第 7 期(1930),第 159 页。
②《进步教育》第 7 期(1930),第 252 页。《进步教育》从 1924 年 4 月创办的第 1 卷第 1 期到 1929 年 1 月的第 6 卷第 1 期,每期都刊登进步教育协会的这七条原则,从 1929 年 4 月的第 6 卷第 2 期到 1930 年 2 月的第 7 卷第 1 期,刊登了经过修改的这些原则,并把它们称为"一个对新教育目标的声明"。

进。

如果在 1932 年的年会上没有受到康茨的剧烈影响，那么，进步教育协会这种满足心理也许会继续下去。在题为"进步教育敢于进步吗"的讲演中，康茨力图使进步教育协会成为早期进步运动的改良主义。[①]他承认，到目前为止，进步教育可以自夸它引人注意的成就：坚决把注意力集中到儿童身上；认识到学习兴趣的重要性；强调活动是所有真实的教育的根本；认为学习是个性的发展；维护作为一个自由个性的儿童所应有的权利。所有这一切都是好的，但还是不够的。进步教育运动的最大弱点是它已转移到了中上层阶级的手中；中上层阶级在工业主义的萌芽阶段，对重大的社会变革故意采取了不闻不问的态度。康茨警告人们说："进步教育要真正成为进步的，就必须从中上层阶级的影响中解放出来，勇敢和果断地面对所有的社会问题，开始努力对付严酷的生活现实，与社会建立一种有机的联系，发展一种现实可行的和可以理解的福利理论，形成关于人类命运的咄咄逼人和富于挑战性的观点，在欺骗和灌输的妖魔面前比今天显得更为镇定自若。"

这是一种什么样的观点呢？康茨把这种观点说成一部分是马克思主义的，另一部分是对资本主义社会传统的进步评论的追忆。在工业改革过程中，资本主义变得残酷和野蛮、浪费和低效率；经济学、政治学、伦理学和宗教的传统思想都已被认为不合时宜。美国已经到了这种地步：合作必将代替竞争，周密细致的计划必将代替对利润的强调，一些社会化经济形式必将代替私人资本主义。一个新的世界正在形成。在那里，普通人有史以来第一次可以从毫无意义的苦工和劳役中

① 康茨：《进步教育敢于进步吗》，《进步教育》第 9 期（1932），第 257—263 页。康茨把这个讲演和其他两个讲演合在一起，并在同一年发表了一本小册子：《学校敢于建立一种新的社会秩序吗？》（纽约，1932）。讲演和小册子实际上都指责了进步教育协会使进步教育运动的眼界狭小了。纽约的心理学家阿尔珀特（A. Alpert）在《新共和》杂志上强调说："在进步教育中，'进步'这个词从未具有过政治或社会的含义或责任；仅仅是说明一些教育方法。'进步'是与心理学和其他有关的研究成果联系在一起的。"这时，康茨回答说："她强调的恰好是我正在谈论的东西。"见《新共和》第 72 期，第 75 页。

解放出来并得到发展。

进步教育协会的使命是清楚的。除非进步教育运动像鸵鸟一样准备从当代危急的问题中脱离出来,除非它已准备改名为"冥想的教育运动"、"亲善的教育运动"或"有希望的教育运动",否则它就必须采用一种现在教育工作者所回避的方法来面对这一些新的现实。它必须"开始努力解决这样一个问题,即如何在美国创造一个既能扎根于美国土壤、又能与时代精神相协调的传统,认识工业主义的现实,唤起我们民众具有深远意义的激情,并且使他们投身到整个世界中去。"教师必须用他们积累的知识和才能,尽可能绘制出最好的社会蓝图,而且在学校里不再害怕灌输,并坦率地讲授对这个新社会的看法。康茨最后说:如果拒绝这样做,那我们就是逃避这个时代最具有决定性、最困难和最重要的教育责任。

康茨那晚在巴尔的摩的讲演,反应是令人震惊的。雷德弗(Frederick Redefer)多年后回忆说:"康茨讲演结束后的整个会场一片寂静。这种寂静比鼓掌更有说服力。学校敢于建立一种新的社会秩序吗?很多人知道有些事是必须做的,很多人也愿意去尝试。在旅馆的房间和挤满了人的走廊里,教师们一直谈到第二天早晨。学校敢于这样做吗?教师敢于这样做吗?与进步教育协会年会上的任何一次讲演相比,这个讲演更能触动教育工作者的思想。由于激动,人们忘记了原定第二天的讨论会,甚至理事会也召开了一个专门会议来谈论这个挑战。"①两天以后,即 2 月 20 日,纽约波林的曼纽米特学校校长西兹(Nellie Seeds)在会议上提出了一个议案,并被与会代表采纳。这个议案是:"我们授权并责成理事会主席成立一个经济学和社会学部或委员会,在学校及与其相联系的团体中促进对当今世界所面临的经济与工业问题系统和全面的研究。"②

---

① 雷德弗:《"决议"的反应及回忆》,《进步教育》第 26 期(1948—1949),第 188 页。另一方面,阿尔珀特特别提到,康茨的这个讲演受到了"冷遇"。雷德弗的评述似乎更加正确,因为 1932 年 4 月的《进步教育》上报道了对康茨的挑战充满激情的反应。

②《进步教育》第 9 期(1932 年),第 289 页。

　　1932 年 4 月,进步教育协会的理事会和顾问委员会又在瓦萨学院召开会议,对这个问题进行深入的讨论。大家基本上同意以下的观点:未来的学校必须不仅仅以儿童为中心;个性的发展并不一定保证社会意识的发展;学校"并不是为那些理想主义和生活信念而建立的,而这些理想主义和生活信念面对千变万化的社会秩序又不能解决现实问题"。但是,如何对待这些目标,一开始就有很大的分歧。最后,"社会和经济问题委员会"非常及时地提名康茨担任这个委员会的主席。①

　　根据全体成员的讨论,社会和经济问题委员会的主要职责是促进学校及与其相联系的机构系统、全面地研究当今世界所面临的那些经济和工业问题。理事们必须知道他们将得到什么。因为除了康茨,他们还任命柯蒂(Merle E. Curti)、盖布斯(John S. Gambs)、胡克(Sidney Hook)②、纽伦(Jesse H. Newlon)③、贝蒂、伊斯顿(Charles L. S. Easton)、沃森(Goodwin Watson)和雷德弗为这个委员会的成员。这个委员会 1933 年 3 月向理事会汇报并概述他们的计划时,引起了极大的震惊。首先,它就国家委员会和更大的协会之间的关系问题进行了长时间的讨论,这是一个拘泥于小节和冗长的学术讨论会。其次,华虚朋(Carleton Washburne)④就进步教育协会赞成的一些委员会提交的报告的合理性提出了疑问;贝蒂认为,没有一个委员会有权代表进步教育协会发言。最后,它通过了一项提议,使社会和经济问题委员会具有这样的职责:"主要为进步教育协会成员提供改革教育的思想和行动方式",而且,"无论是理事会还是委员会,都不可以在任何国家委员会的报告中正式或全部地依据某种哲学原理、措施或政策"。

　　由于对进步教育协会委员会的工作进展持否定态度,理事会听取了康茨博士试探性的口头报告。这个报告引起的反响并不强烈。一个

262

---

　　①《进步教育》第 9 期(1932),第 229—230 页。进步教育协会 1931 年 3 月 20 日在哥伦比亚特区任命成立了"社会和经济问题委员会",同时,执行委员会变成了理事会。见进步教育协会:《理事会会议记录》,1931 年 3 月 28 日。

　　② 胡克(1902—　　),美国教育家、哲学家。——译者注

　　③ 纽伦(1882—1941),美国教育家。——译者注

　　④ 华虚朋(1889—1968),美国教育家。——译者注

委员认为,这个报告"太消极";另一个委员认为,这个报告太社会主义化,也太激进。华虚朋重申了他的观点:这个报告使进步教育协会依附于一种哲学派系,而且贬损了这种哲学思想,认为凡是进步教育协会的成员,不论教师还是行政管理人员,早已负担重重,而且他们的事业并不会由于这个使学校依赖于新的社会乌托邦的报告而有所前进。这个合情合理的提案建议,在这份报告最后成文之前,应该对它进行仔细的研究,并"根据进步教育协会和理事会的芝加哥会议的多方面讨论,对进一步研究、修改和扩大的可能性做好准备"①。当然,理事会和协会的最后提案从来都不是现成的。1933 年春天,社会和经济问题委员会的报告以《告全国教师》(*A Call to the Teachers of the Nation*)为题,单独发行。②

毫无疑问,康茨教授所写的这份报告,与他早期的演说是相对应的。工业科学技术革命已改变了美国,使得美国个人资本主义的旧观念变得过时了——实际上,使它变成了绝对有害的东西。社会和经济问题委员会宣称,在没有系统阐述的情况下教这些思想,实际上是"学术上的不诚实行为"。"这种方法试图教育年轻人为根本不存在的世界而生活。所以,在恢复民主传统的任务中,教师不能回避积极指导的责任,并应该坚定地为新的社会而工作……教师对于现有的经济体制没有什么可赞颂的而只是努力去改善,对于特权阶级也没有什么可赞颂的而只是设法去剥夺它。"

社会和经济问题委员会对新教育的主要原则也作了概述:"新教育的目标是培养孩子们献身公众福利事业,反对暴虐特权,热爱人类各种族间的平等友爱的精神,敏捷地适应充满险阻的社会生活。"新教育必须对准这些目标,"直率地放弃自由放任主义的学说、普通产品的生产管理方式以及社会和经济计划原理的广泛采用"。要实现这些目标,教

---

① 进步教育协会:《理事会会议记录》,1933 年 3 月 4 日。

② 这本小册子有一篇由贝蒂主席写的序言,上面写道:"社会和经济问题委员会发表这样一份报告,既不代表协会理事会,也不代表协会全体成员;这份报告中所论述到的任何计划或政策,只是代表个人或这个委员会自己。"见《告全国教师》(纽约,1933),第 5 页。

师就需要摆脱为狭窄的社会和阶级服务的枷锁,坚定地为了职业的稳固、更高的工资、在教育政策方面的发言权和有助于他们实现这些目标的职业教育计划而斗争。而致力于社会改造的、强有力的职业组织将是教师斗争的手段。"为了使组织成员能避免民众的忽视和抵制特权阶级的恶毒攻击,这个组织必须拥有物质资源、法律人才以及训练有素的活跃于出版界、法院和国会的知识分子。以这种方式为国家的教育事业服务,应该是进步教育协会的重要目标之一。"

要对康茨报告的影响作出评价是很困难的。几年后,雷德弗写的那份报告并没有引起什么轰动,教师既没有起来反抗,也没有人从事务控制中解放出来。[①] 实际上,很少有人事先读过这些报告。在报告上签字的人确实发现自己的名字在迪林(Elizabeth Dilling)的《红色网络》(Red Network)中,与罗斯福、杜威、简·亚当斯和其他著名人士列在一起。[②] 也许这提供了有关报告所产生的真实效果的线索。不管怎样,这份报告使进步教育协会背上了激进主义的污名。这个污名肯定会随着时代的前进而逐步扩大它的影响。

当理事会证实这种极端憎恶感的时候,他们仍在寻求一种哲学指导思想。在发表《告全国教师》半年之后,即 1933 年 12 月,他们举行了一个专门的讨论会。贝蒂主席主持了这个讨论会。为了使协会有勇敢的领导者,为了对协会在社会活动范围内的责任有一个更明确的说明,讨论会要求大家"对协会的政策和目的有更清晰的理解"。接着是讨论关于"限制进步教育协会活动"的警告。有人说:"协会活动的范围太小了,以至我们不能行动,只能原地踏步。"顺便说一下,这两种不同的评论竟出自同一个人的口中。还有人认为,从某种方面来说,进步教育协会太庞大了,成员也太分散。经过几个小时的讨论,大家终于达成协议:任何新的计划都需要拥有足够的资金,因此也需要新的成员。有了这些结论,理事会还庆祝了一番。这使人们注意到:"进步教育协会历

① 雷德弗:《"决议"的反应及回忆》,《进步教育》第 26 期(1948—1949)。
② 迪林:《红色网络》(凯尼尔沃思,伊利诺斯,1936),第 216—217 页。进步教育协会自己也被列上了。

史上一个新的篇章"已经开始了。但是,协会仍然没有哲学指导思想。①

专门的"教育哲学委员会"在 1936 年的大部分时间里正艰难地试图拟定它的原则声明。后来,小赖安(W. Carson Ryan, Jr.)担任了进步教育协会主席。这一年的 9 月,当教育哲学委员会把它的报告提交给理事会时,小赖安说他"对这个原则声明的立场不满意,而且坦率地承认他对下一步的计划也感到困惑"。理事会讨论后也一致认为"研究与阐述教育哲学和社会哲学是极其迫切的"。因此,这件事情必须列为进步教育协会地区咨询委员会的第一件要事。② 第二年春天,这些委员会举行了会议。也许正如人们所预料的,这次会议并没有得出与理事会相同的结论。③

为进步教育协会提供一种哲学指导思想,这种努力似乎到了有点绝望的地步。1936 年,一个专门的议案被一致通过了。这个议案要求进步教育协会进一步考虑整个教育的形势,更好地把教育体制中不同水平的学校联系起来,更充分地保护学术自由,对年轻人的问题也有更明确的联合政策,以及在即将到来的主席竞选和各个问题的讨论中,能真正地发扬民主而不是某些个人起作用。④ 1938 年,当议案委员会试图提议进步教育协会"与以利用我们的民主制度保证经济改善为宗旨的其他组织和运动相配合",并"与国内正在极力反对命令主义和独裁的其他团体合作"的时候⑤,这种做法并不能使其全体成员来证明这样的合作确实"表达了他们那天下午的普遍感觉和情绪"⑥。

1938 年,进步教育协会任命了另一个"教育哲学委员会",其任务是对"进步教育协会"曾经发表的那些原则进行最基本的陈述。在俄亥俄

266

---

① 《进步教育协会执行委员会和顾问委员会会议》,1933 年 12 月 1—2 日。

② 进步教育协会:《理事会会议记录》,1936 年 9 月 26—27 日。

③ 《理事会和顾问委员会关于进步教育协会中西部政策会议的报告》,1937 年 4 月 10—11 日;《理事会和顾问委员会关于进步教育协会西部政策会议的报告》,1937 年 4 月 24—25 日。

④ 《进步教育》第 13 期(1936),第 300—301 页。

⑤ 《议案委员会提交进步教育协会全国会议的报告,1938》,《进步教育》第 15 期(1938),第 275—283 页。

⑥ 《进步教育协会员会大会记录》,1938 年 2 月 24 日。

州大学布里姆(Orville Brim)和艾伯蒂(Harold Alberty)的先后领导下,教育哲学委员会决定及早避免过分以儿童为中心和过分实行社会改良主义的情况,并且试图"确立教育的方向,逐渐意识到这也许会成为称教育为'进步的'的意义所在"。这个委员会的报告《进步教育:它的哲学和挑战》①从头至尾都是杜威的哲学。它坚持主张,任何适合时宜的教育哲学既需要对人类本性有清晰的认识,也需要对经济萧条时期所固有的工业危机有现实的理解。它预见教育将"使文化觉醒,并可能使文化的基本价值变得更为有效"。这份报告的指导者是杜威的智囊人物。他协助解决问题并改造他所属的组织。教育哲学委员会肯定地说:"我们最后得到了结论。对人类本性、自然力量和人类试验的深入研究使我们确信,总之,生长是对个人最高的奖赏。它发展了人的智力,并使人对其所属的文化正在努力创造价值的事业,有一个承担责任的良好愿望。"

以这个总的观点为基础,教育哲学委员会重申了那些常见的说法,即"学校应该尽力成为民主的范例"、"学校应该与站在教育工作者一边的其他社会团体有更广泛的联系与合作"、"教育应该直接论述个人的价值,因为个人参与了有教育意义的生活"、"教师应该注意个人行为中最有生气的特点,而不是忽略它"、"如果我们真正希望不断地促进民主的价值,教师就必须重新设想和改造现在的教育实际"。

教育哲学委员会的报告在1940年5月以油印的形式发表,并作为《进步教育》1941年5月号的特别增刊重印。但是,进步教育协会还从来没有决定正式采纳。雷德弗回忆说,在教育哲学委员会还不能同意这份报告的真正含义时,这份报告偶尔被公开讨论过。他强烈地意识到:"这个文件虽然被接受进行研究,但没有人真正考虑要把这份报告或其他报告作为进步教育协会的教育观点。"②

到20世纪30年代末,进步教育协会要为自己和公众拟定一份宣言的努力不断遭到失败。它已付出了沉重的代价。人们对进步教育的

---

① 艾伯蒂:《进步教育:它的哲学和挑战》,《进步教育》第18期(1941)。
②《"决议"的反应及回忆》。

批评在增加。实际上,1940 年曾是进步教师畅所欲言的时期。一些全国发行的杂志对激进主义宣言的反应,一方面是以天真的责骂来反对进步教育运动,另一方面又危险地破坏这个运动。[①] 此外,一些来自教育界的报告表明教师和行政管理人员的对立情绪正在增长。科布曾信心十足地要求他的同事在全国的每所中学和大学发展"我们称之为'进步的'高质量的教育"。但没想到,仅仅十年后,进步教育协会突然发现自己已到了崩溃的、危急的边缘。协会成员成批地脱离了这个组织。由于第二次世界大战和人们对进步教育的不满,协会成员的人数大大减少,据 1943 年 2 月统计,只有 6500 人。[②] 进步教育协会领导人不断地进行商谈,但没有采取任何重要的措施。

"进步教育协会是否已完成了它开始想要完成的任务?""进步教育协会是否必须作为一个独立的组织而继续存在?"这些和其他相类似的令人失望的问题支配了 20 世纪 40 年代初理事会的一些讨论会。一种人坦率地认为,进步教育协会应该关门大吉,现在已经到了有活力的少数人参与更广泛、更强有力的协会的时候了。另一种人认为,唯一真正需要的是观点的更新和注入更大的活力。第三种人认为,仍需要一个联合的自由的组织来阻止对进步教育的尖锐批评。到 1944 年春天,最后一种观点占了上风。在协会成员通讯投票的支持下,理事会把进步教育协会的名称改为"美国教育联盟会"(American Education Fellowship)[③],并强调指出:"我们为我们的传统和原来的名称感到骄傲,但是还有一种新的、更广泛的工作要做,而这种工作是没有其他团体正在承

---

① 阿姆斯特朗(O. K. Armstrong):《教科书中的叛逆罪》,《美国大众杂志》1940 年 9 月号,第 8—9、51、70—72 页;克罗克特(A. L. Crockette):《糖果学习》,《周末晚邮报》1940 年 3 月 16 日,第 29、105—106 页;克罗克特:《学校教师的自白》,《天主教文摘》1940 年 11 月号,第 14—17 页;杰克逊(M. W. Jackson):《喜爱你们的学校吗》,《地方绅士》1940 年 12 月号,第 7—8、54 页;波特维尔(B. G. Portwell):《教育中迷惑人的做法》,《美国信使》第 50 期(1940),第 429—432 页;拉德(A. G. Rudd):《我们重建教育制度》,《民族事务》1940 年 4 月号,第 27—28、93—94 页。

② 蒂贝茨(V. H. Tibbetts):《进步教育协会理事会报告》,1943 年 10 月 15 日。

③ 《进步教育》第 21 期(1944),第 201 页。

担的。"①然而遗憾的是,为什么这种新的、更广泛的工作不能在旧的名称下面承担,他们并没有作出任何解释。

总之,所有事实说明,这个变化并没有真正的意义。到 1944 年,这个协会仍然有其前身的影响,实际上,只有极少数的成员在其历史上第一次采用正式的原则声明。② 美国教育联谊会的目的,正如它在声明中所宣布的,"首先,对良好的教育作出规定;然后,激发家长、教师、学生和公民的兴趣,并引导他们为所有的儿童和青年得到这种良好的教育而斗争。"那么,什么是良好的教育呢?"良好的教育是一个学习和生活的过程,通过这个过程要使孩子们非常关心世界的发展,成为具有相当理解力的公民。在这个世界里,自由的人能够并且将一起生活和工作,如果需要的话,还将为共同的利益而斗争。"这个声明还继续指出,由于良好的学校只能在良好的社会里兴旺发达起来,因此,教育联谊会将不仅进行教育改革,还进行更广泛的社会改革;还将追求"适当的健康服务、娱乐活动和良好的住房、有保证的就业机会和废除宗教和种族偏见的民主风尚"。25 年以后,教育联谊会最后有了一个纲领,但是很少有人注意这个纲领,更少有人去了解这个纲领。

进步教育协会从 1944 年开始到 1955 年解散的历史,最多是对过去所有事情的注解。这是一个关于声明和修改声明的悲哀故事,既没有什么措施,也没有多少成员,只有苦恼。它遇到了第二次世界大战后所有自由组织所面临的相同的思想意识问题,具有破产者所共有的情绪。③ 1947 年,许多人参加了感恩节的聚会之后,进步教育协会一度恢

---

① 进步教育协会:《理事会会议记录》,1943 年 10 月 15—17 日。对进步教育协会改变名称的动机和程序的批评性评论,见安德森(A. W. Anderson):《在一个名称上所发生的一些事情》,《进步教育》第 31 期(1953—1954),第 46—50 页。

②《美国教育联谊会的目的和计划》,《进步教育》第 22 期(1944—1945),第 9—10 页。

③ 在一位审计员 1946 年 8 月 28 日的报告中,进步教育协会确实被宣布为"破产者"。

复了活力,但并没有持续下去。① 1948 年,一个新的原则声明②由于少数成员小范围通讯投票的表决而被正式通过。到 1951 年理事会建立"修改委员会"时,这个原则声明已经存在了三年。③ 1953 年,理事会取消了 1948 年的原则声明,并发表了一个新的原则声明来代替。④ 但是,这简直是无事生非。因为它的成员、资金和活力早已消失,剩下的只是一个小团体对纲领进行的学术争论。这个小团体在那一年把它的名称重新改为"进步教育协会",只是发现这个旧名称很少具有以前的吸引力。最后,1955 年,当赫尔菲什主席意识到他只不过是在管理一个存在于通讯名单上的进步教育协会时,他终于宣布解散这个组织。两年之后,《进步教育》杂志也停刊了。除了报纸上曾刊登一条最简短的新闻外,没有什么证据表明公众和教育界人士对此表示关注。

IV

进步教育协会体现进步教育运动究竟到了怎样的程度?提出这个问题,就是要找出社会运动与旨在促进这些运动的组织之间的重要区

---

① 《进步教育》(1948 年 1 月)上曾报道了这次会议。

② 布拉梅尔德(T. Brameld):《美国教育联谊会的新政策》,《进步教育》第 25 期(1946—1947),第 258—262、269 页。德博尔(J. J. DeBoer)主席在《进步教育》(1948 年 1 月)上提到,"全体一致"赞成美国教育联谊会的政策,但华虚朋后来作了简要的说明:在通讯投票中,只有少数投票人"认可了"这一做法。(《进步教育》第 29 期,第 126 页。)从华虚朋的说明中,可以清楚地看到,思想体系上的原因是主要的。从甘斯(R. Gans)、伯克森(I. B. Berkson)和塞耶斯(E. V. Sayers)的文章中,也可以看到这一点。也可参见鲍尔(L. B. Ball)和沙恩(H. G. Shane):《对美国教育联谊会新政策的评论》,《进步教育》第 25 期(1947—1948),第 110—112 页;斯波尔丁(W. B. Spalding):《进步教育在教育界和公众中的陈规旧习》,《进步教育》第 29 期(1951—1952),第 42—50 页。

③ 贝恩(K. D. Benne):《修改美国教育联谊会原则声明的计划》,《进步教育》第 29 期(1951—1952),第 50 页。

④ 拉格:《一个拟定好的进步教育原则声明》、《被废除的美国教育联谊会原则声明》,《进步教育》第 31 期(1953—1954),第 33—40、43、57—58 页。

别,考虑宗教与教会、思想体系与党派之间的区别。① 不可否认,在教育改革的事业中,进步教育协会起了不可估量的作用。进步教育协会作为进步教育运动的组织,成了进步教育运动的代言人,为进步教育运动注入了活力和热情,也为进步教育运动提供了富有献身精神的领导者。在与成千上万教师的生活密切相关的论文、著作、讨论会、会议、委员会以及学校和大学中,进步教育协会传播着进步教育的观点。从美国教室特点上的变化,就可以看到进步教育协会的成就。

但是,这些重要贡献是以昂贵的地方主义代价换来的。进步教育协会在早期就力图使自己具有普及性,但很少能通过力量均等的激烈争论而得到这种普及性。普及者寻求刺激性和单纯性,这个口号很快就取代了更深入的讨论。当然,进步教育协会可以写信给杜威,因为他比任何人更能代表进步教育的哲学思想。但是,杜威的著作尽管才华横溢,但冗长、晦涩,并常常意思不明确。教师是很忙碌的,家长更为忙碌。他们需要简短的概述和对关键思想的简明阐述。因此,尽管不断声明进步教育是实验性的,不能对它下明确的定义,尽管在正式的原则声明上也承认有连续失误,但不可避免的对进步教育下定义的情况还是发生了。

即使是最忠诚的领导者,也很少能看到一个运动的全貌,并且在这个运动不断前进的时候,对扩大运动的某些力量也渐渐失去作用。因此,在1919年及其以后的时间里,进步教育事业出现的问题是进步教育协会简单地拒绝别人的赞助。辛克莱的《正步》(1923)和《愚笨而没

---

① 戴维斯指出:"每一个社会运动发展都趋于一种变化周期。首先,产生一种实际需要,一些个人或团体开始的多少有点公开地指出这种需要。第二,宣传与鼓动。第三,各种团体越来越意识到这种需要。第四,组织起来。第五,采取一致行动,确立强有力的领导,出现新的变化。第六,这个运动假如是成功的,就成为制度——成为大部分运动的范例,并开始集体管理。任何一个不遵守新的社会准则的人会受到惩罚。最后,官僚主义、呆板和倒退变成了主要的东西。当这种情况出现时,一些人常常会感觉到一种新的需要。不是这种制度改变以适应那种需要,就是及时废除这种制度。"《当代社会运动》(1930),第8—9页。对照戴维斯的变化周期,进步教育运动完全符合。进步教育协会的出现是偶然的、迟的,实际上源于进步教育运动。也可参见希伯尔(R. Heberle):《社会运动》(纽约,1951)。它几乎完全是根据欧洲的经验写成的。

有经验的人》(1924)是被忽视的。① 能力测试(1925)也同样被忽视。这是现代教育精神的真正危机。被忽视的还有，对芝加哥"麦克安德鲁管理"非常公开化的政治攻击(1927)，以及州立大学的许多改革。其中最明显的是科夫曼(Lotus D. Coffman)在明尼苏达州立大学的改革。到20世纪30年代，公共资源保护队(Civilian Conservation Corps)②和纽约协会(New York Association)可以接触到上百万人的生活，然而，结果却受到进步教育协会的批评，被认为仍然是进步主义者而不是真正的"进步教育"者。

博瓦德(Berdine Jackman Bovard)曾经说到进步教育对传统教育的"粗暴影响"，即"把传统教育从昏睡和机械的常规中唤醒，迫使它对教学计划进行评价和调整，并修改程序"③。博瓦德的意见是正确的，特别是在20世纪30年代进步教育协会的全盛时期。当然，在美国教育史上，像"八年研究"这样的系统调查、典型评估是很少见的。这里还必须提出一些问题，因为在进步教育发展的过程中，其他组织坚持进步教育纲领的某些方面时也同样很有成效。例如，全国教育协会很快加强了职业培训、健康教育和农村学校教育，并且在二三十年代扩大了对学生的服务。当然，那些所谓的"进步学校"并不能满足公众的全部需要。④ 同样，建立于1916年的"美国教师联盟"(American Federation of Teachers)更能让人畅所欲言。实际上，它在维护学术自由和一些州赞成任期制的运动中也更能发挥作用。最后，人们只需要看一看1919—1955年全国教育研究会(National Society for the Study of Education)的70多本年鉴就能感觉到，作为进步教育思想和革新的交流场所，进

273

---

① 在《愚笨而没有经验的人》一书中，辛克莱赞扬了进步教育协会。他在题为"工人的教育"那一章里，论述得十分有趣。

② 公共资源保护队(CCC)，美国罗斯福总统"新政"初期的措施之一，为解决大萧条时期的失业问题而建立，计划招募以未婚青年为主的失业者去从事国家资源的保护工作，如植树造林、建防洪堤、森林救火以及维修森林道路等。队员住劳动营，过半军事化生活。——译者注

③ 博瓦德：《进步教育协会史，1919—1939》，第290页。

④ 韦斯利(E. B. Wesley)谈论到进步教育协会对进步运动的贡献。见《全国教育协会：100周年》(纽约，1957)，第17章。

步教育协会论述了大量的、广泛的问题。

　　但是，没有一个批评能够触及进步教育协会失败的真正原因——那就是，进步教育协会允许它自己变成一个半职业性的组织。这样做，毫无疑问地加强了进步教育中职业主义和进步主义间的长期合作，但也使进步教育协会在政治上得到的支持减少了，因而削弱了进步教育运动。多年来，儿童研究协会（Child Study Association）、全国心理卫生委员会（National Committee for Mental Hygiene）、全国家长教师代表大会（National Congress of Parents and Teachers），以及许多其他专门团体对企业、工厂、农场和地区组织没有表示过任何的兴趣，却在改革教育的事业中与进步教育协会不断地加强合作。但这种合作只限于表面，常常是以合作会议的形式进行。进步教育协会从开始活动到把改革的力量联合起来，一切都依靠自己——这实际上就是协会的创立者一直顾虑并尽量避免明确规定其奋斗目标的真正原因。然而，可怕的是进步教育协会并没有这样去做。实际上，人们只要把进步教育协会在政治上的绝对天真与1906—1917年之间全国工业教育促进协会深奥微妙的政策相比较，就能意识到这种失败是多么的不幸。

　　当教师被陈词滥调搞得茫然时，学校也同样茫然而不知所措。进步教育协会忽视了同样重要的格言，那就是，只有付出代价才能享受成果。在为进步教育运动下定义的时候，由于限制了它的范围，进步教育协会与当时许多最进步的力量断绝了联系；由于一直害怕激进主义，进步教育协会没有进行艰巨的工作，以集合可能会支持它的教育事业的各种政治力量。总之，进步教育协会的失败既不是财政上的原因，也不是哲学思想上的原因，而主要是政治上的原因，即协会完全不了解究竟什么是推动美国教育的基本力量。

第八章　变化的教育主流

I

274
　　在第一次世界大战后的 25 年中,美国教育的发展速度是迅猛的。每一年,在逐步扩建的学校里,越来越多的学生花费更多的钱,学习更长的时间。经济萧条也许引起了出生率和地方消费水平的下降,但是,20 世纪 30 年代教育上最重要的事实,就是学校的力量得到了持续稳定的增强:中等学校的入学人数从 1929—1930 年的 480 万人上升到 1939—1940 年的 710 万人。因为在第一次世界大战前的那段时间里,越来越多的人提出不同的主张,使学校更容易接受改革;而且,进步教育的思想、设想和实践会继续产生深远的影响,这几乎是必然的。

　　随着入学人数的稳定增长,集中的程度也增加了。20 世纪 20 年
275
代,校车的数量第一次引起了人们的重视;与此同时,全国范围内开始了学区的联合。1920 年,全国至少有 20 多万个地方学区。当这个数字下降的时候,个别学校就能够有足够的时间实行许多进步主义者所建议的内容更丰富的教学计划。在州一级,新建立的教育专业部门发行了许许多多出版物,包括课程、授课计划和教学材料;讨论会、讲习会和研讨班也使得一些闭塞的教师和行政管理人员接触了最新的教育思想。不用说,在一些对此感兴趣的地区,由于得到州的资助和支持,进步教育的思想和实践得到了广泛的传播。

　　同样,联邦教育局(United Seates Office of Education)的工作尽管有限制,但它是生气勃勃的。虽然由于法律和传统的限制,它仅限于传

播信息和统计,但还是成了进步主义的主要宣传者,从而促使《史密斯—休士法案》(*Smith-Hughes Act*)的实施,以便加速采用职业教育计划。它印发了一些有关新课程以及新的教学方法、组织和考试等方面的小册子,甚至发行了能使学区更广泛地进行新教育实践的程序性的系统计划。联邦教育局除了劝告之外,几乎没有什么权力,但在进步教育事业中却特别有成效地运用了劝告这个权利。

最后,全国教育协会在教育事务中成了举足轻重的力量。其成员在第一次世界大战后的年代里迅速增加,1918 年约 1 万人,到 1941 年已超过了 21 万人。① 然而在很大程度上,它仍然是一个州教育协会的松散性联盟。它反映了美国教育力量的结构,也成为教育改革颇有影响的支持者。《全国教育协会杂志》有上千份的发行量,主要以学校教师为对象,在教师中拥有广泛的读者。与此同时,全国教育协会的研究报告和学术性刊物信息量很大,把有关"最好的教育实践"的资料提供给全国的学校行政人员。像联邦教育局一样,这个协会除了劝告之外,几乎没有什么权力。但是,它在进步教育事业中也喜欢使用劝告这个权利。

276

随着入学人数剧增的压力而来的是,1918 年后联邦和州采取了措施,加速前一时期已开始的教育改革,不仅各地继续进行个别的教育实验,而且许多学校逐渐受到了明显的影响。到 1937 年时,进步教育协会的实验学校委员会可以乐观地写道:"很明显,公开宣布的实验方法已得到广泛使用。'用儿童进行实验'、'用纳税人的钱进行实验'已不再像过去那样是种犯罪了。'激进的观念'在城市管理者的计划中肯定能得到校长和教师们的承认,或者出现在州行政官员对整个州的教育机构的彻底检查计划的公开声明之中。总之,人们渐渐地意识到这样一个真理:迅速变化的社会需要教育也有相应的行动;公众也开始愿意支持这种行动。"② 正如雷德弗一年后在《时代》杂志上所评论的:"进步

① 韦斯利(E. B. Wesley):《全国教育协会:最初的 100 年》(纽约,1957),第 397页。

② 进步教育协会实验学校委员会:《一些学校正在做什么》(纽约,1937)。

教育不再是反抗者的运动,已经变得受人尊敬了。"①

<h1 style="text-align:center">Ⅱ</h1>

进步教育协会创立者的观点是:进步教育早已与一种同样流行的错误看法联系起来了。这种错误看法认为,私立学校及其教师永远是教育改革的先驱。1947 年,拉格列出了 1870—1930 年间的 36 个主要的进步教育实验名单,其中只包括 4 所公立学校:19 世纪 70 年代帕克领导的昆西学校、20 世纪 20 年代华虚朋领导的文纳特卡学校(伊利诺斯州)、20 世纪 30 年代贝蒂领导的布朗克斯维尔学校(纽约)、卢米斯(Arthur K. Loomis)领导的沙克·海斯学校(俄亥俄州)。② 当然,正如进步教育和社会教育受限制的观点一样,这种看法也是不正确的。然而,指出这一点并不是否认那个年代私人资助的最有勇气和最有想象力的教育实验,这些教育实验确实对美国教育产生了不可估量的影响。

马库斯(Lloyd Marcus)非常仔细地调查了主要的私立进步学校的起源,其结论是:它们几乎没有应用什么概念。③ 显然,它们是从最富于变化的政治和哲学源泉中发展起来的。例如,巴尔的摩的公园学校建立于 1912 年——在这个城市教育委员会的激烈争论之后。古切尔学院的弗罗里切(Hans Froericher)辞了职,决定建立一所自己的学校。弗罗里切曾经如饥似渴地阅读了夸美纽斯、卢梭、裴斯泰洛齐和福禄培尔的著作,早就具有把教育建立在儿童真正兴趣的基础上的思想。这所学校邀请了 E·R·史密斯为第一任校长。到 1918 年,当科布想出建立进步教育协会的主意时,公园学校早已以教育改革的中心而著称

---

① 《时代》,1938 年 10 月 31 日,第 31 页。
② 拉格:《美国教育的基础》(扬克斯,1947),第 569—570 页。
③ 马库斯:《美国私立进步学校的建立,1912—1921》(未发表的学位论文,哈佛大学,1948)。

了。

我们已经看到,"儿童学校"以及后来的"沃尔顿学校"、"游戏学校"和"城市和农村学校"的起源是完全不同的。所有这些学校都是由个别教师寻求应用特殊的教育理论而开始的。农伯格试图在儿童学校里建立一种能应用适当的心理分析原理的教育;同样,普拉特在游戏学校让孩子们通过生动的游戏来认识这个世界。真正走出家庭的妇女和父母委托人将成为这些教育实验的主要支持者。

1915年建立的沙迪希尔学校代表了另一种情况。这所学校的发起人是教授霍金(Willam Ernest Hocking)①夫人。霍金夫人结婚前也是教师。她非常熟悉欧洲学校的"露天"学校运动。当霍金夫妇对在死记硬背和拥挤不堪的公立学校中的儿童的健康问题感到忧虑的时候,他们决定创办一所自己的学校。沙迪希尔学校开始是作为一个教育机构,主要招收霍金夫妇在哈佛大学的同事以及坎布里奇地区一些商人的孩子。萨尔顿(George Sarton)夫人后来描述说:他们的一些邻居都把他们当做"怪人"。

不同学校的情况是不同的。奥克兰农村学校是1916年在费城一批商人的资助下,应用杜威的教育理论而发展起来的。莫赖恩公园学校是在同一年由摩根建立起来的。摩根曾是一位长期迷恋于裴斯泰洛齐的《林哈德与葛笃德》的工程师。切维蔡斯学校是1919年由科布开始创立的,是一所私立实验学校。比弗农村学校是1921年由两位女士根据她们喜欢阅读的《明日之学校》而建立的。曼纽米特学校在1924年建立,作为一所实验性的寄宿学校,主要招收工人的孩子,由布鲁克沃德工人学院的马斯特(A. J. Muste)担任学校董事会主席。

在游戏学校、儿童学校和切维蔡斯学校,教师走出校园,寻求家长们的支持;而在公园学校、奥克兰农村学校和比弗农村学校,家长们却走出家庭,寻求教师的支持。在教育实验的发起人是教育工作者还是公众的问题上,人们并没有一致的结论。但是,有一种现象值得注意,除了曼纽米特学校和其他一二所工人学校,学校支持者完全是中上层

---

① 霍金(1873—1966),美国哲学家。——译者注

279 阶级。招收蓝领工人①家庭的孩子是偶然情况。但是,普拉特的经验既是有代表性的又是有启发性的:工人家庭的父母并不一定愿意参与激进的教育改革。20 世纪 30 年代由康茨和其他人引起的阶级偏见基本上被人们接受了。实际上,私立进步学校确实是依靠中层阶级发起和支持的。

　　一些学校的创立者熟悉其他人的教育实验活动。农伯格知道卡罗、普拉特的工作,他们俩也都知道 M·约翰逊的学校。建立比弗农村学校的那一批人曾到巴尔的摩与 E·R·史密斯商议,后来又建立了奥克兰农村学校。但是,一般地说,一直到进步教育协会建立以后,他们才开始感觉到进步教育运动。实际上,进步教育协会早期成员最普遍的回忆就是:在了解如此多的其他正在进行的教育实验活动的时候,他们是那样的惊讶。因此,他们自己参加的早期会议改变了以往交流报告的形式,因而也根本没有感到需要一种"统一的哲学"。

　　德利玛在《我们孩子的敌人》(*Our Enemy the Child*,1936)里生动地描述了这些私立进步学校在 20 世纪 20 年代的活动;拉格和舒曼克在《儿童中心的学校》(*The Child-Centered School*,1928)里也生动地记述了这些情况。一般地说,这些学校倾向于以完全不同的方法组织课程,把教学工作与周围社会的生活更紧密地结合起来,使学生更直接地参加学校工作的管理和实施。这些学校的教室变得更舒适,具有各种各样的装备,放置了书籍、教学资料、艺术活动用品等。德利玛、拉格和舒曼克认为,要批评的方面是:一些学校在课程上缺乏计划;一些学校过分盲目地依据个别儿童的兴趣;一些学校过分强调这样或那样的科目;一些学校很少考虑去评价实验的结果。但是,赞扬远远多于批评,以至这些批评在一片赞扬声中消失得无影无踪了。

280 　　是否有一所学校可以代表这个时代的私立进步学校呢?可以肯定地说,没有一所学校有这样的资格。但是,也许林肯学校可以作为一个代表。第一次世界大战后的几种进步主义思想,在什么地方都没有像在林肯学校里那样明显地集中和缠结在一起。什么地方都没有像林肯

---

　　① 蓝领工人,指从事体力劳动的工人。——译者注

学校那样引人注目地把进步教育运动丰富多彩的情况记录下来。当然，没有一所进步学校在以后的美国教育史上产生过更伟大、更持久的影响。

　　爱默生曾经指出，每一次革命最初是一个人头脑中的一种想法。林肯学校引起的一次革命，最初也是弗莱克斯纳（Abraham Flexner）头脑中的一种想法。弗莱克斯纳在自传中提到：在1915年普通教育委员会的会议上，他简略地谈到了他一直渴望的一种现代学校，这种学校将提供普通教育，就像约翰斯·霍普金斯医学院提供医学教育一样。当时出席会议的埃利奥特曾指出："我一直想要进行这样的实验。如果我们现在不为国家和最适宜建立这样一所学校的人提供机会和服务，那么，我认为这将是一场灾难。"①弗莱克斯纳要求就未来的设想拟出一个文件，结果是他发表了著名的论文：《现代学校》（A Modern School）②。

　　半个世纪之后，人们读到《现代学校》就会发现，它在内容和论调上显然是有预言性的。弗莱克斯纳学校的目的，是"为孩子提供他们需要的知识，并且发展他们在现实世界中把握自己的力量"，所有的学习时间如何安排，将主要根据这个标准。弗莱克斯纳认为，即使所谓的进步学校，对已经删去的部分也太胆小了；它们偶尔放弃或削减个别的论题和科目，但是，一种传统主义思想继续存在于它们的工作之中。弗莱克斯纳在功利主义方面是强硬的。他坚持认为，"现代教育将不包括任何东西，只是因为传统的需要或者是因为它的无益最后没有被建立起来。现代教育显然以相反的方式发展起来：它不包括任何东西，因为现

————————

　　① 弗莱克斯纳：《我的回忆》（纽约，1940），第250—251页。弗莱克斯纳1939年在林肯学校毕业典礼上的讲话强调说，埃利奥特校长是林肯学校的真正创立者。

　　② 弗莱克斯纳：《现代学校》，《美国评论周刊》第53期（1916），第465—474页。这篇论文被重印于弗莱克斯纳的《现代大学和现代学校》（加登城，纽约州，1923）中。许多年以后，当人们问到这本小册子的思想渊源时，弗莱克斯纳提到了杜威和埃利奥特的影响。见迪克斯（L. Dix）：《进步教育的宪章》（纽约，1939），但是，仔细阅读弗莱克斯纳的自传，可以发现，这本小册子的思想主要来源于他自己的教学经验。他年轻时曾在肯塔基州路易斯维尔创办和领导了一所学校。关于对"现代学校"的尖锐批评，见肖里（P. Shorey）：《对人道主义的攻击》（波士顿，1917）。

在是不会创造出肯定的事物的"①。

　　在这些原则的基础上,弗莱克斯纳学校围绕四个基本方面的活动,即科学、工业、美学和公民学组织工作。他们删去了希腊语和拉丁语,代之以现代的欧洲语言;也教许多传统的数学。在重新组织和安排科目时,教师发现有必要拟定新的教学大纲,编写新的教科书,提出新的教育程序。因此,现代学校将成为研究教育问题的实验室。弗莱克斯纳最根本和最重要的贡献,是带头用反对教条主义的教育标准进行科学研究。他曾写道:"科学的精神正开始渗透到初等学校和中等学校中去,因为条件不好,进步是缓慢的。现代学校应该是一个实验室,在那里可以进行教育问题的科学研究。这个实验室首先是要批判地检查和评估现代学校作为根据的那些基本主张以及所得到的那些结果。"②

　　早在 1916 年,普通教育委员会在哥伦比亚大学师范学院开始了与权威人士的讨论。到 5 月份,普通教育委员会报告说,哥伦比亚大学师范学院已准备与它合作建立现代学校。这种现代学校就"像一个实验室,制定初等学校和中等学校的课程,这些课程必须删去过时的资料并尽力逐步充实适应现代生活需要的有用的资料"。弗莱克斯纳后来回忆说,他从一开始就极力主张学校必须独立创建,而不依附于任何现存的机构。但是很显然,其他人的看法压倒了他的意见。③ 在 1917 年 1 月 1 日的那份协议上,普通教育委员会同意解决这所学校引起的年度赤字问题。1917 年 9 月 24 日,弗莱克斯纳的现代学校,即哥伦比亚大学师范学院的林肯学校,终于建立起来了。④

　　林肯学校从那时起一直到 31 年后停办的历史,在进步教育运动中

---

　　① 弗莱克斯纳:《现代大学和现代学校》,第 119—120 页。

　　② 同上,第 141 页。

　　③ 弗莱克斯纳:"毕业典礼上的讲话,哥伦比亚大学师范学院林肯学校,1939"(油印资料,现存于哥伦比亚大学师范学院图书馆)。

　　④ 克雷明(L. A. Cremin)、香农(D. A. Shannon)和汤森(M. E. Townsend):《哥伦比亚师范学院史》(纽约,1954),第 110—111 页。

是一个精彩的篇章。① 正如拉格在几年后所回忆的那样,几乎所有的教师都把这作为座右铭:"尝试一下,看看是否有效。"②在一些教育实验中,一些教师试图不工作;然而,林肯学校给人印象深刻的是教师做了许多工作。弗莱克斯纳早就警告说,教师是很难找到的,但林肯学校却找来一批特别富有想象力的教师。柯蒂斯、格罗杰尔(Martha Grog-gel)、赖特(Lula Wright)和科尔曼在小学部工作。在中学部工作的有米伦斯、拉格和克拉克(John R. Clark)。弗莱克斯纳警告说资料是不够用的,因此,教师开始着手安排一个值得赞赏的有关课程指导、课文、辅助练习册、教学单元和成绩测验的计划。也许最重要的是,教师办成了一所一流的学校:学生具有很高的道德品行;课堂教学一般是很好的,甚至是优秀的;教师、学生和家长的活动中充满着一种开拓精神。

　　林肯学校打算做的工作,是围绕"工作单元"建立一种课程。这种课程把传统的教材重新组织到能够促使儿童发展和以后适应变化的成人生活需要的更完整的形式中去。③ 例如,一年级和二年级6—7岁的孩子,在他们按照现实生活建立的游戏城市里学习社会生活。三年级学生在柯蒂斯的设计下,在附近的哈德逊河上通过船上十分迷人的活动,学习有关船只的知识:船的历史和现状,船的设计和结构,船舱,以及船在运输史上的地位,等等。在柯蒂斯小姐的指导下,船变成了进入历史、地理、阅读、写作、算术、艺术和文学的入口。这成了林肯学校最有名的"工作单元"。通过柯蒂斯设计的这个单元,你能看到一个富有想象力的教师是怎样运用儿童对他们周围生活的正常兴趣的。

　　用相同的方式,四年级学生进行有关食物的学习;五年级学生进行有关陆上运输的学习;六年级学生进行有关不同年代的书籍的学习。每一个单元都能激起学生十分广泛的想象,因此,不同年级的孩子可以

---

　　① 关于林肯学校的简要历史,见德利玛:《为了未来世界的学校》(纽约,1939)、《民主社会的中学》(纽约,1941)和《林肯学校的发展,1917—1938》(纽约,1938)。《哥伦比亚大学师范学院学报》1936年2月号全部刊登了介绍林肯学校工作的文章。

　　② 拉格:《美国教育的基础》,第563页。

　　③ "工作单元"的理论和实践以及一份内容广泛的书目提要,见蒂皮特(S. S. Tippett)等:《在初等学校里发展的课程》(纽约,1927)。

根据自己的兴趣和老师的教育要求,把注意力集中到各个方面去;每一个单元都要为学生提供各种各样的活动;每一个单元都试图使学生深刻地认识当代文明社会的一些重要方面。在 19 世纪末 20 世纪初,对于一个十分熟悉杜威实验学校工作的人来说,林肯学校与杜威学校的连续性和相似性是相当明显的。

他们把中学设想成一个六年制的教育计划,是小学教育的继续。[①]七年级的"普通课程"是有关"人类及其环境"的,即真正地学习人文地理学。八年级学生着重学习文化与环境的关系,学习如何"生活在一个电力时代"。他们参观工厂或农场,甚至到马萨诸塞州去参观。十年级和十一年级学生连续两年学习"古代和现代文化",尽力加深对历史的理解。十二年级的学生集中学习"生活在当代美国"。这个单元围绕 20世纪 30 年代美国的社会和经济问题进行。

围绕这些以问题为中心的设计,他们精心安排了适合学生需要和经过挑选的活动。小学开设专门的音乐课、工艺美术课、自然科学课、家政课和体育课。林肯学校 1921—1922 年建在纽约第 123 大街和莫宁赛德大街的拐角处,拥有一个巨大的室内体育馆。同样,中学也开设了数学、英语、生物、物理、社会科学和现代外语等专门课程,还设有工艺美术、家政和体育等课程。最后,这所学校还提供很多辅助学习的旅游机会、各种吸引人的课外活动、一个设施齐全的图书馆以及一个周密安排的考试和辅导计划。教师从学生进校第一天起就提供帮助,直到学生毕业为止。

概括起来说,这是一种什么样的教育呢?人们对林肯学校的看法,出发点是多种多样的。学校开始的一些工作还是突出的,也容易作出评价。米伦斯的《创造的青年》(*Creative Youth*,1925)和《创造的力量》(*Creative Power*,1929)、许多介绍"林肯学校经验"的小册子以及学生的文学杂志,刊有精选的学生散文、诗歌。科尔曼的《儿童交响曲》(*Children's Symphone*,1931)转载了林肯学校第三交响曲的管弦乐

---

① 论述中学课程的理论和实践的资料要目,见德利玛:《民主社会的中学》,第 88—90 页。

谱——有四个乐章,是孩子创作和演奏的。演奏的乐器大部分也是他们自己制作的。哈特曼和舒曼克的《创造性的表现》(*Creative Expression*,1932)也生动地描述了林肯学校的绘画和雕塑。很多诸如此类的工作明显地经受了时间的检验。人们感觉到,在任何地方的任何学校里,这都会引起人们的嫉妒。

另一种看法来自于几年来对林肯学校不计其数的考试。1934 年由霍普金斯(L. Thomas Hopkins)和门登豪尔(James E. Mendenhall)编辑的刊物,在这个方面是相当有帮助的。[①] 作者把林肯学校的成绩与不同科目的全国标准进行了比较。一般地说,林肯学校学生的学业成绩显然超过一般学校,但是比东部地区一些优秀的私立学校还稍低一点。而且,林肯学校的毕业生在大学入学委员会的考试中,成绩也比一般学校的学生高,在大学里一般也能起到更大的作用。当然,这些都不是令人奇怪的。从一开始,有代表性的林肯学校学生就来自于富裕的家庭,都准备上大学。他们的智商远远超过 100,他们的成绩远远超出全国标准。也许重要的是,林肯学校显然能够实现自己独特的教育目标,而不牺牲任何重要的学业成绩——这个事实后来被“八年研究”所得到的更普遍的研究结果所肯定。

1930 年还出现了另一种看法。耶鲁大学校长安吉尔(James R. Angell)[②]、奥伯尔林学院院长威尔金斯(Ernest H. Wilkins)和衣阿华大学校长杰塞普(Walter A. Jessup)[③]调查了哥伦比亚大学师范学院的三所附属学校:林肯学校、贺拉斯·曼男子学校和贺拉斯·曼女子学校。[④] 当然,教育学院附属学校调查委员会与其他曾经担负学校调查的

---

① 霍普金斯和门登豪尔:《林肯学校的成就》(纽约,1934)。到 20 世纪 30 年代末,教育工作者开始更为系统的实验,并采用一些手段对进步学校的非学术性成就进行评估。见赖茨通(J. W. wrightstone)的《对新的初等学校实践的评估》(纽约,1938);贝克(G. D. Baker)等的《美国教育中的新方法和旧方法》(纽约,1941),第 34—56 页。

② 安吉尔(1869—1949),美国心理学家。——译者注

③ 杰塞普(1877—1944),美国教育家。——译者注

④《哥伦比亚大学师范学院附属学校调查委员会报告摘要》(1930 年 6 月,未发表的底稿,现存于哥伦比亚大学师范学院院长档案馆)。

机构一样著名。他们认为,这三所学校的毕业生在大学里的成绩记录很难分出高低。不过,他们还是尽力指出林肯学校的毕业生在大学里比其他学校的毕业生更多地得到 A 和 B。在这三所学校中,林肯学校是最有实验性的。

最终,学生有自己的看法。他们尽管不像动画片《纽约人》所描述的那样早熟,但对自己的教育经历是相当清楚的。一般地说,学生是赞成这种实验的。其重要的标志是,他们很深入地投入到这些实验活动中去。中学报纸《明亮之光》爱追根究底的记者,在林肯学校 20 周年的庆祝会上问学生:"在哪个方面,林肯学校使你获益匪浅?"除了通常的客套话外,学生一本正经地提到了林肯学校的领导组织,赞扬教师理解自己的职责,创造了个性;而且指出,尽管学习紧张,但学生能保持每天 6 小时的睡眠。一个学生强调说:"在公立学校里,教师是对学生满堂灌;而在这里,你是真正地在学习。"[1]但是,人们的意见并不都是一致的。一些校友严厉地批评林肯学校,大声疾呼他们并不是在学习,而只是通过松散的活动计划漫无目标地游荡,因此,在实行进步教育几年之后,林肯学校的毕业生很难适应大学的生活。[2] 正如表扬是不令人奇怪的那样,批评也同样是不令人奇怪的。人们也许自然而然地希望林肯学校的毕业生在这所学校延长学习期限之后,能够感受到适应更正规的教育机构是如何的困难。

在两次大战之间,林肯学校集中反映了进步教育思想的、以儿童为中心的和改良主义倾向的特点。这是一种值得评论的现象。显然,对少数更富有逻辑性的人来说,它可能会引起一点点不愉快。在林肯学校里,人们能够发现非常好的测验运动的书面记录。从每一个孩子进校的第一天起就开始这种书面记录,教师和辅导老师都尽量广泛地运用这些资料。确实,弗莱克斯纳在《现代学校》中提出的那些问题与节约时间委员会所提出的问题是十分相似的。同样,人们在观察林肯学

① 《明亮之光》,1938 年 5 月 10 日。

② 《时代》,1938 年 5 月 16 日,第 34 页;希尔德雷思(G. Hildreth):《林肯学校的毕业生》,《哥伦比亚大学师范学院学报》第 44 期(1942—1943),第 361—368 页。

校过多的教室内外的活动时,便会明白它体现了拉格和舒曼克在《儿童中心的学校》一书中所表达的新的教育信念。最后,在 20 世纪 20 年代中,几乎没有比拉格的著作和他的同伴在所谓的"拉格社会科学课本"中更好地体现教育改良主义观点的。①

显而易见,当进步主义理论家发现相互之间越来越不能相互容忍的时候,他们的理论却不知怎么在一些学校的生活中结合了起来。正如银行街教育学院的温森(Charlotto Winson)最近在一次谈话中说到的:"理论思潮的分析目的显然是各式各样的。对那些在学校里工作的人来说,就容易应用科学的方法进行分析,既考虑到个人的生长和发展,又注意到社会的改革。我们有很多事情要做,以至没有去寻求统一和一致;孩子们需要受到教育,这似乎比逻辑的严密性更为重要。"因此,温森的思想在教育改革运动过程中是很普遍的。

在林肯学校的家长协会与哥伦比亚大学师范学院当局之间长达十年的激烈斗争之后,林肯学校在 1948 年过早地结束了。② 哥伦比亚大学师范学院 1940 年决定把林肯学校与贺拉斯·曼学校合并。这样做是为了更大的经济效益和进行更有效的管理。同时,哥伦比亚大学师范学院还建立了贺拉斯·曼-林肯实验学校研究所,委托它收集和发表新合并的学校的实验工作资料。在寻求与公立学校的联系时,这个研究所很快遇到了一个老问题,即很多在实验条件下成功的方法,在很大程度上却很难在学校里应用。③ 另外,还有不断产生的财政上的困难以及林肯学校的家长们正在增长的敌意(这些家长从一开始就团结斗争)。这就使得哥伦比亚大学师范学院当局在 1946 年决定关闭林肯学

290

---

① 关于拉格的课本以及 1940—1941 年间所发生的激烈争论,见拉格的《可以理解的人们》(纽约,1941)。

②《哥伦比亚大学师范学院史》,第 229—237 页。

③ 因为林肯学校是作为实验学校建立起来的,所以,杜威在芝加哥大学实验学校最初的几个月里所发表的某些意见是具有重要意义的。杜威在 1896 年曾写道:"因为实验学校的主要作用并不是发明一些立即能用于实际的方法,所以,这所学校的主要目的也不是发明一些能直接应用于分年级学校制度的方法。有些学校的作用在于根据现在的标准提供更好的教师;另一些学校的作用是创造新的标准和理想,从而导致环境的逐渐变化。"见《芝加哥大学学报》第 1 期(1896—1897),第 417—418 页。

校。于是,这些家长与师范学院当局打了长达两年的官司。他们坚持认为,林肯学校最初是由普通教育委员会决定开办的,因此,师范学院当局没有关闭它的权力。但最后,师范学院当局取得了胜利。林肯学校关闭了,资金转给了那个研究所,以便研究所继续在公立学校里开展工作。

只有时间才能证明这是否是一个付出了极大牺牲而得到的胜利。弗莱克斯纳 1939 年在他的自传中就认为,这个即将发生的合并是一件痛苦的事情。他写道:"很不幸,正如我所写的,林肯学校的前途是危急的。哥伦比亚大学师范学院和它的贺拉·曼学校在财政上遇到了困难。人们告诉我,学院正在考虑采取措施,利用林肯学校得到的捐款,因为这肯定会使它们从困境中摆脱出来。但我必须指出,利用林肯学校得到的捐款,把它作为解决财政困难的措施,是不合乎伦理的。哥伦比亚大学师范学院是否具有合法的权利还未确定,但道德上和科学上的证据都证明它不具有合法的权利。林肯学校是世界上唯一能有足够的捐款进行研究和实验的一所学校(包括小学和中学)。它将成为牺牲品吗? 如果它成为牺牲品或受到损害,谁将再捐助另一所学校呢?"[1]当人们正在仔细思考 30 多年来林肯学校所做的工作以及随后的美国教育史时,弗莱克斯纳的问题依然是令人烦恼的。

291

III

正如两次大战之间私立进步学校具有不同的特点一样,许多公立学校的实验也有很大的差别。20 世纪 20 年代和 30 年代是美国教育改

---

① 《我的回忆》,第 252—253 页。十分有趣的是,这本书 1960 年的新版中竟删去了这段话。在整个争论中,弗莱克斯纳强调说,哥伦比亚大学师范学院如果不再能够维持林肯学校的话,那么在道义上是负有责任的——不顾普通教育委员会的大量资助——应放弃对这笔捐款的管理,从而让林肯学校继续独立存在。

革的年代,上千个地方学区采用了这个或那个进步教育计划中的某些部分。正如人们所期望的,各个地区之间,各个州之间,进步教育运动以很不一致的速度进行着。在更早的时候,进步主义的不同方面是由不同的团体造成的,这些团体依靠的环境和支持者都不同。试图对这些方面的改革运动进行分类,那是毫无意义的。因为全国教育研究会和课程研究学会早已比较仔细地做过这方面的工作。[①] 但是,也许只有一些著名的例子会使人们感兴趣。

第一次世界大战期间,美国大约有 20 万所单班学校,500 万学生。波特学校就是其中之一,坐落在密苏里州柯克斯维尔郊区的阿代县。1912 年,波特学区教育委员会邀请哈维(Marie Turner Harvey)接管这所学校,并保证让她在三年里自由地进行证明"社会化农村学校课程"可行性的实验。哈维夫人在那里待了十多年,改革很成功,以至激励伊夫琳·杜威(Evenly Dewey)写了《取代旧学校的新学校》(*New School for Old*,1929)一书。这本书在出版的当年就重印了四次,使波特学校很快成了进步教育运动在"一间屋农村学校"方面的范例。

哈维夫人是 1908 年作为密苏里州立师范学校一位具有批判精神的教师来到柯克斯维尔的。[②] 她是一个有经验的、受过良好教育的农村学校教师。两年后,她被邀请到柯克(John R. Kirk)任校长的那所典型的农村学校教书。柯克校长在校园里采取了一些措施,以此表明农村学校进行改革的可能性。[③] 哈维夫人也教一门课,即"农村生活和问题"。毫不奇怪,这门课的教学大纲读上去就像农村生活委员会(Coun-

292

———————

① 全国教育研究会:《第 26 年鉴》(巴尔的摩,1926),第一部分;哈拉普(H. Harap)等:《变化中的课程》(纽约,1937)。公立学校进步主义的形象,公众也许可以从卡里(H. Cary)、阿米德(J. Amid)和其他人在《矿工》杂志上的一系列文章中发现。见《矿工》1923 年 10 月 6 日,11 月 10、17、24 日,12 月 1、15、22 日,以及 1924 年 1 月 26 日,2 月 9、23 日,3 月 15 日,4 月 5、19、26 日,5 月 10 日,8 月 9 日,10 月 25 日。

② 西蒙斯(D. Simmons):《东北密苏里州教育学院史》(柯克斯维尔,1927),第 25—28、94 页。

③《密苏里州第一所地区师范学院简报》第 10 期(1910)第 1 号,第 240 页;皮佐(F. D. Pizzo):《柯克对师范教育的贡献》(安阿伯)。

try Life Commission)的报告。① 哈维显然是一位一流的教师,她的工作受到了普遍的赞扬。但她自己对始终如一地谈论农场生活的教育越来越感到忧虑。她在柯克斯维尔中部农村学校的做法事实上是使孩子们脱离附近的农场。因此,她在 1912 年得出结论:她的工作也许最好在一个典型的农村学校里进行下去。

波特学校在哈维夫人来的时候,已经是一所典型的农村学校了。它建立于 19 世纪末 20 世纪初,共花费了 600 美元,但现在已陷入困境之中:校舍的油漆已经剥落;墙泥已经掉下;护墙板脱落了;屋外厕所已经肮脏不堪;普通的壶腹式火炉已经没有什么作用了。因为地处铁路线,它的校舍有好几年被用作旅行者的招待所。学校董事会花了很长时间才勉强保住了那间孤零零的农舍。不用说,一个又一个学期,一些教师来了又走了,学生即使最多时也是稀疏的,有时教室里甚至只有五六个孩子。

伊夫琳·杜威坚持认为,哈维夫人来到波特学校时,"并没有带来现成的上课计划以及成人俱乐部和社会活动的预定计划,但有一个坚定的信念:波特学校存在着发展真正的社会精神的可能性,一旦认识到这一点,就会有足够的力量去建立起自己最适合其需要的表现方法"②。伊夫琳的看法是完全正确的,特别是在强调哈维夫人连续的灵活性方面。但是,哈维夫人带来了有关农村生活运动的全部知识装备,这也是真实的。而且,她还带来一个更大的计划,要使波特学校能够更新整个附近地区的生活。

哈维开始时争取家长们帮助修理校舍,并要求他们为她和助手提供一间舒适的农舍,因而结束了教师一家挨一家住宿的令人讨厌的做法。重建的校舍不仅成为这个地区的骄傲和欢乐,成为人们表现自己能力和热情的地方,还成为居民们讨论共同问题的合适的中心。不久,那里又建立了农村妇女俱乐部,以便用邻居相互合作的精神来统一社

---

① 《密苏里州第一所地区师范学院简报》第 10 期(1910)第 3 号,第二部分,第 10 页。

② 伊夫琳·杜威:《取代旧学校的新学校》(纽约,1919),第 69 页。

区生活;建立了必要的农民俱乐部,专门致力于促进地区农业的发展。这两个俱乐部继续对学校感兴趣。由于哈维夫人的努力,人们也提高了对学校的兴趣。

当然,那里真正的变革是在课程上。哈维夫人的指导原则是人们熟悉的那个格言,即社会的日常生活必须是教育的主要内容。诸如园艺、烹饪、家禽和动物饲养,不仅成为课程计划的中心,而且也成了经过很大改革的读写算方面的普通工作。例如,年轻人写信,还保存着与他们的农业活动有关的笔记本;他们阅读农业部和州实验站的简报,以及流动图书馆的优秀儿童读物;他们运用数学知识来解决农场在计算方面遇到的问题。在哈维夫人富有想象力的指导下,学生们兴趣大增,加倍努力学习。[①] 学校有了以各种不同的方法向社会扩展的新的目标。哈维 1918 年告诉全国教育协会:"这是真正的合作,这所学校不仅成了社区的中心,事实上,也是传播社会和经济信息的高效率中心,每时每刻都可以利用",而且自豪地汇报说,进入这个重新组织的学校的学生,没有一个随后离开的,只有极少数的例子除外,例如,学生因为搬家而离开这个地方。[②]

哈维夫人一直在波特学校工作到 1925 年。那一年,她回到了州立师范学校,即现在的东北密苏里州教育学院,但波特学校的工作由她培养的助手继续进行下去。这时,她的工作成果由于《取代旧学校的新学校》的出版而得到了广泛的传播,在全国无数农村地区流传。1930 年,哈维夫人为全国教育协会的农村教育部做了也许是她最后的一次公开演讲。在评论那些不断阻碍农村教育的力量时,哈维夫人将听众带到了想象性的参观波特学校的情境中,并指出许多改革在那里已经实现了。最后,她谦虚地总结说:"我让你们自己来判断,这种情况是否可以

294

295

---

① 20 世纪 20 年代初,科林斯(Ellsworth Collings)在密苏里州麦克唐纳县的一所农村实验学校里发现:在哈维夫人创造的环境中,儿童读写算确实学得比较好。见科林斯:《设计课程的实验》(纽约,1923)。

② 哈维:《处于冲突之中的农村学校》,见全国教育协会:《讲演和记录》(1918),第439 页。像农村生活委员会和大多数进步主义者一样,哈维夫人仅仅设想农村儿童应该留在农村。考虑到农业的不断机械化,这种设想实际上是不切实际的。

算'进步主义',是否在所有这样的学校里都切实可行。"①

　　1919 年，也就是伊夫琳·杜威出版《取代旧学校的新学校》的那一年，伊利诺斯州文纳特卡地方教育董事会邀请旧金山州立师范学校的华虚朋担任那里的地方教育官员，开始了进步主义在公立学校中颇为不同的教育实验。② 文纳特卡是芝加哥郊区的一个居民点，人口约 1 万，大多数家庭的收入大大超过平均水平。这个地区的人送孩子进大学的百分比特别高，他们自夸在高水平和自主的学校管理方面具有悠久的传统。华虚朋在那里 25 年的工作，象征了进步教育的发展已经从一些人数不多的高收入的郊区向全国各地扩展，从布朗克斯维尔到俄亥俄州的谢克海茨，从纽约到加利福尼亚州的帕萨迪纳。

　　华虚朋原来工作的旧金山州立师范学校在第一次世界大战前，凭借自身的努力已经成为教育改革的中心。伯克（Frederic Burk）③校长早在 1912 年就重新设计了示范小学的课程，允许学生有更多的自由。这所学校的 700 个学生，每人都按照自己的特殊速度学习并取得进步，每人都有一份自己准备的课程计划。他们禁止在课堂上背诵课文和每天布置作业，规定任何年级的任何一门课程，结束后不久就举行考试，考试及格的学生就可以升级。这个安排很快就以"个别教学制度"而著称。④

296

---

　　① 哈维：《进步教育的方法在小的农村学校里能实行吗？》见全国教育协会：《讲演和记录》(1930)，第 448 页。

　　② 关于文纳特卡制研究，见华虚朋以及文纳特卡教育委员会成员约曼斯（E. Yeomans）的《文纳特卡方法的开始》，载《美国大学妇女协会杂志》第 23 期（1930 年），第 129—136 页。约曼斯是芝加哥的一位水泵制造商，对教育十分感兴趣，后来出版了《受束缚的青年》（波士顿，1921）。这本书对公立学校因循守旧的做法提出了严厉的批评。1923 年，约曼斯还在芝加哥创建了奥亚农村学校。

　　③ 伯克(1862—1924)，美国教育家。——译者注

　　④ 关于旧金山师范学校工作的描述，见全国教育研究会的《第 24 年鉴》（布卢明顿，1925）第二部分，第 59—77 页。华虚朋认为，伯克校长学术上的先驱者是哈里斯和塞奇（Preston W. Search）。19 世纪 80 年代后期，塞奇试图在科罗拉多州普韦布洛的公立学校介绍"个别教学制度"。见塞奇的《一所理想的学校》（纽约，1901）。这是献给霍尔(G. S. Hall)的一本书，曾列入哈里斯的"国际教育丛书"出版。关于在儿童分组中努力引进灵活的管理方法的历史，见全国教育研究会的《第 19 年鉴》（布卢明顿，1920）第二部分，第 1—2 章。

人们很快就明白,如果年轻人想要在教师有限的帮助下取得进步,就需要新的教学材料。因此,这所师范学校开始出版一些教科书来指导工作。在很多次试验和失败之后,一套有关算术、地理、语法、历史、语言和语音方面的自学手册出版了。10 万多份自学手册出售时从未做过广告,作者也没有得到任何好处。1916 年,由于加利福尼亚州首席检查官规定禁止再出售这种自学手册,这项工作暂时中断了。但在伯克学生的努力下,这种自学手册开始在世界上流传。其中特别应该提到三位学生:贝蒂,曾在文纳特卡与华虚朋一起工作,后来又担任了布朗克斯维尔的地方教育官员;帕克赫斯特(Helen Parkhurst),[①]把"个别教学制度"介绍到马萨诸塞州的道尔顿中学,以后又把它作为"道尔顿计划"带到英国[②];还有一位就是华虚朋。

华虚朋接管了一所学校。在这所学校里,学校董事会是由具有杰出智力和公共精神的公民组成的;教师是经过仔细挑选的,并且有优厚的工资报酬;学生在全国智力测验中的平均智商为106.65。华虚朋开始时把课程分为两部分:一部分是工具课程或称为"基本要素"的课程,即读写算、科学和社会学科;另一部分是为每个儿童提供"自我表现和参加自己特别感兴趣而又有能力参加的小组活动机会"的课程。"基本要素"课程在文纳特卡学校是"各不相同的"。每一门课程都被分成一些部分,每个孩子都被鼓励以自己的速度进行学习,以取代整个班级以同样的速度学习,达到不同质量的方法。每个学生的学习以自己的速度进行,虽然改变了时间,但没有改变质量。华虚朋写道:"'基本要素'课程,从定义上说,是指每个人所需要的知识和技能。因此,如果让许多儿童通过学校不明确、不适当的方法来掌握这些知识和技能,就必须

297

---

① 帕克赫斯特(1887—1973),美国教育家。——译者注

② 帕克赫斯特:《道尔顿计划的教育》(纽约,1922)。

使每个儿童都处在学校固定的课程表下,那正是学校工作的失败。"①

除了"基本要素"课程外,学生还进行另外两种活动:一是自我表现活动,以从学校得到的知识来讲,每个孩子的表现与他的邻座同学有很大的区别;二是一些团体活动,即围绕学校社会生活组织的活动,如集会、戏剧表演和学生自治等。上午和下午的时间分别用于个别作业和团体活动。这样,老师从满堂灌和让学生死记硬背的传统形式中摆脱出来了,能够在个别教育的基础上,为学生提供帮助,鼓励学生,对他们进行管理。孩子们完成了自己的个别作业,会要求教师为他们举行考试。如果考试及格了,他们就继续学习下去;如果不及格,他们就针对考试中表现出来的弱点重新学习,然后要求补考。在那里,没有孩子不及格;也没有孩子遗漏应该学习的东西。在一个标准的四年级教室里,参观者也许会发现一个孩子从多位数乘法开始学习,另一个孩子在做多位数除法,还有一个孩子已经开始学习分数了。在一节课的时间里,做四年级算术题的学生可以在几分钟后学习五年级阅读课的内容。在一天的其他时间里,所有的人都可能在学校操场上参加体育活动。

在华虚朋的教育实验初期,人们普遍提出了这样一些问题:孩子们是否学习得很好? 教师们是否结束了不堪忍受的负担? 学校费用是否很高? 1926 年,在公共福利基金会的资助下,芝加哥大学教育学院格雷(William S. Gray)②院长领导了对这所学校的调查。调查结果是相当令人满意的。文纳特卡学校消除了阅读、语言、算术领域里的全部阻碍,运用了标准的测验方法,提高了教学效果。只是在拼写方面,文纳特卡学校的学生落在后面。教师的负担看上去并不是不合理的,学校也没有增加额外的费用。实际上,学生学习阻碍的消除已经证明在经济上是合算的。调查还留下了一些没有解决的问题,例如,文纳特卡学

298

① 华虚朋:《在文纳特卡发展起来的伯克的个别教学制度》,见全国教育研究会:《第 24 年鉴》第二部分,第 79 页。华虚朋也描述过文纳特卡计划,见《学校和社会》第 29 期(1929),第 37—50 页,以及随后出版的《使学校适应于儿童》(扬克斯,1932)。华虚朋在他的《什么是进步教育?》(纽约,1952)一书中,进一步把文纳特卡计划看做进步教育的范例。

② 格雷(1885—1960),美国教育家、阅读发展和测验专家。——译者注

校是否真正培养了学生更多的主动性、积极性和自我信任感？显然，没有一种测验能够测量这些特征。但是，格雷和他的同事得出结论说："充分的事实已经证明，不仅在文纳特卡学校，而且在别的学校，在不同的条件下，要证明它们与传统方法依附在一起是困难的。"①

在以后的 20 年里，文纳特卡学校继续执行华虚朋所制定的路线，而且它也被普遍地引证为个别教学的杰出范例。尽管很多地区发现，这样走得太远是不明智的，在计划上是不可行的，但他们还是介绍了一些在所谓的"文纳特卡计划"和传统做法之间折中的方法。这种传统做法是让 20—60 个孩子以基本上同样的速度学习一年。最普遍的形式是，在一些学术考试的基础上，把学生分成慢班、普通班和快班。这样做困难很多，因为孩子的适应性不同，同一孩子不同科目的成绩也会有很大的不同。② 然而，这种做法迅速地传播开来，特别是在更大的社区里。因此，20 世纪 20 年代中期，联邦教育局报告说，在人口超过 1 万人的 247 个城市里，小学早已使用了能力分组的形式。③

在两次大战之间，公立学校进步教育的另一个著名的例子是丹佛的课程改革计划。丹佛是一个人口超过 25 万的城市。正如波特学校和文纳特卡学校的改革一样，丹佛的学校改革主要源于一位颇有才华的教育家纽伦（Jesse H. Newlon）的设想。改革成果很快被全国的学校所采用，人们尽力把它作为进步教育革新的一个典型例子。

丹佛计划的两个主要原则：一是始终保证进行多方面的教育；二是充分信任普通的课堂教师。纽伦坦率地同意一般的进步教育信念，即公立学校的职责是为所有入学者服务，并且认为随着社会环境的变化，有必要对课程进行全面的调整。纽伦的思想中并没有什么新的东西。其实，他的思想中有独创性的，就是怎样进行这些调整。1923 年，他在

---

① 华虚朋、沃格尔（M. Vogel）和格雷：《文纳特卡公立学校的调查》（布卢明顿，1926），第 134 页。

② 凯利赫（A. V. Keliher）在《对同等程度分班的批判性研究》一书中讨论了这些困难。

③《关于一些城市采用同等程度分班、文纳特卡方法和道尔顿计划的报告》（联邦教育局，1926 年 12 月）。

给丹佛教育委员会的信中写道:"在某种程度上,没有一个课程计划的实施可以脱离教师的思想。"①因此,我们所需要的,不是更多的行政人员委员会、督学委员会和大学教授委员会,不是由它们宣布学校必须做什么,而是宁可采取一些新的方法,这样,教师自己就能够参与课程设计。实际上,纽伦所希望的是推广节约时间委员会的经验。正是为了这个目的,他介绍了丹佛的课程改革计划。

这种努力随着 1922 年一系列整体范围的课程委员会的建立而开始。小学、初中和高中的每一门课程都有一个委员会。每个委员会的成员几乎全由任课教师组成。他们带着一种对课程进行重新研究的观念,研究和讨论他们专业领域里的有用材料。他们没有确定正式的原则,也没有限制时间,只是在实施课程计划的过程中尽可能地广泛阅读和深入思考。

最初的形势看上去是好的。1923 年春天,纽伦对丹佛教育委员会提出了三点建议:(1) 课程委员会不仅能在正常的上课时间里开会,并且为参加委员会工作的一批教师提供代课教师;(2) 从格里利的科罗拉州立教育学院和博尔德的科罗拉多大学来的课程专家与委员会全体委员见面,并努力配合,一起工作;②(3) 将聘请教育和课程领域里的各种专家,作为这个工作的顾问和评论者。纽伦保证,这些安排的费用将用纳税人原先准备购买"非重要的和不恰当的资料"的钱来提供补偿。丹佛教育委员会很快就接受了这些建议,并拨款 3.55 万美元支持这个计划。

在这样的鼓励下,教师们加倍努力。按照节约时间委员会的做法,

①《丹佛课程计划的修改》(丹佛,1927),第 12 页。也可见纽伦的"中学的实际课程改革",载《中北部协会季刊》第 1 期(1926),第 254—263 页;纽伦和思雷尔克德(A. L. Threlkeld)的"丹佛课程改革计划",载全国教育研究会的《第 26 年鉴》第一部分,第 12 章。纽伦在他的后期著作,尤其是《为了我们时代民主的教育》(纽约,1939)中,明显地保持了对课堂教师的信任。

② 这些专家就是博比特(F. Bobbitt)后来所说到的"教育经验丰富的人"。他们既是广泛的现代课程制定者的榜样,也是现代课程教师的榜样。见全国教育研究会:《第 26 年鉴》第二部分,第 3 章。

丹佛委员会第一次确定了多项目标,当然,这些目标都来自于"实际生活"。然后,他们决定以何种科目及行动来最有效地实现这些目标。家政委员会仔细调查了初中和高中女孩子的家务活动。小学语言委员会对"成人在实际生活中使用的语言进行了全面描述"。初中数学委员会提出,公民需要懂得现代商业实践、流通货币的消费以及世界贸易和企业。纽伦本人感到高兴的是,随着时光的流逝,他所说的一些目标逐渐变成了"学生的观点"。目标确定之后,这些委员会不仅拟定了学习的课程,而且拟定了评估学生进步的测试方式。为了帮助他们工作,纽伦从全国主要的教育学院和公立学校中请来了许多教育界名人。

渐渐地,修改过的教学大纲出现了,并成功地以丹佛研究专题论丛发表。毫不奇怪,这些教学大纲被国内外成千上万的学校所采用。但是,正如纽伦所认为的,他们所研究的课程发表,并不标志着改革的结束,而仅仅是一个新的开始。因为社会是不以人的意志为转移地向前发展的,所以,课程也需要不断地加以重新调整。正如课程委员会的委员是轮流担任的那样,纽伦的努力是尽量联系更多的教师。新思想来自于教育第一线,因此,教师需要进一步开展新的工作。

当纽伦 1927 年离开丹佛教育委员会到哥伦比亚大学师范学院的林肯学校担任校长时,丹佛的绝大多数课程已经过至少一次的调整。纽伦的副手思雷尔克德(Archie L. Threlkeld)接替了他的职位。教师自己对这五年的努力作了评价。当然,结果是很复杂的。一些教师认为,调整的课程适合于优秀学生,而使一般学生或能力有限的学生感到失望。① 但是,思雷尔克德对此极少关心。因为他像纽伦一样,认为学习的课程本身是试验成果中最不重要的,重要的是从教师的成长、热情和道德中得到的长远利益。② 思雷尔克德告诉全国教育协会的每一位听众:"给我们每一位教师一个机会,让他们尽力去做,而不必担忧结

---

① 卢米斯(A. K. Loomis):《丹佛在课程制定方面的新发展》,《进步教育》第 6 期(1929),第 262—264 页;《丹佛公立学校简报》第 2 期(1928),第 1—2 号。

② 纽伦:《我们课程计划改革的结果》,全国教育研究会:《讲演和记录》(1925),第 803 页。

果。这是对每一个社会制定课程的一种挑战。"①

在纽伦离开之后的几年里,丹佛教学计划仍然在继续实施,而且很快就传播到其他的农村地区。② 这个教学计划的伟大力量使课堂教师保持了极大的自信心。纽伦坚持认为,专家必须有专家的职责,并把教师移到制定课程最中心的位置上。但是,这样做的弱点很快就变得非常明显:在传播这个计划的时候,任何事业中所固有的弱点抑制了这个计划,以至忽略了本质的因素。也许纽伦坚持,改革所学的课程是他的课程改革中最不重要的部分,而重要的是改革过程本身。然而,正如改革运动中经常发生的那样,在无能之辈手中,课程修改只成为一种程序,而没有实质内容。在很多学校中,丹佛方法的继承人与纽伦的思想进行了坚决的斗争,纽伦所视为过程中心的东西已经消失,取而代之的是教师们越来越多的见面与谈论,似乎除了见面和谈论之外,就没有别的目的了。所有这些都变成了一种游戏。在这种游戏中,课程本身的改革被认为是通过一些方法进行的。哈里斯(William T. Harris)③经常遗憾地把这个问题说成是"教育家所面临的最重要的问题"。

如果波特学校、文纳特卡学校和丹佛学校的改革代表了同一种进步教育的形式,那么,正如林德夫妇(Robert Lund and Helen Lund)在他们的名著《中部城镇》(*Middletown*)中所描写的,印第安纳州芒西学校的发展,也许是美国社会所发生的事件中最有代表性的例子。尽管芒西学校是依靠坐落在那里的巴尔州立教育学院的力量,才多少有一点代表性的。

1925年,林德夫妇建立了一个学校系统。这个系统在以后的30年里,发生了令人难以捉摸的实质性的变化。绝大多数学校的教育变成

---

① 思雷尔克德:《课程改革:一个特别的城市怎么会抨击这个问题》,全国教育研究会:《讲演和记录》(1925),第833页。

② 卡斯韦尔(H. L. Caswell)等:《公立学校的课程发展》(纽约,1950),第7章;《丹佛公立学校的课程发展》(未发表的油印资料,1958年10月10日,丹佛公立学校);《四年的评论》,1923年8月—1927年7月;《丹佛教育委员会第24年度报告》(丹佛,1927),第24页。

③ 哈里斯(1835—1909),美国教育家、哲学家。——译者注

了"每天主要在家里进行的'教育'的补充"。另外,少数学校"尽管在很多方面没有明确的规定,但仍履行其本身的职责"。有一种能够感觉到的趋势,即更好地利用教材和方法。但是,这种趋势渐渐地变成了次要的,而不是主要的。中部城镇的学校,就像它的工厂一样,仍然是一个组织严密的世界:

> 排列整齐、固定不变的座位,固定了每个孩子活动的范围。对所有的从刚入学的胆小的 6 岁儿童到最自信的高中学生来说,一般的规则是大致相同的。铃声把一天分为几个部分。对 6 岁的孩子来说,课时比较短,而且时间长短不一(15—25 分钟)。在一些课上,他们离开自己的座位,做游戏,扮演故事中的角色,尽管"背诵课"禁止一切活动。他们长大一点的时候,身体活动方面的戒律变得更加严格。除了在两节课之间可以起身走动,每天规定的简短休息,以及体育锻炼课和每周一二次的家务劳动外,实际上被禁止了所有的活动,除非到三年级或四年级以后。他们有"学习课"。孩子们依据"课本"上课,这些课本是由州教育局指定的。他们还有"背诵课",在这些课上,他们告诉教师书本上所说的是什么……中学的课程有所不同,更"专业化",更具有"实验性"。但是,从课本到课本的方法依然是教育的主要特征。在将近一个小时的课时中,老师提问,学生回答,然后下课。随着合上书本,教室里便出现了香粉盒和化妆镜以及嗡嗡的谈笑声。与此同时,生活中所有孩子迫切想做的事情又暂时重新开始了。他们交换笔记本和"约会条"。5 分钟过去了,下一节课的铃声响了,孩子们渐渐溜回到自己的座位上去,最后一次小声说话,最后一次把化妆盒砰地关上。"在上一节课上,我们正好讲到……"——于是,另一堂课开始了。①

304

---

① 林德夫妇的《中部城镇》(1929),第 188 页。在该书出版前不久,德国教育家海拉(E. Hylla)已出版了《民主的学校》(柏林,1928)。在这本书中,海拉既评论了对美国进步教育的广泛兴趣,又评论了同样广泛流行的传统教学方法。

1935 年,林德夫妇回到印第安纳州时,发现中部城镇令人激动地准备改变那里学校中"保守的进步主义"形象。在绝大多数地区,有这样一种令人生厌的情况:当学生的身体逐渐发育壮大,变得不加选择地做事时,行为规范的规定看上去是越来越必要了。相同的机械官僚主义使赖斯在纽约、波士顿和费城大遭贬毁,而现在又影响到了芒西。由此,林德夫妇注意到:"中部城镇学校已与其他城市步调一致,在管理方法上,已经变成彻底的'现代化'和'富有成效'。当一些城市有能力的教师看到行政管理之马拉着教育这辆大车飞奔的时候,他们感到非常震惊。一些教师认为,这是行政管理人员支配学校发展。在最近一年里,正是行政人员而不是教师,为全国教育协会会议付出了巨大的劳动。"①

这些官僚主义思想中,有许多关于个别差异和民主含义的华丽词句。芒西学校的教育哲学,在一份主要的文件中是这样写的:"坚决赞成教育目的必须是使每个孩子成为有用的公民,发展他们的独立性,最完美地发展他们的能力,同时使他们参与有用的实际活动。"②林德夫妇严肃地指出,这并不是控制着学校董事会的商人的意见,而是专业教育工作者的意见。他们不再关心个别差异,而是切实地制定指导计划,引导年轻人从中学的迷宫走向芒西或其他地方,去开创他们的事业。但是,这种关心有可能发展成对社会价值的挑战。林德夫妇得出结论说:"注意个别差异的教育,意味着不论人们阅读诗歌、文艺作品,还是科学书籍,都将表现出同样的耐心;也许也意味着几年以后,将比这个城市历史上的任何时候更少把'差异'看做是造成更多问题和活动的源泉。因为在这些中部城镇中,人们把集体利益看做是主要的。"③

但是,这个观点不能太一般化。芒西学校的保守主义在很多方面

---

①《中部城镇》(修订版,1937),第 206 页。

② 同上,第 220—221 页。

③《中部城镇》(修订版,1937),第 226 页。林德夫妇的分析肯定是有历史眼光的。见卡尔(J. A. Kahl)的《美国的阶级结构》(纽约,1957),第 3 章;戈登(M. M. Gondon)的《美国社会学中的社会阶级》(达勒姆,1958);斯坦(M. R. Stein)的《社会的阴暗面》(普林斯顿,1960),第 2 章。

象征了进步教育在两次大战之间对教育主流的影响。一方面,有像文纳特卡这样光彩夺目的例子;另一方面,还有麦克格菲之类的学校以及其他一些在 30 年代中发展不太平衡的学校。尽管这样,进步主义确实留下了许多值得肯定的观点。[①]

（1）幼儿教育和中等教育有机会得到了稳定的扩展。更多的人继续进入中学,而幼儿园或托儿所也在劳动妇女人数增加的同时兴旺发达起来。

（2）许多学校从 8 年小学和 4 年中学的体制改变成 6 年小学、3 年初中和 3 年高中的体制。这是对发育期儿童的特殊需求的更大重视。[②]

（3）所有的年级都继续扩大和重新组织了课程,而且经常有提倡进步教育的人士给予指导。特别是中学,为很多学生提供了学习贸易、农业、家政、体育和艺术的机会。[③]

（4）除了增多和重新组织正式课程外,还增加了课外活动,或者如进步主义者所说的作为学校教学计划必要部分的"辅助课程"——各种活动。学生俱乐部以及各种活动是 19 世纪末 20 世纪初的重要改革,也成了美国学校的一个显著特点。

（5）有多样化和更灵活的学生小组,最普通的是以智力测验和成绩测验为基础的小组。另外,由于学区的调整和学校规模变得越来越大,指导计划也得到了发展,以便适应个别年轻人的不同需要和利益。

（6）教室特点的变化非常明显,特别是小学教室,与作为标准教育方式的课堂教学有很大的不同。学生和教师的相互关系似乎变得积极、更加灵活和不拘形式。[④]

306

307

[①]《美国教育》(联邦教育局公报,华盛顿,1939)。

[②] 关于把初级中学看做是"进步教育运动的一个产物",见洛根(S. R. Logan)的《初级中学及其他的关系》,载《进步教育》第 6 期(1929),第 17—22 页。洛根曾是文纳特卡地方教育官员助理。

[③]《中学课程一览表,1933—1934》(联邦教育局公报,华盛顿,1938);拉蒂默(J. F. Latimer):《在我们的中学里发生了什么?》(华盛顿,1958)。

[④] 关于这些新方法的效果,见贝克等的《美国教育中的新方法和旧方法》(纽约,1941);伦纳德(J. P. Leonard)和厄里克(A. C. Eurich)的《现代教育的评价》(纽约,1942)。

（7）教学材料有了显著的改变，因为准备这些材料的人试图把有关学习和儿童发展的最新研究成果反映到教学材料中去。课本变得更加有趣和富有吸引力，越来越多地利用一些补充材料，如闪光卡片、工作手册、剪报、幻灯、电影和唱片等。另外，还有不计其数的乡土资料，从当地的植物和动物到当地的制造业产品，都列入了学校课程之中。

（8）为了适应这些新的发展，人们对校舍进行了改建。这样，就为学校带来了一种长远的利益。宿舍、体育馆、游泳池、游戏场、运动场、实验室、商店、厨房、自助食堂和医务室，小型的桌子和椅子，可移动的家具和隔板，改进了的灯光和通风设备——所有这些，都有力地证明了学校的计划和管理的变化。

（9）教师应受过更好的教育。由于对教师资格证书要求严格，各个州为教师提供了师资培养和在职进修的计划，并且还包括了专业课程。这些计划或多或少地反映了进步教育的观点。[①]

308

（10）最后，尽管有些似是而非，但学校的管理关系也改变了。当学校和学校体制变得越来越大的时候，官僚主义也发展起来了。学校行政管理成为独立的专业职责，而不是高级教师附带的职责。同时，允许教师在课程制定中起更人的作用，而家长可通过家长协会或家长和教师协会发挥其影响。在某种程度上，学校董事会或行政管理人员放弃了一些重要的权力。不用说，人们可以感觉到，家长和教师越来越多地参与政策的制定。

IV

在第一次世界大战前，进步主义虽然不如在中小学里那样激进和广泛，但同样也影响了大学。20 世纪 20 年代和 30 年代有许多实验，例

---

① 《全国师范教育调查》（6 卷本，联邦教育局公报，华盛顿，1935）。尤其在第 3 卷第 7 部分，劳普（R. B. Raup）论述了学校教师对师范教育专业的看法。

如,不仅探索普通教育,而且思索谁应该上大学,为什么上大学,什么课程最重要,以及怎样更好地从教育目的出发,使知识人格化和更加完整等。① 到 1932 年,全国教育研究会提出报告说,大约 128 个不同的尝试是改革大学课程的,但这个数字肯定远远没有包括全部的尝试。②

　　正是在这种广泛传播和提倡改革思想的情况下,一些著名的学院——萨拉·劳伦斯学院、本宁顿学院、黑山学院、巴德学院和罗林斯学院,开始在本科生教育阶段体现进步教育。每一所学院都根据不同的环境,以自己的方式发展。不过,这些学院在有些做法上又是相似的。它们都重新组织了课程,以适应学生变化的需要;实行个别指导;力图通过某种方式使学生参与教育政策的制定。也许同样重要的是,这些学院评估了自己,也同样被其他学院评估,以便有意识地体现进步主义的目的和方向。③

　　本宁顿学院可以作为一个典型的例子。这所学院最初受影响是在 1923 年。当时,佛蒙特州本宁顿第一公理会教堂的牧师雷维布思(Vjncent Ravibooth)博士,召集了一批地区居民来讨论妇女缺乏高等教育的问题,以及"妇女受高等教育的机会代表了大学教育与最好的现代标准和见识之间距离的缩小"。这个会议显然引起了"21 人委员会"的兴趣,他们保证使这种思想进一步发展下去。1923—1924 年的冬天,他们在纽约召开了会议。1924 年 4 月 28 日,500 位教育工作者和感兴趣的社会人士在科洛尼俱乐部聚会,聆听了拉德克利夫大学校长康斯托克(Ada Comstock)、史密斯学院院长尼尔森(William Neilson)④和哥伦比亚大学师范学院的克伯屈和雷维布思博士的讲演。第二年夏天,在本

---

　　① 见《新共和》的专门增刊:《美国大学及其课程》,1922 年 10 月 25 日第二部分;《美国大学的改造》,第 46 期(1926),第 233—258 页;鲁滨逊(J. H. Robinson):《知识的人格化》(纽约,1923);达弗斯(R. L. Duffus):《民主精神进入大学》(纽约,1936);巴茨(R. F. Butts):《自己确定航向的大学》(纽约,1936),第四部分。

　　② 全国教育研究会:《第 31 年鉴》(布卢明顿,1932)第二部分,第 3 章。

　　③ 威尔金斯(E. H. Wilkins):《进步主义学院的本质是什么?》《美国大学协会简报》第 19 期(1933),第 108—109 页;贝尼泽特(L. J. Benezet):《进步主义学院中的普通教育》(纽约,1943),第 14—15 页。

　　④ 尼尔森(1869—1946),美国教育家、辞书编纂家。——译者注

宁顿召开会议的结果是制定了本宁顿学院的章程,建立了一个由支持者组成的董事会,以 64.6 万美元作保证,其中包括校园和院长的房屋。它们都来自于本宁顿居民的资助。①

　　1928 年 1 月,董事会选举罗伯特·D·利博士当主席。他是一位政治家。他在利德、哥伦比亚、巴纳德和威廉学院的时候,曾帮助做过一些教育实验。作为他的第一件要事,罗伯特·D·利起草了"本宁顿学院教育计划"(1929)。人们认为,这个文件试验性地、明确地提出了本宁顿学院的将来设想。② 罗伯特·D·利坚持认为,对于新学院的需要,是由于进步学校的形势所迫。这些进步学校成功地抛弃了"古典式的学术传统",只是发现自己被入学要求所困挠,并且与自己的工作没有什么联系。很明显,至少应该建立这样一所学院,"通过入学要求,使一些学校能够自由地教授它们自认为是最好的东西,并能够制定自己的计划,把强调学生的个性、直接经验、浓厚的兴趣、主动性、创造性、独立工作的能力和自力更生精神作为教育的目的"。

　　新的学院将放弃普通的评分标准,允许在学校记录、考试成绩、个人经历、写推荐信和会见等基础上进行个人评估。新学院的学费是昂贵的,因为学生将负担他们全部的教育费用,但是,奖学金名额也将很多。课程将注意到"每个学生在学习准备阶段、成熟阶段和具有重要目标阶段的真正差别"。大学前两年的学习能帮助每个学生"自己发现人类已取得成就的领域,在这个领域中,学生具有一种显然与自己的独特经验结合起来的兴趣";后两年时间将用来扩大他们在所选择的领域中的学习,让他们进行更广泛的思考和理解。

　　学院的日程表安排得丰富多彩,允许进行一些临时的活动,如郊游,在著名研究中心的实验室研究、工作或学习,出国旅行。学院鼓励学生参与本宁顿的社区生活。那种分离课程和课外活动的传统做法将

310

---

① 《本宁顿学院教学计划》(纽约,1929)。

② 罗伯特·D·利的计划基本上与更早的一些建议是有区别的。显然,可以把他的计划与雷维布思的《一所新的女子学院》作一比较。见《进步教育》第 2 期(1925),第 138—145 页,也可参见罗伯特·D·利的《美国高等教育中的最新实验》、希尔普(P. A. Shilpp)的《面对未来的高等教育》(纽约,1930),第 8 章。

在整个四年的学习过程中消失。最后,学院将主要根据教学能力来选择教师。因此,博士学位将既不是任命教师的依据,也不是教师职务提升的依据,是"与决定教学效果毫无关系的标准"。

本宁顿学院充满生气的生活开始于 1932 年秋天。当 87 名一年级新生在第一节课与 19 位教师会面的时候,这种生活就开始了。琼斯(Barbara Jones)的《本宁顿学院》(*Bennington College*,1946)一书叙述了从那时到 1941 年 R·D·利院长辞职为止的改革过程。显然,R·D·利成功地吸收了卓越的、颇有才干的年轻人,以便使教师队伍对这个实验继续保持浓厚的兴趣。尽管实行了奖学金制度,但学生大都还是来自于富裕家庭。他们付得起每年 1000 美元的学费,外加膳食和住宿费。不过,入学竞争仍是激烈的,新生的平均智能经过美国教育心理测验理事会(American Council on Education Psychological Test)的测定,都特别高。到 1945 年,本宁顿学院的学生已增加到 250 人,教师增加到 50 人,形成了一个密切联系、高度自觉的 300 人的群体,仍然保持了罗伯特·D·利当院长时的规模和特点。

从一开始,罗伯特·D·利就通过把学生分为四个部分来避免通常的系科组织的偏狭性。这四个部分是艺术、社会学科、科学和文学。考虑到教育具有连续性,特别是能使人很透彻地学习一些东西,而不是触及皮毛地学习的时候,本宁顿学院的每一个学生都不是试读一个专业,就是选读这四个部分中的一个专业,指导者是这些分部的教师。考虑到学生的兴趣更容易接触到一些现实问题,指导工作一般都与现代文明社会联系起来,"特别是在美国,文化是从科学发现和工业革命中产生的"①。班级的规模不大,以互助和不拘形式的方式进行讨论,并强调运用演播室或实验室的方法。大多数学生承担了许多工作,并与个别指导教师进行讨论。另外,一些学生——从 1933—1941 年共有 78 人——离开学院,到一些机构去从事临时性的工作,例如,从玛莎·格雷厄姆的舞蹈演播室到神学院工作。最后,学生通过参加房屋组织委员会、学生教育政策委员会以及教师和学生委员会等组织,参与了大学

①《本宁顿学院:第一学年的通告,1932—1933》,第 4、8 页。

社区各种各样的活动。

本宁顿学院在实现它的目的方面,情况究竟怎样呢? 1939 年,斯坦福大学的厄里克(Alvin O. Eurich)博士应邀到本宁顿学院对现行计划作评价和指导。1942 年,厄里克提出报告。报告结论指出,与其他学院的学生相比较,本宁顿学院的学生在普通文化知识、对当代事务的了解、外国文学和工艺艺术、科普常识和数学方面具有较高的水平;但令人失望的是,他们在美国历史和经济知识方面水平较低。一般地说,学生在他们的专业领域里确实表现得很出色。厄里克得出结论说:"虽然本宁顿学院的课程中没有特别强调的教材,但它显然正在学生发展方面作出重要的尽管不是更多的贡献,并逐步发展成为这个国家最好的大学。"[①]意识到这一点,厄里克的研究确实指出了本宁顿学院教学计划上的一种十分特殊的方法。正是这个教学计划,使这所学院的教师在1942—1943 学年里采取了许多改革措施。

其他结果是什么呢? 这里厄里克遇到了一个古老的难题,即如何估量更加难以捉摸的学生态度和特点上的变化。但是,纽科姆(Theodore M. Newcomb)在 1943 年发表的一篇研究文章,为这个问题的解决带来了许多启示。[②] 在对 1935—1939 年情况的研究中,纽科姆发现了与高年级学生相比,本宁顿学院新生在政治态度上的一种明显的改变,即从保守主义改变为进步主义。他们的改变比与之相比较的别的学院的学生大得多,离开学院后,仍坚持进步主义。纽科姆把本宁顿学院在这方面的特殊力量归咎于这个学院群体的独特效应,即让学生对其自由价值逐渐加深认识。罗伯特·D·利的教育计划确实证明了这一点。[③] 并不奇怪,纽科姆还发现,很多态度改变最彻底的人后来在当

313

---

① 厄里克和埃文斯(C. Evans):《本宁顿学院:一种评估》(未发表的论文),第 164 页。赫林(H·Herring)在《本宁顿学院的教育》一文中也大胆地对本宁顿学院作了缺乏系统但赢得人们赞同的评估。见《哈珀杂志》第 181 期(1940),第 408—417 页。

② 纽科姆:《个性和社会变化》(纽约,1943)。

③ 纽科姆的结论考虑到"大学文化"在形成学生看法中的作用,现得到雅各布(P. E. Jacob)被广泛引用的研究成果《大学的变化价值》(纽约,1957)的证实,尽管雅各布坚持认为,像本宁顿学院那样,教师在教育过程中处于中心位置的情况是很少的。

地社会中遇到了困难。因此，一个二年级学生在"解脱的痛苦"中以特别辛辣的语调写道：

> 我们来自古老的托里家族，家族成员坚信高等教育——上帝知道这是为什么。因此，他们把我们送到一所声誉很好的学院。这所学院有一个听上去令人感兴趣的教育计划。玛丽·简（Mary Jane）能在本宁顿学院追求她的兴趣爱好，并且不必像她的妈妈在威尔斯利学院时那样对数学感到头痛。于是，我们就进了本宁顿学院，而我们的一些朋友去了瓦萨、耶鲁、萨拉·劳伦斯、哈佛学院，以及家事学校、圣保罗股票经纪公司。他们回家以后，我发现他们只有一点点改变。他们说颇为时髦的行话，在服装和处事方面也很有经验。几乎所有的人都具有保守的思想。当我们回到家的时候，我们中的一些人用新的语言交谈，清除了一些陈腐思想，表现出我们所渴望的一种新的方向。我们认为自己是不受清规戒律约束的人。有人会问："你们究竟怎么啦？你们怎么变成了只会空谈的温和激进派啦？"我们回答说："是吗，还不至于吧！哈哈。"但这真让人感到有点手足无措。①

这个问题就是，大多数进步主义者从未真正进行过斗争，尽自己的努力，重新使教育变成社会改革的工具。

本宁顿学院在 1932 年开办后不到一个月的时间里，全国各地就开始了许多不同的实验。在几千里之外的西部，400 个学生在明尼苏达大学新的普通学院里注册听课。科夫曼（Lotus D·Coffman）②校长考虑把这所学院作为"高等教育领域的一个实验场所"。这所新的学院专门为一批"大学生提供高级的学术机会，因为现行的大学组织不适应他们

314

---

① 纽科姆：《个性和社会变化》，第 11 页。厄里克的研究发现，本宁顿学院毕业生中的 11% 毕业后在"适应他们的同事、家庭或社会方面有一些困难"。

② 科夫曼（1875—1938），美国教育家、大学校长。——译者注

的需要"①。少数人因此或从此把明尼苏达大学的普通学院看做是进步教育的。因为到1932年,这所学院早已建立了招收富裕家庭青年的私立学院的模式。然而,不可否认,明尼苏达州的著名实验中包括了所有最有成效、最令人信服的进步教育运动的思想和传统。

科夫曼无疑是两次大战之间杰出的大学校长之一。作为一所农村学校校长,科夫曼曾经自费攻读哥伦比亚大学的博士学位。他写的题为《教育人口的社会成分》(1919)的学位论文,继续呼吁教育平等,因为那时平等主义并不流行,似乎是一种奇怪的东西。科夫曼1928年对全国教育协会的听众说:"州立大学和公立大学从一开始就坚持提供自由的机会……很久以前他们就认识到,天资和才能并不因为财富或社会地位而属于某一个阶级。他们又认识到,唯一的差别只是能力和对成就的渴望。他们还认识到,并不是所有的人都能达到目的,以同样的速度前进。他们知道,有些人肯定会在半途掉队,有些人试图做他们并不适合做的工作。但是,他们并不希望抛弃那些才能差的人,认为给这些人的建议与给更有才能的人的建议应该是一样的,也就是说,每一个人都必须得到尽其能力的最快的进步。在少数有才能的学生能够得到他们的机会时,也不剥夺那些只有较少才能的学生的机会。"②

科夫曼的平等主义从来不像雅各宾(Jacobin)派那样具有多种形式,他绝对否认超常个人或天才个人的存在。1930年,科夫曼和他的一些院长要求州立大学评议员关心明尼苏达大学新大学学院高才生的特殊需要,并得到了这些评议员的赞成。但是,他们并没有到此为止,同样关心大多数青年男女。这些人来到大学学习了一二年,可惜的是没有学好,只是给人留下了厌恶感——有时是丢脸的——他们很少表现出他们在学习中是努力的。正是为了这批人,州立大学评议员1932年特地创设了一个新的二年制大学教育组织,以便进一步发展具有挑战性、富有想象力的普通教育形式。这个组织最初称为"初级学院",后来

① 科夫曼:《关于初级学院的公开信》,《明尼苏达大学校长致评议委员会的两年一次的报告》(1930—1932),第29页。

② 科夫曼:《州立大学:它的工作和问题》(明尼苏达大学,1934)。

又改名为"普通学院"。因为它的工作与早已存在的许多初级学院有着明显的不同。

为了领导这所新的普通学院,科夫曼聘请了一位热心的年轻教育家麦克莱恩(Malcolm S. MacLean)。麦克莱恩是明尼苏达大学毕业生,后来参加了位于密尔瓦基的威斯康星大学的实验活动。他完全同意科夫曼的观点,即大学可以为具有较少才能的学生做些什么。科夫曼和麦克莱恩两人坚定地反对把明尼苏达大学的普通学院称为"笨蛋学院",坚持普通教育同样也适合大学里的高才生。麦克莱恩大胆地设计了一种课程,这种课程将使学生感到在现代世界里就像在家里一样。他在他的第一份两年一次的报告中写道:"我们的目的是给这些学生一个自己灵活地适应变化的机会,而不是一成不变地使他们为获得一个就业机会做准备。我们的目的是扩展他们对整个人类生活的看法,鼓励他们在严格的职业之外的多方面成人生活中获得价值观念。我们希望这些学生中的绝大多数能理解他们所面临的那些问题。"①

为要达到这个目的,麦克莱恩和同事制定了一系列"一般观察课程",着力于学生的"需要、兴趣、愿望和能力",而不是可能会对他们有益的一成不变的概念。这种课程的分类和说明,在通常的学院便览中是不常见的。心理学列出了四个标题:"心理学的实际运用"、"怎样学习"、"直接思维和间接思维"以及"传记"。同样,政治和历史也列出了下列标题:"现代世界的背景"、"美国公民及其政府"、"政府的职责"、"世界政治"以及"明尼苏达州的历史"。另外,还有其他八个基本领域:优境学②(主要是家庭生活)、现代问题、经济学、英语、自然科学、生物学、数学和文学。要获得文科学位,学生就必须通过有关一般和当代问

316

---

① 《明尼苏达大学校长致评议委员会的两年一次的报告》(1932—1934),第 275 页。麦克莱恩也论述了明尼苏达大学普通学院的宗旨。见《1934 年的学院》,载《高等教育杂志》第 5 期(1934),第 240—246 页。载明尼苏达大学普通学院格雷(W. S. Gray)的《普通教育:它的性质、范围和基本要素》(芝加哥,1934),第 119—127 页。

② 优境学,指通过改善生活以改良人种的研究。——译者注

题的两次综合考试,以及其他四个基本领域的综合考试。①

在最初的三年里,麦克莱恩没有自己的教师队伍,但从大学的其他系科里得到了颇有才干的教师。他最初的阵容是相当齐备的,包括了教授、院长和院长助理。他们不仅设计实验性课程,实际上也教实验性课程。麦克莱恩也得到了厄里克的帮助——厄里克后来曾对本宁顿学院的工作,即设计一个新的考试方法进行了评价。这种考试方法在测量新的普通计划的结果方面是有效的。② 最后,他们从一开始就提供了一种特别的咨询服务,尽力帮助学生尽可能合理地支配时间,并帮助教师继续评价自己的事业。③

明尼苏达大学的著名历史学家格雷认为,如果这所大学具有某种人们一致公认的特点的话,那就是不断地强调自学。④ 当然,少数的教育实验与明尼苏达大学普通学院一样,被毫不留情地进行了研究和评价。在普通教育委员会和洛克菲勒基金会的资助下,一次全面、详细的调查于 1935 年开始了。这次调查的内容包括:进大学的实际上是一些什么人;他们在那里的情况怎样;他们看上去得到了什么结果。到 1943 年,一份相当清楚和详细的调查报告出来了。⑤ 在 1932—1940 年之间,几乎 3/4 的学生来自于特温城地区,不到 10% 的学生来自于其他州的中学;绝大多数学生来自于中等阶级家庭,大多数学生的学习成绩在原中学的毕业班里处于中下水平;不到 1/5 的学生依然得到了文科学位。

当问到这个教学计划的优点和缺点时,这个学院学生的回答与其

---

① 除明尼苏达大学普通学院的年度简报外,见麦克莱恩等的《明尼苏达大学普通学院课程的制定》(明尼波利斯,1940)和斯帕福德(I. Spafford)的《明尼苏达大学普通学院课程的组织》(明尼波利斯,1943)。

② 明尼苏达大学教育研究委员会:《通过考试展示普通学院的成果》(明尼波利斯,1937)。

③《关于明尼苏达大学普通学院的进步和问题的报告》(明尼波利斯,1951),第308 页。

④ 格雷(J. Gray):《明尼苏达大学,1851—1951》(明尼波利斯,1951),第 308 页。

⑤ 埃克特(R. E. Eckert):《明尼苏达大学普通学院的成果》(明尼波利斯,1943);佩斯(C. R. Pace):《他们进入学院》(明尼波利斯,1941);威廉斯(C. T. Williams):《我们教这些》(明尼波利斯,1943)。

他学院学生的回答很相似,既有最热情的赞扬,也有最激烈的反对。大多数学生认为,明尼苏达大学普通学院最主要的优点是对学生的全面关心;最普遍的批评集中在教材的模糊不清和过于简单,以及对未来的工作或进一步的大学学习缺乏专门的准备上。但是,一般地说,与其他大学本科生的教育机构相比,这个学院看上去保持了一点点优势。埃克特(Ruth Eckert)1943年得出结论说:"明尼苏达大学普通学院的学生实际上比其他学院的学生表现出对他们的大学生活更具有自信心。人们记得,绝大多数年轻人是在某些压力之下进入这所普通学院的(由于无法进入明尼苏达大学其他的自己更喜欢的学院)。大多数学生的赞扬性评价,表明这个普通教育计划在把自己推销给学生方面已得到了一些显著的进展。"①显然它也把自己推销给了教育工作者和公众。因为许多明尼苏达大学实验的那些先驱性革新,在第二次世界大战开始后的那几年里,在那些刚成立的学院里已经成了教育改革的标准。

318

V

麦克莱恩在明尼苏达大学普通学院刚成立后的几年里曾作了不计其数的演讲。他在其中一个演讲中提出了他那颇有吸引力的想法,即考虑将公共资源保护队劳动营变为一种普通教育的形式,提供给几百万美国青年。因为这些青年发现自己正处于深深的沮丧之中,既不在学校里学习,又得不到工作。② 因此,麦克莱恩把注意力转到了与新政有关、最令人振奋、范围广泛的教育革新中。这些计划中的少部分主要是由教育学院的教授设想出来的,大部分来自于对失业问题的解决。

---

① 《明尼苏达大学普通学院的成果》,第190页。
② 麦克莱恩:《明尼苏达大学普通学院》,第119页。

当然,没有明确的教育哲学把它们联结在一起。① 但是,正确地看,几乎所有的不同计划都促进了进步教育事业。

公共资源保护队是罗斯福总统就职后"百日特别国会"②立法活动的最早结果之一。1933 年 3 月 21 日,一个有关"通过有用的社会工作来减少失业"的提案提交到国会,于 3 月 29 日和 30 日分别被两院表决通过,4 月 1 日由罗斯福总统签署。③ 这个计划几乎立即就生效,并具有一种使人精神振奋的道德力量。许多城市的政府机构忙于应付申请人。《纽约时报》(The New York Times)早在 4 月 9 日就报道说:"唱着歌、兴高采烈和说着俏皮话的一群人每天在招募办公室里转来转去。当军队炊事员和帮厨的士兵随意地把军队的'食品'分配给那些年轻人时,他们唱起'这里又有了快乐的日子',大声呼喊'新政万岁!'……这些年轻人如此热情,是因为有一些人又能得到工作,并且又能得到已失去很长时间的福利待遇。他们从帮厨的士兵手里得到了扫帚,马上就充满活力地打扫起来。"④

根据罗斯福和路易斯·豪拟定的计划,公共资源保护队的行政管理是非常复杂的。劳工部挑选应征者;陆军部开办、建设和管理劳动营,并负责队员的健康、福利和训练;农业部和内政部制订计划并指导工作。政策由各部代表和公共资源保护队顾问委员会决定。负责主持整个工作的是费克纳(Robert Fechner)主任。他是全国机械师协会(International Association of Machinists)的长期会员和前任官员,对罗斯福总统负责。

---

① 关于罗斯福的教育思想,见格里尔(T. H. Greer)的《罗斯福的思想是什么》(东兰辛,1958),第 143—150 页。然而,新政时期的教育计划同它的政治和社会改革一样,是从实用主义的观点来考虑的。

② 百日特别国会,由罗斯福总统召开(1933 年 3 月 9 日—6 月 16 日)。会上通过了许多项重要的社会福利法案。——译者注

③ 关于对新政时期的教育计划最全面的分析,见蔡特林(H. Zetilin):《美国教育中的联邦关系,1933—1943》《关于新政时期改革及其成果的研究》(未发表的博士论文,哥伦比亚大学,1958)。关于公共资源保护队的情况,见霍兰(K. Holland)和希尔(F. E. Hill):《公共资源保护队的青年》(华盛顿,1942)。

④ 《纽约时报》,1933 年 4 月 9 日,第 28 页。

无论是罗斯福总统和国会,还是教育专家,都没有把公共资源保护队的建立看做是扩大联邦教育特权的一种方法。事实上,教育探索的可能性似乎早在有关授予权力的立法争论中完全消失了。然而,这些人在劳动营里生活后不久,一些教育计划就开始出现了。因此,陆军部在 1933 年 5 月 9 日发布了一项由费克纳批准的命令,内容是林业教育将由林业处的一些成员负责,同时军队将对所有应征者进行"普通和职业课程"的实际指导。三个星期后,另一项命令批准建立劳动营图书馆。[①]

在 1933 年的大部分时间里,费克纳和军队无疑对任何超出其有节制的早期阶段的做法保持着冷静的态度。但是,由于教育需求的增长,那年秋天,联邦教育局局长佐克(George F. Zook)[②]起草了一个全面的计划。罗斯福总统在同年 11 月底批准了这个计划,责成教育局物色人员并制定政策,但也授予陆军部最后决定的权力。1933 年 12 月 29日,布法罗大学夜校部主任马奇(Clarence S. March)被任命为公共资源保护队的教育主任,领导一个由九位代表组成的机构(每位代表管理一个保护队)和 1087 个劳动营顾问。

作为这项工作最早的规定,《公共资源保护队教育顾问工作手册》很快就印刷发行,并提出了这个计划的基本要点。它确定了六个主要目标:(1) 发展自我表达、自学成才和自我修养的能力;(2) 在尽力的合作中发展自信心和责任感;(3) 扩大对现行社会和经济条件的理解,以便明智地加强合作,来改善这些条件;(4) 保持良好的健康习惯,激励心理的发展;(5) 通过职业的咨询和训练,帮助每个人面对离开劳动营后的就业问题;(6) 发展对自然和农村生活的鉴赏力。

这使人们想起,已经全部靠热心的志愿人士实施的这个计划,必须求助于那些劳动营顾问。但这种劳动营没有中小学和学院里的那种正规的班级。那本教育顾问工作手册提出建议:"你们所进行的活动必须来自于人类的需要和愿望",例如,职业、社会问题、家庭关系、业余爱好

320

321

---

① 希尔:《劳动营中的学校》(纽约,1935),第 9 页。
② 佐克(1885—1951),美国历史学家、政治官员、教育家。——译者注

和其他直接令人感兴趣的问题。同样,非正式的讨论、个别咨询以及通过广播和电影进行的教育是最可能促使人们普遍参与的方法。那些劳动营顾问被告知:"你们的任务是没有明确先例的,你们要运用聪明才智去设计一些应付环境的方法,你们会发现在劳动营里能得到真正的考验。"①

　　显然,那些劳动营顾问确实是有聪明才智的。到 1934 年中期,马奇估计大约有 40% 的应征者参加了这个计划。1935 年,他把这描述为"伟大的美国民众学校运动",并认为这也许是"跨越学校和工作之间的鸿沟"的关键。总之,它已成为"美国教育制度中一个值得注意的部分"。1938—1939 年,据估计,正式参加者为保护队平均力量的 91.3%。几乎 2/3 的应征者参加了一些形式的工作培训;大约 1/3 的应征者参加了正式的培训班,班内设有一切应有的科目。8000 多位文盲受到了如何阅读和书写的教育;1000 多人获得了中学毕业证书;96 人实标上获得了大学学位。总共加起来,约 2.5 万个指导者参加了这项工作。②

　　正如人们所希望的,公共资源保护队教育计划的继续扩展,1934 年后加剧了许多因管理分散带来的问题。1935 年,在给教育局局长斯图德贝克(John W. Studebaker,前一年接替了佐克的职务)的备忘录上,马奇抱怨说,各种"障碍"使教育局的计划几乎不可能实现。仔细考察这些"障碍",似乎已成为费克纳和陆军部的事情。马奇强调说:"事实上,每个旨在加强和丰富这个教育计划的主要建议都遭到费克纳主任的反对。这似乎表明,对这个计划他不是缺乏兴趣,就是没有真正的积极性。"正如马奇所忧虑的,公共资源保护队作为"一个有利于更有效的社会秩序的机构"的可能性,是很难实现的。

　　但是,罗斯福总统明确支持费克纳。罗斯福在 1937 年给伊克斯

322

---

　　① 《公共资源保护队教育顾问工作手册》(华盛顿,1934),第 4 页。随后,联邦教育局出版了《公共资源保护队指导员手册》(华盛顿,1935)。这本手册实际上是进步教育的一种简要注释。
　　② 蔡特林:《美国教育中的联邦关系,1933—1943》第 3 章。

(Harold Ickes)①的信中写道:"我们想要公共资源保护队的成员得到每一个可能的机会来提高自己,但是,一些意外的障碍使得公共资源保护队劳动营不可能永远成为一所具有通常意义的学校。"那一年国会充实保护队生活的时候,人们确实认为这是对教育计划的正式承认,特地要求其成员每周花17个小时参加教育活动。但是,保护队的宗旨并没有什么重要的变化,也没有限制陆军部对教育局计划的控制。② 有人仍在继续重新修改公共资源保护队的教育目的,但是,这种努力显然是没有用的。③ 最后,这些保护队仍然"以工作为中心"。

　　罗斯福教育改革中最引人注目的,也许是公共资源保护队。但在新政时期的教育进步力量中,它根本没有竭尽全力。"公共事业振兴署"(Works Progress Administration)开办了几千个幼儿园,以消除有孩子家庭的忧虑。它教会了100多万文盲阅读和书写,并且开展了广泛的成人教育工作。每年受教育的人数差不多有150万。另外,公共事业振兴署基金会为州公立学校提供了学校午餐,购置了职业和娱乐设施,建造了将近6000多幢新校舍——另外,公共工程署(Public Works Administration)建造了12700所新学校。④ 最后,作为公共事业振兴署一部分的国家青年署(National Youth Administration)于1935年6月建立,为全国待业青年提供了"就学和工作的机会——一个靠自

---

① 伊克斯(1874—1952),美国政府官员、罗斯福时期的公共工程委员会主席(1933—1939)。——译者注

② 蔡特林:《美国教育中的联邦关系,1933—1943》,第96—106页。

③ 主要动力来自于美国青年委员会(American Youth Commission,1935年由美国教育理事会建立)以及教育政策委员会(1936年由全国教育协会及其分支机构督学部建立)。这些委员会,特别是青年委员会,发表的政策述评和研究论文是很多的。见梅尼菲(L. A. Menefee)和钱伯斯(M. M. Chambers)的《美国青年》(华盛顿,1938);钱伯斯和埃克斯顿(E. Exton)的《青年——美国未来的关键》(华盛顿,1949);美国青年委员会的《公共资源保护队》(华盛顿,1940);教育政策委员会的《公共资源保护队国家青年署和公立学校》(华盛顿,1941)。

④ 《美国教育中的联邦关系,1933—1943》,第4—6章。

己工作和挣钱的机会"①。在实施这个计划的八年中,国家青年署不仅使几千人完成了他们的教育,为他们提供业余工作的机会,而且发展了一个特别富有想象力的计划,为早已离开学校的青年男女提供就业指导和服务、培训机会和娱乐活动。

但是,无论这些计划怎样具有独创性,它们一方面确实倾向于脱离州和地方政府的领导,另一方面也确实倾向于脱离教育的专业组织。因此,到 20 世纪 30 年代后期,出现了大量的反对意见——最激烈的反对来自于全国教育协会和它的各地分会。这种反对涉及美国学校制度继续联邦化的问题。② 第二次世界大战很快就结束了这种威胁和争论,也使大多数新政时期的应急计划在历史上完全消失。剩下要考虑的问题是:将教师从前所未有的沮丧压抑感中解脱出来,了解校外青年的教育状况,并与公众一起讨论他们的职责问题。也许在这方面,新政时期对以后的美国教育进程产生了持久的影响。

Ⅵ

如果把一切都考虑进去的话,进步教育运动在第二次世界大战前的短短几年里,可能已经达到了顶点。进步教育协会会员人数在 1938 年夏天达到了最高峰。同年 10 月,《时代》杂志发表了对这个组织的全面性评论文章。文章指出:"美国没有一所学校完全逃脱了它的影响。"③在教育界中,进步主义思想得到了广泛的支持。伍德林(Paul

---

① 关于国家青年署的历史,见贝蒂和林德利(E. K. Lindley)的《为了年轻的新政时期》(纽约,1938)。关于学生运动为国家青年署提供了一种背景,见拉维克(G. P. Rawick)的《新政时期的青年》(未发表的博士论文,威斯康星大学,1957)。也可参见约翰逊(P. O. Johnson)和哈维(O. L. Harvey)的《国家青年署》(华盛顿,1938);坎贝尔(D. S. Campbell)、贝尔(F. H. Bair)和哈维的《公共事业振兴署的教育活动》(华盛顿,1939)。

② 蔡特林详细地探究了这种争论。见《美国教育中的联邦关系,1933—1943》,第 8 章。

③《时代》,1938 年 10 月 31 日,第 31 页。

Woodring)的最新评述也有坚实的基础。他指出,这是使一个有抱负的学校教师去从事他们的事业的明智政策。1940年,盖洛普把民意测验的结果公布于众,指出一般人都赞成学校中所进行的一切活动,尽管他们实质上似乎"并不了解这些目的所包含的主要意图"①。

　　四年以后,全国舆论研究中心(National Opinion Research Center)进行的一次更缜密的调查尽管有一些令人烦恼的补充,但肯定了盖洛普民意测验的结果。② 当有人问人们是否"满意孩子们在学校得到的教育"时,80％的回答是肯定的,15％的回答是否定的,5％的回答是不明确的。但是,对于"你希望在公立学校里看到一些什么形式的变化"这个问题,人们的回答有点不同。57％的人认为不要有变化,尽管这些人中的大多数是不介入的。对那些认为要变化的人来说,44％的人明确提出应该按"非进步主义"的方向来改变课程和方法。然而,根据回答者的教育程度对这些回答进行分类时,人们发现受过初等教育的人中的69％思想上没有变化,受过高等教育的人中的86％提出了一二条建议。现在能清楚地看到,那些受过16年学校教育的人更有见识、更有兴趣,因此也更能表达自己的意见。实际上,也许正是那些受过更多教育和更能表达自己想法的人,开始从进步教育运动中脱离出来;当受过大学教育的人数增长的时候,进步主义者能够预料到,对他们事业的反对会增加。

　　所有的迹象指出了后来的方向。无论是在进步教育运动中,还是在进步教育运动外,最有理解力的人早已认识到,除了明显的成功之外,这项运动正潜伏着一些危机。一些人长期闷在心里的对进步教育的批评,例如,对它的乐观的人道主义、理想的自然主义、赤裸裸的功利主义以及它所坚持的反形式主义等方面的批评,突然在流行刊物上爆

────────

　　①《人民在青年和教育方面考虑些什么》,《全国教育协会研究简报》第18期(1940),第187—219页。
　　② 全国舆论研究中心:《公众考察教育》(丹佛,1944)。

发出来。① 那些进步学校被人嘲笑为"教唆犯"、"浪费时间者"和"儿童游戏馆",诸如"糖果学习"和"教科书中的叛逆罪"这些标题都成了当时的时尚。② 也许,更重要的是,曾经热情支持进步教育运动的进步主义知识分子,也改变了他们对这场运动的看法。举一个著名的例子来说,曾经认为《民主主义与教育》是"最聪明、最有权威的学者献给未来美国文明社会的成熟智慧"的李普曼(Walter Lippman),却在《共和国》(Commonwealth)杂志上严厉谴责和抨击"现代学校"的肤浅和偏狭。他指出:"现代学校没有共同的信念,没有共同的原理,没有共同的知识,没有共同的道德和学术纪律。然而,却有人指望这些现代学校的毕业生去形成一个文明的社会,指望他们管理自己,指望他们具有社会意识,指望他们通过讨论达到共同的目标。当人们意识到,他们没有共同的文化,是否会对他们没有共同的目标感到大吃一惊呢?难道他们崇拜了错误的偶像?是否只有在战争中才能使他们联合在一起?难道在激烈的生存斗争中,他们正在把西方社会撕得粉碎?"③

同样,在教育界中,那些曾花费时间从擂鼓声中领悟这场运动的战术的人,已走进了一条死胡同。1938 年,博德(Boyd Bode)出版了《处在十字路口的进步教育》(*Progressive Education at the Crossroads*)一书,

---

① 对这种批评最充分的论述,见斯基尔贝克(M. Skilbeek)的《对进步教育的批评,1916—1930》(未发表的硕士论文,伊利诺斯大学,1958);桑迪弗(S. M. R. Sandifer)的《美国社会人士对进步学校的看法》(华盛顿,1943);小福斯特(C. R. Foster, Jr.)的《美国报刊上编者对教育的论述》(坎布里奇,1938),第 9—14 章;也可见博戈斯拉夫斯基(B. B. Bogoslovsky)的《理想学校》(纽约,1936);布里德(F. S. Breed)的《教育和新现实主义》(纽约,1939);福斯特(N. Foerster)的《文理学院的未来》(纽约,1938);雷恩(H. H. Horne)的《这就是新教育》(纽约,1931);赫钦斯的《美国高等教育》(纽黑文,1936);坎德尔(I. L. Kandel)的《含糊思想的流行》(纽约,1943);马里坦(J. Maritain)的《处在十字路口的教育》(纽黑文,1943);诺克(A. J. Nock)的《美国的教育理论》(纽约,1932);拉比(S. J. M. Raby)的《对新教育的批判性研究》(华盛顿,1932);肖里的《对人道主义的攻击》(波士顿,1917)。

② 克罗克特:《糖果学习》,《周末晚邮报》1940 年 3 月 16 日,第 29、105—106 页;阿姆斯特朗:《教科书中的叛逆罪》,《美国大众杂志》1940 年 9 月号,第 8—9、51、70—72 页。

③ 李普曼:《没有文化的教育》,《共和国》第 33 期(1940—1941),第 323 页。

对进步教育提出了尖锐的批评。在这本书中,博德指责进步教育从未有效地从卢梭的自由主义中解脱出来,因此,它的失败早已在与进步教育运动同时发展起来的"赘疣"中显露了出来。博德警告他的同行:"进步教育正站在道路的岔口上。民主的问题正成为所有生活关系中最迫切的问题。它暗示需要对一个社会的教育哲学进行系统陈述和应用。如果进步教育能成功地把其精神化为民主的哲学和方法,那么这个国家教育的未来就能掌握在进步教育家的手中;反之,如果进步教育坚持片面地吸引个别学生,那么它将在环航世界之后而落伍。"①

327

实际证明,博德的话是有预言性的。进步主义者感觉到了这种挑战,但似乎无力应战。在理事会上,他们逐渐互相残杀。进步教育运动的不断职业化,也使他们进一步脱离公众。对越来越多的人提出的批评,进步主义者用一些华丽的词句进行自我辩护,并在自己的学术杂志上进行反驳。进步教育的信徒受到了激励,并重新振作起来。但与此同时,广大不受进步教育束缚的公众仔细地听取了这些批评。最后,这些批评成了对运动特殊的似是而非的议论,使得处在命运高峰的进步教育运动开始瓦解。在不到 20 年的时间里,这个运动就衰退了,从而博德痛苦的预言应验了。

----

① 博德:《处在十字路口的进步教育》(纽约,1938),第 43—44 页。

第九章 公共教育中的危机

I

328   教育学和经济学一样,也有从加尔布雷思(John Kenneth Gal-
braith)①那里借鉴来的"传统的智慧"。到第二次世界大战结束时,进步
主义也变成了"传统的智慧"。教育政策的讨论中增加了许多习惯用
语,诸如"认识个别差异"、"个性发展"、"全面发展的儿童"、"社交和感
情的发展"、"创造性的自我表现"、"学习者的需要"、"内在的动力"、"具
有连续性的生活环境"、"跨越学校和家庭的鸿沟"、"教儿童而不是教科
目"、"为了儿童而调整学校"、"真实的生活经验"、"师生关系"、"教师制
定计划",等等。可以肯定,这些都是时髦话,是教师所特有的行话。但
是,它们并不仅仅是时髦的行话,因为它们标志着杜威曾经预言的进步
教育最终以良好的教育被人们接受的那一天终于来到了。②

329   证明这种观点的资料来源很丰富,有专业杂志、教育书籍、学校董
事会报告和联邦教育局的各种出版物。但是,很少有比 20 世纪 40 年
代中期教育政策委员会发表的一系列报告更重要的。这些报告有《美
国青年的教育》(Education for All American Youth,1944)、《幼儿教育
机构》(Education Services for Young Children,1945)和《美国儿童的教

---

① 加尔布雷思(1908—),美国经济学家、教育家、著作家。——译者注
② 杜威在《经验与教育》中提出过这种预言;在为德利玛的《小的红色校舍》一书
撰写的引言中,他又重复了这种预言。

育》(Education for All American Children，1948)。教育政策委员会自1936 年建立以来，就勇敢地、有权威性地成了教育界的主要代言人。1944 年，这个委员会的成员包括哈佛大学和康奈尔大学的校长，还有一些主要的教育界名人，如斯托达德（George Stoddard）、斯特雷耶（George Strayer）①和沃纳梅克（Pearl Wanamaker）。联邦教育局局长斯图特贝克和他的前任佐克都是这个委员会的顾问。毫无疑问，这些人所说的任何事情都是有趣的。但是，作为教育政策委员会的成员，他们的观点具有举足轻重的作用。因为他们必须有很高的威信，才能对美国教师的思想产生重要的影响。

教育政策委员会发表了三卷有关战后美国农村和城市教育，包括神秘的哥伦比亚特区教育的综合性计划。② 这个计划对情况的分析是很清楚的。美国必须在校内外建立一个从 3 岁儿童到 20 岁青年的综合性的公共教育制度。在哥伦比亚特区，公立幼儿园之后是 6 年的初等教育，然后是 8 年的中等教育（由三个部分：初中、高中和社区学院组成一个独立的整体）。所有这些学校都致力于这样的事业："美国的所有青年，无论是什么性别、种族，处在什么样的经济地位、地理位置，都必须接受一种广泛的、和谐的教育。这种教育具有以下特点：(1)为学生得到适合他们能力的职业做好准备，并且为学生发展个性和为社会利益服务提供适当的机会；(2)使学生为承担美国公民所应尽的职责做好准备；(3)为学生提供一个公正的机会，来锻炼他们追求幸福的能力；(4)激励学生求知的欲望，使他们在获得学术成就时产生满足感，并且培养他们的理性思考能力；(5)帮助学生发展对道德价值的鉴别能力，这种道德价值在一个民主社会里是他们终生所需要的。"③

幼儿园是"一种扩大的教育服务设施，它的对象是那些对传统的一年级阅读课程来说年龄还太小的孩子"。幼儿园是公共教育制度的一

330

---

① 斯特雷耶(1876—1962)，美国大学教授。——译者注

② 教育政策委员会坚持认为，它并不制定任何计划，而宁可说是概述许多可能解决问题的不同方法，以适应所有美国青年的教育需要。但它提出的仍是一个计划，尽管这是有背意愿的。

③ 教育政策委员会：《美国青年的教育》(华盛顿，1944)，第 21 页。

个有机组成部分,为孩子们提供"在室外工作——游戏"的场所。孩子们用粘土、颜料和蜡笔进行活动,使用简单的工具,做游戏,听广播,阅读书本和图片。他们跳舞,表演戏剧,探索自然和科学的奇妙境界,并且常常去当地的商店和附近的农场参观。从一开始,他们就学习怎样以"一个民主集体的参加者"来进行各种活动。幼儿园的工作人员包括教师、家庭生活顾问、医护人员、心理卫生和营养学专家。当然,家长在这里也起一定的重要作用。

小学致力于"发现和充分发展每个人所有的高尚的、动手的能力",同时培养学生"进一步改善社会制度所必需的社会责任感和合作能力"。小学教师一直致力于课程的设计,使之能够适应"儿童的所有需要"。小学教育的主要任务不仅包括培养学生阅读、书写和计算的能力,而且包括使他们有良好的身体,心理健康成长。最重要的是,使儿童和教师从"狭隘的、毫无想象力的日常工作"中解放出来。"奥凯山学校"典型的一天生活是这样的:早晨,游戏室里,6—7岁的孩子在用一堆玩具、玩具娃娃和小家具,富有想象力地创造一个他们所熟悉的世界;另一组更小的孩子正在学校附近的一个按动物生活方式进行设计安排的地方,回答根据各种参考书所提出的问题;一些10—11岁的孩子为准备星期五演出"邻居的夜晚"抄写节目表。晨间休息之后,大多数孩子单独或组成小组学习算术。午餐不仅为孩子增加营养,午餐时间也是各种学生委员会尽责的时候。下午有阅读课,然后是半小时的体育活动,最后一节课是小组活动和合唱。

在农村中等教育方面,一种新的统一的学校在原来的五个独立学区内建立起来,800多个男孩和女孩参与了从七年级到九年级的"普通中等教育计划"及从十年级到十四年级的"部分差别的教育计划"。这个差别就在于职业、学术工作和娱乐兴趣不同。新的课程已在农村教师的合作下拟定出来了。例如,为十年级学生提供"世界在工作"这门课程,不仅使学生熟悉美国农村和城市的经济体制,而且帮助他们"熟悉主要职业领域的实际情况,其中的一些职业是他们将来很可能会选择的职业"。实施计划时,不断考虑到对学生加强指导。"对于每个男孩和女孩,在制定有关他们的计划和决定他们的职业、教育、就业和所

331

有个人问题时,都要为他们提供个别帮助。"四位特别顾问任何时候都能提供这样的帮助,而且所有的教师也都参与这种工作。最后,由一所社区学院提供继续的教育和服务,为那些渴望得到教育和服务的成人提供全日制教育或业余教育。不用说,美国的城市学校确实造成了文化和环境上的差异,但也反映了其中许多相同的侧重点。

不同地区的市民小组支持这些教育性的服务,并帮助制定了教育政策。一个感兴趣的州议会也愿意提供更多的州税,作为创造平等的教育机会的资金。同时,国会准备用联邦政府的资金来缩小不同州之间的巨大差别。联邦政府的教育计划在 20 世纪 30 年代是阻挠学校,而不是帮助学校。现在,这些错误已经成为历史。地区、州和联邦政府互相合作,支持学校。

332

在教育政策委员会看来,20 世纪 50 年代的教育很明显是进步教育运动合乎逻辑的产物。实际上,如果美国愿意相信进步教育理想的话,那么,这个委员会所设想的"明日之学校"也许是会实现的。人们对教育政策委员会的报告进行了广泛的讨论,认为它与其他一些协会,如美国职业协会(American Vocational Association)、全国中等学校校长协会(National Association of Secondary School Principals)、美国健康、体育和娱乐协会(American Association of Health, Physical Education, and Recreation)、全国教育协会下属的初等学校校长部以及一大批教育界内外专家的意见相符合。这些报告发表后,很快就体现在整个国家的教育大纲上。回顾一下,无疑是令人愉快的。但这些报告只是像当时的某些出版物一样,为战后几十年的美国教育总结出了一些最可靠的教育计划。①

---

① 这与那些著名的州立大学评议员通过调查纽约州公共教育的特点和费用而提出的那些介绍十分相似。注意到这一点是有趣的。见《美国生活教育:纽约用的新教育计划》(纽约,1938)。

II

加尔布雷思告诉我们,"传统的智慧"很明显是各个层次的诡辩。在最高的层次上,由于充满活力的小型辩论保护了一种不断批评的风气,并有成效地排除了任何基本的疑问,人们总是鼓励那些有学识的人发表他们新的见解。这就是进步教育在第二次世界大战之后所遇到的情况。进步教育运动失去了它知识分子的活力,但是,并没有失去它改良主义者的攻击力。① 在这个时期里,人们对理论的阐述一个比一个缜密,但也有意忽略了某些明显的事实。其结果产生了综合教育的神秘气氛。掌管这种教育的是新入会的人士,但他们实际上是并不理解教育政策制定的门外汉。

第二次世界大战后,进步教育的大量活动主要在教育学院的小组和学校领导人之间。② 但是,这些活动没有得到公开的宣传,实际上可

① 蔡尔兹(J. L. Childs)在《教育和道德》(纽约,1950)中对进步主义哲学重新作了最清晰的陈述。布拉梅尔德(T. Brameld)和伯克森(I. B. Berkson)的著作也从理论上重新作了重要的阐述。布拉梅尔德对进步教育的评价,见《展望中的教育哲学》(纽约,1955),第4—6章;关于他自己的"改造主义",见《教育目的和方法》(纽约,1950)和《教育哲学的改造》(纽约,1956)。伯克森对进步教育运动的评价,见《面对未来的教育》(纽约,1943),第6—11章;关于他自己的理论,见《理想和社会》(纽约,1958)。

② 在第二次世界大战后的10年里,关于教育学院小组情况的著作很多,《人际关系和活动计划的研究》一文中的书目提要就证明了这一点。见《教育研究评论》第23期(1953),第285—384页。这种工作使得纽伦早在丹佛就介绍过的课程发展方法获得了活力和声誉。凯利(E. O. Kelley)把这些方法运用到韦恩州立大学的一系列教师专题学术讨论会上,并在《专题学术讨论会的学习方式》(纽约,1951)中对结果作了报道。杜威曾写道:"正如这里所描述的,熟悉了通过专题讨论会而开始和进行的那些活动之后,我得出了结论,在进步教育理论的发展中,专题学术讨论会提出了任务和十分必要的因素。"关于"指导运动作为进步主义的一种扩大"最清晰的论点,见马修森(R. H. Mathewson)的《美国教育的策略》(纽约,1957),也可参见伍德林对马修森这本书的深刻评论,载《哈佛教育评论》第28期(1958),第278—280页。

以说是声名狼藉。所谓的"生活适应运动"起始于联邦教育局的职业教育处，那是不幸的。早在1944年，职业教育处就承担了研究"未来的职业教育"的任务，而且把它作为职业教育日常管理工作和咨询活动的一部分。职业教育处于1945年5月31日和6月1日在华盛顿的沃德曼公园旅馆召开了一次会议。在两天的会议上，与会代表讨论了许多有关中学生的问题，指出职业教育和普通教育计划似乎都不能满足这些学生的需要。全国工业教育促进会颇有才干的成员、后来又担任过明尼阿波利斯的邓伍迪学院院长的普罗泽（Charles Prosser）[①]，在会议快结束时作了报告。[②] 他说：

334

> 这次会议确信，在最后通过的这份（关于"未来的职业教育"的）报告的帮助下，国家的职业学校将能更好地为20%的中学生得到理想的、需要技能的职业做好准备；而中学将继续为另外20%的中学生进大学做好准备。我们并不相信，余下的60%的中学生将得到作为美国公民所需要的生活适应训练——除非公共教育的行政管理人员和职业教育领导人的助手为这批人制定一个相似的教育计划。
>
> 因此，我们要求联邦教育局局长能够和职业教育处长助理尽早召开会议或一系列地区性会议（出席会议的普通教育代表和职业教育代表人数相等）——研究这个问题，并且采取一些对解决这个问题可能有所帮助的步骤。

这次会议完全采纳了普罗泽的意见。联邦教育局局长斯图特贝克也同意这样做。于是，联邦教育局开始就所建议的一系列会议制订计划，并在1946年4月到11月之间，召开了五次地区性会议。参加会议的有中学校长、督学、州职业教育的负责人和行政人员、州教育部门的

335

---

① 普罗泽（1871—1952），美国教育家。——译者注

② 联邦教育局：《为了每一个青年的生活适应教育》（华盛顿），第15页。更早和更全面的关于普罗泽中等教育思想的论述，见《中等教育和生活》（坎布里奇，1939）。

代表、教育学院的教授和行政人员,以及全国专业协会的行政官员,但不包括大学的文理教授。总之,他们代表了35个州和哥伦比亚特区。以下是这些地区性会议所得出的一致意见。(1)中等教育过去"没有提供充分的和适当的生活适应教育内容,这种生活适应也许是中学生最主要的需求"。(2)"实用工艺、家庭生活、卫生和身体健康以及公民资格方面的实际经验,是适应青年需要的教育计划的基本内容。"(3)对大多数中学生来说,一个有工作经验的管理计划是必要的。(4)那些投身于教育事业的教师需要"更广阔的视野和为所有青年服务的真诚愿望"。(5)充分激发公众的兴趣,支持全国范围内的生活适应教育计划。① 在同年5月的全国会议之前,这些建议已经提出来了。接着,就建立了"青年生活适应教育委员会"(Commission on Life Adjustment Education for Youth),并且开始制定一个颇有魄力的计划,以促进各个州和地区的生活适应教育。斯图德贝克要求各个职业协会提出一些候选人名单,最后组成了由扬克斯教育行政官员威利斯(Benjamin Willis)领导的"九人委员会"。

336　　从一开始,九人委员会就把它的主要任务看做是把传统的进步主义智慧付诸当时的教育实践。它的一份早期报告指出:"在过去的30年里,一些全国委员会的基本论题是发展和扩大教育",并指出,它在阐述思想和获得一致意见方面也取得了进展。九人委员会深信,这样一种正确的、丰富的理论是很有用的。"有了这种理论,我们就可以得到富有成效的教育计划。在这个时候,我们需要做的是把理论付诸学校的实践活动。"②在研究了这些报告的基础上,九人委员会明确自己的目的是"设计一种教育","使所有的美国青年为能满意地、民主地生活做好准备。无论是作为家庭成员、工人,还是作为公民,他们都将为这个社会作出有益的贡献"。③

---

① 《为了每一个青年的生活适应教育》,第17页。
② 《为了每一个青年的生活适应教育》,第3页。
③ 联邦教育局:《赋予活力的中等教育:第一个青年生活适应教育委员会的报告》(华盛顿,1951),第1页。

　　发表这些观点的时候,九人委员会重申了大多数符合时代潮流的观点:生活适应教育关系到青年的"身体、心理和感情的健康","既关系到青年的现实问题,也关系到青年为将来生活做准备的问题";既要认识到"社会生活中真实的工作经验具有教育价值",也要认识到"个人能力范围内的个人满足和个人成就的重要性"。好像预感到会有大量的批评(但这种批评后来变得越来越少),九人委员会特别提到,生活适应教育"既强调主动的、创造性的成就,也强调适应现有的环境;它激励人们学会如何作出明智的选择,因为美国民主社会的基本思想是要求适当修改教育目标和达到这些目标的合适方法"①。但是,这对持不同意见的人一点也没有什么用处。尽管强调适应现有的环境并没有什么错,但选择"生活适应教育"这个名称是很不幸的。在那些越来越关心如何适应美国生活和思想的一代人眼里,这是一场令人痛骂的运动。

　　第一个青年生活适应教育委员会工作了三年后,于 1951 年写出报告。接着,第二个青年生活适应教育委员会于 1954 年也发表了报告。② 对于这两个文件的研究,使人们认识到:在教育局的帮助下,生活适应教育运动使整个国家的学校制度取得了真正的进步,而且可能代表了中等教育方面进步主义最强有力的先锋。第一个青年生活适应教育委员会倡议召开了一系列的地区性和全国会议,并且开始努力与几个有影响的组织,如全国中学校长委员会、全国天主教教育协会,加强合作,还出版了刊物,被联邦出版署广泛发行。也许最重要的是,生活适应教育委员会极力鼓励各个州和地区开展工作。到 1950 年,它的报告提到,在公立和私立学校里,学术讨论、会议、调查和指导计划已过多。例如,在 122 个罗马天主教管区的学校中,至少有 5 所学校在 1940—1950学年按照"生活适应原理"进行了改造。

　　第二个青年适应生活教育委员会扩大了成员范围。其成员包括美国师范大学协会(American Association of Colleges for Teacher Educa-

_____

　　① 《赋予活力的中等教育》,第 32—33 页。
　　② 联邦教育局:《中等教育展望:第二个青年适应生活教育委员会的报告》(华盛顿,1954)。

tion)、全国家长和教师协会(National Congress of Parents and Teachers)和全国校董会协会(National School Boards Association)的代表。这个委员会也在各州和地区开展工作。它在1954年的报告中用很大的篇幅描述了符合时代要求的富有成效的教育计划。这份报告的结尾部分提到了"未完成的事业",特别指出对此要不断地研究和试验。这个委员会强调说:"人们可以得出结论,20世纪中特别重要的、我们必须担负的一个任务,到现在只完成了一半。这个任务就是,为所有青年提供全面的中等教育,使他们能够生活在一个必须充分利用科学技术的社会里。这个任务完成得快慢,取决于愿意为所有美国青年提供教育这样一个未完成的事业作出贡献的公众、个人或基金会的资助。"①

1954年,没有新的委员会成立,也没有筹集到新的资金。因为生活适应教育运动已经受到了进步教育批评者的强烈攻击,除了夸耀和鼓吹,两个青年适应生活教育委员会已很少提出富有创造性的思想或新的教育计划。它们自己确定的任务是宣传和执行。但是,在进步教育协会迅速瓦解的时候,对生活适应教育运动的批评无疑使进步教育家意识到必须集中他们的力量。一些书籍和文章对生活适应教育委员会的各种声明和报告提出了激烈批评。这些批评是有破坏作用的。于是,生活适应教育运动很快就消失了。它不仅因错误地选择了自己的名称而深受其害,而且它的政策和实践也受到了沉重的打击。

Ⅲ

对生活适应教育运动的攻击并不是孤立的现象,对于至少从20世纪40年代初就成熟起来的美国教育来说,它几乎成为一个更大的危机的一部分。首先是有关校舍、预算和由战争引起的征兵等一些实际问题。从1941年起,美国几乎没有建立过任何新的学校,教师也大批地

---

① 《中等教育展望:第二个青年适应生活教育委员会的报告》,第95页。

离开教育岗位;到处是通货膨胀。早在 1946 年,第一批"战时诞生的孩子"就像潮水一般涌入小学。其次,由于公众对世界上的扩张主义忧虑重重,因此出现了各种各样的困难。[①] 最后,尽管也许不那么明显,但仍存在为了发展工业经济,需要一大批训练有素和聪明能干的劳动力的问题。[②] 无论是其中的一个问题,还是全部问题,都减轻了学校的巨大压力。然而,知识分子日益增长的不满情绪加剧了美国历史上的教育危机。大量的书籍、文章、小册子、广播和电视节目爆炸似地谈论教育问题,无论是真是假,都在宣传学校的每一个可能产生的小错误。其结果是使进步教育运动从一开始起就受到了最尖锐、最剧烈和最根本的攻击。

339

　　在第二次世界大战后那几年里,对进步教育的攻击主要是 20 世纪 40 年代初的批评的继续。贝尔(Bernard Iddings Bell)的《教育危机》(*Crisis in Education*,1949)和 M·史密斯(Mortimer Smith)的《混乱的教学》(*And Madly Teach*,1949)就是最好的例子。[③] 贝尔的著作旨在通过质问美国的教育理论和实践对"我们的生活和文化不能令人满意的状况"应负什么样的责任,来揭穿所谓的"假爱国的自满情绪"。贝尔的回答是,必须对美国年轻一代长期以来所受到的教育提出全面的控诉。小学没有传统民族的基本智慧;中学似乎对过分娇养青年更感兴趣,而不是去激励他们的智慧;大学由于屈服于含糊不清的功利主义,而被剥夺了"注重文雅教育"的领导地位。从幼儿园到大学,整个学校制度的重点都是错误的。因为它代替了应当由家长在家庭里发挥的

---

　　① 布拉梅尔德编的《为免费学校而战斗》(波士顿,1951)中,曾比较详细地讨论了这些困难。这本书由原来《民族》杂志上发表的一系列文章汇编重印而成。

　　② 沃尔弗利(D. Wolfle):《美国专门人才的资源》(纽约,1954);教育政策委员会:《人力和教育》(华盛顿,1956);金兹伯格(E. Ginzberg):《人的资源》(纽约,1958)。1958 年关于教育的著名的"洛克菲勒基金会报告","在一个反对人民的创造力、更为复杂的社会的不断压力下",明智地找出了很多当代的教育酵素。见《为了卓越人才:教育和美国的未来》(纽约,1958),第 10 页。

　　③ 人们认为贝尔是一位有经验的教育工作者,认为 M·史密斯是一位"热心于教育的社会人士"。M·史密斯在成为康涅狄格州教育委员会成员时,密切注视着学校教育工作。

作用；排除了宗教，而没有宗教，教育就不可能有根本的目的。为了弥补这些不足，贝尔建议进行一系列重大的改革。这些重大的改革是：必须更好地培养教师，使他们得到更多的报酬，更好地组织教师队伍；必须通过奖学金的方式来扩大教育机会；必须全面仔细地检查学校制度，消除重复的浪费现象；必须把家长的责任归还给家长；如果必要的话，在课程中以及受公众支持的教派学校里，把宗教放在中心位置上。

初看上去，M·史密斯的著作似乎与贝尔的著作极其相似。贝尔自己写了序言，对"现代教育"的原理和实践进行了攻击，而杜威的著作、教育政策委员会的声明和哥伦比亚大学师范学院的课程目录，都成了 M·史密斯尖锐批评的对象。并不奇怪，贝尔的许多指责是重复的，如学校完全没有传授最基本的技能，教育已被故意去掉了道德和知识方面的内容。不过，他俩的著作也有根本的不同。贝尔试图加强教育职业，而 M·史密斯最主要的观点是反对教育职业。M·史密斯曾写道："……如果有人不厌其烦地去调查，他就会发现那些学院和大学的教授，以及培养出来的领导学校制度的行政人员和教师，对教育的目的、内容和方法的观点真正令人惊异地相似。这些人用一些明确阐述的信条和主义，把他们的信徒组成一个紧密联系的整体，并通过寻求信条来使这种信条永久存在。通过州的法律和州教育部门的规定，只有那些用正确的信条培养出来的教师和行政人员才是合格的。"①贝尔在序言中写道："错误不仅仅存在于我们的教师中，而且存在于我们之中。"M·史密斯却辩解家长是带着义愤的情绪反对教师的，并坚持认为："教育的历史作用就是充当道德和知识的教师。"这个辩解在后来至少十年的教育政策讨论中激起了很大的反响。

回顾一下，贝尔和 M·史密斯的著作都代表了知识分子对 20 世纪 40 年代后期就得到重要进展的一场由多方面力量组成的政治运动的苛

---

① 史密斯：《混乱的教学》（芝加哥，1949），第 7 页。

刻评论。① 然而,公民与教育工作者一样,对正在进行的运动仍然知道得很模糊,直到 1951 年初《这件事发生在帕萨迪纳》(*This Happened in Pasadena*)一书出版。这本书是由职业记者赫尔伯德(David Hulburd)写的,记述了帕萨迪纳的教育行政官员、具有进步主义教育思想的戈斯林(Willard Goslin)在教育政策上的改变。戈斯林是美国学校行政人员协会(American Association of School Administrators)主席,受到教育工作者广泛的尊敬,但由于公民联合起来反对学校税收、激进主义和进步教育而被迫退出现代教育的舞台。赫尔伯德以及许多读过这本书的人的警告是被人注意的:良好的教育已在美国的一个社区被成功地推翻了,这种情况也会在美国的任何地区发生;现在是所有感兴趣的公民来帮助那些进步学校的时候了。② 赫尔伯德在自己的那本书的扉页上写着:"大多数人反对戈斯林,他们是好心的、真诚的,但完全没有意识到自己在有计划的远大目标中所担任的真正角色。这种情况奇怪吗? 难道这里不会发生这种情况吗? 那就读读这本书吧……这种情况已经在这里发生。"

"有计划的远大目标"很快就被进步主义的观点所代替,并成为进步主义者在以后几年里反击的主要论点。大量的小册子和文章把人们的注意力引到极端保守派新的形式上去,临时凑合起来的公民团体不时进入制定教育政策的舞台。③ 他们以指责教育软弱无能、浪费时间和混乱为武器,并且以高度的爱国精神为借口。于是,一些自称致力于学校改善的组织,如佐尔(Allen Zoll)的美国教育全国理事会(National

342

---

① 关于这一运动的早期讨论是 1944 年在纽约举行的"第二次科学精神和民主信念讨论会"上进行的。伦理文化学会(Ethical Culture Society)的内桑森(J · Nathanson)曾就这次讨论写道:"人们相信,某些组织起来的教育运动对科学精神和民主信念构成了一种威胁。它的注意力集中在教育问题上。"见杜威编:《试图控制教育的权力主义者》(纽约,1945),第 7 页。

② 科南特:《教育行政官员曾是批评的对象》,《纽约时报书评》1951 年 4 月 29 日,第 1、27 页。

③ 斯科特(C. W. Scott)和希尔(C. M. Hill):《遭到批评的公共教育》(纽约,1954);梅尔比(E. O. Melby)和普纳(M. Puner):《自由和公共教育》(纽约,1953)。也可参见《驳对教育的攻击》,《进步教育》第 19 期(1951—1952),第 65—122 页。

Council for American Education)和麦克唐纳(Milo McDonald)的美国
教育协会(American Education Association),正忙于在全国各地的学区
中散布教育倒退的恶毒说法。从新泽西州的埃格尔沃德到科罗拉多州
的丹佛和俄勒冈州的尤金,看上去情况都一样。一些公众渴望降低税
收,建立"学校发展委员会",并要求去除学校制度中"奇异和虚饰"的做
法。在这个委员会的赞助下,宣扬现代教育弊病的印刷品将包围这个
社区。这个委员会还举行许多会议,计划应该采取的行动:威吓教师,
胁迫学校董事会。最后,受害的必将是幼儿园、职业指导计划和教师训
练班,而且有损于社会道德。①

这些行动的支持是从哪里来的？在《进步教育》1952年1月号的文
章中,该杂志编辑、伊利诺斯大学的安德森(Archibald W. Anderson)进
行了大胆的解释。他认为,地区的批评者可以分成两类。一类是由一
般对公共教育感兴趣的"善良和真诚的批评者"组成的。其中的"某些
人尽力使自己获得有关教育方面的信息,并愿意与学校合作,一般也赞
成教育工作者的进步教育思想。这样的批评者肯定不会参加有组织的
攻击"。其中的某一些人一般也愿意帮助公共教育,但没有什么教育方
面的信息。他们的批评常常"很特别,以一些特殊的例子为基础,并不
了解总的教育情况"。另一类批评者,安德森把他们描述成混杂的一群
人,包括"强硬的税收保护主义者"、"先天的反对派"、"政治上的投机分
子"、"爱国狂"、"教条主义的传播者"、"种族歧视者"以及"学术上的保
守主义者"。最后一种人并非是最少的。②

安德森的解释与许多事实相符合,但并不是与所有的事情相符合。
因为他忽略了越来越多的公民在尽力了解教育方面的信息,但一般并
不赞成教育工作者的进步教育思想。1952年及其以后的十年里显然出
现了这样的情况,广大的有自己见解的公众已经为各种非进步主义的
教育改革做了准备。1952年5月,在"斯坦曼茨纪念讲演"中,哥伦比亚

①《危险！他们跟在我们学校后面！》(纽约,1951),第6—7页。
② 安德森(A. W. Anderson):《有名望的人的借口:攻击者及其方法》,《进步教
育》第19期(1951—1952),第69—70页。

大学师范学院院长卡斯韦尔（Hollis L. Caswell）谈到了这个现象，他把"远大目标"的理论放在一边，而着重提到，正在发生的情况并不仅仅是对那些进步学校的一种破坏性的攻击，而且是对进步教育的整个哲学体系彻底的重新评价。[①]

以后几年的情况证实了卡斯韦尔的论点。1953 年，A·林德（Albert Lynd）的《公立学校的欺骗行为》（*Quackery in the Public Schools*）、贝斯特（Arthur Bestor）[②]的《教育的荒地》（*Educational Wastelands*）、赫钦斯的《教育中的冲突》以及伍德林的《让我们谈论对我们学校的感觉》（*Let's Talk Sense about Our Schools*）先后出版。一年以后，M·史密斯出版了《萎缩的精神》（*The Diminished Mind*）。从 M·史密斯对生活适应教育的强硬抨击到伍德林比较温和的折中主义，这些著作的特点完全不同。但是，所有这些著作基本上都批评了进步教育。[③] 其中，贝斯特的攻击肯定对进步教育运动产生了消极的影响。

贝斯特是美国历史学家，曾在哥伦比亚大学师范学院教了几年书，随后应聘担任斯坦福大学教授，后来又去伊利诺斯大学任教。他对美国教育的批评始于 1952 年《美国学者》杂志上发表的一篇文章。这篇文章的题目是《自由教育和自由国家》，只是含糊地显示了他以后的著作尖锐刻薄的特点。贝斯特后来在《新共和》、《科学月刊》和《美国大学教授协会会刊》等刊物上发表了一系列漂亮的评论文章，猛烈地抨击了生活适应教育运动的理论和实践——然后在 1953 年发表了《教育的荒地》。教育界人士和社会人士都阅读了这本著作，并对它进行了评论。

344

---

① 卡韦斯尔：《重新评价公共教育》，《哥伦比亚大学师范学院学报》第 54 期（1952—1953），第 12—22 页。

② 贝斯特（1908—　），美国历史学家、教育家。——译者注

③ 两篇尖酸刻薄的讽刺文章为这种批评加入了很多趣味。见麦卡锡（M. McCarthy）：《学校丛林》（纽约，1952）和贾雷尔（R. Jarrell）：《学校状况》（纽约，1954）。在这一方面，斯科特（V. Scott）在那本令人痛苦的战后小说《山核桃木的手杖》中讥讽地描述了教育学教授的画像；希尔兹在那本给人深刻印象的小说《真正清楚的学习》中表现了更多的乐观情绪。如果把这两者作一比较的话，那也是有趣的。

贝斯特在此基础上对该书作了修订和增补,于 1955 年以《学习的复兴》
(Restoration of Learning)为题再版。① 总的说来,贝斯特这些著作和
文章的本质是 20 世纪 50 年代对进步教育最尖锐、最彻底和最有影响
的批评。

贝斯特的一般论点也许可以概括为四个方面,即教育理论、公立学
校历史作用的概念、对美国教育"遭到巨大破坏"的看法、对教育改革的
建议。在贝斯特看来,所有教育的根本目的是智慧的训练,是充分地培
养学生的思维能力。思维也许不是生活中最重要的技能,但对学校来
说却是最重要的;同样,智慧的训练也许不只是学校的职责,但归根结
底是学校存在的理由。怎样提供智慧的训练呢? 贝斯特认为,应该通
过学科来实现这个目标。从历史的观点来说,这些学科已发展成为解
决问题的系统方法。不从这些学科去考虑如何解决问题,就是要人们
面临困难时放弃利用系统知识的最好希望。因此,真正的教育就是通
过基本学科的学术训练来审慎地培养思维能力。这些基本学科包括历
史、英语、科学、数学和外语。

贝斯特继续认为,公立学校的作用是为所有的公民提供这样的基
础教育。民主教育与贵族教育的区别,只在于它所服务的人的数量上,
而不在于它所试图给予的价值上。把普通人的教育改变成没有系统的
智慧训练,就是剥夺了人的天赋权利,也就是在民主化的伪装下使文化
庸俗化。通过尽力培养人的思维能力,把知识的力量广泛地赋予人民,
这就是学校对社会进步作出贡献的富有特色的方法。

贝斯特坚持认为,美国教育遭到巨大破坏,即使学校与奖学金制度

① 著名专家对《教育的荒地》的批评,见汉德(H. C. Hand)的《一位学者的看法》、
特罗(W. C. Trow)的《学术的乌托邦》,载《教育理论》第 4 期(1954),第 27—48、53、
16—26 页;伯内特(R. W. Burnet):《门外汉的贝斯特先生》,《进步教育》第 31 期
(1953—1954),第 65—85 页;巴茨发表在《哥伦比亚师范学院学报》第 55 期(1953—
1954)上的评论文章(第 340—344 页)。肯尼昂学院院长查默斯(G. K. Chalmes)1953
年谈到,《教育的荒地》这本书显然是具有推理性的,观点也是有说服力的,作者写作时
具有激情(《纽约时报书评》,1953 年 11 月 8 日,第 46—47 页),但随后又批判了《学习
的复兴》中狭隘的文理教育观点(《新共和》,1955 年 10 月 10 日,第 18—19 页)。也可
参见我自己对《学习的复兴》的评论,《进步教育》,1955 年 12 月,第 38 页。

分离,还使教师的培训与艺术和科学分离。这种破坏是对"连锁董事会"①的一种有力的指责。"连锁董事会"是由教育学教授和他们培养出来的学校行政人员以及要求设置教师资格课程的州教育部门组成的。贝斯特显然试图区分杜威支持的进步教育与他自己在林肯学校所接受的进步教育及他所尖锐批评的生活适应教育之间的不同。但是,不可否认,他的攻击主要针对整个进步教育运动以及曾支持它的教育家。

最后要指出的是,贝斯特提出了三点改革计划:首先,把家长和文理教授联合起来,使学校脱离"连锁董事会"的控制;其次,重新制定教师资格要求,以便加强学术知识训练,不再强调教育学;最后,重新把教师培训置于更大的大学的控制之下。贝斯特承认,作为教育方法和技能方面的智慧贮藏所,专业学校和教育部门起着重要的作用。但是,作为一个整体,大学需为教师规定和提供适当的教育。

在50多年的时间里,贝斯特又兜回到了早期的进步主义者那里。注意到这一点是有趣的。其实,赖斯在19世纪90年代就已呼吁公众通过培养新的教师来改革学校,这些教师将根据科学原理来管理教育;现在,贝斯特同样在呼吁公众不要把学校重新交给文理教授,因为这样会损害那些教师。赖斯曾经抱怨学校课程狭隘和形式主义;现在,贝斯特同样认为正在试图做每件事情的学校不再放弃它们自己富有特色的作用:智慧的训练。他俩就是这样,使改革的钟摆左右摆动。

从许多方面来看,贝斯特的论点在知识分子中间有很多支持者。②对教育部门的错误做法进行长期批评后,学术团体已有充分准备,指责

---

① 连锁董事会,指各学校的董事会中,有几个是某些人共同兼任的,以使管理协调、便于控制。——译者注

② 1956年成立的基础教育理事会(A Council for Basic Education)提出:"学校的存在就是为了提供语言、数学和有条理地思考等方面的基本技能,同时以合理的方式传递文明人的智慧、道德和艺术遗产。"见《学校的主要职责》(华盛顿)。贝斯特和M·史密斯都是基础教育理事会最初的领导人。关于基础教育理事会的发展情况和计划,见它的刊物《基础教育理事会简报》。

347

教育家造成了学校的危机,①特别是在人口的压力开始影响到大学的时候。《生活》周刊和《美国及世界新闻》杂志的编辑也准备这样做。② 还有,公众也准备这样做。苏联 1957 年秋天发射第一颗人造地球卫星时,一个受到震惊、深感自己落后的国家开始了对教育进行反省的痛苦的过程。③ 海军中将里科弗(Hyman G. Rickover)④第二年这样写道:"我们中没有一个人可以逃避罪责,但是,现在人们已意识到改革的必要。我怀疑,大量的宣传小册子无止境的重复是否有益于我们的学校,或者说,施加压力的策略是否将再次使美国人民愚蠢地相信教育可以安然地离开'专业的'教育家……美国人的心情已经改变了。我们在科学技术上的霸权地位已经动摇,而且我们知道,我们还必须面对可怕的竞争对手。家长不再满意生活适应教育的学校。家长的目标也不再与自称为'进步教育家'的那些人相一致。我怀疑我们是否能再一次保持沉默。"⑤

---

① 奥尔巴克(E. Auerbach)讨论了学术协会上的继续冲突。见《文理教授对教育学院的反对——一个历史的分析》(未发表的博士论文,南加利福尼亚大学,1957)。也可参见科南特的辩解,《教育工作者中的休战》,《哥伦比亚大学师范学院学报》第 46 期(1944—1945),第 157—163 页。

② "教育的危机"专辑,《生活》周刊 1958 年 3 月 24 日、31 日,4 月 7、14、21 日;《生活》周刊主编坚持认为,教育上更主要的问题是查出教育家的废墟和重新发现学习的真正本质。《美国及世界新闻》发表了 1956 年 11 月 30 日、1957 年 6 月 7 日和 1958 年 1 月 24 日对贝斯特的长篇访问记。谈论的题目是"我们受到的教育比 50 年前少"和"美国学校出毛病了吗?"

③ 见兰斯纳(K. Lasner)编:《平庸的智能》(加登城,1958)。

④ 里科弗(1900—),美国海军中将、教育评论家。——译者注

⑤ 里科弗:《教育和自由》(纽约,1959),第 189—190 页。像贝斯特一样,里科弗也兜回到了早期的进步主义者那里。但早期的进步主义者曾主张国家的利益要求扩大学校的职能,而贝斯特认为国家的利益要缩减这些职能。这两种观点告诉我们很多美国教育的政策以及那种传统上起激励作用的华丽词句。

IV

进步主义者对 20 世纪 50 年代那些攻击的反应,令人吃惊的并不是进步教育运动失败,而是它竟然失败得如此之快。确实,进步教育协会从未能在第二次世界大战后挽回它的命运。1947 年以后,它一直在走下坡路。尽管进步主义思想仍然需要广泛的支持,但"进步教育"这个词实际上也不再受到教育家的欢迎。即使如此,人们对进步教育运动那么迅速地衰退仍感到震惊。为什么这个能够持续半个多世纪,并能使美国公众那样忠诚于它的运动突然以非常黯淡的结局而告终? 这是有一些原因的。

348

第一,对进步教育运动的曲解。随着社会运动的频繁发生,成功在一定范围里也带来了一定程度的分裂。19 世纪 90 年代的多元论变成了 20 世纪 30 年代和 40 年代痛苦的思想体系的破裂。一些派别形成了,内部产生了崇拜者、小集团和盲目追随者。进步教育运动变得充满斗争,喜欢采取时新的做法,并受到不断争执的少数人的控制。这种斗争成了报刊上的头条新闻,埋下了许多贬损进步教育的种子。

第二,进步教育运动和所有的社会改革运动都有内在的否定主义。像许多抗议者反对不公正那样,早期的进步主义者知道应该反对什么比知道应该赞成什么更为清楚。人们能够真正了解美国学校在第一次世界大战前的半个世纪里的不公正状况时,就能意识到要反对的东西很多。在许多学校里,物质条件和教育环境的糟糕程度以及对待最温和的人道主义情感的厚颜无耻,是无法形容的。而承认了这一点,抗议就不是一种办法。像"全面发展的儿童"或"创造性的自我表现"一类的口头禅,能激起那些信徒有力地与旧秩序作斗争的信念和行动,但是在课堂实际中并不能很好地指导积极的活动。至少,发明这些口头禅的一代人知道它们意味着什么。未来的一代把这些看做现成的陈词滥调的集合——当公众开始探究学校的问题时,这些陈词滥调是没有什么意义的。

第三,进步主义者所建议的做法在时间和能力上对教师提出了过分的要求。"综合课程"要求教师非常熟悉更大范围的知识和教学资料;为了适应学生的兴趣和需要,具有卓越的教育才能和独创性。在一流的教师手中,新方法创造了惊人的奇迹;但在大多数普通教师手中,这些新方法又造成了混乱。就像谚语里的小女孩前额正中正好留有卷发那样,进步教育在它做得好的方面确实做得不错,但在它做得差的方面却是令人讨厌的——也许比它试图取而代之的形式主义更坏。

第四,进步教育运动的成功反而使其受到了损害。不过,这也是社会改革中常有的一种现象。进步教育运动所宣扬的实验,只是简单地把那些学校合并成一所更大的学校。然而,一旦这些学校真正改变了,进步教育者也常常发现自己被具体的计划所束缚,不能考虑下一步的计划。像一些自由主义者在《瓦格纳法》(Wagner Act)①颁布生效之后仍继续组织起来为工人的权利而战斗一样,许多进步主义者在早已使用活动课桌的学校里仍继续为反对固定的课桌而战斗。对第二次世界大战后的一代青年来说,进步主义者的思想已变得毫无生气——在怀特海(Alfred North Whitehead)②看来,"正确地思维"不再会变为行动。杜威在他最后发表的教育论文中,把这些进步主义者的思想喻为从药箱里取出来的已失效的芥末软膏,在需要使用时只好搽上去。③ 同时代的另一些青年仅仅是发展了不同的偏见、不同的思想和不同的兴奋点。不管多年来的战斗呐喊是否正确,它已没有什么用处,也不再激起人们的热情,④就像来自前辈的某种遗产一样,被后人轻易地、随便地乱花掉了,很少能够变成新的东西。最后,其结果就是智慧的完全丧失。

---

① 《瓦格纳法》,亦称《国家劳工关系法》,由美国参议员瓦格纳(R. F. Wagnar)提出,经国会通过和颁布。——译者注

② 怀特海(1861—1947),英国哲学家、数学家、教育理论家。——译者注

③ 杜威:"E. R.克拉普《教育资源的使用》一书的引言"(纽约,1952)。

④ 拉格和雷德弗在第二次世界大战后重访一些过去的进步学校时,发现了这种情况。见拉格:《美国教育的基础》(扬克斯,1947),第 19—21 页;雷德弗:《八年研究——八年之后》(未发表的博士论文,哥伦比亚大学师范学院,1951)。

第五,在第二次世界大战后的政治和社会思想上,保守主义的影响是周期性地交替的。如果进步教育作为进步主义的主要部分而出现,那么,毫不奇怪,随之而来的将是反对它作为进步主义的主要部分。①当这种反对真的出现时,许多教育工作者认为反对者会成为教育上的进步主义者,而在其他方面仍然是保守主义者。当然,这种结合并不是完全不可能发生的,尽管它在学术上可能是站不住的。杜威在《特性与事件》(Characters and Events)一书中阐述了自己的观点。他写道:"如果我们开始考虑除许多目标、结果和制度将被明确决定之外,没有人能够保证将发生什么,那么让我们承认保守主义者的主张。"每一位思想家在危险的时候,就会加上一些明显稳妥的成分,而且没有人能完全预料哪里将发生什么。顺便提一下,杜威的评论使他在考虑什么是良好的进步教育时观点十分清晰,而在论述他的反主智主义哲学时却说了很多荒谬的话。

第六,进步教育运动为自己的职业化付出了代价。由于美国教育所处的有特色的政治现实,没有一个计划依靠一般信徒的支持就能长期实施下去。在主张教师需要受到更好的训练、得到更好的报酬方面,进步主义者无疑是正确的;而且,职业化最终将为这些目的服务。进步主义者认为,教师一旦改变了信念而献身于他们的事业,那么战斗已取得了一半的胜利。在这方面,进步主义者也是正确的。但是,在20世纪30年代,进步主义者允许进步教育运动本身职业化时,就犯了一个最大的政治错误。因为在职业化的过程中,早期支持过进步主义者的商人、工会会员、农民和知识分子的政治结合也就崩溃了。20世纪50年代,缺乏公众的支持是导致进步教育运动迅速衰退的一个关键因素,结果是人们普遍批评它的政策和方法。

第七,也是最主要的一点,进步教育运动的失败是因为没有与美国社会的不断变革保持同步。加尔布雷思指出,传统的智慧的主要敌人,

① 柯克(R. Kirk)曾清楚地举例解释了这种关系。见《学习的复兴》,《现代》第2期(1957—1958),第1—111页;《高尚的学校教育》,《现代》第3期(1958—1959),第338—426页。

正如事物的发展一样,并不是过多的观念。传统的智慧因为没有适应它试图解释的那个世界,而是适应人们对那个世界的看法,而且因人们喜欢舒适、熟悉的方式而在世界不断变化的时候处在被废弃的危险之中。

事实上,第二次世界大战后的美国与进步教育诞生的英国是极为不同的。那时,移民已遍布美国各地。里斯曼(David Riesman)①、小怀特(William H. Whyte,Jr.)②、赫伯格(Will Herberg)和其他人的大量著作坚持呼吁重新界说"社会"③。19 世纪 90 年代对"礼俗社会"的研究已成为 20 世纪 50 年代对多元论的探究。与此同时,杜威最担心的激烈的个人主义,现在作为不墨守成规而受到广泛的赞扬。经济已进入了一个以利用更多的新能源和生产上迅速发展自动化控制为标志的时代,这巨大的进步很快就使早期的职业教育概念变得过时了。新的信息以惊人的速度产生,从而改变了学校组织和传授各种各样知识的传统职责。

也许,最根本的是,大众传播媒介手段的不断发展、公共和半公共团体主办的社会福利机构的激增,以及工业部门资助的教育计划的迅速扩展——克拉克(Harold Clark)和斯隆(Harold Sloan)在当时真正的教育变革中所说的"工厂里的教室"——已经完全改变了教育力量的平衡。④ 鉴于进步主义主要攻击的已是扩张主义者——反对形式主义并

352

---

① 里斯曼(1909—),美国社会学家。——译者注
② 小怀特(1917—),美国著作家、编辑。——译者注
③ 见里斯曼编:《孤独的人群》(纽黑文,1950);小怀特:《驯顺的人》(纽约,1956);赫伯格:《新教徒——天主教徒——犹太教徒》(纽约,1955),以及康芒格(H. S. Commager):《我们的学校使我们自由》,《生活》,1950 年 10 月 16 日,第 46—47 页;《对美国中学的历史考察》,《学校评论》第 66 期(1958),第 1—18 页。关于里斯曼提出的"反周期"教育理论,见《美国教育中的约束和多样性》(林肯,内布拉斯加州,1956),第 3 章。
④ 克拉克和斯隆:《工厂里的教室》(拉瑟福德,新泽西州,1958)。德沃尼克(M S. Dworkin)在一些批判文章,尤其是《人类的家庭》(载《基础教育和成人教育》第 10 期,1958,第 177—180 页),以及对精神病学、心理学和心理卫生方面影片的评论中,富有洞察力地写到了现代电影的教育影响,见《哥伦比亚大学师范学院学报》第 56 期(1954—1955),第 50—52 页。

且试图扩大学校职责的人——他们在 20 世纪 50 年代的主要努力是更清楚地规定学校的职责,并勾画出学校需要达到的那些目标。因为不这样做,学校的工作就做不好。也许,最重要的问题是,这十年的公众会议争论的中心是教育的重要性。①

　　然而,尽管进步教育作为有组织的运动是失败了,但进步主义者所提出的许多永恒的问题和他们所建议的解决方法还是留下了。杜威曾在《明日之学校》的前言中写道:"这不是一本教育学课本,也不展示学校教育的新方法。本书的目的在于告诉困乏的教师或失望的家长应该如何进行教育工作。我们试图指出,一些学校对开始实践时发生的一些情况,都应有自己的方式,适当地将自柏拉图以来已被证明是最重要、最好的理论作为我们'知识遗产'中最宝贵的部分。"

　　尽管进步教育已变成 20 世纪 50 年代的传统智慧,但一些贫民区学校仍然能从赖斯那里得到有益的启示,农村学校也从农村生活委员会那里学到很多东西,而且大学还发现青年的天生好奇心可以成为他们学习的巨大动力。人们看到了由于种族和阶级而产生的教育不平等现象,并呼吁克服这种不平等现象。文化民主的思想依然保持了自己的高尚——布赖森(Lyman Bryson)②在他的《下一个美国》(*The Next America*,1953)中明确重申了这一观点。但这本书从未受到应有的注意。③ 当知识激增的时候,人格化的需要只会变得更加强烈④;与此同

353

---

　　① 见白官教育会议委员会:《主席的报告》(华盛顿,1956),第 5 页;赫钦格(F. M. Hechinger):《教育中的冒险》(纽约,1956)。

　　② 布赖森(1888—1959),美国教育家、著作家。——译者注

　　③ 沃尔泽(M. Walzer):《为了一种民主文化的教育》,《异议》第 6 期(1959),第 107—121 页;迈耶(A. E. Meyer):《对一种新的美国文化的追求》,《安帝奥克评论》第 19 期(1959—1960),第 437—454 页。

　　④ 我使用的这句话,正是鲁宾逊(J. H. Robinson)在《知识人格化》(纽约,1923)中使用过的。他提出,需要重新整理、陈述和综合新知识,从而使每一个人都能理解。

时,可怕的核战争危险仅仅是戏剧性地表现了知识和智力之间的区别。① 最后,发展中国家的迅速变化给简·亚当斯的"除非所有的人和阶级都去做有益的事情,我们才能确信这件事情具有的价值"——注入了新的含义和重点。斯诺(Charles Percy Snow)②在他那份被广泛阅读的讲演稿《两种文化与科学革命》(*The Two Cultures and the Scientific Revolution*,1959)中也提出过与简·亚当斯相似的观点。

进步教育协会已经解散了,进步教育本身也需要彻底的重新评价。但是,它们为学校带来的许多方面的变革,就像起作用的巨大的工业变革一样,是不能否认的。③ 对于所有谈论教育方面的巨大发展和失败的人来说,真正的进步主义思想仍然不可思议地与 20 世纪 50 年代美国的教育问题有关系。④ 也许,它只是等待重新评价和复兴,这种重新评价和复兴最终会来自美国人生活和思想更大的、恢复了活力的改革。

------

① 关于示范的讨论,见布兰沙德(B. Blanshand)编:《科学时代中的教育》(纽约,1959);米德(M. Mead)《进一步考虑一下:为什么教育陈旧过时了》,《哈佛经济评论》1958 年 11—12 月号,第 23—30 页;德鲁克(P. F. Drucker):《未来的里程碑》(纽约,1959),第 5 章。

② 斯诺(1905—1980),英国作家。——译者注

③ 这就是科南特在《今日美国中学》(纽约,1959)中提出的建议所表明的普遍方向,也是莫斯(A. D. Morse)在《现在和未来的学校》(加登城,1960)中所报道的大多数教育计划的哲学方向。

④ 除了对进步教育的尖锐批评外,公众舆论、民意测验发现了许多潜在的公众支持进步主义者的教育计划。见全国教育协会:《关于美国教育的公众舆论、民意测验》(华盛顿,1958);卡特(R. F. Carter):《投票者和他们的学校》(斯坦福,1960)。

文献注释

With few exceptions, recent histories of the Progressive Movement have tended to ignore its educational aspects. Educational reform is not discussed in Daniel Aaron: *Men of Good Hope* (1951), Eric F. Goldman: *Rendezvous with Destiny* (1952), Richard Hofstadter: *The Age of Reform* (1955), or Henry F. May: *The End of American Innocence* (1959); likewise, it is omitted in May: "Shifting Perspectives on the 1920's," *Mississippi Valley Historical Review*, XLIII (1956—7), 405—427, and Arthur S. Link: "What Happened to the Progressive Movement in the 1920's?" *American Historical Review*, LXIV (1958—1959), 833—851. The older but still useful "History of American Life" series—notably Arthur Meier Schlesinger: *The Rise of the City, 1878—1898* (1933), Harold Underwood Faulkner: *The Quest for Social Justice, 1898—1914* (1931), Preston William Slosson: *The Great Crusade and After, 1918—1928* (1930), and Dixon Wecter: *The Age of the Great Depression, 1929—1941* (1948)—includes a good deal of relevant educational material, as do Russel B. Nye: *Midwestern Progressive Politics* (1959), Arthur Mann: *Yankee Reformers in the Urban Age* (1954), and Ray Ginger: *Altgeld's America* (1958). Morton G. White devotes a brief section to education in *Social Thought in America* (1949), as does Henry Steele Commager in *The American Mind* (1950). David W. Noble ignores it in his otherwise excellent book, *The Paradox of Progressive Thought* (1958).

The fullest published histories of the progressive education movement tend to be written from a progressive point of view. Harold Rugg deals in detail with the progressive impact on elementary and secondary education in *Foundations for American Education* (1947), though his conception of the movement is at best limited. R. Freeman Butts discusses progressivism in higher education in *The College Charts Its Course* (1939). Merle Curti:

The Social Ideas of American Educators (1935), while unmistakably a work of the thirties, is nonetheless a gold mine of information on post-Civil War educational reform; no other treatment so effectively locates education in its social context. Robert Holmes Beck: "American Progressive Education, 1875—1930" (Yale University, 1941) remains the best unpublished history of progressivism in education, though it tends to deal with individual schools and schoolmen rather than with the movement as a whole; the central themes of Beck's dissertation are reiterated in "Progressive Education and American Progressivism," *Teachers College Record*, LX (1958—1959), 77—89, 129—137, 198—208. Paul Woodring includes illuminating discussions of the progressive education movement in *Let's Talk Sense about Our Schools* (1953) and *A Fourth of a Nation* (1957), but his view tends to be somewhat narrow. Louis Filler, on the other hand, advances so broad a conception of the movement in "Main Currents in Progressivist American Education," *History of Education Journal*, VIII (1957), 33—57, that it embraces virtually every pedagogical reform during the past two centuries. An early view of the range and diversity of the movement, as well as some of its internal contradictions, is given in Pedro T. Orata: "'Fifty-Seven Varieties' of Progressive Education," *Educational Administration and Supervision*, XII (1936), 361—374. Likewise, an early view of the movement's relationship to Progressivism is given in Edward H. Reisner: "What Is Progressive Education?" *Teachers College Record*, XXXV (1933—1934), 192—201.

There is no satisfactory study of the interrelations between European and American educational reform, though Adolph E. Meyer: *The Development of Education in the 20th Century* (1939) represents a good beginning. The *Yearbooks* of the International Institute of Teachers College, Columbia University—published under the editorship of I. L. Kandel between 1925 and 1944—are replete with information on a country-by-country basis, but they tend to avoid the problem of influence. Kandel's own volume, *The End of an Era* (1941), is the best point at which to begin any study of this notable series. The published reports of the New Education Fellowship's international conferences are also useful, particularly Wyatt Rawson, ed.: *A New World in the Making* (1933), E. G. Malherbe, ed.: *Educational Adaptations in a Changing Society* (1937), A. E. Campbell, ed.: *Modern Trends in Education* (1938), and

K. S. Cunningham, ed. : *Education for Complete Living* (1938). William Boyd: "The Basic Faith of the New Education Fellowship," in George Z. F. Bereday and Joseph A. Lauwerys, ed. : *Education and Philosophy* (1957), pp. 193—208, is an excellent introduction to the general outlook of the NEF, as is the Fellowship's magazine, *The New Era*. John Adams: *Modern Developments in Educational Practice* (1922) and Adams *et al.* : *Educational Movements and Methods* (1924) draw freely on American and European reform in their generalizations.

For any study of American education during the past seventy-five years, the annual reports, bulletins, circulars, and other publications of the United States Office of Education are invaluable, though it is always well to compare the Office's statistics with those of the decennial census on the one hand and those of state departments of education on the other. The annual *Addresses and Proceedings* of the National Education Association reflect the thinking of the teaching profession at any given time, though one must bear in mind that the NEA's membership never exceeded 10,000 before World War I, and was frequently much smaller. Equally useful as a guide to professional thinking and innovation are the *Yearbooks* of the National Society for the Study of Education. Given the politics of American education, lay opinion is always a crucial factor, a truism occasionally ignored by historians; in this respect, *The Forum*, *The World's Work*, *The New Republic*, *School and Society*, *The New Era*, *The Social Frontier*, *Frontiers of Democracy*, and *Progressive Education* during its early years remain the most fruitful periodical sources for the progressive education movement.

There is no adequate history of American education in the twentieth century, though Edgar W. Knight: *Fifty Years of American Education* (1952) and I. L. Kandel: *American Education in the Twentieth Century* (1957) are useful compendiums. The series of monographs prepared for the United States exhibit at the Paris Exposition of 1900 and published under the editorship of Nicholas Murray Butler as *Education in the United States* (1900) and the collection of essays edited by I. L. Kandel under the title *Twenty-five Years of American Education* (1924) are excellent bench-mark studies, as is Charles H. Judd's chapter on education in Volume I of *Recent Social Trends in the United States* (1933). The five-volume *Cyclopedia of Education* (1911—1913) edited by Paul Monroe is comprehensive and penetrating in its coverage but is now much out of date.

As always, valuable insights may be gleaned from the accounts of foreign visitors, though they vary tremendously in breadth, depth, and accuracy. William W. Brickman discusses the nineteenth-century literature in "A Historical Introduction to Comparative Education," *Comparative Education Review*, Ⅲ (1959—1960), 6—13. W. J. Osburn discusses the critiques prior to World War I in *Foreign Criticisms of American Education* (1922) and includes a good bibliography. Delaye Gager discusses the French commentaries between 1889 and 1914 in *French Comment on American Education* (1925). Of the English accounts, the sections on education in James Bryce: *The American Commonwealth* (1888) and the *Reports of the Mosely Education Commission to the United States of America* (1904) are probably the most widely known. William Boyd: *America in School and College* (1933), Erich Hylla: *Die Schule der Demokratie* (1928), and Harold Laski's chapter on education in *The American Democracy* (1948) are also particularly useful because of the authors' long interest in reform.

Finally, William W. Brickman: *Guide to Research in Educational History* (1949) remains the best general treatise on textbooks, encyclopedias, bibliographies, and other reference works in the history of education; while the *Harvard Guide to American History* (1954) and *A Guide to the Study of the United States of America* (1960) are standard treatises on sources in general American history.

第一章　公共教育的传统

The problem of determining when the progressive education movement actually began was one of the intriguing aspects of this study. John Dewey contended in *The New Republic*, LXIII (1930), 204, that Francis W. Parker was "more nearly than any other one person" the father of the progressive education movement; and Robert Holmes Beck supports this thesis in "American Progressive Education, 1875—1930." The earliest use of the term *progressive education* in the United States probably dates from the translation of Mme. Necker de Saussure's work *L'Éducation Progressive, ou Etude du Cours de la Vie* (Paris, 1836), which appeared as *Progressive Education; or, considerations on the Course of Life* (London, 1839). At least two doctoral theses—Leonita Mulhall: "The Genesis and

Growth of the Progressive Movement in Education" (University of Cincinnati, 1931) and Ira Byrd Mosley: "The 'New Education'—A Study of Origins and Development" (Stanford University, 1939)—carry the movement back to the Renaissance the earlier, but this view cannot be taken seriously. In the end, the choice was between 1892, the date of Joseph Mayer Rice's series in *The Forum*, and 1899, the date of John Dewey's lectures on *The School and Society* (1899). I chose the earlier because Rice freely used the term *progressive* with respect to teachers, schools, and educational programs, because he clearly sensed that an educational *movement* was in the making, and because he shared many of the political and social ideas of the broader Progressive Movement. There is a short biography of Rice in *The National Cyclopaedia of American Biography*, XII, 203—204; otherwise, little has been written concerning his life and work. Some of his unpublished papers are in the library at Teachers College, Columbia University; the rest remain in the possession of his son, Lawrence J. M. Rice, of Washington, D. C.

The American tradition of popular schooling is discussed in R. Freeman Butts and Lawrence A. Cremin: *A History of Education in the United States* (1953), H. G. Good: *A History of American Education* (1956), Adolphe E. Meyer: *An Educational History of the American People* (1957), and Paul Monroe: *Founding of the American Public School System* (1940). Sidney Jackson: *America's Struggle for Free Schools* (1942) and Lawrence A. Cremin: *The American Common School* (1951) deal in detail with the quarter-century preceding the Civil War. Ellwood P. Cubberley: *Changing Conceptions of Education* (1909), Charles Franklin Thwing: *A History of Education in the United States since the Civil War* (1910), and Ernest Carroll Moore: *Fifty Years of American Education* (1917) deal sketchily with the era between the Civil War and World War I but advance some intriguing contemporary appraisals.

The standard biographical works on Horace Mann include Mary Tyler Peabody Mann: *Life and Works of Horace Mann* (1865—1868), B. A. Hinsdale: *Horace Mann and the Common School Revival in the United States* (1898), and E. I. F. Williams: *Horace Mann* (1937). Raymond B. Culver: *Horace Mann and Religion in the Massachusetts Public Schools* (1929), Robert L. Straker: *The Unseen Harvest: Horace Mann and Antioch College* (1955), and Frank C. Foster: "Horace Mann as

Philosopher," *Educational Theory*, X（1960）, 9—25, are excellent specialized studies. Useful chapters also appear in Curti: *The Social Ideas of American Educators*, Daniel Aaron, ed. : *America in Crisis* (1952), and Neil Gerard McCluskey: *Public Schools and Moral Education* (1958). Mann's twelve annual reports to the Massachusetts Board of Education have been reprinted in a facsimile edition by the National Education Association; selections from the reports are presented in Lawrence A. Cremin, ed. : *The Republic and the School: Horace Mann on the Education of Free Men* (1957). The two principal collections of Mann's papers are in the Massachusetts Historical Society and the Antioch College library; the *Selective and Critical Bibliography of Horace Mann* (1937) compiled by the Federal Writers' Project of the WPA is standard. It is scandalous but true that there are no satisfactory biographies of Henry Barnard, Samuel Lewis, or John D. Pierce. Bernard C. Steiner: *Life of Henry Barnard* (1919), Anna Lou Blair: *Henry Barnard: School Administrator* (1938), Arthur Taylor Carr: "Samuel Lewis: Educational and Social Reformer" (Western Reserve University, 1938), Charles O. Hoyt and R. Clyde Ford: *John D. Pierce: Founder of the Michigan School System* (1905), and Leroy G. Lugas: "John D. Pierce" (Temple University, 1933) represent useful beginning studies.

The career of William T. Harris is discussed in the context of late nineteenth-century American education by Brian Holmes in "Some Writings of William Torrey Harris," *British Journal of Educational Studies*, V (1956—1957), 47—66, and by Curti in *The Social Ideas of American Educators*. Kurt Leidecker's *Yankee Teacher* (1946) remains the only full-length biography. Specialized aspects of Harris's career are dealt with in J. S. Roberts: *William T. Harris: A Critical Study of His Educational and Related Philosophical Views* (1924), Thomas H. Clare: "The Sociological Theories of William Torrey Harris" (Washington University, 1934), Bernard J. Kohlbrenner: "William T. Harris, Superintendent of Schools, St. Louis, Missouri, 1868—1880" (Harvard University, 1942), Carl Lester Byerly: *Contributions of William T. Harris to Public School Administration* (1946), Edward L. Schaub, ed. : *William Torrey Harris, 1835—1935* (1936), Alfred Baeumler and Paul Monroe, ed. : *Studies in Honor of William Torrey Harris* (1935), and McCluskey: *Public Schools and Moral Education*. Harris wrote voluminously on every conceivable pedagogical topic; one can find the best brief statement of his educational philosophy in Ossian H. Lang, ed. : *Educational Creeds of the Nineteenth Century* (1898), and the fullest in *Psychologic Foundations of Education* (1898). Frances B. Harmon: *The Social Philosophy of the St. Louis Hegelians* (1943), Henry A. Pochmann: *New England Transcendentalism and St. Louis Hegelianism* (1948), and Charles M. Perry, ed. : *The St. Louis Movement in Philosophy: Some Source Material* (1930) are useful for the philosophic backgrounds of his pedagogy. A standard—though incomplete—bibliography is Henry Ridgley Evans: *A List of the Writings of William Torrey Harris* (1908); the principal collection of Harris's letters and unpublished papers reposes in the Library of Congress.

第二章　教育与工业

There are a number of general histories of the industrial education movement; the best is Charles Alpheus Bennett's two-volume work *History of Manual and Industrial Education up to 1870* (1926) and *History of Manual and Industrial Education , 1870 to 1917* (1937), which deals with European as well as American developments. Paul H. Douglas: *American Apprenticeship and Industrial Education* (1921), Lewis F. Anderson: *History of Manual and Industrial School Education* (1926), F. Theodore Struck: *Foundations of Industrial Education* (1930), Ray Stombaugh: *A Survey of the Movements Culminating in Industrial Arts Education in Secondary Schools* (1936), and Layton S. Hawkins, Charles A. prosser, and John C. Wright: *Development of Vocational Education* (1951) are also useful. William T. Bawden :*Leaders in Industrial Education* (1950) is a series of biographical sketches by a man who was personally acquainted with most of the central figures in the movement. The massive four-volume compilation of documents and commentary brought together by Isaac Edwards Clarke under the general title *Art and Industry : Education in the Industrial and Fine Arts in the United States* (1892—1893) is a gold mine of information, as are the many government documents on industrial, trade, and vocational education; among the latter are the special reports of the United States Commissioner of Education on *Technical Education* (1870) and *Industrial Education in the United States* (1883), the *Report of the Commission on Industrial Education , Made to the Legislature of*

Pennsylvania (1891), the *Report of the* [*Massachusetts*] *Commission Appointed to Investigate the Existing Systems of Manual Training and Industrial Education* (1893), and the Seventeenth and Twenty-Fifth Annual Reports of the United States Commissioner of Labor entitled respectively *Trade and Technical Education* (1902) and *Industrial Education* (1910). The *Bibliography of Industrial, Vocational, and Trade Education* published in 1913 by the United States Bureau of Education is the fullest guide to source material published before World War I.

Merle Curti: "America at the World Fairs, 1851—1893," *American Historical Review*, LV (1949—1950), 833—856, documents the spirited competition for economic prestige manifested at the nineteenth-century international fairs. The details of the Philadelphia Centennial Exposition of 1876 are given in the multi-volume *Report of the Director-General* (1880) of the United States Centennial Commission. Calvin M. Woodward's views on manual training are presented in two volumes: *The Manual Training School* (1887) and *Manual Training in Education* (1890). Woodward's essay on "Manual, Industrial, and Technical Education in the United States" in the 1903 report of the United States Commissioner of Education is the best guide to his later opinions. John D. Runkle's views are set forth in "The Manual Element in Education," an essay incorporated into the *Forty-First Annual Report of the Massachusetts Board of Education* (1878). There are good biographical sketches of Woodward and Runkle in the *Dictionary of American Biography*. Charles Penney Coates: *History of the Manual Training school of Washington University* (1923) is a detailed account of the origins, founding, and early work of the first major manual-training high school in the United States. Arthur Beverly Mays: *The Concept of Vocational Education in the Thinking of the General Educator, 1845 to 1945* (1946) traces a century of controversy over the place of vocational education in the American school; the annual reports of the National Educational Association and its Department of Superintendence during the 1880's afford the best year-by-year view of the decisive decade in the controversy.

The fullest and most detailed accounts of the vocational education movement in agriculture are Alfred Charles True: *A History of Agricultural Extension Work in the United States, 1785—1923* (1928) and *A History of Agricultural Education in the United States, 1785—1925*

(1929). Ann M. Keppel: "Country Schools for Country Children: Backgrounds of the Reform Movement in Rural Elementary Education, 1890—1914" (University of Wisconsin, 1960) presents a wealth of information on agrarianism in education. Useful chapters or sections are also included in James Ralph Jewell: *Agricultural Education, Including Nature Study and School Gardens* (1907), Solon Justus Buck: *The Granger Movement: 1870—1880* (1913), Theodore Salutos and John D. Hicks: *Agricultural Discontent in the Middle West 1900—1939* (1951), and Grant McConnell: *The Decline of Agrarian Democracy* (1953). For the Morrill Act and the subsequent history of the agricultural colleges, see Earle D. Ross: *Democracy's College* (1942) and Edward Danforth Eddy, Jr. : *Colleges for Our Land and Time* (1957). The reports, bulletins, and circulars of the United States Department of Agriculture and its Office of Experiment Stations are replete with relevant material, as are the annual proceedings of the Association of American Agricultural Colleges and Experiment Stations and the National Grange and its state affiliates.

Considerable work is needed on the politics of vocational education during the period from 1890 to 1917. Philip R. V. Curoe: *Educational Attitudes and Policies of Organized Labor in the United States* (1926) covers the era but sketchily at best. Edward W. Bemis: "Relation of Labor Organizations to the American Boy and to Trade Instruction," *Annals of the American Academy of Political and Social Science*, V (1894—1895), 209—241, presents the views of labor leaders toward vocational education, as do the *Fourth Annual Report of the Bureau of Statistics of Labor of the State of New York* (1886) and the *Twenty-Sixth Annual Report of the Bureau of Labor Statistics of New York State* (1908). The 1902 report of the United States Commissioner of Labor includes lengthy sections on the attitudes of employers, graduates of trade and technical schools, and labor unions toward trade and technical education in Austria, Belgium, France, Great Britain, Switzerland, and the United States. The annual proceedings of the American Federation of Labor as well as the reports of its Committee on Industrial Education between 1909 and 1912 are crucial, of course. Irvin G. Wyllie deals with the general attitudes of the business community toward education in *The Self-Made Man in America* (1954). More detailed material may be gleaned from the anual proceedings of organizations like the National Association of Manufacturers, probably the most vociferous

American proponent of vocational education before the organization of the National Society for the Promotion of Industrial Education in 1906, the National Metal Trades Association, the National Association of Corporation Schools, and the Chicago Commercial Club. Needless to say, the bulletins of the National Society for the Promotion of Industrial Education are filled with relevant information of every sort and variety. Robert Ripley Clough: "The National Society for the Promotion of Industrial Education: Case Study of a Reform Organization, 1906—1917" (University of Wisconsin, 1957) reports the political efforts of the NSPIE; Lloyd E. Blauch: *Federal Cooperation in Agricultural Extension Work*, *Vocational Education*, *and Vocational Rehabilitation* (1935) is the best general account of the movement that culminated in the passing of the Smith-Hughes Act.

The earliest references to vocational education as progressive education appear in the *Fourth Annual Report of the Bureau of Statistics of Labor of the State of New York* (1886); for other views of vocational education as the core of pedagogical progressivism, see Jane Addams: *Democracy and Social Ethics* (1902), Frank Tracy Carlton: *Education and Industrial Evolution* (1908), James Phinney Monroe: *New Demands in Education* (1912), and Arthur D. Dean: *The Progressive Element in Education* (1913).

第三章 文化与社区

Robert H. Bremner: *From the Depths* (1956) provides an excellent introduction to the problem of poverty in the United States and to the humanitarian response in the decades after the Civil War. Jacob A. Riis: *The Battle with the Slum* (1902), Joseph Lee: *Constructive and Preventive Philanthropy* (1902), Robert Hunter: *Poverty* (1905), John Spargo: *The Bitter Cry of the Children* (1908), and Charles Zueblin: *A Decade of Civic Improvement* (1905) are typical contemporary sources. Raymond Williams: *Culture and Society: 1780—1950* (1958) is illuminating on the effort of English intellectuals to redefine culture in the context of industrialism. Gertrude Almy Slichter: " European Backgrounds of American Reform: 1880—1950" (University of Illinois, 1960) and Arthur Mann: "British Social Thought and American Reformers of the Progressive Era," *Mississippi Valley Historical Review*, XLII (1956), 672—692, deal with the crucial influence of European ideas on American reformers; neither author, however, gives more than passing mention to education. Robert A. Woods and Albert J. Kennedy: *Handbook of Settlements* (1911) and *The Settlement Horizon* (1922) remain the standard sources on the settlement movement; Arthur C. Holden: *The Settlement Idea* (1922) is also revealing. The relation of the movement to American Progressivism is treated in Allen Freeman Davis: "Spearheads for Reform—The Social Settlements and the Progressive Movement, 1890—1914" (University of Wisconsin, 1959). The educational work of the movement is discussed in detail in Morris Isaiah Berger: "The Settlement, the Immigrant and the Public School" (Columbia University, 1956). The many volumes by individual settlement leaders are indispensable for an understanding of the settlement idea; Canon and Mrs. S. A. Barnett: *Towards Social Reform* (1909), Stanton Coit: *Neighbourhood Guilds* (1891), Mary Kingsbury Simkhovitch: *Neighborhood* (1938), Lillian Wald: *The House on Henry Street* (1915), and Robert A. Woods: *The Neighborhood in Nation-Building* (1923) are excellent examples. The best biography of Jane Addams is James Weber Linn: *Jane Addams* (1935); her two autobiographical works, *Twenty Years at Hull-House* (1910) and *The Second Twenty Years at Hull-House* (1930), remain invaluable. Miss Addam's educational views are most fully stated in *Democracy and Social Ethics* (1902) and *The Spirit of Youth and the City Streets* (1909), though all of her writings bear in one way or another on the educational enterprise. For a general treatment of her educational work, see Nancy Pottishman: "Jane Addams and Education" (Columbia, 1961). There is a voluminous primary literature on the relation of child labor and educational reform but no satisfactory history. Grace Abbott's two-volume collection of documents, *The Child and the State* (1938), is an excellent introduction to the general problem; H. N. B. Meyer and Laura A. Thompson: *List of References on Child Labor* (1916) is a fairly comprehensive bibliography of the more significant pre-World War I source material. Forest Chester Ensign: *Compulsory School Attendance and Child Labor* (1921) is an introductory, but not a definitive study. For the founding of the Children's Bureau, see Alice Elizabeth Padgett: "The History of the Establishment of the United States Children's Bureau" (University of Chicago, 1936), Josephine Goldmark: *Impatient Crusader: Florence Kelley's Life Story* (1953), and Jane Addams: *My Friend, Julia Lathrop* (1935). The annual proceedings of the National Conference of Charities and Corrections and The National Child Labor Committee, as well as *The Commons*, *Charities*, *The Survey*, and *The Child Labor Bulletin* are filled with representative addresses and essays on educational reform.

Much more work is needed on the impact of immigration on the American school, especially by historians sophisticated in the relevant concepts of social psychology; W. D. Borrie *et al.*: *The Cultural Integration of Immigrants* (1959) is an excellent guide to some of these concepts. Marcus Lee Hansen: *The Immigrant in American History* (1940), Merle Curti: *The Roots of American Loyalty* (1946), Oscar Handlin: *The Uprooted* (1951), and John Higham: *Strangers in the Land* (1955) are standard works on the related problems of immigration and nationalism. Berger: "The Settlement, the Immigrant and the Public School" and Alan M. Thomas, Jr.: "American Education and the Immigrant," *Teachers College Record*, LV (1953—1954), 253—267 deal in particular with the immigrant impact on the schools. Isaac B. Berkson: *Theories of Americanization* (1920) raises a crucial educational problem but limits its discussion to the first two decades of the twentieth century; a more general work dealing with a longer time span would be extraordinarily useful. The 1911 survey of the United States Immigration Commission includes invaluable information, though historians of education would do well to consider the criticisms in Maldwyn Allen Jones: *American Immigration* (1960). Edward Hale Bierstadt: *Aspects of Americanization* (1922), Edward George Hartmann: *The Movement to Americanize the Immigrant* (1948), Herbert A. Miller: *The School and the Immigrant* (1920), and Frank V. Thompson: *Schooling of the Immigrant* (1920), are useful sociological treatises. The several bulletins of the United States Bureau of Education on Americanization and related problems, especially John J. Mahoney: *Training Teachers for Americanization* (1920), are excellent guides to professional opinion.

The rural educational thought of the era must be viewed against a background of traditional agrarian ideals, for which Ann M. Keppel: "Country Schools for Country Children," A. Whitney Griswold: *Farming and Democracy* (1948), and Paul H. Johnstone: "Old Ideals Versus New Ideas in Farm Life," in United States Department of Agriculture: *An Historical Survey of American Agriculture* (1941) are illuminating sources. Liberty Hyde Bailey has never received from historians of education the attention he patently merits. The standard biography is Andrew Denny Rodgers III: *Liberty Hyde Bailey* (1949); Philip Dorf's *Liberty Hyde Bailey* (1956) is briefer, but more readable. Bailey was a prolific author whose works circulated widely in city and country alike; *The Nature-Study Idea* (1903), *The Outlook to Nature* (1905), *The State and the Farmer* (1908), *The Training of Farmers* (1909), and *The Country-Life Movement in the United States* (1911) all have substantial sections on education. The various surveys by A. C. True and Dick J. Crosby for the Office of Experiment Stations of the United States Department of Agriculture are the best year-by-year guides to actual innovations in rural elementary and secondary education. A. C. True: *A History of Agricultural Extension Work in the United States, 1785—1923* and *A History of Agricultural Education in the United States 1785—1925*, James Ralph Jewell: *Agricultural Education, Including Nature Study and School Gardens*, and Franklin M. Reck: *The 4-H Story* (1951) are the best detailed histories. Joseph Cannon Bailey: *Seaman A. Knapp: Schoolmaster of American Agriculture* (1945) is the definitive biography of Knapp. O. B. Martin: *The Demonstration Work: Dr. Seaman A. Knapp's Contribution to Civilization* (1921) tells enthusiastically the story of Knapp's demonstration techniques. The sponsorship of these techniques in the South is recounted in *The General Education Board: An Account of Its Activities, 1902—1914* (1915), Charles William Dabney: *Universal Education in the South* (1936), and Louis R. Harlan: *Separate and Unequal* (1958). Much more work is needed on the educational aspects of Southern Progres-sivism. C. Vann Woodward includes a splendid chapter in *Origins of the New South, 1877—1913* (1951); Arthur S. Link ignores education in his otherwise excellent essay, "The Progressive Movement in the South, 1870—1914," *North Carolina Journal of History*, XXXIII (1946), 172—195. There is no satisfactory study of the Country Life Commission, though Grant McConnell includes a useful chapter in *The Decline of Agrarian Democracy* and Ann M. Keppel in "Country Schools for Country Children." Dewey W. Grantham, Jr.'s definitive *Hoke Smith and the Politics of the New South* (1958) deals in some detail with the history of Smith-Lever and Smith-Hughes Acts, as do Bailey in *Seaman A. Knapp* and Blauch in *Federal Cooperation in Agricultural Extension*

Work, *Vocational Education*, *and Vocational Rehabilitation*.

第四章　科学、达尔文主义和教育

A general work on American educational thought is badly needed, not only for the Progressive era but for the whole span of American history. Charles Francis Donovan's "Education in American Social Thought, 1865—1900" (Yale University, 1948) is the most useful single volume for the post-Civil War decades, though his contention that religious reformers were generally uninterested in educational reform is seriously challenged by the efforts of men like Felix Adler and the Reverend William S. Rainsford of New York. Merle Curti's *The Social Ideas of American Educators* is replete with original information and insights on Hall, James, Thorndike, and Dewey is immensely valuable, along with *The Growth of American Thought* (1951). Herbert W. Schneider: *A History of American Philosophy* (1946), Richard Hofstadter: *Social Darwinism in American Thought*, *1860—1915* (1945), Ralph Henry Gabriel: *The Course of American Democratic Thought* (1940), Harvey Wish: *Society and Thought in Modern America* (1952), Henry Steele Commager: *The American Mind* (1950), Morris R. Cohen: *American Thought* (1954), and Stow Persons: *American Minds* (1958) have become standard sources for the intellectual history of the era, as has the splendid collection of essays edited by Persons under the title *Evolutionary Thought in America* (1950), a collection which would have profited immeasurably from an article on pedagogy.

Elsa Peverly Kimball: *Sociology and Education* (1932) deals in detail with the writings of Herbert Spencer and Lester Frank Ward as they bear on education. The standard work on Spencer's educational views remains Gabriel Compayré: *Herbert Spencer and Scientific Education* (1907); a review that takes account of recent writings on social Darwinism is much needed. Spencer's educational views are stated most fully in *Education*: *Intellectual*, *Moral*, *and Physical* (1860), but many of his other volumes bear more or less directly on the subject. It is interesting to peruse the introductions to the many different editions of Spencer's *Education*, notably Charles W. Eliot's in the Everyman's edition of 1910. The reception to Spencer's educational ideas in the United States could be the subject of a fascinating monograph; their influence is patent in the reports of a number of NEA committees between 1893 and 1918. For Charles W. Eliot's key role, see his collected addresses and essays published under the title *Educational Reform* (1898) and Henry James's two-volume biography, *Charles W. Eliot* (1930); for a commentary on the work of the NEA's Committee of Ten, see Bernard Mehl:"The High School at the Turn of the Century" (University of Illinois, 1954). The standard secondary work on Lester Frank Ward is Samuel Chugerman: *Lester F. Ward: The American Aristotle* (1939). The theme of education as an instrument of social progress runs through all of Ward's works, from *Dynamic Sociology* (1883) to the collected essays in *Glimpses of the Cosmos* (1913—1918); there is an unpublished manuscript on education in the Brown University Library Edward Everett Walker:"The Educational Theories of Lester Frank Ward" (Stanford University, 1932) is a somewhat uncritical review. The pedagogical theories of Ward, william Graham Sumner, and Albion Small are dealt with insightfully in Donovan: "Education in American Social Thought, 1865—1900. " There are competent biographical sketches of all three men in the *Dictionary of American Biography*.

Edwin G. Boring contributes a penetrating essay on "The Influence of Evolutionary Theory upon American Psychological Thought" to Persons: *Evolutionary Thought in America*. Boring: *History of Experimental Psychology* (1950) and Edna Heidbreder: *Seven Psychologies* (1933) are useful general sources. A history of the relation of educational and psychological thought in the United States is much needed. There is no satisfactory biography of G. Stanley Hall; Lorine Pruette: *G. Stanley Hall: A Biography of a Mind* (1926) is overly psychological and at points superficial. Curti's chapter on Hall in *The Social Ideas of American Educators* is excellent, while Hall's *Life and Confessions of a Psychologist* (1923) has pungent reflections on many of the most important personalities and events of the era, as does his *Founders of Modern Psychology* (1912). G. E. Partridge: *Genetic Philosophy of Education* (1912) is a compilation of Hall's most significant pedagogical writings, while Sara Carolyn Fisher: "The Psychological and Educational Work of Granville Stanley Hall," *American Journal of Psychology*, XXXVI (1925), 1—52, is a competent but unimaginative exegesis. Hall's main works are collections of essays rather than systematic treatises. He received his first national attention for an article called "The Contents of Children's

Minds," *The Princeton Review*, XI (1883), 249—272, and secured his reputation with two two-volume studies: *Adolescence* (1904) and *Educational Problems* (1911). There is a "Bibliography of the Published Writings of G. Stanley Hall" in Edward L. Thorndike: *Biographical Memoir of Granville Stanley Hall, 1846—1924* (1928). The principal collection of Hall's unpublished papers bearing on education is at Clark University. The only historical monograph on the child-study movement is Wilbur Harvey Dutton: "The Child-Study Movement in America from Its Origin (1880) to the Organization of the Progressive Education Association (1920)" (Stanford University, 1945), a compilation most valuable, perhaps for the correspondence it includes between the author and some of the major figures of the movement. *Pedagogical Seminary* is replete with articles, notes bibliographies, research reports, and news of the movement in all parts of the world. For the influential ideas of the Swedish feminist Ellen Key, see her own work, *The Century of the Child* (1909) and Oscar A. Winfield: "The Educational Ideals of Ellen Key" (Yale University, 1928); Oscar Cargill's comments in *Intellectual America* (1941) are pungent and highly illuminating.

Philip P. Wiener: *Evolution and the Founders of Pragmatism* (1949) provides excellent background material on the origins of James's philosophy; George Herbert Mead: "The Philosophies of Royce, James, and Dewey in Their American Setting," *The International Journal of Ethics*, XL (1929—1930), 211—231, and John Dewey: *The Influence of Darwin on Philosophy* (1910) and "The Development of American Pragmatism," in *Philosophy and Civilization* (1931) are also illuminating. Ralph Barton Perry's two-volume classic *The Thought and Character of William James* (1935) is a model of scholarship, and is nicely complemented by Henry James: *The Letters of William James* (1920). James: *Principles of Psychology* (1890) and *Talks to Teachers on Psychology: and to Students on Some of Life's Ideals* (1899) had the greatest direct impact on pedagogy, but the equally pervasive influence of the later philosophical works should not be ignored, especially *Pragmatism* (1907) and *The Meaning of Truth* (1909). Bird T. Baldwin: "William James' Contributions to Education," *Journal of Educational Psychology*, II (1911), 369—382, is a useful contemporary appraisal; later assessments include John Wesley Humphreys: "The Educational Philosophy of William

James" (University of Cincinnati, 1928) and Harold Hughes Wood:
"William James and Modern Public Education" (Cornell University, 1950),
of which the former is by far superior. John L. Childs: *American
Pragmatism and Education* (1956) deals with the larger pragmatic
movement in education.

Whether or not to include Edward L. Thorndike and the scientific
movement as an aspect of Progressivism in American education was an
initial problem in the definition of the study, a problem resolved on three
grounds: *first*, examination of *Animal Learning* (1898) and other early
writings reveals them to be clearly Progressive in orientation, picturing
education as an instrument of social improvement; *second*, scientism was
patently a central ingredient of Progressivism in general, as, for example,
in the municipal reform movement with its belief in a science of civic
administration; and *third*, Thorndike and the other early pedagogical
scientists thought of themselves, and were thought of by others, as
Progressives. That Thorndike was essentially conservative in his social
philosophy—see Curti's essay in *The Social Ideas of American
Educators*—and that many of the proponents of scientism, notably Franklin
Bobbitt and W. W. Charters, ended as conservatives after World War I
merely indicates one of the intriguing internal contradictions of the
progressive education movement. A major biography of Thorndike is needed
and would constitute a fascinating research enterprise; meanwhile, the
Biographical Memoir of Edward Lee Thorndike, 1874—1949 (1952) by
Robert S. Woodworth and the autobiographical sketch in *Selected Writings
from a Connectionist's Psychology* (1949) must suffice. There are excellent
bibliographies and commentaries on the fantastic range of Thorndike's work
in the *Teachers College Record* for February, 1926 and May, 1940.
Thorndike's classic is the three-volume *Educational Psychology* (1913—
1914). Pedro Tamesis Orata: *The Theory of Identical Elements* (1928),
H. Gordon Hullfish:*Aspects of Thorndike's Psychology in Their Relation
to Educational Theory and Practice* (1926), Walter B. Kolesnik:*Mental
Discipline in Modern Education* (1958), and Geraldine Joncich:"Science,
Psychology, and Education: An Interpretive Study of Edward L.
Thorndike's Place in the Scientific Movement in American Education"
(Teachers College, Columbia University, 1961) are illuminating guides to
the philosophical and psychological controversies surrounding Thorndike's

contribution. James Earl Russell: *The Scientific Movement in Education* (1926), Daniel B. Leary's essay on "Development of Educational Psychology" in I. L. Kandel, ed. : *Twenty-Five Years of American Education*, and Part II of the *Thirty-Seventh Yearbook* (1938) of the National Society for the Study of Education are useful sources on the scientific movement. So far as can be determined, there is no extensive collection of unpublished Thorndike papers.

The literature on John Dewey and his relationship to American education is voluminous, but most of it is of such a character as to be of little value to the historian except as primary source material on Deweyism and anti-Deweyism. A biography of Dewey is sorely needed, and could be a landmark in American historiography. An autobiographical sketch, written in collaboration with Jane Dewey, appears in Paul Arthur Schilpp, ed. : *The Philosophy of John Dewey* (1939); another, describing his intellectual development, is included in George P. Adams and W. Pepperel Montague, eds. : *Contemporary American Philosophy* (1930). Dewey's Vermont years (1859—1882) are dealt with in Frances Littlefield Davenport: "The Education of John Dewey" (University of California at Los Angeles, 1946), George Dykhuizen: "John Dewey: The Vermont Years," *Journal of the History of Ideas*, XX (1959), 515—544, Lewis S. Feuer: "John Dewey's Reading at College," Ibid. , XIX (1958), 415—421, and Feuer: "H. A. P. Torrey and John Dewey: Teacher and Pupil," *American Quarterly*, X (1958), 34—54. Morton G. White: *The Origin of Dewey's Instrumentalism* (1943) and Willinda Savage: "The Evolution of John Dewey's Philosophy of Experimentalism as Developed at the University of Michigan" (University of Michigan, 1950) deal insightfully with Dewey's early philosophical development. Feuer: "John Dewey and the Back to the People Movement in American Thought," *Journal of the History of Ideas*, XX (1959), 545—568, carries the story into the Chicago period (1894—1904). Ray Ginger: *Altgeld's America* (1958) and Robert L. McCaul: "Dewey's Chicago," *The School Review*, LXVII (1959), 258—280, provide the context in which Dewey's pedagogical ideas developed at the University of Chicago; Melvin C. Baker: *Foundations of John Dewey's Educational Theory* (1955) is a systematic discussion of these ideas. Max Eastman includes a revealing portrait in *Great Companions* (1959), as do Irwin Edman in *Philosopher's Holiday* (1938) and Harold A. Larrabee in

William W. Brickman and Stanley Lehrer, eds.: *John Dewey: Master Educator* (1959). The literature on Dewey must have doubled during the centennial year: Martin S. Dworkin, ed.: *Dewey on Education* (1959) reprints a number of Dewey's essays from "My Pedagogic Creed" to the introduction he wrote for Elsie Ripley Clapp's *The Use of Resources in Education* (1952), along with a thoughtful critical essay. George R. Geiger: *John Dewey in Perspective* (1958) is a useful exegesis, John Blewett, ed.: *John Dewey: His Thought and Influence* (1960) includes a number of scholarly essays by leading Roman Catholic authors. The standard bibliography of Dewey's works is by M. Halsey Thomas and Herbert W. Schneider; the most recent version of that bibliography is reprinted, along with additions by Muriel Murray, in Schilpp, ed.: *The Philosophy of John Dewey*; a new edition is being prepared in connection with the centennial. There are collections of Dewey papers at the University of Michigan, the University of Chicago, and Columbia University, as well as in the possession of Mrs. John Dewey and the many friends and acquaintances with whom Dewey corresponded over the years.

第五章　教育先驱者

A general picture of institutional developments in American education between 1865 and 1918 is given in Butts and Cremin: *A History of Education in American Culture*. I. L. Kandel, ed.: *Twenty-Five Years of American Education* deals in particular with the decades following the nineties. John Elbert Stout's study of *The Development of High-School Curricula in the North Central States from 1860 to 1918* (1921) is illuminating, but its usefulness is limited by the author's assumption that subjects listed in school catalogues and state syllabi are always taught; in any case, its data should not be generalized to the nation as a whole. Forest Chester Ensign: *Compulsory School Attendance and Child Labor* is an introductory study in an area that needs a good deal more work, as is W. Randolph Burgess's carefully done *Trends of School Costs* (1920). W. H. Page *et al.*: *The School of Tomorrow* (1911) and John Dewey and Evelyn Dewey: *Schools of To-Morrow* (1915) are useful journalistic surveys of educational reform and innovation. Ned Harlan Dearborn: *The Oswego Movement in American Education* (1925) treats the influence of one significant institution. R. Freeman Butts: *The College Charts Its Course* deals comprehensively with progressivism in higher education. C. Hartley Grattan: *In Quest of Knowledge* (1955) advances some intriguing hypotheses about adult education as an instrument of social reform.

There is no satisfactory biography of Francis W. Parker. Charles H. Judd's sketch in the *Dictionary of American Biography* is useful, as is Parker's autobiographical commentary in William M. Giffin: *School Days in the Fifties* (1906). Ida Cassa Heffron: *Francis Wayland Parker* (1934) is an appreciation. Edward Dangler deals in detail with Parker's ideas in "The Educational Philosophy of Francis W. Parker" (New York University, 1939), as does Beck in "American Progressive Education, 1875—1930." Parker's work at Quincy is discussed in Charles F. Adams, Jr. : *The New Departure in the Common Schools of Quincy* (1879) and in Lelia E. Partridge: *The "Quincy Methods" Illustrated* (1889). His work in Chicago is reported in "An Account of the Cook County and Chicago Normal School from 1883 to 1899," *The Elementary School Teacher and the Course of Study*, II (1901—1902), 752—780, and in Heffron: Francis Wayland Parker; Robert Eugene Tostberg: "Educational Ferment in Chicago, 1883—1904" (University of Wisconsin, 1960) includes a thoughtful appraisal. Parker published two major works on education: *Talks on Teaching* (1883) and *Talks on Pedagogics* (1894); of the two, the latter is the fuller statement of his pedagogy. His annual reports to the Quincy board of education are also edifying. There are Parker papers at the University of Chicago and in the McCormick collection at the Wisconsin State Historical Society.

Katherine Camp Mayhew and Anna Camp Edwards have published an engrossing account of the work at Dewey's Laboratory School in *The Dewey School* (1936); much of their volume is based on primary material from the *University Record*, *The Elementary School Record* for 1900, *The Elementary School Teacher and the Course of Study* for 1901 and 1902, and the June, 1903, issue of *The Elementary School Teacher*. There are unpublished papers relating to the school between 1896 and 1904 at the University of Chicago Library, the Wisconsin State Historical Society, and the Teachers College, Columbia University, Library. Dewey discusses the school in the autobiographical sketch included in Schilpp, ed. : *The Philosophy of John Dewey*, as does Max Eastman in *Great Companions*. Ella Flagg Young's association with Dewey is dealt with, though all too briefly, in John T. McManis: *Ella Flagg Young* (1916); her own views are stated most fully in *Isolation in the School* (1900).

The work at Menomonie is discussed in Ann M. Keppel and James I. Clark: "James H. Stout and the Menomonie Schools," *Wisconsin Magazine of History*, XLII (1959), 200—210, and William T. Bawden: *Leaders in Industrial Education* (1950). The best contemporary source is Adele Marie Shaw: "The Ideal Schools of Menomonie," *The World's Work*, VII (1903—1904), 4540—4553. For the context of the Menomonie reforms, see Ann M. Keppel: "Country Schools for Country Children."

The theory and practice of the Organic School in Fairhope, Alabama, may be gleaned from Marietta Johnson: *Youth in a World of Men* (1929), "The Educational Principles of the School of Organic Education, Fairhope, Alabama" in National Society for the Study of Education: *Twenty-Sixth Yearbook* (1926), Part I, and "Thirty Years with an Idea" (Teachers College, Columbia University, 1939). For the background of Mrs. Johnson's ideas, see Nathan Oppenheim: *The Development of the Child* (1898) and C. Hanford Henderson: *Education and the Larger Life* (1902) and *What Is It to Be Educated?* (1914). A. Gordon Melvin portrays the Parker-Henderson-Johnson stream as the authentic stream of progressive education in *Education: A History* (1946). The Deweys also include an account of Mrs. Johnson's work in *Schools of To-Morrow*, Portraying it as Rous-seauism incarnate.

William Paxton Burris: *The Public School System of Gary, Ind.* (1914) is an uncritical report of the early stages of the Gary development by the Dean of the University of Cincinnati's College for Teachers. Randolph S. Bourne's widely read account, *The Gary Schools* (1916), is rhapsodic in its praise, relating the innovations to Dewey's educational ideas wherever possible. The eight-volume survey carried out by the General Education Board under the supervision of Abraham Flexner and Frank P. Bachman is the most detailed study of the plan (it ends up sharply critical at a number of points); see in particular the summary volume by Flexner and Bachman entitled *The Gary Schools* (1918). The spread of the Gary Plan is documented in Charles L. Spain: *The Platoon School* (1925) and Roscoe David Case: *The Platoon School in America* (1931), but with no sense of the pitched political battles the Plan engendered; a more critical view of the Plan as the quintessence of "Taylorism" in the schools is presented by

Raymond Callahan of Washington University in an unpublished manuscript entitled "The American Tragedy in Education." The biographical sketch of William Wirt by Carter V. Good in the *Dictionary of American Biography* is illuminating.

The definitive history of the University of Wisconsin is Merle Curti and Vernon Carstensen: *The University of Wisconsin: A History 1848—1925* (1949). W. H. Glover: *Farm and College* (1952), a history of the School of Agriculture, and Frederick M. Rossentretter: *The Boundaries of the Campus: A History of the University of Wisconsin Extension Division, 1885—1945* (1957) are also valuable. The central role of the University in the Wisconsin Progressive Movement is treated in Charles McCarthy: *The Wisconsin Idea* (1912), Frederic C. Howe: *Wisconsin: An Experiment in Democracy* (1912), and Edward N. Doan: *The La Follettes and the Wisconsin Idea* (1947). Russel B. Nye: *Mid-western Progressive Politics* (1959) includes a penetrating discussion on the relation between Progressivism and the new social sciences. For the English origins of the university extension movement, see Albert Mansbridge: *University Tutorial Classes* (1913) and William H. Draper: *University Extension: A Survey of Fifty Years, 1873—1923* (1923); for the American phase, see Grattan: *In Quest of Knowledge*.

Walter S. Monroe: *Teaching-Learning Theory and Teacher Education, 1890—1952* (1952) and Merle L. Borrowman: *The Liberal and Technical in Teacher Education* (1956) provide excellent background material on the rise of professional education for teachers. The standard history of Teachers College is Lawrence A. Cremin, David A. Shannon, and Mary Evelyn Townsend: *A History of Teachers College, Columbia University* (1954), but it tends to concentrate on internal development. Nicholas Murray Butler's two-volume autobiography, *Across the Busy Years* (1939—1940), and James Earl Russell: *Founding Teachers College* (1937) afford penetrating insight into the conditions surrounding the establishment and early years of the College. Abbie Graham: *Grace H. Dodge: Merchant of Dreams* (1926) is appreciative but hardly definitive. For the widening gulf between professional teacher educators and arts and science faculties, see Howard M. Jones, Francis Keppel, and Robert Ulich: "On the Conflict Between the 'Liberal Arts' and the 'Schools of Education,'" *The ACLS Newsletter*, V (1954), 17—38, and Eugene

Charles Auerbach:"The Opposition to Schools of Education by Professors of the Liberal Arts—A Historical Analysis"（University of Southern California，1957）.

第六章　科学家、感伤主义者和激进主义者

A number of excellent social and intellectual histories of the interbellum era complement the general works already cited. Lloyd Morris:*Postscript to Yesterday* (1947) and *Not So Long Ago* (1949) deal informally with the half-century following 1896，and are especially illuminating on the period after World War I. Frederick Lewis Allen:*Only Yesterday* (1931)，Arthur M. Schlesinger, Jr. :*The Crisis of the Old Order* (1957)，and William E. Leuchtenburg: *The Perils of Prosperity* (1958) are penetrating and thoroughly readable accounts of the twenties；Allen:*Since Yesterday* (1940) deals similarly with the thirties. Alfred Kazin:*On Native Grounds* (1942) and Oscar Cargill:*Intellectual America* are purportedly literary histories，but they range far and wide in the best tradition of Parrington. Malcolm Cowley reminisces about the literary life of the twenties in *Exile's Return* (1934)；Frederick J. Hoffman deals more systematically with the same period in *The Twenties* (1955). Henry F. May disputes the common periodizing of twentieth-century intellectual history that emphasizes sharp breaks at 1919 and 1929 in *The End of American Innocence* (1959) and "Shifting Perspectives on the 1920's," *Mississippi Valley Historical Review*, XLIII (1956)，405—427. There is no satisfactory work on the educational history of the interbellum era. Norman Woelfel deals somewhat prosaically with the leading educational spokesmen of the period in *Molders of the American Mind* (1933)，and Harold Rugg offers a highly personal interpretation in a number of his volumes，especially *Foundations for American Education* and *The Teacher of Teachers* (1952). Students of the period will find the serial *Review of Educational Research* an invaluable guide to sources，especially those numbers dealing with the social，historical，philosophical，and psychological foundations of education.

　　Harold Rugg writes of himself in the context of the intellectual life of the interbellum era in *That Men May Understand* (1941)；his magnum opus on the progressive education movement—and the fullest interpretation of that movement to date—is his *Foundations for American Education*.

Rugg was a prolific author, but readers will find a good deal of overlap and repetition from one work to the next. Mark Phillips deals critically with Rugg's educational position during the twenties in "*The Seven Arts* and Harold Rugg: A Study in Intellectual History" (Columbia University, 1961); otherwise, little if any work has been done on him. Rugg died in 1960, leaving a substantial collection of documents and unpublished papers relating to the progressive education movement. There is no published bibliography of Rugg's writings; aside from those already alluded to, the most significant are *Statistical Methods Applied to Education* (1917), *The Child-Centered School* (1928), *Culture and Education in America* (1931), *The Great Technology* (1933), *American Life and the School Curriculum* (1936), and the so-called Rugg social studies texts for the schools published under the general title *Man and His Changing Society*.

There is no general historical work on the scientific movement in education. Joseph Peterson: *Early Conceptions and Tests of Intelligence* (1925), Frank N. Freeman: *Mental Tests: Their History, Principles, and Applications* (1939), and Walter W. Cook's article and bibliography on achievement tests in Walter S. Monroe, ed. :*Encyclopedia of Educational Research* (1941) are useful sources on the development of mental tests. Clarence S. Yoakum and Robert M. Yerkes: *Army Mental Tests* (1920) deals in detail with the Army program during World War I. Edward L. Thomdike's publications during the 1920's and 1930's are highly significant; much of his later work is brought together in *Human Nature and the Social Order* (1940). The most eloquent statements of the progressive position on the meaning and uses of intelligence tests may be found in Walter Lippmann's series for *The New Republic*, XXXII (1922), 213—215,246—248,275—277,297—298,328—330,XXXIII (1922—1923), 9—11,XXXIV (1923), 263—264,322—323; in John Dewey's essays in the same journal, XXXIII (1922—1923), 35—37, 61—63; and in William C. Bagley: *Determinism in Educaation* (1925). Bagley's position is notable, since throughout the interbellum period, particularly in the 1930's, he chose to identify himself with those who opposed progressive education.

The details of the early impact of scientism on educational theory may be gleaned from the *Yearbooks* of the National Society for the Study of Education beginning around 1914. The *Twenty-Sixth Yearbook* (1927) is especially useful, notably Harold Rugg's sections reviewing "A Century of

Curriculum-Construction in American Schools," Part I, pp. 3—116. Much more work is needed on the Committee on Economy of Time and the curriculum movement it set in motion; the literature to date has tended to overstress the Committee on the Reorganization of Secondary Education, whose influence was more limited. Alice V. Keliher treats the controversy over grouping in *A Critical Study of Homogeneous Grouping* (1931); the NSSE's *Twenty-Fourth Yearbook* (1925), Part II and *Thirty-Fifth Yearbook* (1936), Part I are also useful on this problem. Franklin Bobbitt: *The Curriculum* (1918) and *How to Make a Curriculum* (1924) and W. W. Charters: *Curriculum Construction* (1923) are representative of the effort to develop a science of curriculum-making for the public schools. Charters's papers are at Ohio State University; I have been unable to locate any major collection of Bobbitt papers. Eugene Randolph Smith's *Education Moves Ahead* (1924) is more characteristic of private-school thinking. For a view of scientism as progressivism in education, see Charles Hubbard Judd: *Introduction to the Scientific Study of Education* (1918) and *Education and Social Progress* (1934).

Robert Holmes Beck: "American Progressive Education, 1875—1930" is exceptionally strong on the child-centered strand of the progressive education movement, and I have tended to follow his interpretations of Caroline Pratt and Margaret Naumburg. It may be unfair to label this strand *sentimentalist*, but as I read the con-temporary literature I cannot but call to mind G. K. Chesterton's remark that the sentimentalist, roughly speaking, "is the man who wants to eat his cake and have it. He has no sense of honour about ideas; he will not see that one must pay for an idea as for anything else. . . . He will have them all at once in one wild intellectual harem, no matter how much they quarrel and contradict each other. " The standard source on this strand is Harold Rugg and Ann Shumaker: *The Child-Centered School*; Rugg: "The Artist and the Great Transition," in Waldo Frank *et al.* : *America   Alfred Stieglitz* (1934) and Gertrude Hartman and Ann Shumaker: *Creative Expression* (1932) are also useful. Caroline Pratt's autobiography, *I Learn From Children* (1948), is revealing, as are Caroline Pratt, ed. : *Experimental Practice in the City and Country School* (1924) and Caroline Pratt and Jessie Stanton: *Before Books* (1926). Lucy Sprague Mitchell: *Two Lives* (1953) tells of the founding and work of the Bureau of Educational Experiments, which subsequently became the Bank Street College of Education; the *Bulletins* of the Bureau are also informative. Caroline Ware: *Greenwich Village, 1920—1930* (1935) is extraordinarily illuminating as background material. Albert Parry's breezy history of Bohemianism, *Garrets and Pretenders* (1933), and Allen Churchill: *The Improper Bohemians* (1959) are relevant, although they do not deal specifically with education.

There is no satisfactory discussion of Freudianism in American pedagogical thought; the model for such a discussion would be Frederick J. Hoffman: *Freudianism and the Literary Mind* (1957), a scholarly work that properly emphasizes the continuing transformation of Freudian ideas as they were taken over by American writers. Ernest Jones's three-volume study, *The Life and Work of Sigmund Freud* (1953—1957), is the standard biography; the standard edition of Freud's writings is edited by James Strachy and published by the Hogarth Press in London. C. P. Oberndorf: *A History of Psychoanalysis in America* (1953) tells of the dissemination of Freudian ideas in the United States; Philip Rieff: *Freud: The Mind of the Moralist* (1959) is an excellent critical appraisal, highly relevant to education. For the early effort to apply Freudian principles to education, see William A. White: *The Mental Hygiene of Childhood* (1919), A. A. Brill: *Fundamental Conceptions of Psychoanalysis* (1921), and Oskar Pfister: *Psycho-Analysis in the Service of Education* (1922). For the Bohemian popularization of Freudianism during the twenties, see Caroline Ware: *Greenwich Village, 1920—1930* and the fourth volume of Mark Sullivan: *Our Times: the United States, 1900—1925* (1926—1935). Margaret Naumburg's principal work on education is *The Child and the World* (1928); biographical information on Miss Naumburg is included in Robert H. Beck: "Progressive Education and American Progressivism: Margaret Naumburg," *Teachers College Record*, LX (1958—1959),198—208.

John L. Childs: *American Pragmatism and Education* is a sympathetic commentary on the reformist stream of progressive education, including extended discussions of the life and work of William H. Kilpatrick, Boyd H. Bode, and George S. Counts. Joseph McGlade discusses the reformist stream from a particular viewpoint in *Progressive Educators and the Catholic Church* (1953). Kilpatrick's most important early publications are "The Project Method," *Teachers College Record*, XIX (1918), 319—335, *Foundations of Method* (1925), and *Education for a Changing*

Civilization (1926). His writings of the thirties, notably *Education and the Social Crisis* (1932) and his contributions to *The Educational Frontier* (1933), which he edited, reflect a perceptible shift toward a stronger social orientation. He published his *Philosophy of Education* in 1951. The standard biography, Samuel Tenenbaum: *William Heard Kilpatrick: Trail Blazer in Education* (1951), is relatively uncritical. Professor Kilpatrick was generous enough to grant me access to his diary, a monumental handwritten work running over two-score volumes, his scrapbooks, his unpublished papers, and a two-volume typescript prepared from a tape he dictated for Tenenbaum in connection with the biography; the diary is invaluable for the student of the period. Childs deals with Bode's philosophic contribution in "Boyd H. Bode and the Experimentalists," *Teachers College Record*, LV (1953—1954), 1—9, as well as in *American Pragmatism and Education*; Joseph James Chambliss: "The Development of Bode's Pragmatism and Its Influence on His Philosophy of Education" (University of Illinois, 1959) is also illuminating. Bode's chief works are *Fundamentals of Education* (1921), *Modern Educational Theories* (1927), *Conflicting Psychologies of Learning* (1929), and *Democracy as a Way of Life* (1948); his *Progressive Education at the Crossroads* (1938) is a brilliant critique of the progressive education movement. A number of informative essays on Bode appear in the January, 1948, issue of the *Teachers College Record*. There is no major collection of Bode papers.

Joseph Dorfman: *Thorstein Veblen and His America* (1934) includes penetrating commentaries on Veblen's critique of American education, as does David Riesman: *Thorstein Veblen: A Critical Interpretation* (1953). An autobiographical sketch of George S. Counts appears in Stanley J. Kunitz: *Twentieth Century Authors: First Supplement* (1955), along with a bibliography of major writings. Counts's most important works dealing with American education are *The Selective Character of American Secondary Education* (1922), *The Social Composition of Boards of Education* (1927), *School and Society in Chicago* (1928), *The American Road to Culture* (1930), *The Prospects of American Democracy* (1938), and *Education and American Civilization* (1952): He is best known in many quarters for *Dare the School Build a New Social Order?* (1932), and readers will also find *The Challenge of Soviet Education* (1957) relevant to his view of American education. The story of the "Kilpatrick group" and *The Social Frontier* is recounted by Rugg in *Foundations for American Education* and *The Teacher of Teachers*; Kilpatrick's diary is obviously illuminating. I have contended that William H. Kilpatrick, ed. : *The Educational Frontier* is the characteristic progressivist work of the thirties; it should be read along with the publications of the NEA's Educational Policies Commission, the AHA's Commission on the Social Studies, the ACE's American Youth Commission, and the John Dewey Society. Dewey's critique of the progressive education movement may be found in *Experience and Education* (1938) and his Introduction to Elsie Ripley Clapp's *The Use of Resources in Education* (1952); a collection of his writings published under the title *Education Today* (1940) includes many of his essays from *The Social Frontier*. Finally, Robert W. Iversen deals intelligently with the communist educational theories of the thirties in *The Communists and the Schools* (1959).

第七章　进步教育协会

There is no satisfactory history of the Progressive Education Association. Berdine Jackman Bovard tells the story to 1939 in "A History of the Progressive Education Association, 1919—1939" (University of California at Berkeley, 1941), and Beck includes a useful chapter in "American Progressive Education, 1875—1930. " Apart from these, the student of the movement is thrown largely back to primary material. The story of the founding is told in Stanwood Cobb: " The Romance of Beginnings," *Progressive Education*, VI (1929), 66—73, and Ernest Cobb: *One Foot on the Ground* (1934). Stanwood Cobb: *The New Leaven* (1928) is as good a source as any on the early philosophy of the Association. The seventeen PEA *Bulletins* which appeared between 1920 and 1923 report the proceedings of the first conventions and other matters of interest to the membership. *Progressive Education*, launched in 1924 as a quarterly and subsequently converted into a monthly, carries news of policies, plans, and programs right through to the Association's demise in 1955. *The New Era* is useful for the PEA's part in the international movement for educational reform. Finally, the numerous widely circulated pamphlets published under PEA auspices during the late thirties and early forties are an excellent guide to the

Association's influence on teachers at large.

The minutes of the Executive Committee from 1924 through 1946 are in the Teachers College, Columbia University, Library through the courtesy of Frederick L. Redefer, Executive Secretary and then Director between 1932 and 1943, along with a substantial unpublished history of the movement he wrote shortly after World War Ⅱ entitled "Between Two Wars: An Interpretation of Progressive Education in the United States of America. " The Teachers College Library also possesses files of unpublished manuscripts, autobiographical accounts, newspaper clippings, and miscellaneous printed and mimeographed documents contributed by Stanwood Cobb and Eugene Randolph Smith.

A good deal of the Association's impact during the 1930's and 1940's was made through its various Committees and Commissions. The Committee on Social and Economic Problems stirred considerable controversy with *A Call to the Teachers of the Nation* in 1933. The Commission on Secondary School Curriculum sponsored V. T. Thayer, Caroline B. Zachry, and Ruth Kotinsky: *Reorganizing Secondary Education* (1939), Caroline B. Zachry and Margaret Lighty: *Emotion and Conduct in Adolescence* (1940), and Peter Blos: *The Adolescent Personality* (1941). Similarly, the Commission on Human Relations sponsored Alice V. Keliher: *Life and Growth* (1941), Katherine Whiteside Taylor: *Do Adolescents Need Parents?* (1938), and a series of films described in *The Human Relations Series of Films* (1939). The work of the Commission on the Relation of School and College is reported in the five-volume series, *Adventure in American Education* (1942), of which Wilford M. Aikin: *The Story of the Eight-Year Study* is the summary volume. In addition, there are the printed reports of the Commission's annual conferences issued as supplements to *The Educational Record*, an occasional publication called the *Thirty Schools Bulletin*, and a large body of teacher reports, student publications (*Were We Guinea Pigs?* (1938), prepared by fifty-five students of the University High School at Ohio State University, is exemplary), and mimeographed materials issued by the schools themselves. The Commission's findings and the results as of 1950 are reviewed in Frederick L. Redefer: "The Eight-Year Study—Eight Years Later" (Teachers College, Columbia University, 1952).

Edgar B. Wesley discusses the role of the National Education

Association in the progressive education movement in *NEA: The First Hundred Years* (1957); doubtless this role would expand given the larger definition of the movement I have advanced. A history of the American Federation of Teachers is much needed, as is a history of teacher unionism in general. Jack Cohn's "Attitudes and Policies of Organized Labor Toward Public Education in New York State (to 1935)" (Teachers College, Columbia University, 1952) devotes a substantial section to the AF of T. Needless to say, *The American Teacher* and the annual proceedings of AF of T conventions are rich in relevant material.

第八章　变化的教育主流

There is no comprehensive analysis of educational reform during the interbellum era, though Harold Rugg: *Foundations for American Education* and I. L. Kandel: *American Education in the Twentieth Century* present a good deal of useful information. The *Yearbooks* of the National Society for the Study of Education, the *Bulletins* of the United States Office of Education, the *Research Bulletins* of the National Education Association, the *Bulletins* of the Bureau of Educational Experiments, and *Progressive Education* are the most fertile sources of data. Partial views of the reform movement may be gleaned from Agnes de Lima: *Our Enemy the Child* (1926), which incidentally includes a list of "experimental and progressive schools" supplied by the Bureau of Educational Experiments, Harold Rugg and Ann Shumaker: *The Child-Centered School*, Henry Harap *et al.*: *The Changing Curriculum* (1937), and R. Freeman Butts: *The College Charts Its Course*. Lloyd Marcus traces the origins of a number of private progressive schools in "The Founding of American Private Progressive Schools, 1912—1921" (Harvard University, 1948). John F. Latimer describes the changes in secondary-school offerings, though without sufficient attempt at explanation, in *What's Happened to Our High Schools?* (1958). R. L. Duffus deals with innovation at the college level in *Democracy Enters the College* (1936), as do Louis T. Benezet in *General Education in the Progressive College* (1943), George P. Schmidt in the latter chapters of *The Liberal Arts College* (1957), and John S. Brubacher and Willis Rudy in Part IV of *Higher Education in Transition* (1958). As might be expected, the studies of individual ventures vary considerably in character and quality; among the better are Junius L. Meriam: *Child Life and the Curriculum* (1920), Elisabeth Irwin and Louis A. Marks: *Fitting the School to the Child* (1924), Mary H. Lewis: *An Adventure with Children* (1928), Alexander Meikleiohn: *The Experimental College* (1932), constance Warren : *A New Design for Women's Education* (1940), Agnes de Lima: *The Little Red School House* (1942), and Algo Henderson and Dorothy Hall: *Antioch College: Its Design for Liberal Education* (1946).

Agnes de Lima: *A School for the World of Tomorrow* (1939) and *Democracy's High School* (1941) are brief but illuminating introductions to the work of the Lincoln School. Flexner tells of the genesis of the experiment in *I Remember* (1940); his essay sketching a rationale for the school is reprinted in *A Modern College and a Modern School* (1923). The best single volume on what actually went on in Lincoln's classrooms and the theory behind it is afforded by James S. Tippett *et al*. : *Curriculum Making in an Elementary School* (1927). The most comprehensive appraisal of student achievement is reported in L. Thomas Hopkins and James E. Mendenhall:*Achievement at Lincoln School* (1934). The February, 1936, issue of the *Teachers College Record* is devoted to a survey of the school's activities. A number of individual accounts shed a good deal of light on the program as a whole, among them Hughes Mearns: *Creative Youth* (1925), Satis N. Coleman: *A Children's Symphony* (1931), Henry Emmett Brown: "The Development of a Course in the Physical Sciences for the Senior High School of the Lincoln School of Teachers College" (Teachers College, Columbia University, 1938), and Harold Rugg: *That Men May Understand*. There is an excellent collection of primary source material at Teachers College, including student poems, stories, dramas, yearbooks, newspapers, and occasional publications, faculty reports, course syllabi, administrative records, and documents relating to the controversy over the school's closing.

The extension of the country-life movement into the 1920's is a subject that needs further research. Its effects on rural education are legion, and obviously Marie Turner Harvey's work at the Porter School is merely one of many possible examples. Lucy Simmons: *History of Northeast Missouri State Teachers College* (1927) and Ferdinand Del Pizzo's "The Contributions of John R. Kirk to Teacher Education" (Washington

University, 1955) provide excellent background material on the Porter experiment; the fullest account is Evelyn Dewey's enthusiastic *New Schools for Old* (1919). Mrs. Harvey's addresses in the NEA *Addresses and Proceedings* for 1918 and 1930 present her own view of her work. Ellsworth Collings: *An Experiment with a Project Curriculum* (1923) is a frequently cited appraisal of a highly similar experiment in the rural schools of McDonald County, Missouri.

The description of Frederic Burk's work at the San Francisco Normal School, reported in the NSSE's *Twenty-Fourth Yearbook* (1925), Part Ⅱ, is excellent background material for the Winnetka reform of the 1920's. The genesis of the reform is discussed by Carleton Washburne and Edward Yeomans in "The Inception of the Winnetka Technique," *Journal of the American Association of University Women*, XXIII (1930), 129—136; Yeomans: *Shackled Youth* (1921) is also revealing. The fullest accounts of the Winnetka Plan are by Washburne in "Winnetka," *School and Society*, XXIX (1929), 37—50, and a subsequent volume entitled *Adjusting the School to the Child* (1932). An early comprehensive survey of results is Carleton Washburne, Mabel Vogel, and William S. Gray: *A Survey of the Winnetka Public Schools* (1926). For the spread of the Winnetka Plan on a modified basis, see City School Leaflet No. 22 of the United States Bureau of Education, *Cities Reporting the Use of Homogeneous Grouping and of the Winnetka Technique and the Dalton Plan* (1926). For a view of progressive education that casts Winnetka as the quintessential example, see Washburne: *What Is Progressive Education?* (1952).

The best descriptions of the Denver reform are given in *The Denver Program of Curriculum Revision* (1927) and *Review of Four-Year Period, August, 1923 to July, 1927: A Part of the Forthcoming Twenty-Fourth Annual Report of the Denver Board of Education* (1927). Newlon states the theory behind the reform in "Practical Curriculum Revision in the High Schools," *The North Central Association Quarterly*, I (1926), 254—263, and in Newlon and A. L. Threlkeld: "The Denver Curriculum-Revision Program," National Society for the Study of Education: *Twenty-Sixth Yearbook* (1926), Part I. For the spread of the Denver technique as well as its continuation in later years, see Hollis L. Caswell *et al.*: *Curriculum Improvement in Public School Systems* (1950).

In view of the localism of American education, the problem of assessing the influence of progressivism on the schools at large becomes extraordinarily complex. My use of *Middletown* (1929) and *Middletown in Transition* (1937) by Robert S. and Helen Merrell Lynd is in many respects a literary device at best, since there is no such thing as a typical public-school system. *Education in the United States of America* (1939), a bulletin of the United States Office of Education, is illuminating, as is the Office's *Offerings and Registrations in High-School Subjects, 1933—1934* (1938). The nineteen volumes published by the President's Advisory Committee on Education in 1939 and the six-volume *National Survey of the Education of Teachers* (1932—1935) are also filled with relevant data.

Part Ⅱ of the *Thirty-First Yearbook* (1932) of the NSSE is probably the fullest compendium of data on college reform during the decade following World War Ⅰ. Part Ⅱ of the *Thirty-Eighth Yearbook* (1939) is useful on the problem of general education. *The Educational Plan for Bennington College* (1929) is the best source on the origins of Bennington. Barbara Jones: *Bennington College* (1946) recounts the history to 1941, while Alvin C. Eurich and Catherine Evans: "Bennington College: An Evaluation" (1942) is a careful survey of outcomes and achievements. Theodore M. Newcomb's *Personality and Social Change* (1943) is a classic study on the very difficult social-psychological problem of the effects of college life on values and attitudes. It is interesting to compare Hubert Herring's picture in "Education at Bennington," *Harper's Magazine*, CLXXXI (1940), 408—417, with Charlotte Devree's in "College Girl (Progressive Education Type)," *The New York Times Magazine*, December 2, 1956, pp. 16—17, 142—144.

James Gray discusses the founding of the University of Minnesota's General College in his highly readable history, *The University of Minnesota, 1851—1951* (1951). The best source for President Lotus D. Coffman's educational philosophy is the collection of his essays and addresses published under the title *The State University: Its Work and Problems* (1934); Victor Fred Dawald: "The Social Philosophy of Lotus Delta Coffman" (University of Wisconsin, 1951) is also illuminating. For the ideas behind the General College, see Malcolm S. MacLean: "A College of 1934," *The Journal of Higher Education*, V (1934), 240—246, 314—322, and "The General College: The University of Minnesota," in William S. Gray: *General Education: Its Nature, Scope, and Essential Elements*

(1934). For detailed accounts and appraisals of the actual program and its outcomes, see Committee on Educational Research of the University of Minnesota: *The Effective General College as Revealed by Examinations* (1937), Staff of the General College: *Report on Problems and Progress of the General College, University of Minnesota* (1939), Malcolm S. MacLean *el al.*: *Curriculum Making in the General College* (1940), Ruth E. Eckert: *Outcomes of General Education* (1943), C. Robert Pace: *They Went to College* (1943), Ivol Spafford: *Building a Curriculum for General Education* (1943), and Cornelia T. Williams: *These We Teach* (1943).

The educational programs of the New Deal are discussed in detail in Harry Zeitlin: "Federal Relations in American Education, 1933—1943: A Study of New Deal Efforts and Innovations" (Columbia University, 1958) and George Philip Rawick: "The New Deal and Youth: The Civilian Conservation Corps, the National Youth Administration, and the American Youth Congress" (University of Wisconsin, 1957). Kenneth Holland and Frank Ernest Hill include a thoughtful appraisal of the CCC's educational efforts in *Youth in the CCC* (1942). Betty and Ernest K. Lindley enthusiastically report the NYA's early activities in *A New Deal for Youth* (1938). Palmer O. Johnson and Oswald L. Harvey: *The National Youth Administration* (1938) and Doak S. Campbell, Frederick H. Bair, and Oswald L. Harvey: *Educational Activities of the Works Progress Administration* (1939) are useful compilations.

Of the several surveys of public attitudes toward educational reform in general and progressive education in particular, Sister Mary Ruth Sandifer: *American Lay Opinion of the Progressive School* (1943) is the most directly relevant. Claude E. Arnett: *Social Beliefs and Attitudes of American School Board Members* (1932), Charles R. Foster, Jr.: *Editorial Treatment of Education in the American Press* (1938), Doyle McCleam Bortner: "A Study of Published Lay Opinion on Educational Programs and Problems" (Temple University, 1950), and John Walton: "Major Emphases in Education in a Selected List of General Periodicals, 1928—1947" (Johns Hopkins University, 1950) are also useful. "What People Think about Youth and Education," *National Education Association Research Bulletin*, XVIII (1940), 187—219, and National Opinion Research Center: *The Public Looks at Education* (1944) report the results of public opinion polls.

As might be expected, there is a vast literature, written from a variety of viewpoints and on a variety of levels, critical of the progressive education movement. Malcolm Skilbeck classifies and summarizes part of this literature in "Criticisms of Progressive Education, 1916—1930" (University of Illinois, 1958). Among the more thoughtful critiques published between 1930 and 1944 are Abraham Flexner: *Universities: American, English, German* (1930), Herman Harrell Horne: *This New Education* (1931), Albert Jay Nock: *The Theory of Education in the United States* (1932), Sister Joseph Mary Raby: *A Critical Study of the New* Education (1932), B. B. Bogoslovsky: *The Ideal School* (1936), Robert Maynard Hutchins: *The Higher Learning in America* (1936), Howard David Langford: *Education and the Social Conflict* (1936), Frederick S. Breed: *Education and the New Realism* (1939), I. L. Kandel: *The Cult of Uncertainty* (1943), and Jacques Maritain: *Education at the Crossroads* (1943).

第九章　公共教育中的危机

A number of anthologies document the postwar crisis in popular education, among them Theodore Brameld, ed. : *The Battle for Free Schools* (1951), Ernest O. Melby and Morton Puner, eds. : *Freedom and Public Education* (1953), C. Winfield Scott and Clyde M. Hill, eds. : *Public Education under Criticism* (1954), Mortimer Smith, ed. : *The Public Schools in Crisis* (1956), Kermit Lansner, ed. : *Second-Rate Brains* (1958), Henry Ehlers and Gordon C. Lee, eds. : *Crucial Issues in Education* (1959), and C. Winfield Scott, Clyde M. Hill, and Hobert W. Burns, eds. :*The Great Debate: Our Schools in Crisis* (1959). The most important progressivist statements of the era are Sidney Hook: *Education for Modern Man* (1946), R. Bruce Raup *et al.* : *The Improvement of Practical Intelligence* (1950), John L. Childs: *Education and Morals* (1950), Theodore Brameld: *Ends and Means in Education* (1950) and *Toward a Reconstructed Philosophy of Education* (1956), and I. B. Berkson: *The Ideal and the Community* (1958). Three publications of the United States Office of Education tell the story of the ill-fated life-adjustment movement: *Life Adjustment Education for Every Youth* (n. d.), *Vitalizing Secondary Education: Report of the First Commission on Life Adjustment Education for Youth* (1951), and A *Look Ahead in Secondary Education:*

Report of the Second Commission on Life Adjustment Education for Youth (1954). The most significant postwar criticisms of progressive education include Bernard Iddings Bell: *Crisis in Education* (1949), Mortimer Smith: *And Madly Teach* (1949), Albert Lynd: *Quackery in the Public Schools* (1953), Arthur E. Bestor: *Educational Wastelands* (1953), Robert Hutchins: *The Conflict in Education* (1953), Paul Woodring: *Let's Talk Sense about Our Schools* (1953), Mortimer Smith: *The Diminished Mind* (1954), Arthur Bestor: *The Restoration of Learning* (1955), Mary L. Allen: *Education or Indoctrination* (1955), Augustin G. Rudd: *Bending the Twig* (1957), and H. G. Rickover: *Education and Freedom* (1959). Mary McCarthy: *The Groves of Academe* (1952) and Randall Jarrell: *Pictures from an Institution* (1954) are eminently readable satires.

The January, 1952, issue of *Progressive Education*, published under the general title "Meeting the Attacks on Education," brings together a vast amount of information and advances the characteristic " conspiracy " explanation of the early 1950's; Archibald W. Anderson's lead essay: "The Cloak of Respectability: The Attackers and Their Methods," is especially useful. Hollis L. Caswell advances a broader and more accurate explanation of the "attacks" in "The Great Reappraisal of Public Education," *Teachers College Record*, LIV (1952—1953), 12—22, *Public Opinion Polls on American Education* (1958), issued by the NEA's Research Division, summarizes the major opinion polls between 1950 and 1958; Richard F. Carter: *Voters and Their Schools* (1960) is a detailed study of attitudes in a number of California cities. Willis Haskell Umberger, Sr. : " What the Public Is Told about Schools in the Lay Magazines " (Yale University, 1951), John E. Ingalls: "A Decade of Curricular Criticism of Public School Education in the United States, 1948—1957" (Bradley University, 1959), and David Ward Martin: "American Education as Seen in the Periodical Literature, 1956—1958" (Ohio State University, 1959) are useful guides to the voluminous periodical literature. *Progressive Education*, the National Education Association *Journal*, and the publications of the Association for Supervision and Curriculum Development are the best sources for proprogressive opinion; *Modern Age*, the *National Review*, U. S. *News World Report*, and the Council for Basic Education *Bulletin* are the best sources for antiprogressive opinion.

人名与主题索引

222—223；criticizes scientific curriculum-making，222；criticizes the project method，222；theory of education，223；*Conflicting Psychologies of Learning*，223—224；part in The *Educational Frontier*，229；*Progressive Eduction at the Crossroads*，326—327；writings on，378

Bogoslovsky, Boris B. , 325*n*, 385

Bok, Edward, *72n*

Boring, Edwin G. , 100，104*n*，368

Borrie, W. D. , 365

Borrowman, Merle L. , 170*n*，374

Bortner, Doyle M. , 385

Boston（Mass. ）schools，72

Boume, Randolph，120，155，157—159，180，373

Bovard, Berdine Jackman，240*n*，379

Boyd, William，356—357

Bradbury, Dorothy E. , 65*n*

Brameld, Theodore，269*n*，333*n*，338*n*，385，386

Breadwinners' College，70

Breed, Frederick S. , 325*n*，385

Bremner, Robert H. , 59*n*，65*n*，363

Brickman, William，357，358，371

Brigham, Carl C. , 191*n*

Brill, Abraham A. , 208，211

Brim, Orville，266

Bronxville（N. Y. ）schools，277，295

Brookwood Workers' College（Katonah, N. Y. ），278

Brooks, Van Wyck，180，182，205

Browder, Earl，232

Brown, Elmer Ellsworth，169

Brown, Henry Emmett，382

Brubacher, John S. , 381

Bruere, Henry，88

Brunner, Edmund，228

Bryan, William Jennings，43

Bryce, James，357

Bryson, Lyman，352—353

Buck, Solon Justus，42*n*，362

Gideonse, Harry, 232

Giffin, William M. , 129*n*, 372

Giles, H. H. , 253*n*

Gilmore, Eugene A. , 87

Ginger, Ray, 121*n*, 355, 370

Ginzberg, Eli, 338*n*

Glover, W. H. , 163*n*

Goddard, H. H. , 186

Goff, Emmett S. , 162

Golden, John, 87

Goldenweiser, Alexander, 213

Goldman, Eric, 99, 180*n*, 355

Goldmark, Josephine, 65*n*, 364

Goldsmith, C. Elizabeth, 214

Gompers, Samuel, 37, 40, 41

Good, Carter V. , 373

Good, Harry G. , 359

Gordon, Milton M. , 305*n*

Goslin, Willard, 341

Graham, Abbie, 374

Graham, Albert B. , 79

Graham, Martha, 206

Graham, Patricia A. , 240*n*

Grammar: *see* English language and literature

Grange: *see* National Grange of the patrons of Husbandry

Grantham, Dewey, W. , Jr. , 85*n*, 366

Grattan, C. Hartley, 166*n*, 372, 374

Gray, James, 317, 384

Gray, William S. , 298, 316*n*, 383, 384

Green, George H. , 209

Greenwich House (New York City), 70

Greer, Thomas H. , 318*n*

Griswold, A. Whitney, 365

Grodzins, Morton, 60

Groggel, Martha, 282

Grossman, Mordecai, 231

Mo., 292; innovations at Porter School, 292—294; returns to Northeast Missouri State Teachers College, 294; view of progressive education, 294—295; addresses, 382

Rusk, Ralph L. , 12*n*

Ruskin, John, 59, 63

Russell, James Earl: brings Edward L. Thorndike to Teachers College, Columbia University, 113; education and early career, 172; as Dean of Teachers College, Columbia University, 172ff; conception of professional education, 173—174; ideas on democracy and education, 174; interest in southern reconstruction, 174; interest in social service, 175; synthesis of professionalism and progressivism, 175; *The Scientific Movement in Education*, 370; *Founding Teachers College*, 374

Ryan, W. Carson, Jr. , 265

Sachs, Julius, 173

Sage, Russell, 175

St. Louis (Mo.) schools, 19

St. Paul (Minn.) schools, 32

Salisbury, Rollin D. , 141*n*

Salutos, Theodore, 43*n*, 46*n*, 362

Sandifer, Sister Mary Ruth, 325*n*, 385

Sanford, Charles W. , 344*n*

San Francisco State Normal School, 295—296

Santayana, George, 109*n*

Sarah Lawrence College, 308

Sarton, Mrs. George, 278

Savage, Willinda, 116*n*, 370

Sayers, E. V. , 270*n*

Schaub, Edward L. , 360

Schiff, Jacob, 3

Schilpp, Paul Arthur, 116*n*, 310*n*, 370

Schlesinger, Arthur M. , 355

Schlesinger, Arthur M. Jr. , 374—375

Schmidt, George P. , 381

Schneider, Herbert W. , 367, 371

School of Organic Education (Fairhope, Ala.), 149—152

School-lunch program, 64, 323

Sciences: *see* natural sciences

Scientific movement in educaiton, 114—115, 185—200

Smith, David Eugene, 173

Smith, Eugene Randolph: education and early career, 197; work in arithmetic in Montclair (N. J.), 197; *Education Moves Ahead*, 197—198; part in founding of Progressive Education Association, 242; as PEA President, 250; role in Eight-Year Study, 253n; as first headmaster of Park School, 277; as characteristic private-school educator, 376

Smith, Hoke, 85

Smith, Mortimer, 339—340, 343, 346, 386

Smith, Ruby Green, 77n

Smith, W. H., 81

Smith-Hughes Act (1917), 56—57

Smith-Lever Act (1914), 56, 82n, 84, 85n

Snow, C. P., 353

Snyder, Morton, 248—249

Social Darwinism, 93—96, 99—100, 367

Social Frontier: established in 1934, 231; editorial board, 231; editorial policy, 231—232; leading contributors, 232; later history, 232—233; name changed to *Frontiers of Democracy*, 232—233; appraisal, 233

Social Gospel, 67

Social settlements and education, 58—65, 69—70

Social studies, 182, 286, 311

Social work, 59—65

Society for Curriculum Study, 291

Soltes, Mordecai, 71n

Spafford, Ivol, 316n, 384

Spain, Charles L., 156n, 373

Spalding, Willard B., 270n

Spargo, John, 85n, 363

Sparling, Samuel, 164

Spaulding, Edward G., 237n

Spencer, Herbert: influence in the United States, 91; *Education, Intellectual, Moral, and Physical*, 91—92; influence on Charles W. Eliot, 92; influence on Committee of Ten (1893) and Commission on the Reorganization of Secondary Education (1918), 92—93; on scientific pedagogy, 93—94; on the futility of social reformism, 94; discipleship of

Vogel, Mabel, 298, 383

Wald, Lillian, 61n, 64, 65, 364

Walden School (New York City): establishment (1915), 211; early program, 212—214; as characteristic progressive school of the 1920's, 277—278

Walker, Edward Everett, 367

Wallace, Henry, 43—44, 45, 82

Wallace's Farmer (magazine), 43—44, 45, 79

Walters, Raymond, 252

Walton, John, 385

Walzer, Michael, 353n

Wanamaker, Pearl, 329

Ward, Lester Frank: education and early career, 96; view of mind as "telic," 96—97; view of education as the "great panacea,"97; influenced by August Comte and Claude-Adrien Helvetius, 97; supports public education, 97—98; discipleship of Albion Small, 98—99; influences Charles Van Hise, 166; writings, 367

Warde, William F. , 89n

Ware, Caroline, 205n, 208n, 377

Warren, Constance, 381

Washburne, Carleton: comments on report of Committee on Social and Economic Problems (PEA), 262; comments on conversion of PEA into AEF, 270n; invited to school superintendency at Winnetka (Ⅲ.), 295; as disciple of Frederic Burk, 295—296; ideas on curriculum, 296—297; view of progressive education, 297n; writings, 382—383

Washington University (St. Louis), 27—29

Watson, Goodwin, 228, 252, 262

Wattenberg, William, 229n

Weber, Max, 206

Wecter, Dixon, 355

Weisz, Howard Ralph, 181n

Wells, H. G. , 245

Wesley, Edgar B. , 272n, 275n, 380

Wheaton, H. H. , 71n

Wheeler, Benjamin Ide, 172

译后记（1992 年版）

经过近两年的努力,《学校的变革》一书终于顺利地译完,即将由上海教育出版社付梓。首先谨将《学校的变革》中译本作为对本书的原作者、单中惠的导师、美国哥伦比亚大学师范学院前院长、已故的劳伦斯·阿瑟·克雷明教授的永恒纪念。

克雷明教授是当代美国著名教育家。他在美国教育史研究方面学术造诣很深,在美国教育界深孚众望。他撰写的巨著《美国教育》三卷本,在美国学术界和教育界引起了很大的反响。

作为克雷明教授成名作的《学校的变革》(副题为"美国教育中的进步主义"),对美国现代教育的重要组成部分"进步教育运动"作了极其深刻的分析,资料十分丰富,论述颇为精辟。因此,这本书现已成为美国国内和国际上教育学者研究美国现代教育的一本经典著作,其资料和论点被广泛引用。

1982 年 11 月初,由华东师范大学刘佛年校长推荐,单中惠曾作为访问学者赴美国哥伦比亚大学师范学院,师事克雷明教授一年多。克雷明教授对中国学者十分友好,并给以真诚的指导和帮助。在克雷明教授的讲课中,在与克雷明教授的研讨中,单中惠获益匪浅。克雷明教授那生动而又深刻的讲课风格,至今给他留下了很深的印象。

当我们把准备翻译《学校的变革》的计划告诉克雷明教授后,他在 1990 年 1 月 11 日的回信里写道:"知悉要把《学校的变革》译成中文的计划,我很高兴。正如我在写给刘佛年校长的信中所说的,这个计划使我感到欣喜。"后来,我们曾想请克雷明教授为《学校的变革》中译本撰写前言,万没想到,他因病于 1990 年 9 月 4 日在纽约去世。克雷明教授的去世,不仅是美国教育史界,而且是国际教育史界的重大损失。在此谨表示我们深切的悼念。

他的去世，使得我们请他专门为中译本写前言的想法未能实现，甚为遗憾。

《学校的变革》一书由单中惠和马晓斌合译。其中，单中惠翻译了前言和第 7—9 章，马晓斌翻译了第 1—6 章。最后由单中惠审校全书。

本书的翻译工作得到了我国著名教育家、现华东师范大学名誉校长刘佛年教授的关心和鼓励，并承蒙刘校长为本书作序，谨致以最衷心的谢意。

由于译者水平有限，书中难免有不妥之处，敬请读者指正。

1992 年 4 月

后记（2009 年版）

当代美国最杰出的教育史学家克雷明教授的成名作《学校的变革》一书自 1994 年翻译出版后，曾受到我国教育界学者和高等师范院校教育专业学生的欢迎，并得到广泛的引用。在学习和研究当代美国教育和教育思想的过程中，这本书是他们的一本必读著作。但是，颇为遗憾的是，因为当时这本书的印数很少，所以很多人没有买到它。这次，《学校的变革》被列入"西方教育史经典名著译丛"由山东教育出版社出版，因而使得想购买这本书的读者能够如愿以偿。

应该指出的是，这本书的出版将有助于我国教育界人士进一步拓宽教育思想视野，尤其是加深对学校变革与社会变革两者关系的认识；同时，既为我国教育学者深入研究现代美国教育和教育思想提供一本资料翔实的著作，也为我国教育史学者在教育史研究上提供一个范本。

作为西方教育史经典名著，《学校的变革》在美国教育界受到普遍的重视，在国际教育界受到高度的评价，其观点始终被众多教育学者所引用。2001 年，英国德拉姆大学教授帕尔默（Joy A. Palmer）主编的《五十位现代思想家论教育：从皮亚杰到当今》(Fifty Modern Thinkers on Education: From Piaget to the Present)一书就列入了"克雷明"，不仅把克雷明称为美国最杰出的教育史学家和在国际教育史学界中最得到公认的学者之一，而且指出克雷明的工作对整个教育研究尤其是教育史研究产生了深远的影响。在论述到《学校的变革》一书时，明确指出它在教育史领域被看做是新的历史编纂学的范本。

在《学校的变革》一书出版之前，我们又对全书进行了认真的校阅，在文字上进行了适当的修正，在规范上进行了必要的处理。我的学生、浙江大学教育学院博士生勾月协助做了一些具体工作。

在《学校的变革》一书 2009 年版即将付梓之际，我们衷心感谢山东教育出版社领导对学术著作出版的重视支持以及向"西方教育史经典名著译丛"责任编辑蒋伟编审、王慧编辑表示真诚的谢意。

书中如有不当之处，期待读者批评指正。

浙江大学教育学院　单中惠

2009 年 4 月